台湾地区国学丛书

刘 东 主编

# 优入圣域

## 权力、信仰与正当性

黄进兴 —— 著

九 州 出 版 社
JIUZHOUPRESS ｜全国百佳图书出版单位

**图书在版编目（CIP）数据**

优入圣域：权力、信仰与正当性 / 黄进兴著. --
北京 ：九州出版社，2023.10
（台湾地区国学丛书 / 刘东主编）
ISBN 978-7-5225-2170-1

Ⅰ．①优… Ⅱ．①黄… Ⅲ．①儒家－文集 Ⅳ.
①B222.05-53

中国国家版本馆CIP数据核字(2023)第191610号

## 优入圣域：权力、信仰与正当性

| | | |
|---|---|---|
| 作　　者 | 黄进兴　著 | |
| 责任编辑 | 毛俊宁 | |
| 出版发行 | 九州出版社 | |
| 地　　址 | 北京市西城区阜外大街甲 35 号（100037） | |
| 发行电话 | (010)68992190/3/5/6 | |
| 网　　址 | www.jiuzhoupress.com | |
| 印　　刷 | 北京捷迅佳彩印刷有限公司 | |
| 开　　本 | 720 毫米 ×1020 毫米　16 开 | |
| 印　　张 | 22.75 | |
| 字　　数 | 370 千字 | |
| 版　　次 | 2025 年 3 月第 1 版 | |
| 印　　次 | 2025 年 3 月第 1 次印刷 | |
| 书　　号 | ISBN 978-7-5225-2170-1 | |
| 定　　价 | 78.00 元（精装） | |

# 《台湾地区国学丛书》总序

在我看来，不管多变的时局到底怎么演变，以及两岸历史的舞台场景如何转换，都不会妨碍海峡对岸的国学研究，总要构成中国的"传统学术文化"的有机组成部分。

事实上，无论是就其时间上的起源而言，还是就其空间上的分布而言，这个幅员如此辽阔的文明，都既曾呈现出"满天星斗"似的散落，也曾表现出"多元一体"式的聚集，这既表征着发展步调与观念传播上的落差，也表征着从地理到政治、从风俗到方言上的区隔。也正因为这样，越是到了晚近这段时间，无论从国际还是国内学界来看，也都越发重视起儒学乃至国学的地域性问题。

可无论如何，既然"国学"正如我给出的定义那样，乃属于中国"传统学术文化"的总称，那么在这样的总称之下，任何地域性的儒学流派乃至国学分支，毕竟都并非只属于某种"地方性文化"。也就是说，一旦换从另一方面来看，尤其是换从全球性的宏观对比来看，那么，无论是何种地域的国学流派，都显然在共享着同一批来自先秦的典籍，乃至负载着这些典籍的同一书写系统，以及隐含在这些典籍中的同一价值系统。

更不要说，受这种价值系统的点化与浸润，无论你来到哪个特殊的地域，都不难从更深层的意义上发现，那里在共享着同一个"生活世界"。甚至可以这么说，这些林林总总、五光十色的地域文化，反而提供了非常难得的生活实验室，来落实那种价值的各种可能性。正因为这样，无论来到中华世界的哪一方水土，也无论是从它的田间还是市井，你都可能发出"似曾相识"的感慨。——这种感慨，当然也能概括我对台北街市的感受，正因为那表现形态是独具特色的，它对我本人才显得有点"出乎意料"，可说到底它毕竟还是中国式的，于是在细思之下又仍不出"情理之中"。

在这个意义上，当然所有的"多样性"都是可贵的。而进一步说，至少在我这个嗜书如命的人看来，台湾地区的国学研究就尤其可贵，尤其是由那些桴海迁移的前辈们所做出的研究。

正是因此，我才更加感佩那些前辈的薪火相传。虽说余生也晚，无缘向其中的大多数人当面请益，然而我从他们留下的那些书页中，还是不仅能读出他们潜在的情思，更油然感受到自己肩上的责任，正如自己曾就此动情而写的："这些前辈终究会表现为'最后的玫瑰'么？他们当年的学术努力，终究会被斩断为无本之木么？——读着这些几乎是'一生磨一剑'的学术成果，虽然余生也晚，而跟这些前辈学人缘悭一面，仍然情不自禁地怀想到，他们当年这般花果飘零，虽然这般奋笔疾书，以图思绪能有所寄托，但在其内心世界里，还是有说不出的凄苦犹疑。"

终于，趁着大陆这边的国学振兴，我们可以更成规模地引进那些老先生的相关著作了。由此便不在话下，这种更加系统的、按部就班的引进，首先就出于一种亲切的"传承意识"。实际上，即使我们现在所获得的进展，乃至由此而催生出的国学高涨，也并非没有台湾地区国学的影响在。早在改革开放、边门乍开的初期，那些从海峡对岸得到的繁体著作，就跟从大洋彼岸得到的英文著作一样，都使得我们从中获得过新鲜感。正因此，如果任何一种学术史的内在线索，都必然表现为承前启后的"接着讲"，那么也完全可以说，我们也正是在接着台湾地区国学的线索来讲的。

与此同时，现在借着这种集成式的编辑，而对于台湾地区国学的总体回顾，当然也包含了另一种活跃的"对话意识"。学术研究，作为一种有机增长的话语，其生命力从来都在于不断的创新，而如此不断创新的内生动力，又从来都来自"后生"向着"前贤"的反复切磋。也是惟其如此，这些如今静躺在台湾地区图书馆中的著作——它们眼下基本上已不再被对岸再版了——才不会只表现为某种历史的遗迹，而得以加入到整个国学复兴的"大合唱"中；此外，同样不在话下的是，我们还希望这次集中的重印，又不失为一种相应的和及时的提醒，那就是在这种"多元一体"的"大合唱"中，仍需仔细聆听来自宝岛的那个特殊声部。

最后要说的是，在一方面，我们既已不再相信任何形式的"历史目的论"，那么自然也就可以理解，今后的进程也总会开放向任何"偶然性"，无法再去想象黑格尔式的、必然的螺旋上升；可在另一方面，又正如我在新近完成的著作中所讲的："尽管我们的确属于'有限的、会死亡的、偶然存在的'人类，他们也的确属于'有限的、会死亡的、偶然存在的'人类，可话说回来，构成了彼此'主观间性'的那种'人心所向'，却并不是同样有限和偶然的，相反倒是递相授受、薪火相传、永世长存的，由此也便显出了不可抹煞的'必然性'。"在这个意义上，我们就总还有理由去畅想：由作为中国"传统学术文化"总称的国学——当然也包括台湾地区国学——所造成的"人心所向"和"主观间性"，也总还不失为一种历史的推动力量吧？

刘东

2020 年 6 月 24 日于浙江大学中西书院

# 增订版序

　　《优入圣域》乃是多年前收入我初始探讨孔庙文化第一部的结集。记得当时纯系偶然的机会闯入这个人迹罕至的领域，与今日热闹非凡的状况相比，真不可同日而语。

　　记得 20 世纪 90 年代，初至大陆做实地考察，两岸友人纷纷告诫，不要在这"封建遗制"上白花精力，徒费青春。但一路走来，却收获丰硕，不虚此一智识冒险。

　　总而言之，我过去所做的只是一些基础性制度的爬梳。反观今日攸关孔庙文化的研究，业已呈现多元而深刻的面貌，社会、地方、艺术、思想等议题均不乏人尝试，如今开枝散叶，蔚为壮观。海内外因而产生不少优秀的作品，值得借鉴、学习。

　　个人敝帚自珍，拟将旧作加上之后的两篇新作，一并再次刊行，希冀抛砖引玉，以供同行相互磋商。陈盈静女士协助《修订版》的整理，谨此致谢。

黄进兴　敬志

2023 年 6 月 29 日

# 原序：孔庙因缘

研究孔庙，纯出偶然，并无任何理论的预设。

1981年返台，携友人游孔子庙，始发觉孔庙门庭冷清，游客稀落，与隔街人群熙攘的道观相比，仿佛坐落在截然不同的世界里。适感诧异之际，随步入侧居中庭的两庑，立时被众多乌黑的木主神牌所震慑住；稍后一股阴凉之气迎面袭来，只得踉跄而出。这个阴暗的意象从此烙印在我的脑海之中。

离庙之前，抱着满腔疑团，绕至"游客服务处"，希望从闲坐于此的二三老人探询究竟，结果"一问三不知"，徒然令人失望。

服务台的玻璃柜摆着红皮精装的套书，据说乃清人所撰，虽然有点陈旧，封面烫金的五个大字"文庙祀典考"，却依然耀眼夺目。询问之下，不愧为文化瑰宝，价钱是较昂贵，但为了向友人宣示"学问无价"，只好掏尽口袋，忍痛买了下来。临走，老人面带慈祥的微笑，免费送了我一张红色签条，上面印着夫子自道之辞："好学敏以求之。"至今，仍然挂在我的研究室，时时慰勉自己"不知老之将至"。

1981年的初秋，回到哈佛，专心未完成的博士论文，无暇他顾。置于案头的《文庙祀典考》，每逢失眠的长夜，总遵循禅家的教诲——"时时勤拂拭，莫使染尘埃"，拿起来清理一番。因此这部书永远一尘不染。偶尔翻阅，即有所得。

正式研究孔庙是1988年以后的事，那是我从新加坡回来的两三年后了。在新加坡"东亚哲学研究所"工作时，研究室与图书馆毗邻而居，常进去随意翻书，偶遇孔庙资料便如"他乡遇故知"，亲切异常。在这个过程中，我逐渐发觉：孔庙作为国家祀典，恰是传统社会里文化与政治这两股力量彼此互动的绝佳例证；而作为世界性的历史宗教，它的独特性格亦引人入胜。此外，孔庙的从祀制复可反映儒家主流思想，透过对它详细的剖析，可以重窥历史上儒家学术的真实动向，以弥补坊间理解的不足。

研究孔庙的困难之处，首先必得处理庞杂的史料，其间真伪难辨，而古人著述虽多，但称得上学术研究的却极为罕见；因此凡事必得自己动手，既耗时且费力。尤其初步所得往往与古代礼学名家，诸如丘濬、阎若璩、秦蕙田有所抵触，益平添心理莫大的压力。是故，常怀着戒慎恐惧的心情，反复检证，以致进展极为缓慢。立论偶获证实，即有长夜将尽的欣喜。

在埋首孔庙故纸堆的三四年后，我下定决心前往孔庙发源地——山东曲阜，做实地考察。由于长期沉浸于孔庙文献之中，一至阙里所见所闻，虽不至于如数家珍，但似乎每件古迹都似曾相识，欲语还休。记忆里最深刻的，并非书中所称道的孔庙或孔庶的复屋重檐，反倒是漫步于孔林之中，古意盎然，繁华尽去的感觉。尤其偶逢一位状颇自得的樵夫，扛着锄头，边走边唱着不知名的曲子，声透云霄，余音袅袅，甚有返璞归真的意味。

1992 年 9 月，参观了阙里孔庙，顺道前往北京，察看国子监内的京师孔庙。一墙之隔的"辟雍"，几乎已成了大杂院，环绕一周，即行匆匆离去。仿佛生命之中，未曾发生过这遭事。

次年 5 月，为了了解地方孔庙，再次前往大陆。上海附近的嘉定孔庙已改为"科举博物馆"，内容生动而有趣，甚能呈现古人科考的情状。

南京国子监孔庙，十足"后现代"，已被解构得体无完肤。北魏时期，有道诏书曾透露出当时孔庙遭受亵渎、鸠占鹊巢的景象。书中谴责道：

> 遂使女巫妖觋，遥进非礼，杀生鼓舞，倡优媟狎，岂所以尊明神、敬圣道。（《魏书》卷七上）

不知是否即此之谓？千六百年前，西晋之乱，阙里被寇，庙貌荒残。有朝臣路经该处，目睹"孔庙庭宇倾顿，轨式颓弛"，感慨"万世宗匠忽焉沦废"，至不觉涕流。这种"悲凉"的情怀，不意于今重现。

时下"民粹"（populism）意识高涨，"民间宗教"与"民俗信仰"自是流行的热门话题。毋怪二者均成为中、西学术界的聚光点，反观官方的"国家宗教"却乏人问津，以致长久以来默默无闻。尤有甚者，甚至以去除象征封建遗制的孔庙而后快。

因此，今日人们漠视孔庙，只能算是内心对陈氏呼吁遥远的回音。孔庙，或其所象征的儒家文化落到今日之下场，恐是历代儒生所始料未及。

可是就宗教现象的本身而言，孔庙研究自有其理论的迫切性。它的祭祀历史绵延长达两千多年，唐代以下更遍布全中国；它积累了最丰富的材料，毋论就纵深或横面的向度均足以作极为完整的分析。这点是民间宗教难以望其项背的。因此在这个认识之下，我为孔庙研究做了一些基础性的工作，希望有兴趣的人可以省却爬梳资料之苦，而所有涉及解释性的问题当然都得留待时间的考验。

必须一提的是，我的研究之中鲜少着墨的，那就是从比较宗教的观点来看，作为国家祀典的孔庙与民间宗教分属截然有异的信仰系统？或者二者在形成过程中，后者仅是前者的残型？甚或颠倒过来，以性质而言，后者方是前者的基型？拟解答上述问题，单靠孔庙研究是绝对无法成事的。这必得等待国家宗教与民间信仰同时累积了一定的研究成果，方可相互比对、仔细剖析，从而在宗教理论方面有所建树。

总之，研究孔庙对我个人而言，是极佳的自我教育。漫长的摸索让我深深领略了解读中文资料的优先性，这在"观念暴虐"或"理论横行"的学风里，人们往往充耳不闻。不过我仍然愿意忠实地记下我内心的声音，以为治学见证。

在曲阜阙里漫步时，经过颜子庙，抬头望见牌坊的题词"优入圣域"，感触极深。历史上这个词汇曾用来形容两个名人。首先是称赞颜回，于孔子之道独有体会，为他人所不及；其次用来指称王安石借政治权势，身后入祀孔廷。可是历史所未曾记载的是，我茫茫然闯进这个领域，结下这些文字因缘，以供同好茶余饭后佐谈。

最后，我想把这本小书献给

余教授与

史华慈（Benjamin I. Schwartz）教授

在哈佛求学期间，他对我的教导与鼓励，使我深深感受到人性的温馨。在他心目之中，我永远是"既早熟又不成熟"的学生。

黄进兴

记于一九九四年七月，南港"中研院"历史语言研究所

# 目　录

# 一　个人观点

## 一　所谓"道德自主性"：以西方观念解释中国思想之限制的例证

"道德自主性"（moral autonomy）为康德（Immanuel Kant，1724—1804）伦理哲学的原则。康氏思想传入中国源于清末中国知识分子由于内忧外患的逼迫，不得不向西方寻求"真理"；了解西方文化，尤其是近代西方文化的根源，对中国人而言，原带有极功利的企图，即对"富强"的追求。随着时势之推移，他们从器物、制度的学习，进而接触西方的学术与思想，谓后者方为西方富强动力之所在。在此一层面，某些中国知识分子除了努力吸收西方文化的精华外，并转而借之以重新理解、评估中国传统文化的现代意义；康德哲学之引进即可作为此一现象之例证。

康德位居开创近代西方哲学的枢纽地位，其受中国知识分子的注意，当属意料中事。自清末以降，其思想传进中国已有近百年的历史。康有为首开风气之先，介绍康氏的"星云说"，继之有严复、章太炎之评述"不可知论"，至梁启超在 1903 年《新民丛报》连续数期介绍康德之生平与思想，谓"德国之哲学，为今世欧洲之最有力者"[1]，其中尤以康德哲学唤醒德意志民族之自觉力为著，因此，推论"有康德然后有今之德意志"[2]，又说康德在思想上巨大的贡献，使康德成为"非德国人而世界之人"，"非十八世纪之人，而百世

---

① 梁启超：《近世第一大哲康德之学说》，见《饮冰室文集》（台北，台湾中华书局，1978），第三册，文集之十三，页 49。

② 梁启超：《近世第一大哲康德之学说》，见《饮冰室文集》，页 49。

之人"，其至赞誉康氏至于"百世之师"，"黑暗时代之救世主"①。从梁氏如许推崇，可以得知在当时中国知识分子心目中，康德的思想俨然据有一席之位，殆无疑问。

然而此一阶段对康氏思想之介绍只是零星片段，难免失之浮光掠影，譬如曾经四次苦读康氏著作的王国维就曾讥评梁启超说：

> 如新民丛报中之汗德（即康德）哲学，其纰缪十且八、九也②。

王国维之评语固然持之有故，但似乎缺乏"同情的了解"。就梁氏等而言，接触如此陌生的西方哲学，在概念、思想模式与语言表达上的困难，实所在多有。他们以佛学名词如"真如""无明"比附康氏的哲学观念，正反映了当时中国语文在语言及概念两个层次皆不足以介绍陌生的思想体系。但此种缺陷，并没有阻挠梁氏想会通王阳明"良知说"与康德伦理思想的尝试③。这正是上述我们所说中国知识分子接触西方文化的第二个目的。以王国维而言，其自身亦借康德哲学来分疏、评估中国哲学，他的"论性"④、"释理"⑤、"原命"⑥都曾以康德的哲学来疏解中国传统哲学的命题。在"论性"一文中，他甚至以康德的观点来驳斥中国传统人性论的缺失，他认为"性之为物，超乎吾人知识之外"，因此中国古人论性之说无不自相矛盾，他说：

> 至执性善、性恶一元论者（笔者注：此指孟子、荀子等），当其就性言性时，以性为吾人不可经验之一物，（故）皆得而持其说，然欲以之说明经验或应用于修身之事业，则矛盾即随之而起，余故表而出之，使后之学者勿徒为此无益之议论也⑦。

---

① 梁启超：《近世第一大哲康德之学说》，见《饮冰室文集》，页49—50。
② 王国维：《王观堂先生全集》，第五册，《静安文集》（台北：文华出版公司，1968），页1737。
③ 梁启超：《近世第一大哲康德之学说》，见《饮冰室文集》，页62—63。并见其《新民说》，第十八节，收入《饮冰室文集》，第三册。
④ 王国维：《静安文集》，页1549—1570。
⑤ 王国维：《静安文集》，页1570—1596。
⑥ 王国维：《王观堂先生全集》，第五册，《静安文集续编》，页1787—1795。
⑦ 王国维：《静安文集》，页1570。

上述引言实带有康德驳斥西方传统形而上学之谬误的基本精神，所不同仅是王国维把矛头指向中国传统的"人性论"而已。

王国维之后，介绍康德仍不乏其人，譬如：蔡元培、张铭鼎、瞿世英、洪谦、贺麟等等，每个人强调的重点略有不同，虽具片面性，总和而言，康德的认识论、道德哲学、美学却大略都碰到了[①]。1949 年以后，虽有李泽厚等介绍康德，但已属凤毛麟角，思想上难起作用[②]。在港、台虽有较大的思想自由，但在介绍西方思想上，由于主要思潮已为时尚所左右，康德哲学并不据要位。此中特别值得一提则为牟宗三先生，无论就介绍、译述或评论康德哲学，其成就都能成一家之言[③]。尤其他有系统地引用康德哲学来分疏中国哲学，无论赞成与否，诚属斐然可观。全面检讨牟氏的贡献，实个人学力所未逮，于此仅择其援用康氏的伦理概念以理解中国思想的得失，稍加论述，以省察应用西方（异文化）观念阐释中国文化所面临的限制。

自从牟宗三先生在他的大作，例如《心体与性体》[④]、《从陆象山到刘蕺山》[⑤] 诸书中援用康德的伦理概念来阐释宋明理学的精蕴，并进而以"判教"的形式来分辨朱熹与陆九渊思想的优劣、高下之后，"道德自律"或"道德自主性"一词在讨论中国思想的文献中顿时蔚然成风。

然而大多数此类的著作只是沿袭牟先生的论旨，却少有新意。其中值得特别注意的却是一篇写自完全不同学养、不同思想背景的学者的近作。林毓生先生在他的《"仁"字意义的演变与儒家道德自主性的概念》一文中[⑥]，借着许多训诂学者对"仁"字意义演变的考察，试图在理论上追溯"仁"字观念的扩充与蜕化，并进一步指出儒家围绕"仁"的概念所发展出来的伦理思

---

[①] 1950 年以前康德学说在中国传播的概况可参阅贺麟《康德黑格尔哲学东渐记》，《中国哲学》，第 2 辑，页 343—387。

[②] 这从李泽厚在他的《批判哲学的批判：康德述评》的《后记》可以得知；他感叹："国内多年来没有专讲康德哲学的书。"北京，1979 年，页 423。

[③] 牟宗三著有：《心体与性体》（1968）、《从陆象山到刘蕺山》（1979），皆曾援用康德的观点，有关比较康德与中国哲学之著作则有《现象与物自身》（1975）、《智的直觉与中国哲学》（1971），译述则涉及康德之《纯粹理性批判》《实践理性批判》等。

[④] 牟宗三：《心体与性体》（台北，1968）．第一册，导论。

[⑤] 牟宗三：《从陆象山到刘蕺山》（台北，1979），第一章与第二章。

[⑥] Lin Yu-sheng, "The Evolution of the Pre-Confucian Meaning of Jen and the Confucian Concept of Moral Autonomy," *Monumenta Senica*. Vol. 31（1974–1975），pp. 172–204.

想与道德自主性的关联，意欲疏通自由主义与儒家思想。牟、林两位先生关怀不同、用心迥异，但二位受"道德自主性"此一概念的启示则一。"道德自主性"提供了我们了解中国思想的新角度，但此一观念的原意和其阐释中国思想之界限亦应同时受到注意，以免多所附会，反而成为了解中国思想的观念障碍，以致得失互见。

"道德自主性"为康德伦理哲学的特色。康德在知识论上"哥白尼革命"（Copernican revolution）式的贡献已经众所周知了[1]，但是他在道德哲学"哥白尼革命"式的突破，却为人鲜所道及。在康德之前，伦理学的研究大多从界定"善"（the good）的概念着手，然后再导出道德律与责任的观念；康德则反是。康德一开始即道破此为以前哲学家混淆道德最高原则的根源。相反的，人们应该寻求一项为意志（the will）先验地（a priori）决定的律则，然后才找出适合的对象[2]。

在伦理思想上，康德为一唯理论者（rationalist），他反对道德经验论者，例如赫京生（Francis Hutcheson，1694—1746），后者主张人类的道德实基于内心的道德感情（moral feelings or moral sense），此一"道德感说"为以后的休谟（David Hume，1711—1776）与亚当·史密斯（Adam Smith，1723—1790）所接受而发扬光大，在其时甚为流行[3]。

康德则认为"道德感说"并不足取，因为经验并非道德的来源。在知识论方面，康德很明显地区分了"现象"（phenomenon）与"本体"（noumenon）的不同，前者乃人类感官经验所构成的世界，后者则是人类经验所不能测知的"物自体"（things in themselves）。依照康德的说法，人的理性有两种功能：一为认知事实，其作用在认识"现象界"；另一为示知我们应然的行动（what

---

① 有关康德哲学整体的介绍，则请参阅 S.Körner, *Kant*（London, 1977）.

② Immanuel Kant, *Critique of Practical Reason*, trans. by Lewis White Beck（Indianapolis,1980），pp.65 - 66. 康德研究方法的创新意义则可参阅 John R. Silber, "The Copernican Revolution in Ethics: The Good Reexamined." in Robert Paul Wolff ed., *Kant:ACollection of Critical Essays*（Notre Dame and London, 1968），pp. 266–290.

③ 第一个使用"道德感"（moral sense）这个观念的为沙夫茨伯里（Shaftesbury），但康德在他的著作中特别提出赫京生为批判的对象。见 Kant, Critique of Practical Reason，p.41.and *Kant On the Foundation* of Morality：a Modern Version of the *Grundlegung*, translated with Commentary by Brendan E.A.Liddell（Bloomington and London, 1970），p.194. 关于英国"道德情感"论者，可参阅 Alasdair MacIntyre, *A Short History of Ethics*（New York,1978），Ch.12.

ought to be），其作用在"本体界"①。而就人作为理性的存在而言，道德意识与行为乃属于"本体"的"思维世界"（intelligible world），人的智力虽不能"知"（know）其究竟，却可"思"（think）其梗概②。

就"思维世界"而言，人有自由的意志以遵从理性的指导，由此产生道德的行为；但另一方面，从"现象"的"感官世界"（the world of sense）视之，人完全受制于自然因果律的约束，无所谓自由、不自由的问题，是故无法具有道德的意义。此中值得一提的是，康德在哲学上固然与休谟有许多歧异的观点，但就逻辑上，他坚持"实然"（is）的"感官世界"不能导出"应该"（ought）的命题却是与休谟一致的。

正是康德这种二元论的观点，才会逼出"绝对要求"（categorical imperative）这个概念。由于人一方面属于"思维界"，因此在这个层面，他可以拥有自由（此为必要的设定），也就是具有"责任"（duty）接受理性先验的道德要求，这种要求与"条件性要求"（hypothetical imperative）截然不同。这种要求本身就是伦理的目的，而非手段③。在形式上，"绝对要求"的原则即是把主观的行为准则（maxims）普遍化以后，作为客观的道德律则（moral rules）来遵守；当然也只有那些能通过普遍化程序的准则方能成为道德律则。总之，人的道德实来自"思维界"的"绝对要求"，也就是说，道德乃得自伦理普遍化原则的先验"概念"（concept），而非感官经验④。可是另一方面人又身处"感官世界"，有与生俱来的"欲望"（desires）和"自然喜好"（inclinations）需要满足，因此在后一世界，人的道德意识并不能如自然律般对人的行为产生必然的约制，这说明了为何人在"现象界"不必然实践伦理的要求。至于为何"思维界"的道德意识能够在"感官界"产生有结果的道德行为，则超

---

① Kant, *Critique of Pure Reason*, trans. Norman Kemp Smith（London, 1956），A633= B661; and *Critique of Practical Reason*, pp.50–51

② *Kant on the Foundation of Morality*, pp.251–253.

③ *Kant on the Foundation of Morality*, pp.112–121. "绝对要求"在形式上即以"命令式"出现，譬如"人必须诚实"或"人应该诚实"；而非如"条件性要求"以"假言形式"出现，譬如"人应该诚实，事业才能成功"等"若……则"的陈述句型。

④ Ibid., pp.122–134.

出人类知识之外，康德无法提出任何说明①。

总之，康德道德哲学的特色即在于设定人在"思维界"有意志之自由，以便遵从纯粹实践理性（pure practical reason）的指导，从而产生道德的行为，此一过程实衍发自理性先验的概念，既非由经验外铄而致，亦非任何实质的伦理概念，例如"完美的理想"（the ideal of perfection）或"上帝的意志"（the will of God）等所能决定②，而是经由普遍化程序，将主观行为准则变成客观的道德律则以便遵行。这样自我的立法，自我的约束，方有所谓的"道德自律"或"道德自主"可言，而人作为一个"理性存在"（rational being）的意义也就在于此。

中国儒家的学说中诚然有某些部分可以与康德的道德哲学相通，例如常为人所乐道的孟子"性善说"便是其一。孟子主张"仁义礼智，非由外铄我也，我固有之"③，孔子也说："仁远乎哉？我欲仁，斯仁至矣。"④这些观点都支持了道德的根源取决于个人（内在的抉择），是故孟子可以据此反驳告子的"性无善与不善"说：

乃若其情，则可以为善矣，乃所谓善也。若夫为不善，非才之罪也⑤。

同时孔、孟对道德行为的推崇更可以彰显康德反复强调"道德的善"与"幸

---

① *Kant on the Foundation of Morality*，pp.251–252. 诚如佩顿（H.J.Paton）所指出的"现象的自我"（phenomenal self）与"本体的自我"（noumenal self）之间存有许多难以分辨的困难，究竟人何以认知或察觉"本体的自我"，是否因为人一方面属于"感官世界"，另一方面属于"思维世界"？后者若为显现"本体的自我"的根源，其中涉及的思维过程为何？因为任何的思惟过程在另一层次都可成为思考的对象以至无限回归为"现象的自我"，那么"本体的自我"何得发现？参阅 H.J.Paton，*The Categorical Imperative*，*a Study in Kant's Moral Philosophy*（Philadelphia,1971），pp. 233 -241. 但佩顿似乎只从"知识论"来考虑这一问题，若严格遵从康德的原则，"本体"是永远无法得知的。其二，"本体的自我"在伦理的领域可视为"道德的自我"（moral self），"现象的自我"则为"实然的自我"（factual self），如此就有余地解释了为自然律所约束的"实然的自我"，有"道德的自我"的层面以及其影响前者的可能。

② Kant，*Critique of Practical Reason*，pp.41–42. 就"理性"（reason）的功能而言，如将"纯粹思辨理性"（pure speculative reason）与"纯粹实践理性"结合为一，后者应属于前者之上，因为"理性"的旨趣最后终归是"实践的"（practical）。*Critique of practical Reason*，p.126.

③ 杨伯峻：《孟子译注》（台北，源流出版社,1983），页 259。

④ 杨伯峻：《论语译注》（台北，1982），页 80。

⑤ 杨伯峻：《孟子译注》，页 259。

福"（happiness）不能等同为一的意旨。孔子曾经说：

> 志士仁人，无求生以害仁，有杀身以成仁[①]。

孟子更明言：

> 生亦我所欲也，义亦我所欲也；二者不可得兼，舍生而取义也。生亦我所欲，所欲有甚于生者，故不为苟得也；死亦我所恶，所恶有甚于死者，故患有所不辟也[②]。

倘若"生命"为"幸福"之最基本的依归，为了成就道德，却在牺牲了"生命"，则显然"幸福"之追求并非"道德"的目的。诚如康德所言，这种极端的状况最能凸显伦理行为的崇高性，而人之尊严亦莫过于此[③]。

然而我们再进一步比较以孔、孟为代表的儒家伦理与康德道德哲学之异同，则会发现二者相异之处绝不下于其相似之处。

首先，儒家伦理基本上是以"道德情感"为出发点，孟子的"四端说"把此一特色表现得最清楚。他认为"人皆有不忍人之心"，而以"乍见孺子将入于井"生动地描述了"怵惕恻隐之心"的产生，据孟子说，这种感情之产生"非所以内交于孺子之父母""非所以要誉于乡党朋友""非恶其声而然"[④]，因此，可以肯定为"道德情感"；更重要的，孟子认为，人之所以为人，就是因为具有这种感情，而此一感情实为道德的基础或开端。他说：

> （由是观之），无恻隐之心，非人也；无羞恶之心，非人也；无辞让之心，非人也；无是非之心，非人也[⑤]。

又说：

---

① 杨伯峻：《论语译注》，页 170。
② 杨伯峻：《孟子译注》，页 265。
③ Kant, *Critique of Practical Reason*, pp.162–163.
④ 杨伯峻：《孟子译注》，页 79–80。
⑤ 杨伯峻：《孟子译注》，页 80。

恻隐之心，仁之端也；羞恶之心，义之端也；辞让之心，礼之端也；是非之心，智之端也，犹其有四体也[1]。

于孟子而言，道德的完成取决于能将"四端于我者，知皆扩而充之"，若"火之始燃，泉之始达"[2]。值得注意的是，"四端"并非形而上的抽象观念，乃是具有经验意义的"道德感"。孟子的"四端说"实为以后儒家伦理哲学的主流，尤以宋明理学中陆、王一系为是。

康德在他的"前批判期的哲学"（pre-critical philosophy）中一度亦曾采取"道德感说"的立场，他在1764年的"竞赛论文"（Prize Essay）中说道：

直到今日人们方才明了"知识"（概念）具有呈现实体的能力，然而"感情"却具有觉察善的能力[3]。

这种想法透露了当时康德仍旧受赫京生、休谟和沙夫茨伯里（Shaftesbury，1671—1713）"道德感说"的影响[4]。但随后不久，康德即发现此种说法是不妥切的，因为只要经过对人类心理精确的描述之后，即会摧毁"道德感说"所必须预设的"善良的心灵"。在他成熟的伦理学著作中，例如《道德形而上学的基础》（1785）、《实践理性批判》（1788）、《道德形而上学》（1797），康德全然放弃旧有的想法，自行建构了前述的"道德唯理观"。

在此一时期，康德主张"每一个道德概念都是先验的，理性是它唯一的基础与来源"[5]。换句话说，道德来源的纯粹性使它自身能成为伦理律则的基础；道德概念如渗有经验的成分，即失去它的纯粹性，也就失去它的"必然性"（necessity）同绝对的价值。康德说：

倘若我们欲图证明责任是真实的，无论如何我们必须避免把此项证明建

---

[1] 杨伯峻：《孟子译注》，页80。

[2] 杨伯峻：《孟子译注》，页80。

[3] 转引自 Keith Ward, *The Development of Kant's View of Ethics*（Oxford, 1972），pp.25–26.

[4] Lewis White Beck, *A Commentary on Kant's Critique of Practical Reason*（Chicago and London, 1966），pp.5–8.

[5] *Kant on the Foundation of Morality*, p.100.

立在人性的特征上；责任所涉及的是行为的实践与无条件的必然性。……人性的特征，例如情感与习性，甚或（可能的话）人类理性的特殊功能都不必然属于每一理性的存在，它们或许可以产生主观的准则，却非（译者注：客观的）律则 ①。

反之，康德并不否认人有一种特别的"道德情感"，我们可以完全先验地知道它的存在，这种情感实来自对"道德律则"的尊崇，是故得视之为理性的产物，而非产生于"道德律则"之前 ②。但某些哲学家却误把它当作伦理判断的标准，事实上，它并不能作为行为的评估或客观道德律则的基础，而只能提供将律则作为主观准则的诱因 ③。于康德而言，伦理行为并不依赖个人主观的态度，以便求得赞同或即刻心理的满足，人性或理性存在的尊严即在"道德的自律"，意即无条件地遵从先验理性原则的指导 ④。

因此如果把道德的来源或基础建立在"道德情感"之上，依康德而言，即为"道德他律"（moral heteronomy），由此而衍生的行为准则即缺乏"普遍性"与"必然性" ⑤。譬如，一个人因为"怜悯"而帮助他人，如果他后来对此人"失去怜悯感"，则必将不再帮助此人。伦理真正的关键却是一个人"应该"或"必须"帮助他人（假若后者需要援助的话），即使此一行为违反他主观的喜好或意愿，而这个只能经由理性来决定，非能诉诸所谓的"道德情感"。

由此视之，儒家的伦理学说与康德的"道德自主"说不无歧义。与其说儒家道德哲学与康德哲学相通，毋宁说与康德所反对的赫京生、休谟诸人的学说较为类似，后者咸认为人类具有内在的"道德感"（moral sense）以作为

---

① *Kant on the Foundation of Morality*, pp.149–150.

② Kant,*Critique of Practical Reason*, pp.76–81.

③ Kant,*Critique of Practical Reason*, p.79；Kant on the Foundation of Morality,p.251.

④ *Kant on the Foundation of Morality*, p.174.

⑤ 有各种形式经验"道德他律"，"道德情感说"仅是其中之一。康德认为只要"意志"所追求的律则非来自"意志"本身，其结果永远是"他律"，见 *Kant on the Foundation of Morality*, pp.188–189.

伦理判断的依据①。

如果上述对康德伦理学的讨论正确的话，那么牟宗三先生以朱熹主张"性即理"，陆九渊主张"心即理"，即判定朱熹的说法为"道德他律"，陆九渊为"道德自律"，皆不无商榷余地；其中的关键并不在朱熹必须引进"敬"的德性功夫来涵摄"理"②，而是从康德的观点视之，朱陆二位仍不出孟子"道德情感说"的藩篱，因此皆为"道德他律"。倘若不从康德之界义而只取"道德自主性"的字面涵义，意谓"为德性而德性"，则陆九渊固为如此，朱熹又何尝相异？这从朱氏之明斥永康学派陈亮的"义利双行，王霸并用"之说，可以略见一斑③，又朱熹平生不甚取董仲舒，独推崇其"正其谊不谋其利，明其道不计其功"的名言亦足可确证④。因此不论就广义或狭义而言，以"道德自主性"阐释儒家哲学都不得当，其与康德原意相悖既已如上述，纵使就广义而言，把相当丰富、相当复杂的儒家伦理化约成"为德性而德性"，亦难免有削足适履之嫌，其理由容后详述。总之，执着"道德自主性"为判准，来衡量或彰显儒家的现代意义，都未免使"儒门淡薄"至陷于"人心惟危，道心惟微"的境地。

---

① 当然，赫京生等关心的问题与儒家并不同，他们欲探讨的是"理性"（reason）和"情感"（sentiments）何者方为道德的来源与主宰？赫京生主张内在的"道德感"而非"理性"方为道德的泉源，于此他反对洛克（John Locke）的看法，后者以为人不可能有"内在的理念"（innate idea）。赫氏的看法见 Francis Hutcheson, *Illustrations on the Moral Sense*, edited by Bernard Peach（Cambridge, Mass., 1971）. 书前有 Peach 长篇的导论检讨赫氏的思想，见该书页 3–112。休谟虽然主张"理性"与"情感"同时决定道德行为，但在伦理行为的过程中，"理性"扮演的角色只是澄清事实与事实之间的关系，"情感"方为道德的抉择者。休谟的整个理论可视为赫氏理论的精致化。休谟的观点参阅他的 *An Inquiry Concerning the Principles of Morals*, edited by Charles W. Hendel（Indianapolis,1976）,pp.3–8,105–112. 以及 *Hume's Moral and Political Philosophy*, edited by Henry D.Aiken（New York and London, 1975）,pp.23–27,31–48. 他的名言"理性是，而且应该是感情的奴隶，除了服务与遵守感情的指导，永远不能僭越其他的职位"则见诸第二本书，页 25。休谟认为"道德感"即来自对"品格"的思考而产生的某一特殊的满足感，这个特殊的感觉构成我们的赞赏与钦羡。见第二本书，页 44。亚当·史密斯虽然赞成"道德情感说"，却否认人具有天赋的内在道德意识，而以"同情心"的习性作为发展"道德感"的基点。见 Adam Smith, *The Theory of Moral Sentiments*（Indianapolis, 1976）. 与"道德唯理论"者相反，此三者皆主张道德取决于"内心"之可否。

② 牟宗三：《心体与性体》，第一册，综论；《从陆象山到刘蕺山》，第一章、第二章。

③ 朱熹：《晦庵先生朱文公文集》，中华书局本名为《朱子大全》，卷三六，页 19。

④ 《朱子语类》（京都，中文出版社），卷一三七，页 5239—5242。

李泽厚曾经写了中文里面可能是介绍康德哲学最好的著作，在他《朱熹与近代中国》一文中，虽然对宋明儒学的发展动向做了很敏锐的观察，却不免"画蛇添足"地将朱熹与康德比附一番，他说：

> 朱熹哲学的理论模型的确再与康德的学说相似不过了，此中包括：伦理本体、非功利的道德律、"绝对要求"、普遍立法、意志自主，等等[1]。

诚然李氏并没有完全忽视朱熹与康德之不同，他深切明了这些不同，除了时代、社会背景的因素之外，另有伦理假设的差异；可是他没有察觉到儒家的"道德情感说"，足使儒家伦理在康德的系统中成为"道德他律"推论的可能性；同时谓宋明儒学之特征在于使"本体界"与"现象界"相互渗透，合而为一[2]，则已失康德创发此二观念之原旨，意即李氏的用法已不复存有此二观念原来的理论意义，毋庸再论可矣。

尤其当我们深一层探讨儒家道德思想的内容，不难发现其与康德伦理哲学之间的差异远较初步观察为多。譬如，有某人之父"攘羊"，孔子却道："父为子隐，子为父隐，直在其中矣。"[3] 如果将孔子所谓的"直"经过普遍化"的程序，则很难想象康德会承认此一主观准则"直"可以具有客观伦理律则的意义，因为所谓"直"亦不"直"了，以致自相矛盾。

或许有人会引用西方现成的伦理学说以为孔子说辞，例如说孔子所面临的是"情状伦理"（situational ethics）的问题，孟子不是也说过："大人者，言不必信，行不必果，惟义所在。"[4] "惟义所在"不也就是"情状伦理"的要旨吗？但是这种现成的观念，一方面虽然提供了简捷答案，另一方面却往往隐晦了儒家伦理真正的特色。

简而言之，理论上，儒家伦理是以亲情为基础，然后由亲及疏、由内往外本着"推恩"的原则层层展开来。孟子说：

---

[1] Li Zehou, "Zhu Xi and Modern China," *International Conference on Chu Hsi,* Hawaii,1982,p.13.

[2] Li Zehou, "Zhu Xi and Modern China," p.15.

[3] 杨伯峻：《论语译注》，页146。

[4] 杨伯峻：《孟子译注》，页189。

老吾老，以及人之老；幼吾幼，以及人之幼；天下可运于掌①。

又说：

天下之本在国，国之本在家，家之本在身②。

《大学》里面记载"修身""齐家""治国"以至"平天下"都是秉着同样的原则③。但追根溯源，"本"的最基点显现在哪儿呢？《论语》里记载的有子之言提供了很确切的答案，他说：

君子务本，本立而道生。孝弟也者，其为仁之本与④！

孟子亦谓：

仁之实，事亲是也；义之实，从兄是也⑤。

孝和弟、仁和义都是针对着"亲'亲'"与"敬'长'"而发；职是之故，韦伯（Max Weber）认定儒家伦理本质上是"身份伦理"（status ethics），并非完全没有根据⑥，因为不论儒者将"仁"或"义"谈到何等的高超玄妙，落实到实际的世界还是孔子所谓的为政之道"君君、臣臣、父父、子子"⑦，或者孟子所谓的人伦关系"父子有亲，君臣有义，夫妇有别，长幼有序，朋友有信"⑧，

---

① 杨伯峻：《孟子译注》，页16；孟子又说："人人亲其亲，长其长，而天下平。"见该书页173。

② 杨伯峻：《孟子译注》，页167。

③ 朱熹：《四书集注》（大学，台北，1983），页1—2。

④ 杨伯峻：《论语译注》，页2。

⑤ 杨伯峻：《孟子译注》，页183。

⑥ Max Weber, *The Religion of China*, trans. by Hans H. Gerth（New York and London,1964），pp.205–213. 韦伯比较强调的是儒家作为具有文化教养之官僚集团的伦理规范。"身份伦理"反映在传统中国法律制定的内容上至为明显，见瞿同祖《中国法律与中国社会》（台北 ,1982），特别是第六章。

⑦ 杨伯峻：《论语译注》，页135。

⑧ 杨伯峻：《孟子译注》，页125。

此处的"亲""义""别""序""信"等的规范术语都有特殊的"身份"指涉，这与西方摩西（Moses）的"十诫"（The Ten Commandments）或耶稣（Jesus）的"登山宝训"（The Sermon on the Mount）的普遍指涉形成极鲜明的对比[①]。

总之，此处所欲强调的是儒家这种"事亲为大"的精神，在在使孔子无法首肯"其父攘羊，而子证之"的行为，倘若如此，作为儒家伦理最基本的一环——父子关系便不免为之崩解（或从属于一个更高的原则）。从此一脉络视之，孔子所说：

> 事父母几谏，见志不从，又敬不违，劳而不怨[②]。

或孟子认为：

> 父子之间不责善，责善则离，离则不祥莫大焉[③]。

或《礼记》所载：

> 子之事亲，三谏不听，则号泣而随之[④]。

都是可以理解的。而无论如何，这些言论不能即视为权威心态的表征。

但不论我们对"父为子隐，子为父隐"做了多少"同情的"辩解，康德仍无法接受，其理由前已述及，不必重复。康德亦明白反对"己所不欲，勿施于人"的概念[⑤]，他认为此一概念不能当作对己负责与对人负责的基础，譬如"对人慈爱"的责任即无法从中导出，因为许多人只要可以不帮助别人，他们就宁愿不要别人帮助他们；此外，犯人亦可利用此一概念来指责处罚他们的法官。因此"己所不欲，勿施于人"并非一项普遍律则，它之所以不能

---

① *The Old Testament*, Exodus, 20; *The New Testament*, Matthew, Chapter 5.

② 杨伯峻：《论语译注》，页 42。

③ 杨伯峻：《孟子译注》，页 178。此外，桃应之设问"舜为天子，皋陶为士，瞽瞍杀人"，孟子答曰："（舜）窃负而逃。"亦可了解。见页 317。

④《礼记郑注》，卷一，《曲礼下第二》，北京，中华书局，页 27。

⑤ *Kant on the Foundation of Morality*, p.159, footnote.

作为道德原则的缘故，即在于得自个人喜好或厌恶，而非单单理性而已①。

其他例如孔子之言"言必信，行必果，硁硁然小人哉"②或前述孟子之言"言不必信，行不必果，惟义所在"③，皆是康德无法苟同的。兹以"言不必信……惟义所在"为例，以康德的观点视之，即使为"善意的谎话"亦为道德所不许，因为"善意的谎话"一方面把受言者当作自己主观伦理目的的"手段"，另一方面，"善意的谎话"已将"行为结果"列入考虑，而此一结果并不具有必然性。

总之，康德与儒家伦理之差异不胜枚举，其间有些是纯粹道德层面的问题，有些则为特殊文化脉络所导致，孔子所谓"君子有三畏：畏天命，畏大人，畏圣人之言"④，是处在西方启蒙时代的康德难以想象的。同样的，孟子的话"尽其心者，知其性也。知其性，则知天"⑤或张载所谓"天地之塞，吾其体；天地之帅，吾其性"⑥，这种儒家对"存在连续性"的本体预设，终究不是写下不朽名言"在我之上有繁星的天空，在我之内有道德的律则"的作者所能认同的⑦。

不可讳言，西方的哲学的确提供了许多新向度来观察儒家伦理，但要说能妥切地把握儒家伦理恐怕还有相当的距离。姑举一例，譬如孔、孟之重视伦理之先决条件，恐非西方伦理学所能道尽，孟子不是说："有恒产者有恒心，无恒产者无恒心。"⑧又说："救死而恐不赡，奚暇治礼义哉？"⑨

随意比附中、西文化固然失之浮浅，但尽是毫无目的地列举二者之异同，亦无助于增进彼此之认识。"比较研究"（comparative approach）之有效必须

---

① *Kant on the Foundation of Morality*,pp.159–160.

② 杨伯峻：《论语译注》，页 147。

③ 杨伯峻：《孟子译注》，页 189。

④ 杨伯峻：《论语译注》，页 183。

⑤ 杨伯峻：《孟子译注》，页 301。

⑥ 张载：《张载集》（台北，1983），《正蒙·乾称》篇，页 62。

⑦ "Der bestirnte Himmel über mir,und das moralische Gesetz in mir" 见诸《实践理性批判》的结论，为二元论的观点，以自然界的繁星与人类内在的道德律则做一内外对比。*Immanuel KantsWerke*,ed. by Ernet Caesirer（Berlin，1922），Band V.，p.174.康德死后，此一不朽名言刻在其墓碑之上。

⑧ 杨伯峻：《孟子译注》，页 117。

⑨ 杨伯峻：《孟子译注》，页 17。另外《管子》亦载有"仓廪实则知礼节，衣食足则知荣辱"，见《管子校正》（台北，1981）.上册，页 1。道德的物质先决条件似乎在中国伦理思想中普遍受到重视。

相对于有意义的观点，方才能领略其中的好处，否则漫无边际地"比"下去，只是徒费时间。倘若有人一方面以康德"道德自主性"的观念来发挥儒家哲学，另一方面以韦伯的"责任伦理"（the ethics of responsibility）来说明孔子为管仲辩解的事实，却不能意识到"道德自律"与"责任伦理"之间的冲突①，其结果不仅没有澄清儒家政治文化之特点，反而"浊上加浊""河清无日"矣。

　　问题的关键是欲了解或重新解释中国文化，仅诉诸西方或任何外来文化都是不够的。不可否认，异文化的观点提供了许多认识中国文化的新角度，这方面的成绩极具启发价值；但如果不能逐步从自己的文化中爬梳出一些适切的现代语言和概念，恐怕很难真正把握传统文化的特征及其现代涵义。历史一再显示：仅诉诸西方文化以解释中国文化，其结果，则令中国文化沦为西方文化的"万花筒"，到处都可以看到西方文化形形色色的"迹象"，而现代中国思想也就变成近代西方思潮的"风信鸡"，东西南北随风飘摇了。

　　这方面法国人类学家杜蒙（Louis Dumont）的研究，很发人深省。杜蒙在他研究印度阶级社会时，发现西方的概念或学科语言极不适于描写印度社会的特质，而后另辟蹊径，苦思力索，终于结合他对古典文献的知识和田野工作的经验，写下独树一帜的巨著——《阶层人》（Homo Hierarchicus），允为了解传统印度社会的杰作，而且其研究结果又能回馈对近代西方社会的认识②。有关中国文化或社会类此的创作，虽仍未得见，但无论如何其中必先涉

---

① Max Weber, "Politics as a Vocation," in From Max Weber, translated and edited by H.H.Gerth and C.Wright Mills（New York,1946），pp.77–128. 韦伯所谓的"责任伦理"必须把行为可预见的结果列入道德的考虑。"道德自律"则只接受"理性"的指导，经验结果不是它形成的要素。《论语》中记载有子路、子贡对管仲的批评以及孔子之答辩。其对答如下：

I 子路曰："桓公杀公子纠，召忽死之，管仲不死。曰：未仁乎？"子曰："桓公九合诸侯，不以兵事，管仲之力也。如其仁，如其仁。"见杨伯峻《论语译注》，页 158。

II 子贡曰："管仲非仁者与？桓公杀公子纠，不能死，又相之。"子曰："管仲相桓公，霸诸侯，一匡天下，民到于今受其赐。微管仲，吾其被发左衽矣。岂若匹夫匹妇之为谅也，自经于沟渎而莫之知也？"见杨伯峻《论语译注》，页 158—159。

此二引言透露了子路与子贡对管仲个人伦理的疑问，但孔子答辩的论证饶有趣味。很显然的一点，孔子是以管仲日后的作为来辩解他先前的行为。此外，这里面又涵蕴了"私德"与"公德"的冲突的问题。"责任伦理"只是一个假设上可能解释的模型，不必然真正符合以上的情形。

② Louis Dumont, Homo Hierarchicus, trans. by Mark Sainsbury（Chicago，1970）. 在此书的《导论》与 "The Individual as an Impediment to Sociological Comparison and Indian History" 章中，皆有论及西方语言与概念在了解印度社会方面的不妥切之处。见 Louis Dumont, Religion, Politics and History in India（Paris and the Hauge, 1970），pp. 133–150.

及两项工作：一为反省惯用的语言及概念，这方面不论自命为保守或激进的学者，在不同层面都有意识或无意识，受到西方文化冲击的影响。如何能自觉到此一影响（正面或负面），然后逐渐摸索出适切的描述语言和解释概念则不是光靠形式的"语言分析"即能达成的。这就牵涉到第二项工作——实质研究的累积与突破。此二项工作是相互为用、与时并进的。这些工作的进展必然是艰辛、缓慢，然而至少有一点是清楚的，套用现成或西方时髦的观念不只不管用，有时候还变成不必要的观念障碍，无端阻挠了实质研究的进展，届时还得花费许多力量去从事廓清的工作。

研究中国思想，我们首要的信念为："返归原典！"向来中国思想之研究，已沦为各种西方思想利器或意识形态的实验场，其结果光怪陆离则有之，实质建树则未必，而其共同心态则昭然若揭：中国文献只不过是印证或演绎外来思想的"资料"，如此不啻奉外来思想为设计蓝图（解释理论），中文典籍充其量只能当作亟待塑造的素材（史料），其为园林小筑或高楼华厦则端赖蓝图而定，于此中文典籍之"本体地位"（ontological status）亦为之荡然无存[1]。

今日研究中国文化难免有借诸外来文化的地方，但借外债必须要有偿还的能力，如是方才有自力更生的可能，否则永远成为别人的附属品。研究中国文化第一要素即要能养成尊重中文典籍的敬业态度，其次要培养取舍、甄辨外来文化的品位。光是依赖陈说、套用现成的理论，不仅不是"终南捷径"，恐怕不免落得"欲速则不达""为道日远"的境遇。三百多年前的一位大学者顾炎武，在自述撰写《日知录》的经过时，讲过一段富有启示性的话，其中所标示的治学态度，仍值得今日研究者取法，谨抄录于下，作为拙文的结语：

尝谓今人纂辑之书，正如今人之铸钱。古人采铜于山，今则买旧钱，名之曰废铜，以充铸而已。所铸之钱既已粗恶，而又将古人传世之宝舂剉碎散，不存于后，岂不两失之乎？承问《日知录》又成几卷，盖期以废铜，而某自别来一载，早夜诵读，反复寻究，仅得十余条。然庶几采山之铜也[2]。

---

[1] 西方学者也有类似的反省，例如：Dominick LaCapra, *Rethinking Intellectunl History*（Ithaca and London,1983），pp. 23–71.

[2] 顾炎武：《原抄本顾亭林日知录》（台北，1979），页 8.

　　**附记**　拙文初稿，承蒙钱永祥、石守谦先生评阅，并提供许多宝贵的意见，谨此致谢。

（原载《食货月刊》，1984 年第 14 卷，第 7、8 期）

# 二　"道德自主性"与"责任伦理"：康德与韦伯的分歧点

　　韦伯（Max Weber）与"新康德主义"（neo-Kantianism）的思想牵连，学者大多耳熟能详，这方面的研究也有很好的成就[1]。但韦伯和代表"新康德主义"者的吕克特（Rickert）等究竟是否完全若合符节，则有待深入的检讨。拙文想暂时搁置方法论上的争议，试以伦理学的角度突显韦伯与康德的歧异点。

　　康德伦理哲学的特征，若一言以蔽之，可用"道德自主性"来概括；韦伯的伦理思想则可以"责任伦理"（ethic of responsibility）为代表。二者之间的歧异处可用一个设想的情境加以说明：

　　**\* 倘若某甲为了逃避追杀，跑到张三家躲藏。过了一会儿，要追杀他的人——李四也赶到张家门口质问，某甲是否躲在张三家里？则张三的答复，依其所持观点，显有不同：**

　　（一）假设张三接受韦伯"责任伦理"的说法，其回答有可能为"否"。而且这个可能性颇大，因为从"责任伦理"来看，张三的回答必得考虑行为的后果。所以在此一状况之下，"保护生命"显得更为切要，因此"善意的谎话"在道德上是被允许的。

　　（二）相反的，倘若张三是跟膺康德"道德自主性"的话，则他唯有回答"是"，而无其他选择。乍听之下，张三的回答似乎不近人情，但从康德的观点看来，却振振有词。首先，如果张三为了保护某甲，而不得不说谎，张三

---

[1] 例如：Thomas Burger, *Max Weber's Theory of Concept Formation*（Durham，1976）.这本书对韦伯与吕克特之间哲学的互动有很好的探讨。"新康德主义"当然不只限于"西南学派"（the southwestern school）的吕克特、温霭邦（Windelband）等。比较整体地讨论"新康德主义"的，可参阅 Thomas E. Willey, *Back to Kant*（Detroit，1978）.但与韦伯有思想牵连的主要仍为"西南学派"。韦伯与"西南学派"大略的差异可参阅 Julien Freund, *The Sociology of Max Weber*（New York，1969），Chapter 2.

即把李四当作自己伦理目的的手段。这便违反了"道德自主性"的核心概念：在道德上，每个人都是目的，绝不可把他人作为达成己身目的的手段。

其次，经验并不具有必然性。即使张三诚实地回答，李四不见得就可遂行杀人的企图；譬如，他还必须考虑张三，甚至左邻右舍的反应等等。反之，张三答"否"，某甲也不见得就必能保住生命。他可能因为惊慌失措，从窗外逃出去，恰巧被离去的李四撞见而遭杀害。在经验上，我们无法排除多种可能性。

最后，"善意的谎话"即使能收一时的效果，对康德而言，终究破坏了人类的互信，造成群体损失。换句话说，"善意的谎话"缺乏伦理的普遍性[①]。

其实，以上情境判断的差异正反映了康德与韦伯在道德哲学上的分歧。要之，在知识论方面，康德固然想结合唯理论与经验论的长处，但在伦理学的领域里，康德却是十足唯理论者（rationalist）。他主张有"先验的实践理性"（a priori practical reason）方为伦理概念的泉源。"经验行为"的"实效"（utility）或"道德感情"（motral sense）皆非道德判断的依据。根据后二者所形成的道德判断即不是"道德自律"[②]。

从思想的背景来看，康德的"道德自主性"正是为耶稣"山上训词"（the Sermon on the Mount）做辩解：基督徒只遵行他所应该做的事情，把结果交付上帝。反观韦伯在《政治作为一种志业》与其他文章中却再三抨击当时政治的狂热分子，后者只顾及动机的纯正性，而丝毫不虑及行为的后果[③]。他所标举的"责任伦理"与一味执着心志纯正的"信念伦理"（ethic of conviction）

---

① 这个例子事实上取材自康德晚年的一篇小文："On a Supposed Right to Lie from altruistic Motive." Immanuel Kant, *Critique of Practical Reason and Other Writing in Moral Philosophy,* translated and edited by Lewis White Beck（Chicago, 1949）, pp. 346–350.

② Immanual Kant, *Kant on the Foundation of Morality,* translated with Commentary by Brendan E.A.Liddell（Bloomington and London, 1970）, pp. 188–189.

③ 例如：Max Weber, "Politics as a Vocation," in *From Max Weber*（New York, 1968）,pp.77–128; "Value-judgments in Social Science," in *Weber:Selections in Translation*（Cambridge,1978）,pp. 69–98. 在这些文章中，韦伯真正提议的是"责任伦理"。虽然他在《政治作为一种志业》文末说道，当人们经过"责任伦理"的思虑之后，终须以"信念伦理"的态度坚持之。但全文的主旨毫无疑问是"责任伦理"的精神。这点我与施路贺特（Schluchter）的看法是完全一致的。cf. "Value-Neutrality and the Ethic of Responsibility," by Wolfgang Schluchter, in *Max Weber's Vision of History*（Berkeley, Los Angeles and London, 1979）, pp. 85–91.

恰是针锋相对的。依韦伯之见，"责任伦理"的特色在于把可预见的行为结果纳入道德判断之内，从而有别于只讲求动机纯正的"信念伦理"。值得注意的是，在韦伯心目之中，除了"山上训词"正是"信念伦理"的典范，康德严谨的概念伦理亦是他经常批评的对象[1]。

以浮面视之，"责任伦理"攸关群体政治行为的规范，而"道德自主性"只涉及个人伦理的抉择；二者范畴既然不同，因此截然有别。但此中所涉及的问题远较上述来得复杂。事实上，韦伯对康德伦理学的批评可以分成两个层面，而彼此又密切关联：第一是有关"道德判断"的形成；第二是界定"伦理"与"政治"的关系。

对康德而言，主观的行为准则（maxims）若能通过普遍化的形式程序（universalizable），即可作为客观的道德律则（moral rules）。但对韦伯来说，仅是这样"形式"的要求并不足以构成"道德判断"。换言之，"道德判断"的形成必得涉及实质因素与其他价值（伦理只是诸多价值的一类）。韦伯甚至认为，即使在个体层面，伦理价值并非个人道德抉择充分的泉源，所以说康德"形式的"（formal）伦理有待商榷[2]。譬如前述"张三"的例子，当他决定作答时，即使目的纯是为了救人，亦得视当时情境（例如：李四的个性或手持武器的类别等等），方能决定说谎与否。是故，张三的道德判断必得涉及实质因素方可确立。也就是说，道德判断必得涉及其他价值和经验因素。这种观点于康德看来即是"道德他律"（moral heteronomy），而与"道德自主性"大相径庭，更何况康德坚决主张，"说谎"是人作为道德存在而言，最违逆己身职责的过失[3]。

可预期的，如果把韦伯与康德在这方面的歧见进一步提升到群体规范的层面，则二者的差异必将更形扩大。首先，在理论上，康德主张"道德"与"政治"并没有冲突；正确的政治原则（principle of political right）只有得自正确的伦理原则（principle of moral right），简言之，就是"先验实践理性"

---

[1] 例如，在韦伯《社会科学的价值判断》这篇文章中处处可见。至于康德伦理学是否诚如韦伯所说仅有"形式"意义或性质，则非本文关注所在。罗尔斯（John Rawls）即不认为如此。

[2] Max Weber, *Weber: Selections in Translation*, pp.80 ff.

[3] Immanuel Kant, *The Metaphysic of Morals*, Part II: *The Doctrine of Virtue*, translated by Mary J. Gregor（Philadephia, 1971），pp. 92–95.

的规范①。相反的，韦伯却认为，"道德"与"政治"必须有所区别，绝不可混为一谈。这正是"责任伦理"的精义所在。譬如，当人们被迫在"保护生态环境"或"扩大经济建设"的两项政策之间做一选择时，他们会发现既无预定的价值阶层可资遵循，而"伦理概念"又显得无济于事。这时候他们就应该端视"科学"（science）所能达成的目标为何，利弊又何在。而在比较多项价值（伦理只是价值之一类而已）之后，才进行所谓的"价值抉择"。

以上的分析显示出，韦伯心目中的"科学"绝非如哈伯玛斯（Habermas）所说的仅是"工具性的理性"，只是为了替既定的政治决策服务②。依韦伯之见，"科学"本身固然无法制定价值的取舍，但另一方面，"科学"却绝非完全被动地从属于某一价值，而只为预定的价值服务。在价值抉择的过程之中，"科学"就其影响最后价值的裁决而言，其扮演的角色不仅十分关键，而且举足轻重。于此，韦伯多元而动态的价值观与康德先验独断的（dogmatic）价值再次壁垒分明。

（原载《当代》，第 18 期，1987 年）

## 三　孟子的"四端说"与"道德感说"

18 世纪西欧伦理学有一场著名的论战，即围绕着"道德的性质"而发。简述之，主张道德源于内在感情者，谓之"道德感说"；坚持道德源自先验理性者，谓之"道德唯理论"。前者的代表如赫京生（Francis Hutcheson）、休谟（David Hume），日后则为亚当·史密斯（Adam Smith）所发扬光大，流行甚广。"道德唯理论"的代表即是近代哲学的奠定者——康德（Immanuel Kant）③。这两种学说在当时针锋相对。国内援用康德来"格义"儒家伦理学

① Hans Reiss ed,and trans., *Kant's Political Writings*（Cambridge,1977）,pp.124–125.

② Jürgen Habermas, *Toward a Rational Society,* translated by Jeremy J.Shapiro（Boston,1971）, pp.62—80. 哈伯玛斯认为，在韦伯的概念中，"科学"只是服务"政治"决策的工具，而不具有批判性的作用。这样的解释实在简化了韦伯对"科学"与"政治"之间的关系的理解。

③ 关于英国"道德感说"，可参阅 Alasdair MacIntyre, *A Short History of Ethics*（New York, 1978）, ch.12.

说，学界早已耳熟能详，于此无庸赘述①。拙文草于十年之前，试援"道德感说"以疏通孟子"四端说"，借此显示：毋论援用康德学说或者"道德感说"，均能在儒家伦理这个多彩多姿、意涵丰富的万花筒中，顺由观察者任意的摇动，显现己所欲睹的图像。从而旁证认识自己文化最佳的途径，终是"返归原典"。

孔子以降，先秦儒家的代表首推孟子与荀子。以道德知识论言，荀子的观点与"道德感说"格格不入。据荀子的观察，道德行为非出自人性之本然。他言道：

今人之性，饥而欲饱，寒而欲暖，劳而欲休，此人之情性也。今人饥，见长而不敢先食者，将有所让也；劳而不敢求息者，将有所代也。夫子之让乎父，弟之让乎兄；子之代乎父，弟之代乎兄；此二行者，皆反于性而悖于情也②。

既然道德非来自人之情性，那么礼义从何而出呢？荀子认为是"圣人化性而起伪，伪起而生礼义"。换言之，伦理规范是"圣人积累虑，习伪故"的缘故③。由此视之，道德成规既为圣人所创制，则显然外在于个人，而非自发。他又明言：

今人之性，固无礼义，故强学而求有之也；性不知礼义，故思虑而求知之也④。

是故，对荀子而言，道德的起源或伦理的命题皆缘"思虑而求知之"，这与"道德感说"显然不符，可毋庸多加细论了。

反观孟子的伦理学却将"道德感说"表现得若合符节。首先，在孟子辩

① 以康德哲学疏通儒家伦理，卓然有成者当非牟宗三先生莫属。最能发挥其说者，则属其高第李明辉先生。参见李著《孟子与康德的自律伦理学》，《鹅湖月刊》，第 55 期，1988 年 5 月，页 5—16。不同的意见则请参阅拙著《所谓"道德自主性"：以西方观念解释中国思想之限制的例证》，《食货月刊》，第 14 卷，第 7、8 期，1984 年，页 77—88。

② 王先谦：《荀子集解》（台北，世界书局，1969），卷一七，页 291。

③ 王先谦：《荀子集解》，卷一七，页 291—292。

④ 王先谦：《荀子集解》，卷一七，页 292—293。

驳告子"仁内义外"说中，两造所援用的论证直是 18 世纪西欧伦理论战的缩影。依告子的说法，见到年长者，于是去恭敬他；这恭敬之心乃因"对方年长"所引起的，并非自己内心所本有。换言之，"年长"具有客观的道德性质，因之引起人心的道德反应，如同告子所谓"彼长而我长之，非有长于我也"。

孟子则以人只尊敬年长的人，而不尊敬年老的马，来表示"年长"本身并不存有客观的道德素质，由此反证"恭敬长者"实发自内心。孟子此项论证旨在厘清"道德官能"（moral faculty）与它所施用的对象，必须有所分辨，毋得视后者为道德的根源。

孟子复把作为"道德官能"的"心"来类比感觉器官。他谓，"口之于味，有同'耆'"，"耳之于声，有同'听'"，"目之于色，有同'美'"，于是认为：

> 至于心，独无所同"然"乎？心之所同"然"何也，谓理也，义也[1]。（引号为笔者所附加）

以现代的观点视之，孟子这个比喻并不十分恰当，因为"口之于'味'""耳之于'声'""目之于'色'"存有感官与被感觉者的里、外区分，可是"心之所同'然'"的理、义却是发自内心。所以此一譬喻必须与孟子的"性善说"或"四端说"合读，才能肯定"仁义礼智根于心"，也才能确切把握"理义之悦我心，犹刍豢之悦我口"的真意。

要之，孟子所标榜的"性善说"："乃若其情，则可以为善，乃所谓善也。若夫为不善，非才之罪也。"[2] 其具体的见证乃缘人皆有"四端"。而孟子"四端说"著名的譬喻，当是以"乍见孺子将入于井"的情境，述说"人皆有不忍人之心"最为生动。依孟子之见，这种"怵惕恻隐之心"的产生，既非要"内交于孺子之父母"，亦非图"要誉于乡党朋友"，更非"恶其声而然"[3]，所以我们可断定此为实有所感且最为纯粹的"道德情感"（moral sense 或 moral feeling）。后代解经者释"恻隐之心"为"非思而得，非勉而中，天理之自然"，实深得孟子旨意[4]。

---

① 杨伯峻：《孟子译注》，卷一一，页 261。

② 杨伯峻：《孟子译注》，卷一一，页 259。

③ 杨伯峻：《孟子译注》，卷三，页 79—80。

④ 朱熹：《四书章句集注》（北京，中华书局，1983），《孟子集注》，卷三，页 237。

于另一状况，孟子叙述孝子、仁人埋葬其父的缘由，再次显豁"不忍人之心"的作用，他形容道：

（盖）上世尝有不葬其亲者，其亲死，则举而委之于壑。他日过之，狐狸食之，蝇蚋姑嘬之。其颡有泚，睨而不视。夫泚也，非为人泚，中心达于面目，盖归反虆梩而掩之[①]。

依此，孟子下结论"掩之诚是也，则孝子仁人之掩其亲，亦必有道矣"。而这"有道矣"正是"不忍人之心"的反映。

孟子并肯定人之所以为人，就是因为普遍具有这类的"道德情感"，而这种感情实为道德之基础或来源；以知识论言之，就是提供道德经验与辨别伦理命题之能力。孟子说：

恻隐之心，人皆有之；羞恶之心，人皆有之；恭敬之心，人皆有之；是非之心，人皆有之[②]。

这一段引言显示孟子肯定"道德情感"为人类所共有。其次，孟子又认定道德意识实源自内在的自我，非由外界强加进去。例如他说：

恻隐之心，仁也；羞恶之心，义也；恭敬之心，礼也；是非之心，智也。仁义礼智，非由外铄我也，我固有之也，弗思耳矣[③]。

"仁"在儒家伦理中，意谓"全德"；可包含其他德性。反之，则否。为了精简我们的论证，就把关注的焦点摆在"仁"与"恻隐之心"上面。同理，西方"道德感说"者，例如亚当·斯密（Adam Smith），亦是将"恻隐之心"（symph-athy，在现代语言中则是"同情心"）作为道德意识的基石[④]。

在中国哲学的脉络里，宋儒程颐曾将"仁"与"恻隐之心"的关系描述

---

① 杨伯峻：《孟子译注》，卷五，页135。
② 杨伯峻：《孟子译注》，卷一一，页253。
③ 杨伯峻：《孟子译注》，卷一一，页253。
④ Adam Smith, *The Theory of Moral Sentiments*（Indianapolis, 1976）.

得恰到好处。他说："因其恻隐之心，知其有仁。"[①] 明儒高攀龙亦言：

> 人性因感而发，有恻隐、羞恶、辞让、是非，方知有仁、义、礼、智[②]。

程、高二儒浸淫儒学有年，颇能切中孟子伦理思想的理路：在实际的生活里，道德意识源自具体的情状，而非抽象概念的推衍。这点实是今日亟亟将朴质儒学推向"伦理形而上学"者，必须再三覆勘。

孟子伦理学说与"道德感说"的类似性，比照其"四端说"，会愈形显豁。孟子曾谓：

> 恻隐之心，仁之端也；羞恶之心，义之端也；辞让之心，礼之端也；是非之心，智之端也。人之有是四端也，犹其有四体也[③]。

这段引言与前述引言的差别，只不过是上段引言认为"恻隐之心，仁也"，而下段引言仅认为"恻隐之心，仁之端也"。于此，作为"道德感"的"恻隐之心"与作为"道德判断"的"仁"之间的确切关系，值得探究。

表面上，"恻隐之心"由道德主体因感而发，而"仁"则是客体伦理性质的描述。但以孟子惯以"恻隐之心"与"仁"交互界定，其所呈现相互渗透性，似乎孟子并不分辨"道德情感"与"道德判断"的不同。

"四端"之"端"字，果作"端绪"解，则"恻隐之心"只能说是道德意识的萌芽，而非道德行为的完成。是故，孟子接着必得说，"凡有四端于我者，知皆扩而充之"，若"火之始燃、泉之始达"[④]。"知皆扩而充之"，则属于"心之官则思，思则得之"的运用。但这并无改变"恻隐之心"作为"道德感"基源的事实。所以孟子才会说："从其大体为大人，从其小体为小人。"[⑤]此处的"大体"显指"能思礼义"的"心"，"小体"则为"蔽于物"的耳目。但关键之点即在于道德抉择的启动者——"从"应落在何处？由孟子伦理学

---

① 程颢、程颐：《二程集》（台北，里仁书局，1982 年），卷一五，页 168。
② 高攀龙：《高子遗书》（台北，台湾商务印书馆，文渊阁《四库全书》本），卷六，页 21。
③ 杨伯峻：《孟子译注》，卷三，页 80。
④ 杨伯峻：《孟子译注》，卷三，页 80。
⑤ 杨伯峻：《孟子译注》，卷一一，页 270。

全盘地考虑，极有可能意指落实"道德感"的"四端"，特别是"恻隐之心"及其衍发的"是非之心"。鉴此，可以获悉孟子不但不分辨"道德情感"与"道德判断"，尚且赋予"四端"兼备"道德然否之情"与激发道德行为的原动力。是故，徒见一"知"字、一"思"字，立即漫附会西哲的"理性"或"道德自律"，恐不免"差之毫厘，谬以千里"之讥。

其实，中、西哲学比较的困难，与其说形式论证的差异，毋宁说基本预设或概念的差异为多。例如，西方"理性"与"感情"的截然二分，在中国哲学词汇中则似无对等者。以孟子惯用"心"的概念为言，实"理性"的"mind"（心智）与"感情"的"heart"（心情）兼而有之；以致任何借"道德自律"（遵康德原意的用法）或"道德感说"以疏通孟子学说，均可得其半，而无法尽窥其全貌。于是，表面上，西学似为了解固有文化的方便法门，最后犹得折回了解孟子学说的起始点：《孟子》一书究竟呈现了什么？这样对《孟子》一书"本体地位"（ontological status）谦逊的肯定，即使并非无视于历史上诸多的异解，恐犹为"后现代主义者"所不屑，遑论自谓已得儒学"正解者"。

　　附记　拙文仅就道德认识论予以论列（人如何判断道德事项），尚无涉本体论诸问题（人为何有道德），此一分殊十分吃紧，敬请明鉴之。

（原载《大陆杂志》，第 88 卷，第 5 期，1994 年）

## 四　十年之后：后记

拙文《所谓"道德自主性"》发表之后，李明辉教授曾撰《儒家与自律道德》（《鹅湖学志》，第 1 期，1988 年 5 月，页 1—32）与《孟子与康德的自律伦理学》（《鹅湖月刊》，第 155 期，1988 年 5 月，页 5—16）两文驳之。虽然我们存有若干歧见，但就问难刃磋的角度而言，李教授的文章无疑值得向读者推荐。

时隔十年，事过境迁，逐字逐句的论辩似已无此必要，眼前个人所做的，仅是凭记忆所及，记下大略感想：

首先，个人依旧不能同意隶德的"道德自主性"可从康德的伦理体系分离出来。果如同李教授所示，则康德的伦理学将与其一向所反对的"道德感说"无所分辨。这无疑违逆康德哲学构作的原意，且损毁康德概念系统的完整性。

要之，西方的"道德感说"仍以"恻隐之心"（sympathy），例如亚当·斯密（Adam Smith）的《道德情感论》（*The Theory of Moral Sentiments*）为根源，而植基于内部。这恐与孟子"仁义内在说""不忍之心"较为类似，而与康德伦理学处于对立的局面。无论如何，拙文并无意证明"道德感说"与孟子学说的关系，仅是指出引介外来概念（无论"道德自主性"或"道德感说"），若有益于原来问题的澄清则甚幸，否则徒增烦扰，反致纠缠不清。

拙文原草于负笈返乡之际，骇于台湾文史界以"望空为高"，深陷"格义穷理"之弊，遂有斯文之作，本非针对牟宗三先生而发。牟先生对中国哲学，苦心孤诣，众所周知，又万非肤浅之辈，人云亦云可比。但个人对牟先生援用或改造康德某些概念以阐释中国思想，终觉缺憾。除上述"道德自主性"以外，"智的直觉"（intellectual intuition）又是一大疑义。牟先生认为：张载等的中国思想家具有康德所谓只有神方具有，而人类无法企及的"智的直觉"。若此，除非重新界定"智的直觉"这一概念，否则康德复生，只有瞪目以对。甚而如康德注释大家——史密斯所言，严格推理，即使神（Divine Being）都无法拥有"智的直觉"的能力！遑论其他。（牟宗三的见解参较其所著《智的直觉与中国哲学》[台北，1974]，第十八章；与其《现象与物自身》[台北，1976]，第三章。试比较 Immanuel Kant, *Critique of Pure Reason*, translated by Norman Kemp Simth [Taipei，1977], pp. 268 ff. 史密斯的评论见 Norman Kemp Smith, A *Commentary to Kant's "Critique of Pure Reason*" [Taipei,1976] ,p.408）

其实，儒家哲学与康德哲学的差异，毋宁存于不同基本前提的"认定"。套句英哲科林伍德（R. G. Collingwood）的术语，即是"绝对预设"（absolute presupposition）的差别。（见 R. G. Collingwood, *Essay on Metaphysics* [Chicago，1972，chs. Ⅳ & Ⅴ]）以下方衍生论证的有效性，但此已属"第二义"。个人浅见，牟先生在运用或改造康德学说以就教中国哲学时，间少顾及各自概念系统的完整性，以致混淆"绝对预设"与"论证"之别。是故，常以对事实的"声言"（claim）或"断言"（assertion）取代概念上的"论证"

（argu-ment）。如此所获的中、西哲学比较，难免有格格不入之感。例如，西方的"良心"（conscience）或"内在之光"（inner light）与王阳明的"良知"只能说貌合神离，而在哲学上或宗教上绝无由画一等号。

西哲绝难想象世上有一物，既"超越"（transcendental）且"经验"（empir-ical）。但中国学者不难优游"形而上""形而下"（经验）论证之间，恰如中国神仙随意上天下地般来去自若。因此，"良知"兼顾"理性"与"感情"，又可作为"形而上本体"，复可充作"形而下之器"，实无足为奇了。

末了，牟先生惄惄以"判教"自任，倚其所构作的理论判准，谓孟子、《中庸》作者、程明道、陆象山、王阳明为斯道正统，而荀子、程伊川、朱熹等则反被目为庶子别宗（见氏著《心体与性体》[台北，1975]，册一《导论》或册二页 505 以下）。这种论断哲学上或许有趣，但衡诸历史则不符实情（这只要翻阅"正史"《儒林传》或《道学传》则可得知真相如何）。牟先生所从事的哲学史工作，似乎宗派意识过浓，对历史上的思想家有欠公允，以致难以做到"设身处地地理解"（sympathetic understanding）。这方面，西方斯金纳（Quentin Skinner）诸人所倡导的"新哲学史"或可攻错（"新哲学史"的主要代表除斯氏之外，另有 John Dunn，J.G. A. Pocock 等，其主要研究取径可参考 Quentin Skinner, "Meaning and Understanding in the History of Ideas," in History and Theory（1969），vol. viii, No.1,pp.3-53）。

简之，拙文所论略毋宁是"研究策略"的取舍，而非某一特定问题的大是大非。时下学风，流行以西理"格义"固有文化，易流于学无所本。财政学关于收支平衡有句俗语："举债度日，终需偿还。"似可作为今日学术界只顾"单向"国际交流的警语。何况学术界借贷的是外来强势的文化货币，若己不事创发，单靠"代工"（CEM）得过且过，难免一朝坐困愁城，为时代洪流所淘汰。

魏晋之际，中土人士汲取释教佛理，初以"格义"行之，情有可解。唯圆熟自信之后，自当证诸原典，以求本义，是乃理之当然。岂料千百年之后，今日饱学之士反以西方学理"格义"斯文，谓不若此，无由彰显斯文之"真谛"，毋乃咄咄怪事乎！唐初，解经大师孔颖达有一段批评前朝经师之语，发人深省，适可引为小文之结语。孔氏言道：

熊（安生）则违背本经，多引外义，犹之楚而北行，马虽疾而去愈远矣！又欲释经义，唯聚难义，犹治丝而棼之，手虽繁而丝益乱也。（孔颖达《礼记注疏》〈文渊阁《四库全书》本〉，《礼记正义序》，页 2 下—3 上）

1994 年 4 月

## 五 韦伯论中国的宗教：一个"比较研究"的典范 ①

任何久仰韦伯（Max Weber, 1864—1920）大名的人，翻开《中国之宗教》都不免微微的失望。首先，本书不少有关中国史实谬误的记载，足以使任何具有中国历史基本常识的人感到讶异。例如，他把"朱夫子"的"夫子"当作"朱熹"的名字 ②，又把"商鞅"与"卫鞅"当作不同的两个人，一个是合理化政府组织的创制者，另一个是合理化国家军事系统的建立者 ③。在个别论点上，韦伯受了时代环境的限制，有些论断以今天的学术水平视之，实难以接受。譬如，他根据格鲁伯（Grube）的研究，相信中国文字是视觉重于听觉的语言，加上中国语法的理性结构，使中国语文既不适合诗意或系统思考的表达，也无法发展出西方那样精湛的演说术，以致中国人只能欣赏中国语文的"读"与"写"④。

在体裁方面，本书原名为《儒家与道家》，作者却用了将近一半的篇幅来讨论中国的社会基础，难免令初读者茫无头绪。本书主题的不够明确、行文的冗长与论证的繁复在在都使读者望而却步。既然这本书有如许的缺陷，为什么至今仍然享誉于宗教社会学界，同时还是西方汉学的一个重要泉源呢？这就是本文试图探讨的目标。

《中国之宗教》是英译本 The Religion of China：Confucianism and Taoism 的中文译名，原著为德文，名为 Konfuzianismus und Taoismus（儒家与道家），

① "典范"一词为英文 "paradigm" 的移译。其意义参见 Thomas S.Kuhn, *The Structure of Scientific Revolutions*, in Foundation of the Unity of Science, Vol. II, pp. 55–272.

② Max Weber, *The Religion of Chinn: Confucianism and Taoism*, translated and edited by Hans H.Gerth（New York and London, 1964）, p.23.

③ Max Weber, *The Religion of China*：*Confucianism and Taoism*，p.41. 西方撰写《中国之宗教》有关中国的资料见其书注解①。

④ Max Weber, *The Religion of China: Confucianism and Taoism*, pp.123–124.

完成于 1913 年，1915 年刊载于《社会研究》（Archiv für Sozial Forshung）。
1951 年格特（Hans Gerth）英译本刊行，卷前有名汉学家杨庆垄教授所撰的
一篇"导论"，颇为扼要。但杨氏偏向以功能的观点来介绍这本书，并未把此
书放在韦伯的理论架构内做比较概念层次的讨论。至于英译本存有的一些问
题，学者如 Van der Sprenkel 已略有指陈 [1]。不过，本文的主旨，只是针对此书
做概念性的讨论，细枝末节一概不拟涉及。

　　今年（编案：即 1985 年）距离原著刊行恰为七十年，这期间中、西学术
界对中国文化与中国社会的了解都有着长足的进步，比起韦伯的时代，简直
不可同日而语。在当时，一个不懂中文的西方学者想要研究中国问题，除了
依靠极为有限的二手翻译材料，便只有借助当时传教士的著作，此外更无其
他途径可循。尤其当时西方汉学正陷于低潮，几无优秀的研究成果可资凭借。
韦伯正是处于这样贫乏的学术环境之下，从事本书的写作。

　　换言之，韦伯除了倚赖本身理论先入关注（theoretical preoccupation）的
指引外，在资料掌握方面委实相当困窘，因此在进行比较工作时必然荆棘满
途、举步维艰。但令人惊奇的是，韦伯在这种不利的情况下，不只走出了一
大步，更开创出研究中国文化的一个新局面。我们只要检视今天西方汉学
的作品有多少是衍发或启示自韦伯的《中国之宗教》，就可获得印证。晚近
此一趋势愈趋明显：从三十年前白乐日（Etienne Balazs）讨论"中国资本主
义""中国市镇"的零星文章，到最近墨子刻（Thomas A. Metzger）颇受争议
的专著——《脱离困境》（Escape from Predicament），都可视为此一系列的作
品 [2]。这种情形，就如同许多中国学者惯从钱穆先生的《国史大纲》汲取灵感
一样。总之《中国之宗教》这本书的优点和缺点大致可以从两方面反映出来：
韦伯的理论素养和资料的限制。

　　为了进一步了解《中国之宗教》的整体涵义，就必须明了此书在韦伯

---

[1]　参阅 Otto B.van der Sprenkel, "Chinese Religion," *in The British Journal of Sociology*, 5（1954），
pp.272–275. 是氏另有 "Max Weber on China," in *Studies in the Philosophy of History*, ed., by
George H.Nadel（New York, 1965）pp.198–220. 但远不如杨庆堃的"导论"。杨氏的"导论"见
*The Religion of China*, pp.xiii-xliii 此外，杨氏以社会学"功能观点"写成有关中国宗教的研究，
则见 C.K.Yang, *Religion in Chinese Society*（Berkeley，Los Angeles and London，1961）.

[2]　白乐日的文章收在其论文集：Etienne Balazs, *Chinese Civilization and Eureaucracy*, trans. by
H.M.Wright（New Haven and London，1974）. Thomas A.Metzger, *Escape from Predicament*（New
York,1977）.

整套理论架构中所据的位置。终其一生，韦伯的心目中一直萦绕着一个大问题。即近代西方文明为何具有显著的"理性"质素？也就是说"合理性"（rationality）何以变成西方近代文明的特色？这种特征表现在西方近代社会的各个层面，举凡经济、法律、宗教、艺术等等皆着其痕迹。以实例而言，行政的科层化、法律的系统与形式化以及音乐的作曲与交响乐团的组合皆可视为此一特质的具体表征 ①。

除了在具体的脉络里，韦伯很少讨论"合理性"这个概念，更不曾为其拟定一个普遍而抽象的定义，以致历史学者争论不休，莫衷一是。不管它是否只意谓"工具理性"，抑或可以包括"价值理性"，至少它可以具有"知识专门化"与"技术分工化"的性质殆无疑问 ②。"合理性"发展的结果必定是"效率"与"生产力"的提高。这种趋势不一定对人类的福祉有所助益，例如

① 有关韦伯思想一般性的通论，则请参阅 Reinhard Bendix, *Max Weber, An Intellectual Portrait*（London,1966）. 和 Julien Freund, *The Sociotoy of Max Weber*（London,1968）.

② 对韦伯"合理性"的观念倾向于解释作"工具理性"的意涵，例如马古西（Marcuse）、哈帕玛（Habermas）等批判学派（critical school）的学者。参阅 Herbert Marcuse, "Industrialization and Cap-italism in the Work of Max Weber," in his *Negation: Essays in Critical Theory*（Boston,1969）, pp.201–226; Jürgen Habermas, "Technology and Science as 'Ideology'," in his *Toward a Rational Society*, trans. by Jeremy J. Shapiro（Boston,1971）, pp. 81–122; and his recent publication, *The Theory of Communicative Action*, trans. by Thomas McCarthy（Boston, 1984）, chapter 2. 马古西对韦伯的批评是相当"意识形态的"，而站在韦伯立场为韦伯辩论的学者亦未能就要点反驳，双方的沟通诚然失败。两方面的辩驳见 Max Weber and Sociology Toady, ed., by Otto Stammer and trans. by Kathleen Morris（New York, 1971）,pp.133–186. 另一边的见解则曾见德国学者施奈德（Schneider）的原著英译本，书名大略为 Between Freud and Marx，为笔者在美国读书时所见，目前案头无书可查，暂缺。依个人的看法，要解决这个问题必得考虑韦伯与"新康德主义"（neo-Kantianism）的关系，韦伯将"理性"分为"价值理性"（Wertrationalitat）与"工具理性"（Zweckrationalität）似乎与康德对"应然"（ought）与"实然"（is）范畴的区别甚有关联。"价值理性"本身即是目的：不可能从其他源头推衍而出，因此无法以"科学"方式证明之，这和康德对"实践理性"（practical reason）的看法是一致的。于韦伯而言，学术研讨只能涉及"工具理性"以及"价值理性"的判断结果。是故，不能只看到韦伯讨论"资本主义""科层系统理性化"，即表示他所理解的"理性"仅止于工具或技术的层面。若单从"工具理性"观点，"价值"的终极问题可以是"非理性的"。但就"理性"的整体而言，则不然。韦伯的想法见 Max Weber, *Economv and Society*, trans. by Guenther Roth and Claus Wittich（Berkeley, Los Angeles and London, 1978）, Vol.1, pp.24–26. 马古西和哈伯玛斯基于"批判理沦"的立场，无法接纳韦伯的观点，诚属可解。韦伯与"新康德主义"在"价值"理论的纠结与界限，可略见 Wolfgang Schluchter, *The Rise of Western Rationalism*, trans.by Guenther Roth（Berkeley, Los Angeles, and London, 1981）, pp.13、19.

"科层组织"的极度发展，很可能导致个人在现代社会中的角色萎缩成一根机械的螺丝钉，不仅渺小得可怜，而且束缚驰骤，全受牵制。无论如何，这种独特的"合理性"毕竟在西方文明里获得前所未有的发挥，最明显的表现就是西方近代科学的建立与资本主义的兴起。

首先，西方近代科学固然在技术层面带给人类生活许多有目共睹的方便，可是大自然的神秘与神圣性被揭露之后，世界丧失原有的"迷力"（the disenchantment of the world），人类原来依之而产生的信仰或精神的启示也就荡然无存 ①。对韦伯来说，人类终究是追寻意义的动物；世界既然失去意义的凭借，人类不能不苦心焦虑并备尝艰辛地为自身再度编织一套"意义的网络"（web of meaning），以求得"安身立命"之所。雅斯贝尔斯（Karl Jaspers）因此称韦伯为"存在主义的先驱"，的确有所洞见 ②。

其次，为了探讨近代资本主义产生的精神驱力，韦伯在 1904 年和 1905 年发表了一连串的文章，名为《新教伦理与资本主义的精神》（*The Protestant Ethic and the Spirit of Capitalism*，英译本为 1930 年美国社会学家帕森斯［Talcott Parsons］所译）。这一本书是韦伯最著名，也是引起最多争论的著作。

这一本书的精彩之处，便是韦伯如何利用繁复细密的论证来说明貌似合乎理性的资本主义的运作制度，背后却由一套极为不合理性的新教伦理所支撑着。

在 16、17 世纪的欧洲，除了意大利北部、法国等信仰天主教的区域之外，某些改信新教的地区，例如荷兰、英格兰的商业经济均有相当显著的发展，这些地区经济活动的形态被认为是近代资本主义萌芽的征象。这个事实是欧洲经济史的常识。对韦伯而言，他想了解的是：在此一蓬勃的商业活动之中，宗教究竟扮演了何种角色？是抑制或是促进此一经济形态的发展？更确切地说，韦伯试图界定新教伦理与资本主义精神的关联。

在宗教改革以前，基督教神学对俗世的生活，尤其是经济行为总是抱着鄙视的态度，"天国"才是虔诚基督徒应该向往的乐园。阿奎那（Thomas Aquinas）认为"工作"只是为了维持个人与群体的生存，俗世的活动若不是

---

① Max Weber, *From Max Weber*, trans. and eds. by H.H.Gerth and C.Wright Mills（New York,1968），pp. 148, 155, 282.

② 雅斯贝尔斯曾写了一篇极具师生之情的文章，来综述韦伯的生平，见 Karl Jaspers, "MaxWeber, " in his *Three Essays*, trans. by Ralph Manheim（New York, 1964）,pp.189–274.

为了信仰的生命，则毫无价值①。在中世纪，一个基督徒关怀的仅是"彼世"，而非"此世"，因此俗世的成就并非价值的来源。这种情况在"宗教改革"以后，有了极明显的变化，俗世活动从此获得宗教意义的肯定。

在"宗教改革"里，路德（Luther）和加尔文（Calvin）所领导的教派最具代表性。在路德从事改革的初期，他极力辩护基督徒俗世责任的重要性。修道院的生活并非完全没有价值，但如弃绝俗世责任，则被视为自私的行为。事实上，这是"宗教改革"最重要的成果之一。可是到晚期，尤其经历农民暴乱后，路德转而认为"召唤"意谓上帝的神示，人必须使自己调适客观的历史秩序，而变成"传统"倾向②。所以在路德的教义里，俗世的改造并未获得应有的重视。虽然他曾攻击传统的教会制度，主张直接阅读《圣经》才是得救的真正途径，但终究不能舍弃象征权威的制度。在某种程度上，他仍然承认仪式与忏悔的必要性。路德派的这种倾向，越到后来，越是强烈。

不过，在促成资本主义精神的发展上，路德的世界观虽说只具有消极的意义，但是在移译《圣经》的过程中，路德介绍了德文"Beruf"（意为"召唤"或"天职"，相当于英文的Calling）这个概念，却是经济伦理的里程碑。"Beruf"可以意谓"工作"，但路德的用法，仍倾向于指称上帝为每个人所安置的位子，以致此一概念所隐含的"转化力量"（transformative power）并不突显。直到加尔文手中，我们才看到"Beruf"这个概念有了与传统截然不同的涵义③。

加尔文认为"Beruf"并非仅意指基督徒主观"内心的召唤"，更重要的是强调外在俗世职责的实践。路德与加尔文对"Beruf"解释的差异，正反映了二者对"感情"看法的不同。从小浸润于日耳曼"人性本善"的传统，路德信任人类感情自然的流露；反观加尔文对"感情"却抱持着怀疑的态度，因此要求信徒必须在"感情"上自我约制④。

除了重视俗世工作的意义，加尔文另有一项独特的教义，即"预选说"（the doctrine of predestination）。这项教义铺下了另一座通往资本主义的观念

---

① Max Weber, *The Protestant Ethic and the Spirit of Capitalism*, trans. by Talcott Parsons（New York,1958），p.159.

② Max Weber, *The Protestant Ethic and the Spirit of Capitalism*, pp.81, 85–86.

③ *The Protestant Ethic*, chapter 3. 另外韦伯在注解中对"Beruf"有详细的讨论，pp.206–211.

④ *The Protestant Ethic*, pp.126–127.

桥梁。"预选说"意谓，人是否会得救，上帝早已决定；人类的意志与努力丝
毫不能改变上帝最初的决定。倘若人的智慧可以窥测上帝的意旨、人的努力
可以更改上帝的计划，则上帝厘定的宇宙秩序将为之破坏无遗，世界亦将变
成不可思议。所以即使是最虔诚的信仰与最崇高的善行，都不能挽回已被决
定的命运。加尔文可说是彻底的宗教理性论者，他拒绝任何形式的"圣礼"，
甚至怀疑"忏悔"的意义，也不信任"教会"制度，于是原来存在于个人与
上帝之间的媒介被彻底解消了。每个人都必须直接面对上帝的审判与严厉的
要求。在此一意义之下，个人是绝对的孤独[1]。米尔顿（Milton）有感于加尔
文教义的"荒谬"，曾宣称：

> 或许我会因此下地狱，可是这样的上帝永远得不到我的尊敬[2]。

其愤慨之情溢于言表，可见加尔文教义之不合人情。

从推理上而言，一个人的得救既然已命中注定，信仰应该变得无关紧要
才对。但从信仰者的心理来看，则情形恰为相反。作为一个亟望得救的加尔
文信徒，其内心的焦虑必定无比巨大。一方面，他固然热切希望自己是上帝
的"选民"（the elect）；另一方面，他却无法断定自己是否在被拣选之列。
他所能努力的，只是经由俗世的努力来证明上帝的存在，以自己现世的成就
来肯定上帝对自己的"恩宠"（Grace）[3]。

职是之故，加尔文派的教徒必须实践"召唤"，克尽"天职"，这种"召
唤"通常被视为上帝"恩典"的象征。在现世之中，教徒必得不断努力地工
作，求取世俗的成就来荣耀上帝。因此在企业上，他必须以最合理性的方式
来牟取最大的利润。要想达到合理的经营，自然会涉及企业的规划，例如
"私人财产"与"公司财产"的分离、计划性的投资、有效的商业组织、簿记
制度等等的建立。而这些都是近代资本主义的特征[4]。

所以，我们可以知晓，虽然天主教、路德、加尔文三个教派的最终兴趣
都在"得救"，但是对如何才能"得救"却有极为不同的看法。旧教认为最好

---

[1] *The Protestant Ethic*, pp.102–104.

[2] *The Protestant Ethic*, p.101.

[3] *The Protestant Ethic*, p 103.

[4] *The Protestant Ethic*, pp.21–22.

的方式是弃绝俗世，进入修道院，专心潜修，其次则是遵循教会的仪式，忠于自己岗位的传统。对路德教派而言，修道院的生活是不受赞许的，但服从传统与权威是应该的，"俗世"充满了罪恶，根本上无法改善，只有依赖虔诚的信仰与忏悔才能祛除罪恶。对加尔文教派而言，一个信徒则应遵从上帝的"召唤"，在自己的岗位上努力工作，以理性和严肃的态度在尘世建立"上帝的王国"。又因为上帝是绝对超越与不可测知，所以仪式、法术、神秘主义都完全摒除，以免将"俗物"神圣化而遭亵渎神明的谴责。

信仰与善行固然不足以改变上帝的意志，但由于上帝乐意见到俗世的改造，所以从俗世的成就可以发现上帝"恩典"的征示，从而确信自己的"救赎"。在这样的观点之下，努力工作便是上帝"恩典"的征示，懒惰则反是。勤奋与理性经营的结合，使得加尔文教徒极易致富；加上宗教伦理的约束，更使他们不敢放纵肉体的享受。财富于他们而言，只不过是为了荣耀上帝的"恩宠"；严格地说，他们只是为主子（上帝）管理财产，却没有花费这些财产的权利。换言之，加尔文教徒并不排斥财富，但财富的运用必须合乎理性与信仰的双重要求。直至20世纪，有些西方企业家仍旧奉行此一经济伦理，或者实践此一伦理而不自知。其实，韦伯在撰写《新教伦理》时，便是以他的叔父为形象：一位成功而律己甚严的企业家①。

总之，《新教伦理与资本主义的精神》这本书的贡献，即在于指出近代资本主义合理经营的态度，却是由新教，尤其是加尔文教派的宗教伦理驱策所致。韦伯能够掌握到这一点，委实令人击节称赏。特别是在20世纪，宗教与资本主义经常处于对立的状态，更难体察原来资本主义发展的真相：一种强烈追求"救赎"的宗教信仰却无意中逼出理性的企业精神。

可以想象得到，韦伯的说法必定引起极大的反响，赞成者与反对者比比皆是。社会学家艾森斯塔得（S. N. Eisenstadt）做过很扼要的综述，于此不再赘

---

① Marianne Weber, Max Weber, A Biography,trans. by Harry Zohn（New York, 1975）,pp.172,394.

述①。值得补充且与以下讨论《中国之宗教》有关的只有以下几点②：

一般人往往把韦伯在《新教伦理》中的分析认作"因果分析"，其实韦伯在本书中并非从事"因果分析"，"资本主义的精神"实是"新教伦理"无意中逼出的结果。基本上，路德或加尔文本人仍然对牟利行为抱着鄙视的态度，他们从未预想到"新教的教义"会转折出"资本主义的精神"，因此更谈不上"新教"导致"资本主义"的论断。但这种普遍的误解历久不歇，绵延至今，连博雅如布罗代尔（Fernand Braudel）都难以免除，遑论其他。布氏说：

于韦伯而言，现代意义的資本主义不多也不少（no more and no less）正是新教的产物，或者更精确地说，是清教徒教义（Puritanism）的产物③。

---

① S.N. Eisenstadt, "The Protestant Ethic Thesis in an Analytical and Comparative Framework," in *The Protestant Ethic and Modernization*, ed ,by S.N.Eisenstadt（New York and London,1968），pp.3–45.

② 以下两点因仅涉及《新教伦理》的个别论点，所以只列于"注释"部分，以供参考。首先，斯特劳斯（Leo Strauss）批评韦伯虽然详细讨论了"加尔文教派"与"资本主义精神"的关系，却未曾界定"加尔文教义的本质"（the essence of Calvinism）。他推测韦伯之所以如此，肇因韦伯一向坚持"事实"（fact）与价值（value）必得截然两分；判断何考为"加尔文教义的本质"则不免涉及"价值"评断，而与韦伯原来的主张相抵触。见 Leo Strauss, *Natural Right and History*（Chicago and London，1971），pp.59–63. 其实，斯特劳斯的批评并不中肯。他没有确切把握韦伯主张"事实"与"价值"两分的用意。就韦伯而言，科学知识的产生固然具有"价值"牵联的性质（value-relevance），但科学知识的目的在于厘清与发现事实的真相。见 Max Weber, "Value-judgments in Social Science," in Max Weber,*Selection in Translation*, ed., by W.G.Runciman（Cambridge, 1978），pp.69–98. 一个学者当然可以下"价值判断"，但"价值判断"却非"科学"工作的分内事。另一方面，理出"加尔文教义的本质"并不一定非要涉及"好、坏""优、劣"的"价值"评断不可。对韦伯来说，加尔文教义是在青俗化以后才在历史上起了转化作用；韦伯在《新教伦理》中从事的是历史影响的分析，"加尔文教义"的界定与否在他的分析脉络中并非不可或缺的关键点。托尼（R.H.Tawney）持着同情的观点为韦伯辩护。他进一步指出，18 世纪清教徒的世俗化与对经济成就的重视，才是韦伯应该注意的历史焦点。这种说法不无补正之功。可是基本上韦伯进行的乃是"理念形态"的分析，他所建立的"理念形态"有助于对事实的了解，却不可和事实混淆为一。否则加尔文在瑞士所建立的"教权王国"（Church-state）所显示的全面控制的权威色彩，岂不与韦伯强调的"加尔文教义"所蕴含的"个人主义"格格不入？这难道说是韦伯对"加尔文教义"的理解完全错误吗？这是任何批评韦伯的学者都要否认的。托尼的观点见 R.H.Tawney, *Religion and the Rise of Capitalism*（London,1964）.

③ Fernand Braudel. *Afterthoughts on Material Civilization and Capitalism*, trans. by Patricia M. Ranum（altimore and London, 1977），pp. 65–66.

在反驳他所谓的"韦伯理论"以后，布氏接着指出 16 世纪末期西欧的经济繁荣，毋宁是世界经济重心，从地中海转移到大西洋所造成的结果，与资本主义的性质毫无关联，他批评道：

在考虑了所有的情况之后，我相信韦伯的错误实源于他过分夸张资本主义在近代世界的促进角色[①]。

对于布氏这类的指控，我想韦伯只能"瞠目以对，不知所云"了。

其次，索罗金（Pitirim Sorokin）则批评韦伯把新教伦理与资本主义做比较，犯了错置范畴的谬误。他所持的理由是：资本主义自成一套复杂的系统，而新教伦理只是新教之中一项构成分子，二者分属不同层次、不同系统，因此不能互比[②]。索氏的批评实为无的放矢。事实上，韦伯所感兴趣的，只是在精神层面上，新教伦理与资本主义精神有何关联而已，并未涉及资本主义整体的问题。

此外，韦伯并不否认资本主义也可能影响到新教的形成。但韦伯主要的用意在于反驳当时流行的经济决定论，所以《新教伦理》的研究着重于说明宗教影响经济行为的可能性。至于韦伯著书的目的是否欲驳斥马克思派的经济决定论？这个答案如果加以审慎的界定，大致是可以肯定的。帕森斯早在 1929 年就宣称，韦伯的《新教伦理》着意以历史例证来反驳马克思的理论[③]。的确，在本书之中，韦伯曾数度明白指摘"历史唯物论"或"经济决定论"的谬误[④]。原则上，韦伯是一个历史因果多元论者，他从来不相信单一因素可以解释所有历史现象或事实的整体。如果把代表"历史唯物论"的观点与之

---

① Fernand Braudel, *Afterthoughts on Material Civilization and Capitalism*, p.67.

② 索氏的批评见 Theodore Abel, *The Foundation of Sociological Theory*（New York, 1970），pp.50–53.

③ Talcott Parsons, "Capitalism in Recent German Literature," quoted in Guenther Roth, "The Historical Relationship to Marxism," in *Scholarship and Partisanship: Essays on Max Weber*, edited by Reinhard Bendix and Guenther Roth（Berkeley, Los Angels and London, 1971），p.228; and Talcott Parsons, *The Structure of Social Action*（New York,1968），Vol. II,pp. 510–511.

④ For example, *The Protestant Ethic*, pp. 55,183.

相比照，韦伯的意图则相当明显①。在此之前，恩格斯（Engels）曾明言：

　　加尔文教义切合当时最进取的中产阶级。在竞争激烈的商业世界里，一个人的成败不决定于个人的努力与才智，而是决定于周遭他所不能控制的环境。加尔文的"预选说"就是表达上述事实的宗教观②。

这种论点是韦伯无法苟同的。在概念式的讨论"经济伦理与世界宗教"的时候，韦伯表达了以下的观点：

　　经济伦理并不是经济组织形式的简单"函数"，同样的，经济伦理也不能明确地决定经济组织的形式③。

又说：

　　宗教从来不是经济伦理唯一的决定因素。宗教与其他（在我们的观点）"内在"的因素决定了我们对世界的看法，经济伦理于是有了高度的自主性④。

---

① 有关韦伯与马克思之间的问题，最初见诸罗维兹（Löwith）的论文，迄今仍是最典型的见解。Karl Löwith, *Max Weber and Karl Marx*, trans. by Hans Fantel（London, 1982）.

② C.P.Dutt ed., *Karl Marx, Selected Works*（New York, 1936），Vol. I. p. 404. 罗思（Roth）则提出另外一种看法，认为在 19 世纪 90 年代，有关"资本主义"与"新教伦理"的问题是当时学术圈内的热门话题，而韦伯撰写本书的主旨非针对"历史唯物论"，在当时，意识形态的批判只是次要的。他并且怀疑韦伯读过上述的引文。罗思的看法，见"The Historical Relationship to Marxism," in *Scholarship and Partisanship*.pp.244–245. 事实上，关键并不在韦伯是否读过上述的引文。拙文的引文原出自恩格斯所著 *Socialism：Utopian and Scientific* 的英文版"导论"，刊于 1892 年。在 19 世纪末期，恩格斯这篇文章是"马克思派"最具影响力与最流行的两篇文献之一。"导论"的后一部分，即本文引文的出处，后来独自在 1892 年至 1893 年，刊行于德国报纸 "*Neue Zeit*"。加上罗思自己在（注解）十七提供的资料：从 1895 年至 1904 年，关于马克思的著作急剧增加，更可反证当时的思潮，所以韦伯"即使"没有直接阅读过上述引文，也能从其他来源得知"历史唯物论"的观点。罗思文章的真正贡献应该在于提供一个"学术层面"了解"新教伦理"的学术位置，而不能排除韦伯想反驳代表"庸俗化"马克思思想的"经济决定论"。罗思同样引用了"本文的引文"，但引文的缺失，令人不得其解。cf. *Scholarship and Partisanship*, pp. 243–244.

③ Max Weber, *From Max Weber*, p.268.

④ Max Weber, *From Max Weber*, p.263.

另一方面，韦伯明了这种自主性的程度相当受到经济地理与历史的约制，毕竟宗教对人类生活行为的影响仅是构成经济伦理的"一个"决定因素而已。较之恩格斯，韦伯的论点不失为持平周延之论。

最后值得一提的是，20世纪的资本主义与16、17世纪的资本主义显然有相当大的差异。在资本主义的经济秩序形成以后，此一经济制度就像一部机器取得了内在的动力，自行运转起来，不再理会原来的助力和约束。若说目前资本主义的运作与新教"俗世的苦修主义"（world asceticism）略无关联，并不为过。韦伯曾悲观地说，对现代人而言，资本主义就像一座牢不可破的"铁笼"（an iron cage），紧紧桎梏住人类的命运，直至烧尽最后一吨煤炭，方才罢休 ①。此一预言，实可发人深省。

在完成《新教伦理》之后，韦伯本来计划进一步探究社会状况，尤其是经济因素如何塑造新教伦理，但他的朋友——搓尔契（Ernst Troeltsch），一位杰出的神学家，出版了《基督教会的社会教示》（The Social Teaching of The Christian Churches），打消了他的念头。此外，为了不使《新教伦理》显得孤立，韦伯以比较各个文明里宗教与经济发展的关系，来烘托新教伦理在整个西方文化发展中的意义。在此一观念架构之下，韦伯陆续完成了《中国之宗教》《印度之宗教》与《古代犹太教》等书，而《中国之宗教》正是此一庞大计划的第一部作品 ②。

所以我们可以明了韦伯撰写《中国之宗教》，并非单纯为了认识中国宗教本身，而是想解答为何类似西方的"合理性"无法在中国产生。于此一脉络之下，"新教伦理"所蕴含的改造俗世的积极意愿被当作衡量的标示，韦伯以此来量度中国宗教"转化俗世的力量"。

《中国之宗教》这本书分成三部分：第一部分涉及中国社会的背景及结构。第二部分为儒家思想。第三部分则为道家思想。依类别大略可分为社会因素及思想因素两大类，本书涵盖的范围不限于韦伯所谓的"儒家与道家"，并且检讨了中国的社会基础。韦伯打破材料的时限，以"理念形态的方法"（ideal-typical approach）首先建立了中国社会、儒家与道家的理念形态以资比

---

① *The Protestant Ethic*, pp. 180–181.

② *The Protestant Ethic*, pp.283–284,No.118 & No.119.

较。这种方法的长处便是以研究目标为指引，在观念上设计出"精简"的理想模型，以便在对比之下彰显出探讨的对象。这是韦伯在方法应用上的长处，也是他独特的风格[①]。

首先，韦伯在本书涉及中国社会的部分，刻意挑选了五项因素，分别考察其对资本主义可能形成的正、负关系。这五项因素分别为：货币制度、城市和行会、国家组织、血缘组织和法律。韦伯所以选择此五项因素是可以理解的：货币经济本为资本主义运行的先决条件，西欧城市则为近代资本主义的发源地，而中国的官僚体系与血缘组织却是中国社会的特征，法律则可充为反映上述错综复杂之征象的条文证据。

就货币而言，稀有金属（例如金、银）随着中国历史的发展，有逐渐增加的趋势，此固有利于货币经济的建立，尤其有助于国家财政控制。但传统经济的地方色彩却牢不可破，加上沉重的人口压力，使中国始终无法建立一套有效率的货币制度，这正是资本主义难以在中国繁荣滋长的症结[②]。

与西方都市比较，中国的都市与行会，自古迄今毫无政治的自主性，这可能与中、西都市的起源有关。从希腊城邦开始，西方都市（polis）即为商业重镇，海上贸易一直受到极大的重视。反观中国都市却深具内陆性格，很早就被纳入附属中央的官僚体系之内，故其行政功能远超过其他考虑。在此种情况之下，不仅都市无法拥有自卫的军队，都市里的行会也缺乏法律保障。在历史上，中国都市从来未取得保障个别都市权益的"特许状"（charter），所以无自由独立可言。它们无法发展自己的特色，连类似西方中古城镇工、商雏形的企业也无由得见[③]。

中国帝国官僚组织之庞大在世界史上的确无出其右。这个组织以天子为首，独占了"祭天"等的国家仪式，从中央到地方层层节制。韦伯注意到中国与埃及有着共同的特色，即官僚组织与水利发展的关系十分密切。所不同的是，埃及与美索不达米亚为沙漠所环绕，水利灌溉成为首要的考虑，为了

---

① Max Weber, *The Methodology of Social Sciences*, trans. and ed., by Edward A.Shils and Henry A. Finch（Taiwan, 1969）, pp.90–91. 从逻辑实证论的观点批评韦伯"理念形态"则见 Carl G.Hempel, "Typological Methods in the Natural and the Social Sciences," in his *Aspects of Scientific Explanation*（New York and London, 1970）, pp.155–171. 但亨普尔（Hempel）似乎没有把握"理念形态"非为"重建逻辑"（reconstructed logic），而是属于"应用逻辑"（logic in use）的概念。

② *The Religion of China*, pp.3–12.

③ *The Religion of China*, pp.13–20.

控制河流势必发展庞大的中央集权官僚组织。但在中国的北方，尤其在帝国的中心地区，河道的运输与防洪功能更受到重视，管理这些事项的人，就构成官僚组织的核心 ①。后来魏复古（Karl A. Wittfogel），受到韦伯的启示写成《东方专制论》（*Oriental Despotism*）一书提倡"水利社会"说（hydraulic society），把东方官僚组织的产生完全视为因应巨大水利工程的需求 ②。魏氏的观点忽略了韦伯对政治权力与官僚组织自主层面的透视。后来艾森斯塔得的巨著《帝国的政治体系》（*The Political Systems of Empires*）对此一层面则有很详尽的剖析与补充 ③。

据韦伯看来，自秦始皇统一天下，为了统治上的需要，废封建，行郡县，中央集权的官僚组织即趋成熟。汉承秦制，虽有关内侯、列侯之封，但大体沿袭秦代的帝国组织。迄唐代，文官考试制度正式建立，以"科举取士"，摒除贵族势力，从此官僚系统的补充有了固定的来源：一群通过文官考试的知识贵族于是成为中国官僚的特色，他们代表着特权的统治阶层 ④。

中国境内相当长期的稳定，加上广大一致的官僚制度，表面上似乎有助于货物流通与货币经济的流行，可是中国的官僚制度不一定对资本主义的形成具有正面的意义，因为对统治阶层而言，他们所关心的只是财政税收与劳役分配，基本上对经济的发展与革新并无兴趣。由于官僚集团整体利益的阻梗，使得历史上任何的改革皆窒碍难行 ⑤。而各个地方的特殊性，尤其是财政方面的歧异，使得中央行政的合理化与统一的财政政策变得十分困难。货币经济只增加了统治官僚阶层剥削地方百姓的机会，并没有削弱地方经济的传统障碍 ⑥。

另一方面，传统中国的老百姓即使稍有积蓄，宁可用来培植子弟，求取功名，或者购买土地，却不愿意投资工、商事业。促成上述保守经济行为的原因不外乎：官宦家庭在社会上可以享有优越的地位，而任官所得的利润远超过其他行业。此外，传统中国的小农经济形态下，拥有土地的人可以在经

---

① The Religion of China, pp. 20–21.

② Karl A. Wittfogel, Oriental Despotism（New Haven and London，1957），pp.5–6. 魏复古自承先受韦伯影响才研究"水利社会"，其后才受马克思的影响。

③ S.N.Eisenstadt, *The Political Systems of Empires*（New York,1969）.

④ *The Religion of China*, pp.36—37, 45–46.

⑤ *The Religion of China*, pp. 59–60.

⑥ *The Religion of China*, p.61.

济与心理上取得安全感①。

在行政方面，县、市镇是中央政府权力所及之处，地方行政长官必须听从中央的指示，不能擅自作主、自行其是。城门之外的广袤乡村，则是中央权力不及之处，但地方官员对本地情形却又十分生疏，因为他们必须遵行"回避本籍""三年一任"的规定，加上辅佐幕僚的短缺，使得他们必须倚赖地方士绅与宗族领袖的合作，才能进行有效的统治。在动乱时期，乡村甚至可自组武力，保卫地方的安全。韦伯有鉴于此，因此有句名言概括道：

（中国）都市是官员的所在地，却不能自治；（中国）乡村是自治的场所，却没有官员②。

中国社会的基本单位是"家"而不是"个人"。地方上强大而牢固的宗族组织是唯一可以和中央政府抗衡的社会力量，这个组织与宗教性的祖宗崇拜密不可分。可是随着历史的演进，这类血缘团体只能在地方上扮演较重要的角色。

事实上，宗族是一种多功能的团体。不但兼具宗教仪式的执行者、地方冲突的仲裁者、文化教养的培植者等多样的角色，在经济上又可发挥互助作用，例如，当一个族人失业时，它是最好的庇护所。因此，市场上很难取得真正自由的劳工，也很难建立"工作纪律"。从上述可以得知宗族影响力遍及个人生活的每一层面，无怪乎中国老百姓最基本，同时也是最真实的认同对象乃是乡土的宗族组织。因此，即使他们的居处在都市，乡土观念仍然强烈地支配着他们的行为与价值观。这种对宗族的依赖心态妨碍了个人独特性的发展，而后者实为推动资本主义不可或缺的意向③。

透过对宗族组织的认识，韦伯认为我们可以窥破常人所乐道之中国式"民主"（"democracy"）的真相。促成这种"民主"的原因约略有三点：封建制度的废除、"家产制"科层行政的疏阔、加上宗族团体遍布的力量④。以魏复

---

① *The Religion of China*, pp.85–86.

② *The Religion of China*, p.91.

③ *The Religion of China*, pp. 89–90, 95.

④ *The Religion of China*，p.96. 有关"家产制"科层组织（patriarchical bureaucray），请参阅 *Economy and Society*, Vol. II, ch.12.

古的话来说，这就是"乞丐式的民主"（beggar's democracy），这种民主得自"行政报酬递减律"，而非现代意义的真正民主①。

中国，尤其是近代中国的法律，并不限制人民的居住与迁徙，也不禁止放贷或商业活动，更没有人种的歧视或地域的差异；这似乎提供了一个发展资本主义的理性基础。实则不然，中国法律由于政治的干预从未获得独立的地位，因此个人的偏爱与特权可以与之并行。加上地方与传统主义的作祟，中国的官僚制度一直无法达到理性与普遍形式的水准。而司法独立与合理而普遍的官僚系统却是近代资本主义必不可少的要素②。

总之，中国很早就达成统一，固然在政治与社会上带来较稳定的秩序，但也消除了列国彼此竞争的刺激，譬如为了准备或因应战争，导致在经营上必须采取合理的措施。这在近代西方国家是常有的现象，同时也是资本主义发展的契机。在中国历史则无由得见③。

在检讨了中国社会之中有利与不利资本主义产生的因素之后，韦伯做了如下的结论：

合理的企业资本主义，在西方特别见诸工业方面，（在中国）则不仅受挫于缺乏形式保障的法律、合理的行政与司法，又受制于广布的职俸式的官僚制度，而且基本上缺乏一种独特的心态。最重要的，合理的资本主义是受阻于深植于中国"精神"（"ethos"）的态度和代表此一意向的官僚与热衷宦途的文人阶层④。

换言之，在考察中国社会之后，韦伯并没有发现阻挠资本主义发展的"决定因素"。反之，他相信这项关键因素在于中国的价值观念。所以代表中国人正统思想的儒家和非正统思想的道家便成为他讨论的要点。

儒家思想当然是以孔子与孟子为首要代表。在战国以前，儒者在民间思想的流派中相当活跃，以继承传统，实践古代理想为职志。其间虽然一度受到秦始皇"焚书坑儒"的压抑，但是从汉代中期以后却逐渐取得优势，尤其

---

① Wittfogel, *Oriental Despotism*, pp. 108–124.

② *The Religion of China*, pp. 100–103; Economy and Society, Vol.II, pp. 1047–1051.

③ *The Religion of China*, p.103.

④ *The Religion of China*, p.104.

到了唐代，科举制度成为文官任用的主要途径，儒家经典被指定为考试内容。因此，儒家思想变成官方意识形态，这种情况在历史上虽不无变动，却大致维持至清末为止 ①。

儒家思想具有强烈传统主义的倾向，对世界抱着调和与迵应的态度。基本上，儒家思想是俗世文人政治规范与社会礼仪的统合。其思想具有内倾性格，对形而上研究缺乏兴趣。相反的，却极具俗世实际的心态。儒家认为宇宙秩序是和谐、固定的，而人文的社会秩序为宇宙秩序的一部分。对儒者而言，因为世界的本质是善的，所以俗世的价值应该获得正面的肯定。小至个人的"修身"，大至统治阶级的"为政之道"，就是如何与世界取得和谐圆融的关系 ②。

儒家着重人与人之间的关系，"君臣""父子""夫妇""长幼""朋友"所代表的"五伦"构成社会秩序的核心，其中尤以子对父的"孝"为其他关系的典范与基础。依韦伯看来，儒家所阐扬的"身份伦理"（status ethic）与中国社会结构的阶层分化有密切关联。由于这种意念深植于中国人的"灵魂"之中，致使中国人很难认同超越这些具体关系的事物。是故，"忠臣"即意谓"爱国"。这种心态妨碍了官僚体系合理化的推行，因为近代科层组织的特色即在于超越此类人际关系的束缚 ③。

此外，儒家主张"君子不器"。"功能"的分化与专业化为君子所不齿。经典教育的目的不在于教导个人特殊的知识，而是为了培养个人的德性与文化通识。这种想法首先不利于官僚组织的特殊化，一般官僚因为只具备普遍的文化素养，无法直接处理日常实务，以致必须依赖地方人士与宗族组织，才能推动行政事务。其次，儒家对经济行为原有相当程度的认可，例如，孔子"足食"的观念，孟子对"无恒产者无恒心"的认识，可是由于"君子不器"观念的作祟，导致工、商业皆不受到鼓励。而职俸制的官僚地位又成为一般文人希企追求的目标，因此，科学与技术皆不发达 ④。

儒家的宗教立场，原则上是"不可知论"（agonostic），孔子不是明言"不知生，焉知死"吗？儒家肯定"现世"的价值，对"得救"或身后的世界，

① *The Religion of China*, ch V, "The Literati".

② *The Religion of China*, pp.152–153 155.

③ *The Religion of China*, pp.208–213.

④ *The Religion of China*, pp.131–133.

除了"留名"之外，并无太大的好奇与关切。儒者的"三不朽"——立德、立功、立言都是针对"此世"（this-world）而非"彼世"（other-world）而言。

儒家思想既缺乏"形而上"趣味，也找不到超越的"人格神"，又无"彼世"的宗教泊地，使得韦伯不由怀疑起儒家能否名副其实地称为"宗教伦理"。韦伯的怀疑当然与他对"宗教"性质的理解不可分。依韦伯的观点，儒家的宗教性质极为淡薄，这种理性的态度或许可以满足文人与统治阶层的集体意识，但对芸芸众生的心理需求，儒家思想在解释个人切身的苦难时显得无能为力。于是，道家与佛教就乘虚而入，弥补了这一缺憾。基本上，儒家是国家的宗教，而不是个人的宗教，因此只要其他宗教不致影响它之作为统治的意识形态，皆可与之妥协共存①。

除了作为正统思想的儒家之外，韦伯认为影响中国人思想最深远而且是最重要的非正统思想就是道家。韦伯在讨论中国宗教时，对于佛教一笔带过，处理得非常简略。原因可能有二：佛教并非中国本土衍发的宗教，而且就经济伦理的观点，佛教对"现世"持着否定的态度，可毋庸再论。反观道家肯定"今世"，崇尚自然，尊重个性的伸展，似乎与资本主义的精神有会通之处。

韦伯并未分辨"道家"与"道教"的不同，他在讨论中，经常将二者混淆为一。老子的"无为"、庄子的"贵生"都肯定"现世"的价值。基本上，老、庄都反对儒家的人文作为与社会安置，认为人为将会破坏世界原有的淳朴与和谐。老子的"无为"使我们想起经济上的"放任政策"，但他又主张"小国寡民""返璞归真""民至老死不相往来"，却是不利于工、商业发展。道家对"长生"的重视，对"生命"的眷恋，使他们相信"法术"（magic），他们喜好"炼丹"以求"长生"，喜好"冶金"以求"财富"。这些迷信并没有逼出西方以数学为基础、以实验为指引的自然科学②。

道家"天人合一"的神秘主义更无法提供一个改造"现世"的超越基础。道家与儒家都曾阐发"道"的概念。对儒家而言，"道"意谓永恒的宇宙秩序，本身缺乏辩证的特色。道家则不然，"道"不仅是绝对的价值，同时也是存在的源头。道家至高的境界即与"存有"合而为一。他们讥讽儒家的社会

① *The Religion of China*, pp.229–230; *From Max Weber*, p.293.

② *The Religion of China*, pp.178 ff.

伦理为"小知小德"，认为真正的"大知大德"为"无为"或将"人为"减至最低的成分，以便让神灵直接参预"存有"的奥秘①。道家的神秘主义不可避免地只有走入"玄思"一途，无法以"行动"来改变世界。

道家与儒家对"罪恶"（sin）的概念都缺乏深刻的体认。道家相信人性本善，无条件地肯定现世；儒家则本着乐观的理性主义，相信经由人文教育与道德涵养，人性终可趋于完美。因此中国人心理上"救赎"的感觉相当薄弱。中国人的心灵很难想象超越的神祇，道教中的诸神仍具有浓厚的人间趣味，以致"凡""圣"之间的区别，无法泾渭分明②。

总之，依韦伯的观点来看，比起新教，儒家与道家显然缺乏"转化俗世的力量"，而后者却是促成近代资本主义的动力。道家基本上是神秘主义的倾向，可以不论。儒家与新教至少同属道德的理性主义，但是只要深一层探究，即可发觉二者的相似性仅止于表面而已。

新教，特别是加尔文教派，必须面对上帝伦理的要求，以理性的态度改造俗世、驾驭自然。但儒家却用理性致力于世界维持和谐的关系。因此二者貌似实异。

韦伯更指出：儒家之强调与世界调适的思想，使得中国人难以形成"统合的人格"（a unified personality）。生命对中国人而言，只是一连串事件的总和，缺乏贯穿其间的理念。他们不必像西方的基督徒，必得面对上帝所要求的"超越目标"，在待人处世中做出一致性的反应，因此无所谓"个性"可言③。这种调和的心态从儒家接纳"法术"一事，又可获得证明。道家喜好"法术"，原属意料中事。但儒家的理性主义竟然无法像清教徒般拒绝"法术"与"仪式"④。

统而言之，韦伯所要指证的就是在代表中国思想的儒家与道家之中，无法找出一个"阿基米德"（Archimedes）的立足点，用以转化世界，所以传统的意义和秩序从未遭到根本的质疑。中国思想无由产生革命式的预言者或超越的救世主，对韦伯而言，即是最好的例证。今日有些学者提出白莲教的

---

① *The Religion of China*, pp.180–183.

② *The Religion of China*, pp.187,205.

③ *The Religion of China*, p.235.

④ *The Religion of China*, pp. 200, 226 –227.

"明王"或"无生老母"来反驳韦伯的论断[1]。但韦伯仍可将这些民俗宗教排斥于中国思想之外。无论如何，韦伯的论点将逼使今天汲汲想从儒家思想寻找东亚经济成功根源的学者反复深思。

综观《中国之宗教》，韦伯"理念形态"的研究取向在全书表露无遗。在讨论中国社会的特征时，韦伯的举证可以从《左传》，一下子飞跃到《大清律例》；乍看之下，韦伯似乎举证上有错置时序之嫌，但这正是建构"理念形态"的特色。韦伯在《中国之宗教》中讨论"道家的思想"，就如同在《新教伦理》中讨论"加尔文教派的思想"一样，并不意在反映个别的真实思想。

韦伯虽一再强调儒家"人和为贵"的原则，但我们不难举出孟子"自反而缩，虽千万人，吾往矣"的名言，以反驳他的论述[2]。况且我们也可以列举荀子、王充、朱熹、王夫之等人的个别言论来检验韦伯对儒家思想的陈述。但这些都无碍于"理念型态"的有效性，只要后者确实有助于我们对事实的了解，即已达到概念设计的目的。

《中国之宗教》里许多个别的论点大致受到学者的肯定，例如瞿同祖、萧公权对地方政治的研究[3]，证实了韦伯对中国乡村的观察。有些部分则受到补充，譬如杨庆堃对中国官僚组织与社会结构的检讨[4]。有些观点则获得发挥，例如，艾伯华（Wolfram Eberhard）认为中国上层阶级因受儒家影响，道德上倾向"耻感文化"（shame culture）；下层阶级因浸染佛、道思想，显出"罪

---

[1] cf.C.K.Yang, *Religion in Chinese Society*，p.239. 此外，页 80 杨氏对韦伯观点的"补正"，其实正是韦伯原来的观点。白莲教的问题，请参阅 Daniel L Overmyer, *Folk Buddist Religion*（Cambridge，Mass.，1976）.

[2]《四书集注》,《孟子·公孙丑上》，页 5。

[3] Hsiao Kung-Ch'üan, *Rural China*（Seattle, 1960）;Ch'u T'ung-tsu, *Local Government in China under the Ch'ing*（Stanford,1962）.

[4] C.K. Yang, "Some Characteristics of Chinese Bureaucratic Behavior," in *Confucianism in Action*, eds. by David S. Nivison and Arthur F. Wright（Stanford, 1959），pp.134–164. 此外，杨庆堃先生批评韦伯所了解儒家的"道"缺乏"批判现实"的意义。依杨氏的见解，"道"仅是抽象的观念，非具体的社会或宇宙的秩序。"三代"（golden past）才是"道"的完全实现。不过，韦伯所谓儒家的"道"着重在对"世界"整体的肯定或否定的态度，并非缺乏"批判现实"的含义。"道"既然代表"宇宙的秩序"，同时也是社会的"规范"，当然具有批判现实的作用。在现实的生活中，人必须不断调整自己以符合"人伦规范"，而不是去改变后者的内容；况且"人伦规范"本是"道"的具体化，适才是韦伯所了解的儒家基本要点。杨氏的看法见其在《中国之宗教》的"导论"中，*The Religion of China*，pp.XXXVII - XXXVIII.

感文化"（guilty culture）的征象①。姑不论其正确性如何，艾氏的看法在概念上应可视为韦伯的延伸。不过本文的旨趣着重于彰显《中国之宗教》在"比较研究"上的成就，对个别问题不拟深究。

《中国之宗教》所以能达到"比较研究"的目的，其关键在于韦伯有一个界定相当清楚的观念架构。这个架构的理论背景就是：韦伯从分析"新教伦理"与"资本主义精神"的关系而获知"新教伦理"具有强大的"转化俗世的力量"。

为了加强《新教伦理》一书的论证，并把新教伦理放在整个文化发展的脉络来检视，韦伯从事了一系列的比较工作。这些工作可以分成两大类：一为"同质比较"，包括古代犹太教、伊斯兰教、（中古）基督教，属于同源文化的比较。其中尤以犹太教为要，因其所代表的道德理性主义成为日后西方文明的特征。

其二为"异质比较"，包括中国宗教（儒家与道家）、印度宗教（印度教与佛教）。是故，《中国之宗教》或其他作品必须与《新教伦理》合观并览，才能了解其中的理论涵义，也才能精确地掌握它们的意旨。

了解了这一点，《新教伦理》与韦伯其他作品（包括《中国之宗教》）体例不一的问题，方能迎刃而解。其实与时下对韦伯的理解相反，韦伯从《新教伦理》的写作开始，就深切明了资本主义不能单就"宗教信仰"的层面来理解，历史背景与社会结构亦是了解资本主义形成不可忽略的因素。这说明了为什么在"中国宗教""印度宗教""古代犹太教"之中，韦伯都用了许多的篇幅先讨论历史与社会背景，然后才论及宗教②。这在方法论上是含有深意的：因为在《新教伦理》一书中，韦伯已明白反对"单面的因果解释"（one-sided causal interpretation），无论这类解释是物质或精神取向的，都犯了化约论的弊病，无法掌握历史的真相③。而在《新教伦理》之中，韦伯所完成的仅是剖析出"新教伦理"与"资本主义精神"之间曲折隐微的关系，而没有提供客观的历史与社会背景。因此，"新教伦理"充其量只是产生"资本主义"的必要条件而非充分条件。于是韦伯在探讨其他文明何以无法产生"资本主

① Wolfram Eberhard, *Guilt and Sin in Traditional China*（Berkeley and Los Angeles, 1967），pp.117–124.

② Max Weber,*The Retigion of India*,trans. by H.H.Gerth and Don Martindale（New York,1967），chs.1–3; *Ancient Judaism*, trans. by H.H.Gerth and Don Martindale（New York, 1967）,parts 1 & 2.

③ The Protestant and Ethic,p.183.

义"时，便不能仅讨论"宗教因素"而已。倘若如此，则犯了方法论的谬误。韦伯素以方法论的造诣著称，我们很难想象他会有类此的错误。

有了以上的认识，便能了解为何韦伯在《新教伦理》中只检讨"新教伦理"与"资本主义的精神"，而在其他比较文明的著作中则必须权衡资本主义发展的实质因素（社会与历史），然后才能判定："决定因素"存于"宗教思想及其相关的经济伦理"，尤其是体现此一意识形态的"身份团体"（status group）或"阶层"（stratum）之中。

韦伯与马克思（Marx）不同，他认为传统社会的区分，主要不是以经济为衡量标准的"阶级"（class），而是以社会荣誉为分辨的"阶层"。通常一个社会正统思想的肩负者就是这个社会中坚的"身份团体"，譬如儒家的"文士"（literati），印度教的"婆罗门"（Brahmin）。他们接受了良好的经典教育，形成特殊阶层。他们的"生活方式"透过他们的影响力渗透到社会的各个角落，成为其他阶层模仿的对象，也成为整个社会的生活取向。所以当我们讨论一个社会的特征，可以将此一群体作为考察的焦点①。这说明了何以韦伯在讨论"宗教意念"时，必得同时检讨肩负此一价值观的团体，因为只有如此，方才能落实到社会实践的层面，也才能把握到社会结构真正的特质而不致流于纯观念的推论。

但必须稍加界定的，韦伯并不认为一个宗教的特质仅为其肩负者——某一阶层之社会情境的"函数"或"意识形态"，抑或只是此一阶层实质或理想利益的"反映"，这些想法都不得当。虽然社会、经济、政治因素在个别点上都会影响到宗教伦理的形成，但宗教伦理主要的源头却来自宗教自身，尤其是它所预示与承诺的内容。韦伯截然反对"历史唯物论"把"宗教"当作某一阶层的"函数"，他认为这种看法完全忽视了人类与生俱来的"宗教需要"，也无法解释其他阶层接受同一宗教的事实②。韦伯也反对尼采（Nietzsche）把宗教伦理归诸"憎恨"（resentment）心理的转化，他指出这种假说无法处理不同形式伦理"理性化"的现象，故不足取③。

原则上，韦伯是个因果多元论者，他不相信单一因素可以解释或穷尽所有的现象，他并且注意到每一因素的自主层面，例如官僚组织、宗教信仰等。

① Max Weber, *From Max Weber*, pp.270–271.

② Max Weber, *From Max Weber*, pp. 269–270.

③ Max Weber, *From Max Weber*, pp. 270–271.

因此将它们作为社会知识的研究对象，就必须加以审慎的界定，"比较研究"也不例外。

韦伯在观照中国社会时，显然使用了"比较研究"的"巨视观点"。这种"见林不见树"的方法，倘若运用得当的话，往往可以弥补"见树不见林"之类细密具体研究的不足。并且可以照顾到同质研究的文化盲点。许多长久浸润于固有文化的学者，难免把许多理论上或事实上的关键点视为当然，而疏于省察。但在"比较研究"的架构或异文化观点的投射之下，这些习以为常的事项都必须重新加以解释，才能安然接受。例如，儒家比起新教，是否"转化俗世的力量"较为薄弱？儒家思想与塑造中国人性格的关系或中国官僚组织在历史上所起的作用为何？等等。

但仅是随意列举或比附两种文化之异同，并不会增进我们对不同文化或个别问题的认识。因为表面上的相似性，究其实可能有完全不同的涵义，儒家与新教貌合神离的"道德理性主义"就是最好的例证。而外表上的差异，却可能拥有同样的功能或意涵，其相异的形貌有可能是不同的文化脉络或社会结构所促成，譬如中国的"文士"与印度的"婆罗门"。

从《新教伦理》到《中国之宗教》的讨论，可以得知这些作品在理论架构上是环环相扣的。韦伯的〈中国之宗教〉明确地显示出"比较研究"必须以有意义的观点为基础，才能领略其中的好处，否则漫无目的地比较，只是徒费时间、劳而无功。

韦伯之所以能在"比较研究"上卓然成家，显然与他的学力有关，其中包括西方文明深厚的造诣以及对不同文明渊博的知识，这是从事比较工作者必备的条件，缺一不可。相对的，时下流行的"比较研究"，往往是随兴之作，缺乏适切的理论指引，加上研究者忽略了不同文化的双重要求，其结果不仅没有增加我们对原有问题的了解，反而使我们的认知更形混乱，得不偿失。

末了，让笔者再次重申，学习"比较研究"的最佳途径，并非埋头苦读有关"比较方法"的书籍，而是沉潜于足以代表"比较研究"的经典著作，由实际论证的推衍与剖析过程中获取研究的启示。譬如，在实质的问题上，我们或许可以不赞同韦伯在《中国之宗教》的个别论点，可是在形式方面，《中国之宗教》却是"比较研究"一个可资取法的"典范"，足以示知我们进行"比较研究"的程序与要件。对于一个中国学者而言，重要的是，我们如何能提出有意义的比较架构，以彰显固有文化的特色，并解决我们自身的关怀。

从《新教伦理》刊行以来，许多争辩往往导源于批评者急于与韦伯诘难，而疏于确切地理解对方的论旨。以一味地以"批评"为"创新"，固然不是坏事，却无意中牺牲了吸收对方长处的机会。1936 年，颇富盛名的经济史家，托尼教授（R.H. Tawney）曾为此感慨再四①。今日我们面对《中国之宗教》是否能幸免于此则不得而知。其实"忠实的理解"本身也就是"创新"的工作。在批评《中国之宗教》之前，我们是否能先历经"同情地了解"的过程呢？

四十八年前，帕森斯在《社会行动的结构》（*The Structure of Social Action*）中，详细分析了韦伯对宗教与资本主义精湛的研究之后，自谦其工作是继韦伯"理念形态"研究所做"理念形态"的论述②。对《中国之宗教》而言，拙文至多亦只能作如是观而已。

**附记**　拙文初稿承蒙沈松侨提供许多修改的意见。此外，在"中研院"史语所讲论会上并得到萧瑶、王道还诸位先生的评论，谨此致谢。末了，要特别感谢范毅军先生从美国惠寄参考资料。

（原载《食货月刊》，复刊第 15 卷，第 1、2 期，1985 年）

# 六　儒家伦理与经济发展：迷思或事实？

近年来，儒家伦理与经济发展的关系顿成热门话题。之所以如此，显为东亚（日本加上"亚洲四小龙"）经济突出的表现所致。东亚国家除了个别条件不同之外，儒家伦理似乎为这些地域共通的文化因素，因此自然而然成为注目的焦点。

由于文化因素本身既主观且难以捉摸，而现行经济学的分析架构又无法加以有效的掌握，其论辩终演变成"众说纷纭，莫衷一是"实不足为奇。不论正、反双方的论据为何，儒家伦理在沉寂多年之后，能再次成为学术界有

---

① R.H.Tawney, *Religion and the Rise of Capitalism*, p.XV.

② Talcott Parsons, *The Structure of Social Action*, Vol. II,p.578.

意义的命题总是可喜之事。

从学术史的观点看来，这项争辩可远溯至德国社会学家韦伯（Max Weber）的名著《儒家与道家》（*Konfuzianzsmus und Taoismus*，1915）。韦伯以"比较方法"的进路率先指出，中国宗教缺乏"新教伦理"（Protestant ethic）般的转化俗世的精神驱力，以致无法发展出现代的资本主义。数十年之后，费慰恺（Albert Feuerwerker）和莱特女士（Mary C. Wright）各以历史事例的分析加强了韦伯论说的真确性。费氏辩称，中国早期工业化的失败，关键在于无法突破儒家价值制度的藩篱（*China's Early Industrilization*，1958），莱特女士亦指出，同治中兴的挫败，归根究底仍是儒家意识形态从中作梗所致，因而无法缔造一个现代国家（*The Last Stand of Chinese Conservatism*，1957）。李文森在《儒家中国及其现代命运》（*Confucian China and its Modern Fate*，1958）更总结说：近代中国知识分子感情上虽然眷恋传统，理智上却与传统疏离。在当前的社会里，儒家文化恰似博物馆的"木乃伊"，只有观赏的美感价值，却丝毫不能起实际的作用。至此，儒家文化，甚或狭义地说，儒家伦理，在学术界的声誉似乎已无可挽回了。

就在如此低迷的学术气压之下，儒家伦理因拜东亚经济奇迹之赐，首回受到正面的评价，使得一些"弘道之士"雀跃欢呼，其兴奋之情溢于言表，但同时招致"浑水摸鱼"之讥而受人嗤之以鼻。这种两极化的反应与儒家伦理在20世纪的历史背景密切相关。

事实上，从世纪之初（编者按：指20世纪初），儒家伦理即步入坎坷的旅途。首先，它受挫于五四运动反孔的浪潮，继而在大陆"批林批孔"的政治化运动之中，再次成为众矢之的。即使我们把注意力缩小至台、港地区，儒家伦理的处境仍然不见得乐观。经过五四的洗礼，大陆民众"反孔"的心态仍然相当普遍。在历史上，儒家思想曾经长期作为统治阶层意识形态的工具，这个对大多数人而言是挥之不去的；加上一般人皆把中国近代的挫败归罪于儒家的落后性，这个"不合时宜"的意象深烙人心。因此，虽有一小撮人想振兴儒家文化，以为政治服务，结果只是徒然加深人们的恶感。另一方面，虽有少数学者本着理想主义，试图将原本与传统社会"水乳交融"的儒家伦理哲理化、抽离化，但终因与现时社会脱节，在日常生活难起指涉作用，以致共鸣者微乎其微。宋朝人以"儒门淡薄，于今为烈"来形容士人群趋释家的风尚，其实这句话用来描述当今儒家的际遇再恰当不过了。因此在意识层面，"儒家伦理"（以整体而言）对此地人士究竟仍有多少影响，恐怕值得商榷。

上述剖析正是紧扣"儒家伦理有助于经济发展"而发。倘若这个命题为真，但"儒家伦理"于此时此地却不能发生有效的规范作用，则此地经济蓬勃成长固然是事实，然而促成因素即非"儒家伦理"。另一方面，西方先进国家和经济成就原不倚靠"儒家伦理"为助缘。是故，从简单的逻辑关系可以得知："儒家伦理"既非"经济发展"的充分条件，亦非必要条件。之所以导致如此直截的反驳，实与发问方式攸关。因为前述的命题是把"儒家伦理"与"经济发展"视作"因果关系"，然而这样的读法是把韦伯对"宗教伦理"与"资本主义驱力"之间辩证的理解化约成机械的因果关联了。

韦伯在《新教伦理与资本主义的精神》（1904—1905）以及《儒家与道家》二书中都再三提示：且不论宗教伦理施与经济活动的影响是有意或无意的结果，宗教伦理必须处于具体的社会脉络之中，方能确定其特殊的影响。职是之故，"儒家伦理"之重视教育（例如古诗："万般皆下品，唯有读书高。"或《三字经》所述："苟不学，曷为人。"），在传统社会固然强化了"士、农、工、商"的价值成见，导致工、商行业难以伸展，可是在资本主义架构下的工商社会，对教育的重视却是养成优秀从业人员的要素，从而提升企业水平，对经济发展诚有助益。

另一方面，作为"儒家伦理"价值基石的家族制度，在传统社会中，可能诚如韦伯所述，构成市场经济的阻力，可是在现代资本主义社会中，却变成经济发展的原动力。（参较 Dwight H. Perkins, *China's Modern Economy in Historical Perspective*［Stanford,California,1975］,pp. 12–15. 陈其南《儒家文化与传统商人的职业伦理》，《当代》，第 10 期，页 54—61）此外，"儒家伦理"素所强调"勤俭"的美德，在过去两千年可能产生不了资本主义，但在现代工商社会却是累积资本的手段之一。所以有如此的差异，即在情境与经济制度的不同。韦伯亦曾承认：比起世界其他宗教而言，"儒家伦理"并不敌视世俗的经济活动。孔子不是明言："邦有道，贫且贱焉，耻也。"（《论语·泰伯》）又说："富而可求也，虽执鞭之士，吾亦为之。如不可求，从吾所好。"（《论语·述而》）因此，只要在不违逆义理的情况之下，生财致富皆是被允许的。

简之，僵化而整体性的"儒家伦理"，譬如，与传统政治社会制度紧密结合的"三纲""五常"，在现代社会之中，固然难以适存，但分解而独立出来的儒家道德质素（例如好学、勤俭、纪律）在时下的社会却依然能发挥其积极的效用。

另外，"成就动机"（achievement motivation）与"经济成长"的关系早已为学者（例如麦克莱兰［David C. McClelland］）等所肯定。"儒家伦理"的"成就目标"固然与工商社会不完全契合，但长久以来"儒家伦理"作为培养强烈"成就动机"的可能性却不容忽视。"儒者之教"，一言以蔽之，即是成德的教育。换言之，成圣希贤即是最终的目标。"儒家伦理"的道德平等观可举颜渊为代表，他明言："舜何人也？予何人也？有为者亦若是。"（《孟子·滕文公上》）这种"人皆可以为尧舜"的观点具有双层涵义：首先，它肯定了人性的尊严；另一方面，却对人之所以为人做了普遍的伦理要求。因此儒家除了要修身见于世，积极方面更要泽加于民。儒家这种入世的淑世精神，更因后代科举制度的具体化而受到鼓舞。基本上，儒家思想是肯定"学而优则仕"的（《论语·子张》子夏之言）。通过科举的管道，儒生的政治与社会地位同时获得保障；近代人研究指出，县官以上经济总收入亦远逾于其他行业（Chang Chung-li, *The Chinese Gentry*, 1955）。古人有言："学也，禄在其中矣。"（《论语·卫灵公》）殆非虚辞。传统士人耳熟能详的《劝学诗》：

> 富家不用买良田，书中自有千钟粟；
> 安居不用架高梁，书中自有黄金屋；
> 娶妻莫恨无良媒，书中自有颜如玉；
> 出门莫恨无人随，书中车马多如簇；
> 男儿欲遂平生志，六经勤向窗前读。
> （此诗传言宋真宗所作）

更是反映了流俗的社会价值。

简而言之，"仕进"在传统中国被目为极高的社会成就。透过科考制度，儒家"修身、齐家、治国、平天下"的儒家观可以落实到社会与政治的运作层面。反过来，"儒家伦理"亦可替这一套制度提供选贤与能的道德辩护。二者相得益彰，合作无间。

　　然而就在 1905 年，清政府为了因应西方的压迫，亟求政治体制的改革，废除了旧式科举，无意中却损毁了"儒家伦理"与传统政治的联结点，致使作为"修身、齐家"的"儒家伦理"与作为"治国、平天下"的"儒家伦理"在制度上形成断层现象。这说明了近代中国知识分子内心的焦虑不安与面对外在的客观形势不可避免的挫折感。

　　西方强势文化入侵的结果，至少在意识形态上，西方形式的"功利社会"已逐渐取代传统的"道德社会"，成为支配日常行为的指标。以台湾而言，《马关条约》之后，台岛变成日本殖民地，与中国传统政治体制全然隔离。加上，日本亟思将其纳入经济体制，遂渐次步向资本主义形态的社会。殖民地百姓既无政治参预的保障，更难奢望"仕进"，因此只好群趋工商利禄之途。19 世纪，东南亚的中国海外移民亦有类似的遭遇。身处异地，国情、社会结构差异极大，"仕途"无望，当然只有勠力"谋生"一职了。本来从商的管道就比"仕进"远为宽广，加上这些人原受"儒家伦理"的熏陶，深知"勤有功，嬉无益"的道理，大多能"厚生利用，克勤克俭"，其致富显然指日可待。

　　总之，"儒家伦理"在今日的际遇有可能发生像"新教伦理"在 17 世纪般曲折的故事。"救赎"是"新教伦理"的终极关怀，相对的，"成德"是"儒家伦理"的要义所在，二者皆可能无意中提供了经济活动的精神驱力而促进经济发展。（"新教伦理"请参阅拙著《韦伯论中国的宗教》，《食货》，15 卷，第 1、2 期，1985 年，页 32—48）所不同的是，"儒家伦理"这项无意的结果，主要是外在环境的变化，而非内部义理的调整。流俗"儒家伦理"鼓励士子"扬名声，显父母；光于前，裕于后"（《三字经》）。这类亟求出人头地、追求卓越（search for excellence）的强烈动机，在传统社会里固然可以透过"仕进"的管道求得满足，可是在现代社会里，虽然社会制度与社会价值已有改易，但其作用并不丝毫减损，唯一的差异只是"成就目标"的转移。

　　即使以传统社会为言，"儒家伦理"作为"成就目标"与"儒家伦理"作为"成就动机"的分歧亦非少见。试以"大丈夫"一词为例，孟子曾赋予此一词汇极为道德化的意涵，认为"富贵不能淫，贫贱不能移，威武不能屈"方可谓之"大丈夫"（《孟子·滕文公下》）。可是落到刘邦手里，当刘氏看到秦始皇巡狩天下威武之状，他不禁叹道："大丈夫当如此也！"（《史记·高祖本纪》）可见，在孟子和刘邦心目中，"大丈夫"一词显各有所指，但二者受"大丈夫"一概念的启发，咸亟望成为出类拔萃（distinguish oneself）的人物则并无两样。

在现代多元社会里，以"儒家伦理"为依据，期许己身成为"道德圣人"难免令人发笑，但期许"行行出状元"却无足为奇。所以说今人所追求的价值目标，可能与传统社会有所出入，然而这并不妨碍"儒家伦理"仍旧默默地发挥它培育"成就动机"的作用。

另一方面，"儒家伦理"在工商社会里，也有可能因为情境不同，导致崭新的解释而有利于经济活动。譬如，古来所谓"三不朽"——立德、立功、立言实际上仅是"形式"上的要求，咸可能因应现代社会的"实质"价值而注入不同的内容，致使"儒家伦理"也起了质的变化。

总之，一个社会的经济成长显然由许多因素共同促成。单靠"儒家伦理"是不足以成事的，"儒家伦理"固然可以提供强烈工作取向的"成就动机"，但并不保证可以达成预定的"成就目标"。这中间还得牵涉许多"非儒家"因素，例如资本、技术、管理制度，等等。我们所关切只不过是"儒家伦理"是否从中扮演了"一个"重要的角色呢？这个问题颇值深思详究。"儒家伦理"与"经济发展"的关系代表了传统文化是否成功地转化到现代社会的要例。换言之，经历过冲突、适应与调适的过程，新、旧文化能否相辅相成，融会一处呢？虽说"名教中自有乐地"，文化诚有它某种程度的自主性，但唯有植根于具体社会的文化方能生生不息，亘古常新。因此，失去社会接榫点，缺乏日常指涉作用的"儒家伦理"系统，是无法长存于天地之间的。"儒家伦理"与"经济发展"只不过是今日儒家文化接受考验的一环而已，不宜以偏概全。因为以"利"饰"义"是否完全符合儒家"正其义不谋其利，明其道不计其功"的真精神，仍待深思。这种企图"义利两全"的努力固然值得赞赏，可是是否会在儒家思想内部造成不可避免的紧张性？例如，何以调适或重新解释宋明理学喧嚣尘上的"义利之辨"呢？倘若儒家所谓的"道德优先性"受到质疑，是否同时意味着儒家价值系统亦将打折扣呢？这些问题都将关系到儒家文化能否像千年火凤凰般从灰烬中再生。虽然她重现的影像迄今仍然扑朔迷离、闪烁未定。

（原载《中国时报》，1987 年 12 月 19 日）

# 二　皇帝、儒生与孔庙

## 七　清初政权意识形态之探究：政治化的道统观

拙文试图指出：（一）"治教合一"虽为儒家长远以来的政治理想，但这个理想落实到制度结构上，却是分而为二，各由"统治者"和"士人阶层"所承担；宋代以降，"道统观"逐渐发展成形，更赋予"士人"意理的基础，倚之与政权抗衡。但在康熙皇帝的统治期间，由于"道统"和"治统"的结合，使得"治教合一"的象征意义和结构上（皇权）真正化而为一，致使士人失去批判政治权威的理论立足点。（二）在认同清朝政权的前提之下，这项独特的意识形态是超越程朱与陆王学者之间的哲学歧见的。

### 前言

本文试图探讨清朝初期政权的意识形态。

孔子以降，中国知识分子——"士"有了崭新的意义，从此他们成为以道自任的群体[①]。虽然儒者咸认春秋、战国以下为"礼崩乐坏"的时代，但"治教合一"却是他们长远以来共同的政治理想。《礼记·中庸》足以代表如此的概念，它明白表示：

虽有其位，苟无其德，不敢作礼乐焉；虽有其德，苟无其位，亦不敢作

---

[①]　有关先秦以孔子为代表"士"的自觉，请参阅余先生《古代知识阶层的兴起与发展》，见氏著《中国知识阶层史论》（台北，联经出版事业公司，1980），第一章。宋、明儒将此一精神发扬光大，并赋予"道统"的历史意义，则请参阅拙著 Chin-shing Huang, *The Lu-Wang School in the Ch'ing Dynasty*, unpublished dissertation, Harvard University, 1983, Chapter 3.

礼乐焉①。

但在"德""位"难以两全的情况之下，只好采取分工合治的原则：统治者掌理治民之要，士却需负责教化事宜。所以在象征意义上，统治阶层虽仍旧是"治教合一"，但结构上，却是"统治者"与"士"各司其职，合而治之。这种对"治"（政刑）、"教"（礼乐）分殊的认识可举《新唐书·礼乐志》为证，它清楚地反映二者的区别：

> 由三代而上，治出于一，而礼乐达于天下；由三代而下，治出于二，而礼乐为虚名②。

由于"礼崩乐坏"的缘故，使"士"或"儒者"得以道自任；他们不仅义不容辞地担负教化事宜，并据以批评政治权要。宋儒阐发"道统"一义，更使儒生自高自重，倚之与权要抗衡。王夫之说得好：

> 天下所极重而不可窃者二：天子之位也，是谓"治统"；圣人之教也，是谓"道统"③。

然而在清代，尤其是康熙皇帝，由于各种思想与历史条件的凑合，使得"治统"与"道统"不只象征上，同时实质里合而为一。这即是本文所欲讨论的对象。

为了达成上述目标，我们以分析李绂对清朝政权的观感为起点。李绂生于康熙十四年（1675），卒于乾隆十五年（1750）。李绂的仕途固然坎坷，但在康、雍、乾三朝却都当过不小的官，尤以雍正三年（1725）擢升为直隶总督最为显赫，但不久即因事去职。后虽有起复，但多闲差，无大作为。终其身，以敢言、拔擢后进最为著名；思想上，被认为是有清一代陆王学派的健将。此处必要申述的是，李绂只是本文讨论的起始点，并非孤例，这在全文论证的过程中将获得进一步的佐证。文末并将涉及此一政治意识形态深远的

―――――――――

① 《礼记》（十三经注疏，阮刻本），卷五三，《中庸》，页9下。

② 《新唐书》（台北，鼎文书局，新校标点本），卷一一，《礼乐志》，页307。

③ 王夫之：《读通鉴论》（北京，中华书局，1975），卷一三，页408。

涵蕴。

## 一、李绂对清朝政权的观感

康熙皇帝六十大寿时，李绂曾替祝贺的辞章题跋。李绂特别注意到皇上无视己身的丰功伟业，谦德冲怀，再三坚辞"封禅""封号""立碑"之请。他写道：

> （皇上）则又却之。谦冲之德，久而弥光，盖自有书传以来，未有若斯之盛隆者也[1]。

接着，李绂解释康熙帝谦冲之德的缘由，他说：

> 仰惟我皇上于尧舜事功之外，探天性之秘奥，抉圣道之渊微；于十六字心传默契无间，故能不事虚文，不蹈故辙。无论唐、宋空名屏而不居，即七十二君登封告成之典，视之泊如也。臣等生逢盛世，幸际昌期，不克仰赞高深于万一……[2]

此段文字有略加疏解的必要，以便于往后的讨论。"十六字心传"即《尚书·大禹谟》中的"人心惟危，道心惟微；惟精惟一，允执厥中"。此"十六字"素为理学家推尊为"帝王心法"。南宋真德秀（1178—1235）即言："人心惟危以下十六字，乃尧舜禹传授心法，万世圣学之渊源，人主欲学尧舜，亦学此而已矣。"[3]

"唐、宋空名"指的是像唐玄宗、宋真宗之流喜好臣工上尊号的人主。例如：天宝元年（742），玄宗上尊号"开元天宝圣文神武皇帝"[4]；天禧三年（1019），真宗上尊号"体元御极感天尊道应真宝运文德武功上圣钦明仁孝皇

---

① 李绂：《穆堂别稿》（1831），卷四〇，页4上。李绂的小传可参阅全祖望《鲒埼亭集》（台北，华世出版社,1977），卷一七，页207—211。与袁枚《小仓山房续文集》，收入《随园全集》（上海，文明书局,1918），卷二七，页1上—2下。《清史列传》（中华书局），卷一五，页1—8上。

② 李绂：《穆堂别稿》（1831），卷四〇，页4上—4下。

③ 真德秀：《大学衍义补》（台北，台湾商务印书馆，文渊阁《四库全书》本），卷一，页2下。

④ 《旧唐书》（台北，鼎文书局，新校标点本），卷九，页215。

帝"①；这些人主都不免遭后世不实之讥。

"七十二君登封告成之典"中的"七十二"显为虚数，意为"多数"。"登封告成之典"即"封禅"之典。例如，汉武帝、汉光武帝、宋真宗等皆曾登封泰山，禅于梁父②。李绂以为康熙"执德弘，信道笃，超越古帝王实倍伦等"，却辞却"封禅"之典，更足以显示谦冲之德。又，他认为"唐宋之君，功德不逮皇上（康熙）至远"，却不若康熙坚持不许臣下上尊号。因此李绂赞叹道：

> 我皇上功德至隆，咸五帝，登三王，告宗庙而名正，质臣民而言顺，用垂鸿号，向多让焉③！

于此，李绂赞美康熙"功德至隆，咸五帝，登三王"之辞值得我们注意。因为"三王五帝"之业，向为儒家最高政治理想，据说只在上古尧舜黄金时代实现过。所以传统上，儒臣勉励皇帝成就"三王五帝"之业的奏章虽屡见不鲜，但若说皇上"已"成就"三王五帝"功业，则较罕见④。所以李绂称许康熙事功"咸五帝，登三王"究为溢美之词或竟是由衷之言，实有深究的必要。

的确，李绂对康熙的文治武功钦佩之至⑤。事实上，在治绩方面极少中国君主能与康熙相颉颃。康熙的功业素为古今中外史家所称道。即使以意识形态挂帅的"左派"史学家也不得不承认康熙治理的"进步"成分，遑论其

---

① 《宋史》（台北，鼎文书局，新校标点本），卷八，页 167。

② 各见：《史记》（台北，泰顺书局，新校标点本），卷一二，页 484；《后汉书》（台北，鼎文书局，新校标点本），卷一下，页 82；《宋史》，卷七，页 137。

③ 李绂：《穆堂别稿》（1831），卷四〇，页 3 下。例如，群臣以万寿六旬，请上尊号，康熙即谕曰："朕临莅日久，每于读书鉴古之余，念君临天下之道，惟以实心为本，以实政为务。若侈陈功德，加上尊号，以取虚名，无益治道，朕所不喜。前诸王大臣等屡有奏请，朕曾手书批示，谕以断不允行。前旨甚明，所奏知道了。"转引自章梫《康熙政要》（台北，华文书局），卷一三，页 18 上。又余金的《熙朝新语》载有康熙"见章奏有德迈二帝，功过三王等语。谓二帝三王岂朕所能过，戒群臣以后不许如此"。余金《熙朝新语》（上海，上海古籍出版社，1983），卷二，页 1 上。

④ 李斯即曾称许秦始皇之功为"五帝所不及"，《史记》，卷六，页 236；另"琅邪台石刻"亦有"功盖五帝"之语。见《史记》，卷六，页 245。

⑤ 见《穆堂别稿》（1831），卷四〇，页 1 上—16 下；卷四一，页 1 上—12 下。

他①。是故，李绂对康熙帝的景仰之情确有客观根据，此点殆无疑问。

正因为康熙杰出的治绩使得李绂认为今上贤圣如尧舜，而"治统、道统萃于一人"②。换言之，李绂意谓着为"治统"所出的"皇权"（emperorship）在康熙的统理中，同时又代表了文化传承的"道统"。在李绂的时代，许多儒生对康熙有着同样的评价。当时程朱学派的代表者——李光地（1642—1718）即持有相同的看法。事实上，早在康熙十九年（1680），李光地即在奏章上表达了如是的期许。李光地说：

道统之与治统古者出于一，后世出于二。孟子序尧舜以来至于文王，率五百年而统一续，此道与治之出于一者也。自孔子后五百年而至建武，建武五百年而至贞观，贞观五百年而至南渡。夫东汉风俗一变至道，贞观治效几于成康，然律以纯王不能无愧。孔子之生东迁，朱子之在南渡，天盖付以斯道而时不逢。此道与治之出于二者也。自朱子而来，至皇上又五百岁，应王者之期，躬圣贤之学，天其殆将复启尧舜之运而道与治之统复合乎③？

康熙与其儒生臣子之间的关系诚然值得深入地探讨。但揆诸日后康熙的功业，当时康熙的确接受了李光地的建议，而以结合"治统"与"道统"为己任。由于统治者汇聚"治统"与"道统"于一身，以往二者在意识形态上的区分，也就变得模糊不清了。所以这些儒生固然获得皇帝的鼎力支持，借以实现文化的理想，无意中却付出昂贵的代价而牺牲了"道统"的自主性。换句话说，传统里"道统"批判政治权威的超越立足点被解消了。

---

① 典型马克思史学对康熙的评价，见《中国古代史常识：明清部分》（北京，1979），页215—225。传统史学对康熙的描述可参阅《清史稿》与章梫仿《贞观政要》所编纂的《康熙政要》。即使带有民族主义色彩的史著，如萧一山的《清代通史》亦予康熙极高的评价。见萧一山《清代通史》（上海，商务印书馆，1927），卷一，第六章。晚近西方史学则有 Jonathan D. Spence, *Emperor of China:Self-Portrait of K'ang-hsi*（New York,1975）和 Lawrence D. Kessler, *K'ang-hsi and the Consolidation of Ch'ing Rule*,1661–1684（Chicago, The University of Chicago Press, 1976）.

② 李绂:《穆堂别稿》（1831），卷四六，页33上。吴澄复祀孔庙时，李绂亦称乾隆"躬承道统"。见《穆堂别稿》（1831），卷二五，页11下。李绂亦称雍正"躬备道统之全"，见《雍正朱批谕旨》，页867。

③ 李光地:《榕村全书》（1829），卷一〇，页3上—3下。又见《穆堂别稿》（1831），卷三三，页1下。

　　上述的推论适足以说明李绂与其君主的关系。终其身，李绂以敢言、不畏权要著名，却始终未以"道统"代言者的观点来批评或规劝皇帝。这和他在学术、思想上与程朱学派力争"道统"极不相称。事实上，这反映了以康熙为代表的政权意识形态已将"道统"与"治统"结合在一起。统治者变成"政治"与"文化"无上的权威。就此一观点，作为以道自任的"士"顿时失去了与政治权威抗衡的思想凭据。

　　清初另一位著名的陆王学者——毛西河（1623—1716），向以抨击朱子闻名。曾谓"（朱注）《四书》无一不错"，原欲刊刻《四书改错》以邀圣眷。后闻朱子升祀殿上，遂惧而毁板[①]。另一位学者谢济世撰《古本大学注》，被劾毁谤程、朱，议死罪[②]。作为陆王学者而言，李绂维护陆、王学说不遗余力，并时时攻讦官方所支持的朱子学。《清儒学案》之中，《穆堂学案》的按语即云："康熙中叶以后，为程朱极盛之时。朝廷之意指，士大夫之趋向，皆定于一尊。穆堂（李绂）独寻陆王之遗绪，持论无所绌。虽其说较偏，信从者少；要亦申其所见，不害其为伟岸自喜也。"是故，李绂信道之坚，是毋庸置疑的。然而李绂从未跨过此一界限，进而从思想上或文化上批评支持朱学的统治者。由是可以得知清主对朱学的推崇丝毫不影响李绂认同清朝政权。

　　李绂之接受清朝政权可以溯至早年的诗作。他有首诗作于未入仕之前，题为"薤露"，附记中明言"咏明季事因念本朝之功德"。他将明亡的原因归之于明朝自身的腐败，以致寇雠四起，最后幸赖"圣人（清主）起东方，灭寇奠周京"，终克底定中原[③]。以李绂之见，清人虽是异族，并不影响他们统治的合法性。在《吴文正公从祀论》中，他为吴澄（1249—1333）辩解入仕元朝的理由，即表示：

　　《春秋传》所谓"内诸夏而外四裔"者，谓居中抚外，不得不有亲疏远迩之殊。若既为中国之共主，却中国矣。舜，东夷之人；文王，西夷之人；得志行乎中国，不闻以此贬圣。元既抚有中国，践其土，食其毛者必推其从出

---

① 全祖望：《鲒埼亭集》，《外编》，卷一二，页828。
② 徐世昌：《清儒学案》（1938），卷五五，页1上。谢济世案见《清史稿》，卷二九三，页10328—10329；《清代文字狱档》（台北，华文书局，1969），第一辑，页1上—2下。
③ 李绂：《穆堂别稿》（1831），卷二，页3下—4上。

之地，绌而外之，去将焉往？圣人素位之学岂如是哉[1]？

李绂为元朝的说辞同样可适用于清朝。"舜，东夷之人；文王，西夷之人；得志行乎中国"的说法，事实上与当时雍正颁布《大义觉迷录》以使清人政权合法化是上下呼应的[2]。

此外，李绂并借着阐释历史事例，来暗示"明清之际"政权转移的微妙关系。李绂认为殷之亡，实咎由自取。武王伐纣，志原不在灭商[3]。借此，李绂将"殷周之际"作为"明清之际"的张本，与清人官方的解释颇为契合[4]。

在另一处，李绂又以"方逊志十族之诛"来说明明代君主之酷。比较起来，康熙、雍正等清主待逆臣或遗民便显得深德仁厚。李绂在结语中不禁叹道：

> 载观十族之祸，乃知生逢圣世者，其为庆幸，固千载而一时也[5]。

"生逢盛世"不时出现在李绂对清主的赞语之中，乃李绂真切的感受。李绂生在明亡后二十九年，而且他的家乡（江西临川）受兵祸波及较少；这些原因都有助于他对清政权的接受。但更重要的是，当时康熙皇帝企图结合"道统"与"治统"的努力，使得儒生觉得期盼已久的"治世"终将来临。袁枚（1716—1798）对李绂坎坷的生涯虽感慨系之，竟不得不感叹李绂终能荣名考终，除了个人廉俭过之，乃"遭逢盛世之幸"[6]。甚至连名重一时的反清大儒——黄宗羲（1610—1695），在他晚年亦只能同意"五百年名世，于今见

---

[1] 李绂：《穆堂别稿》（1831），卷二四，页11下。

[2] 参较雍正：《大义觉迷录》（台北，文海出版社），卷一。

[3] 李绂：《穆堂别稿》（1740），卷二四，页2下—3下。

[4] 清圣祖的《遗诏》即有云："自古得天下之正，莫如我朝。太祖、太宗初无取天下之心，尝兵及京城，诸大臣咸云当取。太宗皇帝曰：'明与我国素非和好，今欲取之甚易。但念系中国之主，不忍取也。'后流贼李自成攻破京城，崇祯自缢；臣民相率来迎，乃翦灭凶寇，入承大统。"见康熙《御制文集第四集》（台北，台湾学生书局，1966），卷二〇，页14下—15上。

[5] 李绂：《穆堂别稿》（1740），卷二四，页12下。

[6] 袁枚：《随园全集》，卷二七，页2下。既生于盛世，则己身之不遇只能责己。赵翼亦有同样的感慨，见赵翼《瓯北诗钞》（上海，商务印书馆，国学基本丛书），页368、424—425。

之"①。

细究之，使得李绂等人觉得"生逢盛世"乃是康熙客观治绩与康熙政治理念互相强化的结果。是故，除了检讨康熙的治绩，对他的政治理念亦不应忽视。在下节，我将探讨康熙政治理念的独特之处。

### 二、"圣君"的形象：康熙与道统的关系

康熙皇帝是个时常反躬自省，而且自许甚高的人。他以"非先王之法不可用，非先王之道不可为"来自我期许②。在他统治期间，文治武功都有卓越的建树，在开辟疆土方面，他不仅巩固了中原与满洲，同时将清朝的势力拓展至蒙古、新疆和西藏。另一方面，他深晓历史上对那些穷兵黩武、好大喜功的君主的批评（例如秦始皇、汉武帝），使他不敢忽视内政的建树③。

事实上，康熙对民生的贡献丝毫不比他的武功逊色。他常以百姓生计为怀，曾经六次南巡查访民实，并图治河。他十分关心赋政，康熙五十一年（1712）"盛世滋生人丁，永不加赋"之论更传为史上美谈。康熙平时居处，自律甚严，撙节俭约，不类人主④。任官无论大小，皆慎重其选，而且赏罚分明，吏治因而清明。在他有力的统治之下，天下渐趋太平，民生日益富庶，人口大幅增加⑤。

康熙虽曾兴文字狱以对付反清分子，但较诸他的子孙显得宽容许多。以"戴名世案"来说，他五次驳回议处，宽宥牵连者三百余人，唯独处决了戴氏本人⑥。另一方面，他于康熙十七年（1678）召开"博学鸿词科"借以笼络积

---

① 黄宗羲:《与徐乾学书》，见《黄宗羲南雷杂著稿真迹》(杭州，浙江古籍出版社,1987)，页278。并比较吴光《黄宗羲反清思想的转化》，《文星》，第106期,1987年，页160—162。

② 康熙:《御制文集第四集》，卷二一，页9下。

③ 康熙自云:"自康熙三十五年，天山告警，朕亲擐甲胄，统数万子弟，深入不毛沙碛，乏水瀚海。指挥如意，破敌无存；未十旬而凯旋，可谓胜矣。后有所悟而自问兵可穷乎？武可黩乎？秦皇、汉武，英君也。因必欲胜而无令闻，或至不保者，岂非好大喜功与乱同道之故耶？"语见《御制文集第四集》，卷二一，页9上—9下。史家对秦皇、汉武的批评各见《史记》，卷六，页276—277;《汉书》，卷六，页212。

④ 李绂:《穆堂别稿》(1831)，卷四一，页1上—2下；章梫:《康熙政要》，卷一三，页1—11下。

⑤ Ho Ping-ti, *Studies on the Population of China*,1368–1953 ( Cambridge, Massachusetts,Harvard University Press, 1959 ), pp. 266—270.

⑥ 李绂:《穆堂别稿》(1831)，卷四一，页1上—2下；蒋良骐:《东华录》(北京，中华书局，无出版时间)，卷二二，页361；萧一山:《清代通史》，卷一，页651。

学之士。次年，召修《明史》，一则表明清继明入继正统，二则，借修胜朝遗事，以安抚明遗民[①]。

在思想上更具特色的是，康熙企图结合"道统"与"治统"。这是康熙在文化与政治政策上最有意义的成就。康熙之成功见诸当时士人普遍视之为"道统"与"治统"的具体象征。前文提及的李绂只不过是其中例证之一而已。

康熙在"治统"方面的成就极为显著，前人多曾论及，此处不再赘述。以下我们将专注康熙与"道统"的关系，此一层面较为人所忽略，值得细加探究。

康熙对文化浓厚的兴趣可溯及童年时代。他自谓从五岁起，即性喜读书，八龄即位，辄以《大学》《中庸》的训诂问题，询之左右，求得大意而后愉快[②]。及至十七八，更勤于学，五更即起诵读，理事稍暇，复讲论琢磨，虽因过劳而致痰中带血，亦未稍辍[③]。康熙博闻强志，举凡天文、地理、算法、声律无不旁通，遑论经史典籍。他的好学博得中、外人士的赞许，致有称"圣祖勤学，前古所无"[④]。谅非虚誉。

又，康熙十分重视"经筵"讲读。"经筵"（意指儒臣奉诏入禁中为皇帝或太子讲授经典）向为历代帝王教育极为重要的一环。"经筵"的重要性可举明代董杰的话为代表，他说："帝王大节莫先于讲学，讲学莫要于经筵。"[⑤]又说：

（夫）经筵一日不废，则圣学圣德加一日之进；一月不废，则圣学圣德加一月之进。盖人之心思精神有所系属，则自然强敏。经筵讲学，正人主开广心思，耸励精神之所也[⑥]。

---

① 《清史稿》（台北，鼎文书局，1981），卷六，页 199—200；卷一○九，页 3175—3177。

② 康熙：《御制文集第四集》，卷一，页 1 上；章梫：《康熙政要》，卷七，页 6 上。

③ 章梫：《康熙政要》，卷一○，页 11 上。

④ 见余金：《熙朝新语》，卷二，页 1 上。又李绂：《穆堂别稿》（1831），卷四○，页 2 上；昭梿：《啸亭杂录》（北京，中华书局，1959），卷一，页 7；西洋传教士的看法，则参见 Lawrence D. Kessler，*K'ang-hsi and the Consolidation of Ch'ing Rule*, pp.146–154 和 Jonathan Spence, *To Change China*（Boston and Toronto, 1969），pp.4–33.

⑤ 《明孝宗实录》（"中研院"历史语言研究所校印，1964），卷一四，页 356。

⑥ 《明孝宗实录》，卷一四，页 356。

但"经筵"既经制度化，往往沦于形式，人主难免以敷衍、规避为能事①。但康熙截然有异。

康熙十二年（1673），康熙改隔日进讲为日日进讲②。又惜阴如金，每旦未明，未启奏前即要讲官进讲；日暮理事稍暇，复讲论琢磨③。他以为"经筵"之设，皆帝王留心学问，勤求治理之意，但当期有实益，不可只饰虚文。若明万历、天启之时，"经筵"特存其名，无裨实用。他鉴于前代讲筵，人主唯端拱而听，默无一言，则人主虽不谙文义，臣下亦无由知之。因此他总是自己先讲解一过，遇有可疑之处，即与诸臣反复讨论，期于义理贯通而后已④。

康熙并要求寒暑照常进讲，即使在生辰或戎马倥偬之际亦不例外⑤。康熙之重视"经筵"显然与他认为"学问为百事根本"的信念有着密切的关联⑥。他再三谆劝诸子必须勤于向学⑦，并以宋理宗不能读书明理，洞察万机，以致大权旁落、朝政日非为戒⑧。

康熙读书最重经史，他认为"治天下之道莫详于经，治天下之事莫备于史"，而人主总揽万机，考证得失，"经以明道，史以征事，二者相为表里而后郅隆可期"⑨。身为帝国的统治者，康熙必得留心学问的实用价值。在实务层面，学问可帮他处理国家大事，因此他要求文武臣工尽可能多读书；另一

① 明朝皇帝之中，竟有如景帝以羞辱讲官为快之事。仪铭传载有："帝每临讲幄，辄命中官掷金钱于地，任讲官遍拾之，号恩典。"见《明史》（台北，鼎文书局，1979），卷一五二，页1124。明朝"经筵"制度的形成则请参阅间野潜龙《明代文化史研究》（京都，同朋舍，1979），页162—182。

② 李绂：《穆堂别稿》（1831），卷四〇，页1下；章梫：《康熙政要》，卷七，页1下。

③ 章梫：《康熙政要》，卷七，页5下。康熙之好学无形中成为皇室家规。赵翼对雍正时"皇子读书"有一段生动的记载："本朝家法之严，即皇子读书一事，已迥绝千古。余内直时，届早班之朝，率以五鼓入，时部院百官未有至者，惟内府苏喇数人往来。黑暗中残睡未醒，时复倚柱假寐，然已隐隐望见有白纱灯一点入隆宗门，则皇子进书房也。吾辈穷措大专恃读书为衣食者，尚不能早起，而天家金玉之体乃日日如是。……然则我朝谕教之法，岂惟历代所无，即三代以上，亦所不及矣。"见赵翼《檐曝杂记》（北京，中华书局，1982），卷一，页8—9。

④ 赵翼：《檐曝杂记》，卷七，页8上—8下。

⑤ 赵翼：《檐曝杂记》，卷七，页6下。

⑥ 康熙：《御制文集第二集》，卷四〇，页2上—2下。

⑦ 康熙：《御制文集第二集》，卷四〇，页4上—5上。

⑧ 章梫：《康熙政要》，卷一〇，页9下。

⑨ 康熙：《御制文集第一集》，卷一九，页3下。

方面，学问能让他明断是非，掌握治理实权，这从他对宋理宗的批评即可窥见一二。

除了这些实际的考虑，康熙之所以强调"读书"，与他的政治理念息息相关，而他的政治理念又转受他的学术思想所影响。他相信"道统"与"治统"之基本来源应该是一致的。论到四书之重要性，他即明言："道统在是，治统亦在是。"① 在他心目中，贤哲之君莫不尊崇、表章、讲明斯理。统治者希冀"进于唐虞三代文明之盛"，则不能徒享权利而不尽化民成俗的义务。康熙一再申明："天生民而立之君，非特予以崇高富贵之具而已，固将副教养之责，使四海九州无一夫不获其所。"② 所谓"教养之责"便是"化民成俗"。而读圣贤书却是"化民成俗"的工作所不可或缺的。康熙相信"凡人养生之道，无过于圣人所留之经书"③，举凡天子以至庶人并无两样。

康熙认为，自古以来，贤圣之君无过于尧舜，而尧舜之治实源自其所学。所以他说："自古治道盛于唐虞，而其所以为治之道，即其所以为学之功。"④ 基于以上的认识，康熙在《日讲四书解义序》中阐述了他独特的政治理念：

> 朕惟天生圣贤作君作师。万世道统之传，即万世治统之所系也。自尧舜禹汤文武之后而有孔子曾子子思孟子……盖有四子而后二帝三王之道传，有四子之书而后五经之道备⑤。

经过如此的安排，"道统"与"治统"的衔接不出问题。"道统"因需延续二帝三王之道，也就成为"治统"之依归。帝王为了寻求"治道"，则必得研读代表"道统"的四书五经。

除了经书以外，帝王之学另有"帝王心法"可习。"心法"本为儒者精要之传，狭义"心法"即指"十六字心传"，广义则谓"心性之学"，尤以宋儒为代表⑥。康熙认为，除了学习有形的事例外，"心法"之学更为吃紧，他

---

① 康熙：《御制文集第一集》，卷一九，页7上。
② 康熙：《御制文集第一集》，卷一九，页8上。
③ 章梫：《康熙政要》，卷一六，页20下。
④ 康熙：《御制文集第一集》，卷二八，页2上—9下。
⑤ 康熙：《御制文集第一集》，卷一九，页3下—4上。
⑥ 康熙：《御制文集第一集》，卷一九，页1上—2下。

曾说：

> 古昔圣王所以继天立极而君师万民者，不徒在乎治法之明备，而在乎心法、道法之精微也①。

又说：

> 每思二帝三王之治本于道，二帝三王之道本于心②。

所以康熙极力主张"心法以为治法之本"并不突然③。康熙又肯定心法之存亡关乎治道之升降与天命之去留④。"心法"之学对康熙的意义由此可不言而喻。

依康熙的了解，"心法"之中以"居敬"最为核心，自谓"自幼喜读性理书，千言万语不外一敬字"⑤。他将朱子作为个人修身之法的"居敬"拓展到治道的领域，故说："人君治天下，但能居敬，终身行之足矣。"⑥又说："君子之学，大居敬。"⑦尝出《理学真伪论》以试词林⑧，又屡次抨击那些言行不符、以道自鸣的儒臣⑨。康熙深信"居敬"是为政的指导原则，如果对"敬"的功夫有所疏忽，便极易导致德性的缺失。

宋儒，尤其是朱熹，对康熙的影响是十分明显的，上述的"心法"即为例证。他曾说"辨析心性之理而羽翼六经发挥圣道者，莫详于宋诸儒"⑩，因而刊行《性理大全》，并亲自参与裁定《性理精义》⑪。在《理学论》一文中，

---

① 康熙：《御制文集第一集》，卷一九，页 1 上—1 下。
② 康熙：《御制文集第一集》，卷一九，页 2 上。
③ 康熙：《御制文集第一集》，卷一九，页 8 下—9 上。
④ 康熙：《御制文集第一集》，卷一九，页 9 下。
⑤ 章梫：《康熙政要》，卷一，页 11 下。
⑥ 章梫：《康熙政要》，卷一，页 1 下。朱子即曾云："'敬'字功夫，乃圣门第一义，彻头彻尾，不可顷刻间断，"又说："'敬'之一字，真圣门之纲领，存养之要法。"黎靖德编《朱子语类》（北京，中华书局，1986），卷一二，页 210。
⑦ 章梫：《康熙政要》，卷一，页 12 上。
⑧ 昭梿：《啸亭杂录》，卷一，页 6。
⑨ 章梫：《康熙政要》，卷一六，页 23 下—25 下。
⑩ 康熙：《御制文集第一集》，卷一九，页 2 上。
⑪ 康熙：《御制文集第一集》，卷一九，页 1 上—3 上；《御制文集第四集》，卷二一，页 7 上—8 上。

他推崇朱子道：

自宋儒起而有理学之名，至于朱子能扩而充之，方为理明道备，后人虽杂出议论，总不能破万古之正理①。

在《朱子全书序》中，他更确认朱熹"集大成而继千百年绝传之学，开愚蒙而立亿万世一定之规"②。他欲刊行《朱子全书》，却恐遭后世沽名钓誉之讥，故自加解说：一生所学者为治天下，非书生坐观立论，所以敬述而不作③。并自承读书五十载，只认得朱子一生居心行事，受益良多，不敢自秘，故亟欲公诸天下④。在《全书序文》中，康熙有一段感人的结尾，总结朱子对他个人生命的启示：

凡读是书者，谅吾志不在虚辞，而在至理；不在责人，而在责己。求之天道，而尽人事。存，吾之顺；殁，吾之宁。未知何如也⑤？

康熙五十一年（1712），康熙下诏朱熹既为孔孟正传，宣跻孔庙"四配"之次。后因李光地劝阻才使朱子退居"十哲"之末⑥。纵使如此，朱熹已跻身孔庙正殿，凌驾汉唐以下诸儒。朱熹在孔庙位次的跃进代表程朱学派的再次胜利，而其官学地位亦再次受到肯定。

康熙自幼性喜读书，无疑铺下日后接受朱学的道路。程朱学者，如李光地、熊赐履（1635—1709）、魏裔介（1616—1686）等深为康熙所倚重，他们对康熙思想必起一定的作用。身为异族统治者，他却对儒家文化格外敏锐。譬如，他能领略儒家礼仪复杂的象征意义，并妥善予以运用。康熙二十三年（1684），他晋谒孔庙，并适时提升孔庙礼仪即是最好的证明。

孔尚任（1648—1718）的《出山异数纪》对康熙亲诣孔庙，提供了极佳的记录。他描述道：皇帝步行升殿，跪读祝文，行三献礼。对孔子行三跪九

---

① 康熙：《御制文集第四集》，卷二一，页1下—2上。
② 康熙：《御制文集第四集》，卷二一，页10下。
③ 康熙：《御制文集第四集》，卷二一，页12下—13上。
④ 康熙：《御制文集第四集》，卷二一，页12上。
⑤ 康熙：《御制文集第四集》，卷二一，页13下。
⑥ 李清植：《文贞公年谱》（台北，广文书局，1971），卷下，页50上—50下。

叩之礼实为历代帝王所不曾有①。康熙频频垂询孔庙圣迹，令身为陪侍官的孔尚任，倍感荣幸。康熙又亲赋《过阙里诗》以示对孔子的景仰之意，他写道：

> 銮辂来东鲁，先登夫子堂；
>
> 两楹陈俎豆，万仞见宫墙。
>
> 道统唐虞接，儒宗洙泗长；
>
> 入门抚松柏，瞻拜肃冠裳②。

此诗由孔尚任跪读，衍圣公孔毓圻等叩头谢恩。事后孔尚任追记此诗，有以下的按语："从古帝王过阙里，惟唐明皇有五言律诗一章，止叹圣生衰周，有德无位，而全无悦慕赞美之辞。伏睹御制新篇超今轶古，景仰圣道不啻羹墙。臣家何幸膺兹宠锡，谨世世守之，奉为典谟焉。"③

康熙立意异于历代帝王，特将御前常用的曲柄黄盖留置庙中，以示尊圣之意。这是历代帝王致祀阙里未曾有的举动。他又特书"万世师表"，以颂扬孔子之教，诚如他所说："朕今亲诣行礼，尊崇至圣，异于前代。"④

依康熙之见，圣人有两类：一类为"行道之圣"，得位以绥猷（治世）；另一类为"明道之圣"，立言以垂宪。尧、舜、禹、汤、文、武达而在上，兼君师之寄是为"行道之圣人"；孔子不得位，穷而在下，秉删述之权则为"明道之圣人"⑤。但"明道之圣"远胜"行道之圣"，即因行道者勋业仅炳于一朝，明道者却教思周于百世⑥。尧舜文武之后，斯道失传，后人欲探二帝三王之心法，以为治国平天下，只有以孔子之教为准则。是故，康熙亟称孔子为"万

① 孔尚任：《出山异数纪》（昭代丛书乙集），卷一八，页4下。
② 孔尚任：《出山异数纪》，卷一八，页15下。
③ 孔尚任：《出山异数纪》，卷一八，页16上。唐玄宗（685—762）的《经鲁祭孔子而叹之》如下：
> 夫子何为者？栖栖一代中。
> 地犹鄹氏邑，宅即鲁王宫。
> 叹凤嗟身否，伤麟泣道穷。
> 今看两楹奠，当与梦时同。
见孔祥林《曲阜历代诗文选注》（济南，山东人民出版社，1985），页25。迄康熙之时，仅此两首帝王谒阙里孔庙之诗。康熙之后，则有乾隆，同书，页57—58。
④ 孔尚任：《出山异数纪》，卷一八，页11上—11下。
⑤ 康熙：《御制文集第一集》，卷二五，页1上—1下。
⑥ 康熙：《御制文集第一集》，卷二五，页1下。

古一人"①。而他对孔子的评价亦与朱熹相符合，朱熹在《中庸章句序》中即说："若吾夫子则虽不得其位，而所以继往开来，其功反有贤于尧舜者。"②

在他登位的第二十四年（1685），康熙规建"传心殿"，位"文华殿"之东。正中祀"皇师"伏羲、神农、轩辕，"帝师"尧、舜，"王师"禹、汤、文、武，皆南向。周公、孔子则一东一西。祭器视帝王庙。孔子伴随其他九位圣君，与周公共十一"圣师"③。从此"治统"的承接必得倚"道统"之传，不仅在义理上，同时在祭祀制度上确立。

康熙衔接"治统"与"道统"的政治理念，无形中使二者会聚于"皇权"之中。照理说，唯有统治者才能代表"治统"，现在加上康熙皇帝积极地支持儒家文化，使他变成"道统"的守护神。所以，他能够同时体现此二传统，使它们最终都得归之"皇权"的拥有者——统治者自身。

康熙独特的政治理念，促使他在文化上必须有所建树，大规模编书即是其中的要目。著名的《康熙字典》《佩文韵府》《性理精义》等皆是在他统治期间内完成④。康熙不止敦促官员大规模编纂书籍，己身还参预其事，并做最后裁定⑤。由于他的文化工作既深且巨，使得他的皇位继承者——雍正（1678—1734）和乾隆（1711—1799）不得不继续他所树立的文化形象。雍正时期所完成的《古今图书集成》与乾隆时期所完成的《四库全书》皆是此一意象的体现。而在《古今图书集成序》之中，雍正透露了内心的症结，他记道：

> 我皇考金声玉振，集五帝三王孔子之大成。是书亦海涵地负，集经史诸子百家之大成。前乎此者，有所未备；后有作者，又何以加焉。……以彰皇考好学之圣德，右文之盛治。并纪朕继志述事，兢兢业业，罔敢不钦若于丕训⑥。

---

① 康熙：《御制文集第一集》，卷二五，页2上。
② 朱熹：《朱子大全》（台北，台湾中华书局，四部备要），卷七六，页22上。
③ 庞锺璐：《文庙祀典考》（台北，台湾"中国礼乐学会"，1977），卷一，页4下；李绂：《穆堂别稿》（1831），卷一二，页7下；《清史稿》，卷八四，页2532。
④ 康熙所编纂的书籍可略见萧一山《清代通史》，第一册，页781—784。
⑤ 例如《性理精义》《资治通鉴纲目》等编纂的意见。康熙：《御制文集第三集》，卷二一，页1上—3上；《御制文集第四集》，卷二一，页7上—8上。
⑥ 雍正：《世宗宪皇帝御制文集》（台北，台湾商务印书馆，文渊阁《四库全书》本），卷七，页6上。

由此可知，雍正之稽古右文正是为了"继志述事"，以彰"皇考好学之圣德，右文之盛治"罢了。

雍正在他即位的第一年（1723），即下诏追封孔子五代王爵[1]。此举与明世宗在嘉靖九年（1530）褫夺孔子王号的措施，形成极大的对比[2]；尤其嘉靖九年孔庙的改制一般视为儒者之耻[3]。雍正二年（1724），孔庙复祀林放等六人，增祀黄榦等二十人。在孔庙发展史里，此次入祀孔庙的儒者，人数仅次于唐太宗和唐玄宗的时代。而雍正二年入祀者，程朱学者居十三位，却独无一位为陆王学者[4]。雍正三年（1725），下令避先师的名讳。雍正五年（1727），复定八月二十七日为先师诞辰，官民军士逢此，致斋一日，以为常[5]。

在思想上，雍正当仁不让，以正统自居。他主动介入佛门僧派的争执，自诩为教义最终的裁决者，还要主宰禅宗传授中的"印可"（同意权）[6]。又不惜帝王之尊，与一介草民——曾静（1679—1736）进行口舌之辩，力争满人政权的合法性[7]。这些举措在在都显示出他不但视己身为政治的统治者，并且自命为思想上的指导者。

雍正的继承者——乾隆，也显现了同样的特质。乾隆曾九次晋谒阙里孔庙，次数之多为历代帝王之冠[3]。并下令孔庙"大成殿""大成门"着用黄瓦，"崇圣祠"着用绿瓦，以示敬意[9]。有趣的是，乾隆首次莅临孔府时，就约定将他钟爱的女儿下嫁第七十二代衍圣公孔宪培[10]。此举颇具深意。乾隆晚年（乾隆五十五年后）不复亲行"中祀"之礼，独于退位前一年（乾隆六十年），仍

---

① 庞锺璐：《文庙祀典考》，卷一，页8上。

②《明史》，卷五〇，页1289—1299。

③ 例如：沈德符：《万历野获编》（北京，中华书局，1980），页361—362；焦竑：《玉堂丛语》（北京，中华书局，1981），页92—93。

④ 庞锺璐：《文庙祀典考》，卷一，页9上—10上；卷二，页11下—13下。

⑤ 庞锺璐：《文庙祀典考》，卷一，页10下—12上。又见陆以湉《冷庐杂识》（北京，中华书局，1984），"尊师重道"条，卷一，页1。

⑥ 雍正：《拣魔辨异录》（1733），《序》。

⑦ 雍正：《大义觉迷录》，卷一，页2上—13上。

⑧ 庞锺璐：《文庙祀典考》，卷一，页17下—24上。

⑨ 庞锺璐：《文庙祀典考》，卷一，页14下。

⑩ 孔德懋：《孔府内宅轶事》（天津，天津人民出版社，1982），页24。

坚持亲诣文庙，行释奠礼[①]。可见，孔庙行礼对他必有特殊的意义。

清初君主大肆扩张孔庙礼仪的种种举动，意义殊堪玩味。此中奥义却由雍正之"上谕"宣泄无遗，他说：

> 使非孔子立教垂训，则上下何以辨？礼制何以达？此孔子所以治万世之天下，而为生民以来所未有也。使为君者不知尊崇孔子，亦何以建极于上而表正万邦乎？人第知孔子之教在明伦纪、辨名分、正人心、端风俗，亦知伦纪既明，名分既辨，人心既正，风俗既端，而受其益者之尤在君上也哉？朕故表而出之，以见孔子之道之大，而孔子之功之隆也[②]。

孔子之教本为传统中国社会的凝聚力。雍正点出"在君上尤受其益"，不啻供出了清初君主密集而广泛地使用儒家文化象征的理由。然而雍正与乾隆仍需"额外地"继承（或负担）康熙所塑造的一套政治意识形态："道统"为"治统"之所系，使得他们在文化与思想领域必须有所作为。

总之，清初君主在政治意识形态方面所努力的是，将"政治势力"延伸到"文化领域"。确切地说，是因统治者主动介入文化与思想的传统，致使"皇权"变成"政治"与"文化"运作的核心，而统治者遂成为两项传统最终的权威。在康熙皇帝之前，专制政权的发展主要是从制度方面做调整，以达到独擅政治权力的目的。但专制政权倘欲获得完全的伸张，则必得僭取以"道统"为象征的文化力量。这是康熙政治意识形态在客观上所呈现的意涵，同时也反映了宋代以来"君权"的高涨[③]。

### 三、"治教合一"的意涵

康熙联系"道统"与"治统"的努力，成为其皇位继承者的典范，居中仍以康熙和他的两位继承者——雍正与乾隆——最具成效。本来各自独立的政治权威与文化权威至此合而为一，清代的统治者于是变成两项传统最终的

---

① 庞锺璐：《文庙祀典考》，卷一，页 24 下—25 下。

② 庞锺璐：《文庙祀典考》，卷一，页 12 下。

③ 宋代以降，"君权"的高涨，参见钱穆《国史大纲》（台北，台湾商务印书馆，1956），下册，第三十六、三十七章；又见氏《中国历代政治得失》（台北，1974），页 65—67；又见其《论宋代相权》，《中国文化研究汇刊》（1942），页 145—150。

代表者。先秦以降，以道自任的"士"或活跃在宋明儒学中"道统继承者"的概念顿然失去批判政治权威的作用。

除了上述官方政权的意识形态之外，尚有一股民间思潮与之不谋而合。费氏家学即其代表。费经虞（1599—1671）、费密（1625—1701）父子不满宋明理学每以道统自高，谈空说玄，无补民生实际，因此立意推翻以儒生为中心的道统观。他们批评道：

后世言道统……不特孔子未言，七十子亦未言。百余岁后，孟轲、荀卿诸儒亦未言也。……流传至南宋，遂私立道统。自道统之说行，于是羲农以来，尧舜禹汤文武裁成天地，周万物而济天下之道，忽焉不属之君上而属之儒生，致使后之论道者，草野重于朝廷，空言高于实事①。

费氏父子感叹"世不以帝王系道统者五六百年"②，谓上古"君师本于一人"，其民淳质，以下从上无所异趋；而孔子以下，"君师分为二人"，异说丛出，道乃大乱③。因此倡言"帝王然后可言道统"④。

费氏立论的动机诚然与清朝的统治者截然异趣，却无意中迎合了官方的意识形态。二者的思想皆有共通的意涵：认为一旦舍弃政治权威，则"道统"不仅徒为空言，且无所依傍。因此"道统"必得借着或倚附政治权威才得以延续，而政权的拥有者自然就变成"道统"最佳的执行者与代言人。

以清初而言，清乾政权思想的形成当然是清代君主与儒生相互为用的产物。因此，清代统治者采取上述政治理念，并不一定表示他们对儒家学说真诚的信服。如果我们把信服当作主观的意愿来看，大致而言，康熙于儒家具有深刻的体验；相反的，雍正似乎仅止于权谋的应用，而乾隆则介于二者之间⑤。他们的主观意愿纵然有别，但其客观讯息却是颇为一致的：在中国的政

① 费密：《弘道书》，收入《孝义家塾丛书》，页1上—1下。
② 费密：《弘道书》，收入《孝义家塾丛书》，页1下。
③ 费密：《弘道书》，收入《孝义家塾丛书》，页1下—2上。
④ 费密：《弘道书》，收入《孝义家塾丛书》，页8上。章学诚可能受此一观念的启示，而后发展"治教合一"的思想。费氏父子的生平与思想的简介，可参阅胡适《胡适文存二集》（台北，远东图书公司，1953），页48—90。
⑤ 参较 Huang Pei, *Autocracy at Work*（Bloomington & London:Indiana University Press, 1974），pp.44–48.

治史中，结合"道统"与"治统"是专制政权发展的最终步骤。一个充分发展的专制政权，至少在意识形态上意味着，统治者拥有丝毫不受牵制的绝对权力。然而在过去的历史里，由儒生为代表而象征文化力量的"道统"，却扮演了裁定统治合法性的角色。正由于"道统"在义理上能够独立于现实的政权，使它对专制的扩充起了制衡作用。没有人比明末的吕坤（1536—1618）将此中的关系表达得更透彻，当他论及"理"跟"势"的关系时，说：

> 公卿争议于朝，曰："天子有命。"则屏然不敢屈直矣。师儒相辩于学，曰："孔子有言。"则寂然不敢异同矣。故天地间，惟理与势为最尊。虽然，理又尊之尊也。庙堂之上言理，则天子不得以势相夺，即相夺焉，而理则常伸于天下万世。故势者，帝王之权也；理者，圣人之权也。帝王无圣人之理，则其权有时而屈。然则理也者，又势之所恃以为存亡者也。以莫大之权，无僭窃之禁，此儒者之所不辞而敢于任斯道之南面也[①]。

然而我们必须注意，结合"道统"并非统治者伸张绝对权力的唯一途径。"绝对权力"并不一定来自政治权威与文化权威的合一。有时统治者会采取断然措施摧毁"道统"或其文化象征，以达到政治权力绝对化的目的。明太祖即是一个最好的例子。洪武二年（1369），明太祖即位的第二年，诏孔庙春秋释奠，只行于曲阜，天下不必通祀。虽经儒生抗疏，明太祖仍独行其是[②]。孔庙素为"道统"制度化的表征，身后从祀孔庙本为儒生向往的至高荣耀。试以明神宗万历十二年（1584）对王阳明应否入祀孔庙的争议为例，当辩论激烈化的时候，浙人陶大临劝陆树声说："朝廷不难以伯爵予之，何况庙祀？"陆树声回答："伯爵一代之典，从祀万代之典。"[③] 比起统治者封侯封爵的"一代之典"，从祀孔庙却被目为"万代之典"，可见孔庙在儒者心目中的象征意义。

由此可推知明太祖洪武二年的诏令旨在打击孔庙在文化象征上的普遍意义，令其无法与政治权威颉颃。洪武五年（1372），明太祖因览《孟子》，至

---

① 吕坤：《呻吟语》（台北，汉京文化事业公司，1981），卷一之四，页 11 下—12 上。

②《明史》，卷一三九，页 3981。

③ 孙承泽：《春明梦余录》（香港，1965），卷二一，页 36 下；又见其《天府广记》（北京，北京出版社，1962），卷九，页 89。

"君之视臣如土芥，则臣视君如寇雠"语，谓非臣子所宜言，乃罢孟子配享，并令卫士射之。且诏有谏者以大不敬论①。可是仍有儒臣钱唐抗疏入谏曰："臣为孟轲死，死有余荣。"②钱唐所体现的殉道行为，代表了政治权力与文化信仰正面的冲突，而其代价正是一个专制统治者无法估量的。于是明太祖只好马上恢复孟子配享。洪武十五年（1382），又诏天下通祀孔子③。

其实，明太祖并非不知孔子一系对他政权合法化的重要性。洪武元年（1368）三月初四日，他即曾笔谕孔氏子孙孔克坚，说：

> 吾闻尔有风疾在身，未知实否？然尔孔氏非常人也，彼祖宗垂教于世，经数十代，每每宾职王家，非胡君运去独为今日之异也。吾率中土之士，奉天逐胡，以安中夏。虽曰庶民，古人由民而称帝者，汉之高宗也。尔若无疾称疾，以慢吾国不可也④。

所以只要情况许可的话，统治者必然要以削弱"道统"的自主性作为强化专制政体的步骤；但策略容或有异，一为明太祖的"对抗"政策，另一则为康熙的"结合"政策。

康熙虽是异族统治者，但自幼浸淫于儒家文化，反而使他较明太祖易于觉察至儒家文化对中国政治与社会广泛而微妙的影响。康熙所塑造的"结合"政策自然契合儒家潜存的象征符号，而为一般士人所乐于接受。康熙极力提升孔庙仪式只是此一认识的者多例证之一⑤。由于清初君主善于运用汉文化来强化他们的统治，经由他们创意地安排"道统"与"治统"的关系，使得他们在意识形态上变成两项传统最终的领袖。

身为明末遗民的王夫之（1619—1692）对于清初君主的文化政策不无疑

① 《明史》，卷一三九，页3981；庞锺璐：《文庙祀典考》，卷四，页3下。
② 《明史》，卷一三九，页3982；庞锺璐：《文庙祀典考》，卷四，页3下。
③ 《明史》，卷一三九，页3982；庞锺璐：《文庙祀典考》，卷四，页4上—4下。
④ 《孔府档案选编》（北京，中华书局，1982），上册，页17。又《明实录》措辞略为雅驯，显经修饰。参较《明太祖实录》（"中研院"历史语言研究所校本），卷三一，页8。
⑤ 据《阙里文献考》，孔庙有十三个碑亭，九个为清主所立。见孔继汾《阙里文献考》（1762），卷一二，页1下。钱穆于民初访游曲阜孔庙，亦注意及孔庙碑亭多为异族王朝所建。钱穆《师友杂忆》，《中国文化月刊》，第2卷，第4期（1980），页59。《阙里文献考》的作者亦说："（孔庙）历代嗣加恢扩，日就宏丽，至我朝而无可复加矣。"见《阙里文献考》，卷一一，页1上。

虑。王氏是位激烈的种族论者，丝毫不与清朝政权妥协。他借着嘲讽历史上的异族王朝，以怒骂"败类之儒，鬻道统于夷狄盗贼"，他诅咒异族王朝道：

> 治统之乱，［小人］窃之，［盗贼］窃之，［夷狄］窃之，不可以永世而全身；其幸而数传者，则必有日月失轨、五星逆行、冬雷夏雪、山崩地坼、雹飞水溢、草木为妖、禽虫为孽之异，天地不能保其清宁，人民不能全其寿命，以应之不爽。道统之窃，沐猴而冠，教猱而升木，尸名以徼利，为［夷狄盗贼］之羽翼，以文致之为圣贤，而恣为妖妄，方且施施然谓守先王之道以化成天下；而受罚于天，不旋踵而亡①。

王夫之认为，外族统治者，虽有陋儒之助，对中原文化却只能求其"形似"，不能得其"精髓"，终不免自绝于天。他说：

> 虽然，败类之儒，鬻道统于［夷狄］盗贼而使窃者，岂其能窃先王之至教乎？昧其精意，遗其大纲，但于宫室器物登降进止之容，造作纤曲之法，以为先王治定功成之大美在是，私心穿凿，矜异而不成章，财可用，民可劳，则拟之一旦而为已成。故［夷狄］盗贼易于窃而乐窃之以自大，则明堂、辟雍、灵台是已②。

在另一段文字中，王氏又大肆抨击扶助异族王朝的文人，透露了他指桑（历史上的异族王朝）骂槐（清朝）的意旨，他说：

> 乃至女真、蒙古之吞噬中华，皆衣冠无赖之士投幕求荣者窥测事机而劝成之。廉希宪、姚枢、许衡之流，又变其局而以理学为捭阖，使之自跻于尧、舜、汤、文之列，而益无忌惮。游士之祸，至于此而极矣③。

在这段文字中，王氏的弦外之音是十分清楚的。王氏去世于康熙三十一年，《读通鉴论》完成于他辞世前一年。他对康熙运用儒家文化来支撑他的统治必

---

① 王夫之：《读通鉴论》（北京，中华书局，1975），卷一三，页408—409。
② 王夫之：《读通鉴论》，卷一三，页409。
③ 王夫之：《读通鉴论》，卷一四，页467。

定有所知悉。所以王氏对历史上征服王朝的谩骂，在现实上是有所指的。至于说"以理学为捭阖，使之自跻于尧、舜、汤、文之列，而益无忌惮"，更是他对清初政权的讽刺，表现得露骨无遗，谓之"图穷匕见"似不为过。

可预期的，清初君主结合"道统"与"治统"，必将对政权的性质产生影响。这类深远的作用可见诸君臣关系的变化，以及政治权威概念之改变。以下的几个例子将有助于我们掌握这类变化及其缘由。

首先，以汉代与清代帝王诣曲阜孔庙为例。

元和二年（85），汉章帝幸阙里，与孔僖有这么一段对话。章帝以太牢祠孔子及七十二弟子，作六代之乐，大会孔氏子孙，命儒者讲《论语》。孔氏后裔孔僖因自陈谢。帝曰："今日之会，宁于卿宗有光荣乎？"孔僖对曰："臣闻明王圣主，莫不尊师贵道。今陛下亲屈万乘，辱临敝里，此乃崇礼先师，增辉圣德。至于光荣，非所敢承。'章帝大笑曰："非圣者子孙，焉有斯言乎！"①

孔僖的对话十足表现了圣裔的超越精神，孔门并不因圣驾光临而增添光彩。反之，章帝却需借莅临孔门以增辉圣德。孔门这种自尊自贵的精神至明末仍旧相当活跃。明末的散文家张岱（1597—1689）即是很好的见证者。崇祯二年（1629），张岱谒孔庙。孔家人告诉他说：

> 天下只三家人家，我家与江西张、凤阳朱而已。江西张，道士气；凤阳朱，暴发人家，小家气②。

这一段话充分彰显了孔门自豪之气，即使拟诸帝王之家（凤阳朱，明皇室），仍睥睨之，不稍卑屈。

相对的，在康熙二十三年（1684），清圣祖诣阙里孔庙，孔家却弥漫了臣服气息。在答复圣祖垂询孔庙古迹时，孔尚任说：

> 先圣遗迹湮没已多，不足当皇上御览，但经圣恩一顾，从此祖庙增辉，书之史册，天下万世想望皇上尊师重道之芳躅，匪直臣一家之流传③。

① 《后汉书》，卷七九，页262。
② 张岱：《陶庵梦忆》（上海，上海古籍出版社,1982），页10。
③ 孔尚任：《出山异数纪》，卷一八，页15上—15下。

在旁的侍从之臣，大学士王熙、翰林院学士孙在丰、侍讲学士高士奇咸附和跪奏曰：

> 孔尚任所奏甚是[1]。

最后当然是"上微笑颔之"了[2]。

上述汉代、清代君主临幸孔庙时双方对答的差异颇为明显：在第一项问答中，孔僖认为汉章帝诣孔庙是希冀"增辉圣德"，为他的统治带来益处；但在第二项答话中，孔尚任却借重康熙的眷顾，令孔门生辉。孰轻孰重，情势已甚了然。

孔庙本为"道统"的具体象征。清初君主对孔庙礼仪的重视，显示了他们谙熟孔庙在中国社会的文化涵义。另一方面，他们再三提升孔庙礼仪也透露了"赵孟能贵之"的心态。换言之，孔庙作为制度化的"道统"必须获得统治者的认可与支持。清初三位君主皆善于利用孔庙礼仪来表达"治教合一"的统治手腕。乾隆于"阙里孔庙碑文"中明言：

> 益以知道德政治，体用一源，显微无间。慕圣人之德而不克见之躬行者，非切慕也；习圣人之教而不克施之实政者，非善学也[3]。

在称赞康熙与雍正对孔庙的贡献之余，乾隆下一结语："惟'圣人'（雍正）能知'圣人'（康熙）所由跻海宇于荡平仁寿之域也。"[4]但是，正如前面说到的，清廷对孔庙既能贵之，也能贱之，当孔氏后裔——孔继汾欲理孔氏家仪时，即因所述礼仪与《大清会典》不符，遭到朝廷严厉的整肃[5]。

总之，清代君主结合"道统"与"治统"的工作可视为专制政权在意识形态方面的跃进。由于此一意识形态的指引，使清代君主在政治理念上更突显出权威的性格。这在雍正处理曾静案件时表露无遗。曾静本为一介天真而又食古不化的读书人，主张"皇帝合该是吾学中儒者做"（哲王政治）。他说：

---

① 孔尚任：《出山异数纪》，卷一八，页15下。
② 孔尚任：《出山异数纪》，卷一八，页15下。
③ 乾隆：《御制文集初集》（台北，台湾商务印书馆，文渊阁《四库全书》本），卷一七，页4下。
④ 乾隆：《御制文集初集》，卷一七，页3下。
⑤ 孔德懋：《孔府内宅轶事》，页30—32。

若论正位，"春秋时，皇帝该孔子做；战国时，皇帝该孟子做；秦以后，皇帝该程朱做；明末皇帝该吕子（吕留良）做"①。在审讯时，雍正严加驳斥道：

> 孔孟之所以为大圣大贤者，以其明伦立教，正万世之人心，明千古之大义，岂有孔子、孟子要做皇帝之理乎？……使孔孟当日得位行道，惟自尽其臣子之常经，岂有以韦布儒生要自做皇帝之理！若依曾静所说，将乱臣贼子篡夺无君之事，强派在孔孟身上。污蔑圣贤，是何肺肠②？

对雍正来说，孔孟虽尊为圣贤，依旧需受"君臣"关系的约制。雍正将"君臣"关系绝对化，成为所有人伦的准则。在他心目中，圣贤只有听命于君上，绝无容他们"做皇帝之理"。

乾隆更是把传统政治理想中辅佐"圣君"的"贤相"贬抑为皇帝纯粹的僚属而已。在《书程颐论经筵劄子后》，他表示无法苟同程颐的看法，乾隆说：

> 独其（程颐）贴黄所云"天下治乱系宰相，君德成就责经筵"二语，吾以为未尽善焉。……夫用宰相者，非人君其谁为之？使为人君者，但深居高处自修其德，惟以天下之治乱付之宰相，己不过问。幸而所用若韩、范，犹不免有上殿之相争；设不幸而所用若王、吕，天下岂有不乱者，此不可也③。

接着，乾隆所下的转语才真正透露了他内心真正的忌惮，他说：

> 且使为宰相者，居然以天下之治乱为己任而目无其君，此尤大不可也④。

"宰相"一职原是儒生实践经世济民的"权位"，但在乾隆的概念中却沦为奉命唯谨的忠诚僚属。更嘲讽的是，在清代官制之中，并无"宰相"一职。乾隆四十六年四月十八日的"上谕"即明言：

---

① 雍正：《大义觉迷录》，卷二，页5上—6下。
② 维正：《大义觉迷录》，卷二，页5下—6下。
③ 乾隆：《御制文集第二集》，卷一九，页7下—8上。
④ 乾隆：《御制文集第二集），卷一九，页8上。

宰相之名，自洪武时已废而不设；其后置大学士，我朝亦相沿不改。然其职仅票拟承旨，非如古所谓秉钧执政的宰相也[1]。

所以，乾隆的评语实际上反映了专制君主心目中"宰相"所应居的地位：既无实权，又乏政治担当。

李绂的好友全祖望（1705—1755）来自反抗清人入侵相当激烈的江浙地区，素对清朝政权有着极复杂的情结。虽说如此，在他理解"统治者"的权位时，专制思想仍然留下难以意识的痕迹。在《宋元学案》之中，全氏曾从《象山文集》中撷取一段文字以陈述陆梭山的政治见解，他摘录道：

松年尝问梭山（陆九韶，象山之兄）："孟子说诸侯以王道，行王道以崇周室乎？行王道以得天位乎？"梭山曰："得天位。"松年曰："岂教之篡夺乎？"梭山曰："民为贵，社稷次之，君为轻。"象山叹曰："家兄平日无此议论，旷古以来无此议论。"松年曰："伯夷不见此理，武周见得此理。"[2]

值得注意的是，全祖望的摘录与《象山文集》的原意不符。在《象山文集》中，原来的文字是这样记载着：

松尝问梭山云："有问松：'孟子说诸侯以王道，是行王道以尊周室？行王道以得天位？'当如何对？"梭山曰："得天位。"松曰："却如何解后世疑孟子教诸侯篡夺之罪？"梭山曰："民为贵，社稷次之，君为轻。"先生再三称叹："家兄平日无此议论。"良久曰："旷古以来无此议论。"松曰："伯夷不见此理。"先生亦云。松又云："武王见得此理。"先生曰："伏羲以来皆见此理。"[3]

本来在《象山文集》中，陆象山再三称叹梭山"得天位"、"民为贵"的见解；在《宋元学案》的摘录里，象山却变成持否定的语气。全氏又略去"伏羲以来皆见此理"一句，使得象山的态度更加模棱两可。在全祖望的时代，

① 转引自：《清代文字狱档》，页628。
② 全祖望：《宋元学案》（台北，河洛图书出版社，1975），卷五七，页130。
③ 陆九渊：《陆九渊集》（台北，里仁书局，1981），卷三四，页424。

以文字罹祸的恐惧固然存在，却不适于解释上述文字的偏差，因为陆象山早已入祠孔庙多年，全祖望并不必为他负任何言语的责任。全氏对陆象山原意的曲解有可能受到当时专制思想的暗示，无意中形成一个可能被接纳的政治观点①。

清中叶一位著名的训诂学家焦循（1763—1820）曾对稍前吕坤论及"理"与"势"的引言做了一番评论，更直接反映出专制思想深远的影响。焦循评说：

> 明人吕坤有《语录》一书，论理云："天地间惟理与势最尊，理又尊之尊也。庙堂之上言理，则天子不得以势相夺。即相夺，而理则常伸于天下万世。"此真邪说也。孔子自言事君尽礼，未闻持理以要君者。吕氏比言，乱臣贼子之萌也②。

对"理"与"势"的关系而言，焦循显然与吕坤持有相反的意见。"道统"之延续端视"理"之长存，而"治统"之维持则端赖"势"之支撑。明末的吕坤仍可意识到"理"原具有批判政治权威的功能，但至焦循，"理"的批判层面却变得含混不清了。其根由是焦氏处在一个专制政权"理论"与"实践"合一的时代。

另外，我们还可从《四库全书总目提要》来举证当时政治气候的情况。《提要》的总纂官——纪昀对恽日初的《刘子节要》有如下的评断：首先，他赞美该书"排纂颇为不苟"，但不免略感遗憾，因是书"亦有一时骋辨之词，不及详检而收之者"③。他说：

> 如曰天命一日未绝则为君臣，一日既绝则为独夫。故武王以甲子日兴，若先一日癸亥便是篡，后一日乙丑便是失时违天云云。此语非为臣子者所宜言。……如斯之类，其去取尚未当也④。

---

① 冒怀辛首先发现此一文字差异。但他以为全祖望惧罹文字狱，遂将陆象山的言辞略做调整，却非适切之解。参较冒怀辛《读书札记三则》，《中国哲学》1980年第2期，页152—154。

② 焦循：《雕菰集》（上海，商务印书馆，国学基本丛书），卷一〇，页151。

③ 纪昀：《四库全书总目提要》（台北，台湾商务印书馆，1971），页1991。

④ 纪昀：《四库全书总目提要》，页1991。

纪昀显然否认儒者有任何超越的凭据，足以评估政权的合法性。他很明显地将"以道自任"的"士"化约为思想上为"绝对忠诚"所束缚的子民。

儒家批判意识的消失亦可见诸当时一些有关思想的论述。以章学诚（1738—1801）为例，章氏主张必得名实俱符始之为"道"，然而"儒家者流乃尊尧舜周孔之道以为吾道"，宋儒更是"舍器而言道"，此皆是以空名言道的弊病①。以章氏之见，"道"乃实存于历史之中。自先王之道立，则政教典章人伦日用之外，别无他道可言。从此一观点衍生下来，"道"只能见诸"形"或"器"，而批评现存"政教典章"的"道"（超越性）则难以想象。无怪乎章氏偏爱"治教无二，官师合一"的理想社会（三代），对三代以下"君师分而治教不能合于一"，则深感遗憾②。

又章氏置周公的成就于孔子之上③，此点不只与绝大多数儒者大异其趣④，而且与清初君主的评价亦不符。章学诚说"有德无位，即无制作之权；空言不可以教人，正是所谓'无征不信'"，而孔子"有德无位，即无从得制作之权；不得列于一成，安有大成可集"；反之，周公德位俱全，乃可谓真正的"集大成者"⑤。他虽解释道，此"非孔子之圣逊于周公，时会使然也"⑥。但不可否认的，章氏的评估标准却是取自"时代精神"（Zeitgeist）："理"与"势"的合一⑦。

① 章学诚：《文史通义》（台北，华世出版社，1980），页42。

② 章学诚：《文史通义》，页38。

③ 章学诚：《文史通义》，页37。

④ 明代王阳明的"成色分两说"，曾将尧、舜喻为万镒金，孔子九千镒金。即遭受众多儒者的抨击。章学诚置周公于孔子之上，则更形突出。但王、章各所依据理由，诚然有异。王阳明的看法见叶绍钧点注《传习录》（台北，台湾商务印书馆，1967），页72—74；评阳明此说则有冯柯《求是编》（京都，中文出版社，和刻本），卷三，页8下—10下；陈建《学蔀通辨》（京都，中文出版社，和刻本），卷一二，页10上，卷九，页10上—10下；陆陇其《三鱼堂文集》（台北，台湾商务印书馆，文渊阁《四库全书》本），卷五，页27下。

⑤ 章学诚：《文史通义》，页37。

⑥ 章学诚：《文史通义》，页37。

⑦ 胡适于《章实斋先生年谱》中云："他（章氏）过崇周公，说他'经纶制作，集千古之大成'，虽然很可笑；但他认道在制作典章，故宁可认周公而不认孔子为集大成，也不能不算是一种独见；我们可以原谅他的谬误。"于此胡适并没有把握章学诚思想的时代意义。见胡适《章实斋先生年谱》（台北，台湾商务印书馆，1968），页69。

康熙二十五年（1686），反清大儒黄宗羲竟称其时"古今儒者遭遇之隆，盖未有两；五百年名世，于今见之"①。黄氏的话实发人深省。盖上述之言显示黄氏在义理上绝非只效忠于一朝一姓而全然受缚君臣之义（明皇室）；而终其身，黄氏却未尝背离其明遗民的身份。究其实，黄氏的话毋宁反映了两千多年来萦绕于儒生内心的"怀乡病"（nostalgia）：期待"圣君"的来临。但"圣君"的来临却使他们付出昂贵的代价，因为儒者得以批判政治权威的立足点亦随之烟消云散。这岂非儒家思想内在真正的纠结？

**附记**　本文承蒙黄彰建、张以仁、邢义田、王汎森诸位先生评阅，并提出宝贵的意见，谨此致谢。在史语所讲论会中，蒙获毛汉光、柳立言两先生评论，于此一并致谢。

（原载《历史语言研究所集刊》，第 58 本，第 1 分，1987 年）

# 八　道统与治统之间：从明嘉靖九年（1530）孔庙改制论皇权与祭祀礼仪

拙文试图检讨皇权与孔庙的关系。在传统社会之中，孔庙作为一种祭祀制度，恰好位于道统与治统之间。换言之，孔庙刚好是传统社会里文化力量与政治力量的汇聚之处。为了突显此一互动现象，拙文首先追溯孔庙历史为背景，以说明统治者对孔庙的各种态度；再以明嘉靖九年（1530）孔庙改制为分析焦点，来剖析明代专制之君——世宗，甚而包括开国之君——太祖，如何透过政教系统的解释，来操纵孔庙祭祀礼仪，以达到压制士人集团的实质目的。

## 一、引言

明儒吕坤（1536—1618）曾说："天地间，惟理与势最尊。"②在吕氏的用词里，"天地间"显然具有超越时空的含义；但就历史角度来省视，他实际上是以"天地间"来泛称自身所处的中国社会而已。在这样的社会里，"理"与

---

① 黄宗羲：《与徐乾学书》，《黄宗羲南雷杂著稿真迹》，页 278。
② 吕坤：《呻吟语》（台北，汉京文化事业公司，1981），卷一之四，页 12 上。

"势"最为尊贵、最为关键。

依吕坤的解释，"理"意谓着"圣人之权"，而"势"则指的是"帝王之权"①。以现代语言来阐释，便是支配传统中国社会两股最重要的力量（至少意识上如此），意即文化与政治的宰制权。它们倚之运作的机制便是：儒生与统治者两大集团，加上彼此编织而成的官僚网络。

吕坤对传统社会力的理解，其实是儒者之间的共识。清初大儒王夫之（1619—1692）亦云："天下所极重而不可窃者二：天子之位也，是谓治统；圣人之教也，是谓道统。"②王氏言及的"天子之位"与"圣人之教"当然是"帝王之权"与"圣人之权"运作的根源。但王氏进一步延伸对二者传承合法性（le-gitimacy）的关切，这就成了"道统"与"治统"的问题了。

在传统社会中，"道统"与"治统"不只在概念上，而且在实践上经常处于若即若离的紧张状态（tension）。"若离"："道统"与"治统"分属"文化"与"政治"两个范畴。自三代以后，以道自许之士常以教育庶民、批判统治权威为己任③。这种强烈的使命感使得统治者即使极想扮演"治教合一"的角色，亦无法取代儒家圣贤在传统社会的象征意义，更何况其所发挥的实际作用。这在而后的祭祀制度，尤其是孔庙祀典中，表现得尤为清楚。

在礼仪制度上，孔庙是"道统"的形式化。宋末元初的熊铢（1247—1312）即明言："尊道有祠，为道统设也。"④而历代帝王庙的祭祀，则是统治者为了政权传承自我肯定的仪式。明初，宋讷（1311—1390）奉太祖之命，撰写历代帝王庙碑文，记载道：

> 钦惟圣天子受天明命，肇修人纪，以建民极，缵皇帝王之正统，衍亿万年之洪基。稽古定制，作庙京邑，以祀历代帝王，重一统也⑤。

---

① 吕坤：《呻吟语》，卷一之四，页12上。

② 王夫之：《读通鉴论》（台北，汉京文化事业公司，1984），卷一三，页408。

③ 有关先秦以孔孟为代表"士"的自觉，请参阅余教授《中国知识阶层史论》（台北，联经出版事业公司，1980），第一章；另见氏著《史学与传统》（台北，时报文化出版，1986），页30—70。宋、明儒将此一批判精神发扬光大，并赋予"道统"的历史意义，则请参阅拙著，Chin-shing Huang, *Philosophy, Phiology and Politics in Eighteenth-Century China: Li Fu and the Lu-Wang School under the Ch'ing*, Cambridge University Press, forthcoming, chapter 3.

④ 熊铢：《熊勿轩先生文集》（上海，商务印书馆，1936），卷四，页48。

⑤ 宋讷：《西隐文稿》（台北，文海出版社，1970），卷七，页11上。

可见，明太祖修建历代帝王庙之举，实以庙祀为得统之征，以理治天下。此外，孔庙与帝王庙所供奉人物毫无雷同之处，其区别显而易见。陈建（1497—1567）于辩护朱熹（1130—1200）为儒学振衰起弊的功臣时，即间接道出二者之分别。陈氏说：

> 有帝王之统，有圣贤之统。如汉祖、唐宗、宋祖开基立业，削平群雄，混一四海，以上继唐、虞、夏、殷、周之传，此帝王之统也。孟子、朱子距异端，息邪说，辟杂学，正人心，以上承周公、孔子、颜、曾、子思之传，此圣贤之统也①。

要言之，代表"圣贤之统"的孔庙人物首重"立言"，其次"立德"；代表"帝王之统"的"帝王庙"则以"立功"为取舍，其文化意义泾渭分明。

然而"道统"与"治统"何以又有"若即"的关系呢？其故端在孔子所传之学正是"二帝、三王之学"。而二帝、三王恰为"治统"的根源。清中叶，崔述（1740—1816）于阐释继《唐虞三代考信录》之后，又有《洙泗考信录》之作时，便将个中原委说明得极为简要。他说：

> 二帝、三王、孔子之事，一也；但圣人所处之时势不同，则圣人所以治天下亦异。是故，二帝以德治天下，三王以礼治天下，孔子以学治天下②。

崔氏又说："孔子之道，即二帝、三王之道。"③崔述的陈述实代表儒家的政治信念。是故，"治统"的义理根据终俟"道统"的支持与疏解。吕坤便说：

> 帝王无圣人之理，则其权有时而屈。然则理也者，又势之所恃以为存亡者也④。

---

① 陈建：《学蔀通辨》（京都，中文出版社，1977），《终编》，卷下，页9下。
② 崔述：《崔东壁遗书》（上海，上海古籍出版社，1983），页261。
③ 崔述：《崔东壁遗书》，页261。
④ 吕坤：《呻吟语》，卷一之四，页12上。

吕坤的言论不能视之为儒生一厢情愿的片面之词。譬如，深受理学熏陶的清圣祖，便倡言"万世道统之传，即万世治统之所系"①。而王夫之从历史的观察，亦得到同样的观点。王氏云：

> 儒者之统，与帝王之统并行于天下，而互为兴替。其合也，天下以道而治，道以天子而明；及其衰，而帝王之统绝……②

是故，吕坤对人君政权合法性确有所见。而王氏所谓"道以天子而明"，则又点出"道统"与"治统"若即的另一面了。

如前所述，孔庙实为"道统"的制度化，但是其制度化的启动者却是由上而下，来自朝廷。孔庙发展史十足印证此一论点。按鲁哀公十七年（前478），孔子庙始立于故宅，然历千余载孔子之祀尚未出于阙里。汉儒谓立学释奠，"先圣""先师"仍无定指。地方始设孔庙，史缺明载，唯迟迄永明七年（489），南齐武帝，兴学已改立孔庙于京畿（建康）③，而北魏孝文帝太和十三年（489）亦立孔庙于京师④，此可能为相应之举。

纵使如此，降至南北朝，孔庙祀典礼仪恐仍未确定。例如，在南齐永明三年（485），有司为了释奠"先圣""先师"，该用何礼、何乐及有关礼器，即感到相当困惑。尚书王俭坦承"金石俎豆，皆无明文"，至谓"方之七庙则轻，比之五礼则重"⑤。但释奠设轩悬之乐、六佾之舞却始定于此番论辩⑥。

唐初，周公、孔子先后互为"先圣"，显示孔子地位并非稳固。另一方面，从孔庙发展史视之，唐初却是十分关键。在这段期间，孔庙礼仪方称完

---

① 清圣祖：《圣祖仁皇帝御制文初集》（台北，台湾商务印书馆，文渊阁《四库全书》本），卷一九，页3下。

② 王夫之：《读通鉴论》，卷一五，页497。

③ 萧子显：《南齐书》（台北，鼎文书局,1980），卷三，页56。

④ 魏收：《魏书》（台北，鼎文书局,1980），卷七下，页165。

⑤ 萧子显：《南齐书》，卷九，页143—144。

⑥ 丘濬误以南朝宋文帝元嘉二十二年（445）为"释奠用六佾、轩悬之乐"之始。按，真正实施应是南齐武帝永明三年（485）。《南齐书·礼志》载王俭之议："元嘉立学，裴松之议应舞六佾，以郊乐未具，故权奏登歌。今金石已备，宜设轩县之乐，六佾之舞，牲牢器用，悉依上公。"《南齐书》，卷九，页144。丘濬之说，见于是氏《大学衍义补》（台北，台湾商务印书馆，文渊阁《四库全书》本），卷六五，页7下。

备，其从祀制度亦同告确立。举其要：太宗贞观二年（628），停祭周公，升孔子为"先圣"，以颜回配①。此举肯定孔子为万世师的地位，其间虽逢永徽改制的倒行逆施，但孔子定为"先圣"已为大势所趋，无可挽回。果然，在高宗显庆二年（657），改（永徽）令从（贞观）诏，孔子复为"先圣"，至是永为定制②。

太宗贞观四年（630），诏州县学皆立孔子庙③，此为地方遍立孔庙之始④。贞观二十一年（647），诏左丘明等二十二人配享尼父庙堂⑤，此为后世以先儒配享之始⑥。玄宗开元八年（720），诏颜子等十哲，宜为坐像，悉令从祀，曾参大孝，德冠同列，特为塑像，坐于十哲之次，因图画孔门七十弟子及二十二贤于庙壁⑦。开元二十年（732），《开元礼》成，孔庙定为"中祀"⑧。开元二十七年（739），诏孔子既称"先圣"，可谥曰"文宣王"，其后嗣可封"文宣公"，弟子则另册封公侯⑨。此为孔子封王、弟子封公侯之始⑩。

自此以降，孔庙礼仪代有增荣，有宋一代尤为著称。宋朝重文轻武，儒教备受重视，孔子位望因是日隆。宋真宗大中祥符元年（1008），幸曲阜，降舆乘车，至文宣王墓设奠再拜。诏追谥"玄圣文宣王"⑪。五年（1012），以国

① 欧阳修：《新唐书》（台北，鼎文书屋，1980），卷一五，页373—374；又马端临：《文献通考》（北京，中华书局，1986），卷四三，页406—407。
② 丘濬谓"至是始定以孔子为先圣、颜子为先师"。《大学衍义补》，卷六五，页9上。其说近似而误，见秦蕙田《五礼通考》（台北，台湾商务印书馆，文渊阁《四库全书》本），卷一一七，页27下—28下。有关唐高宗显庆二年，攻令从诏之故，或可参阅高明士《唐代的释奠礼制及其在教育上的意义》，《大陆杂志》，第61卷，第5期，1980年11月，页218—236。文末附黄彰健先生的论评，亦为一说，足资思考。
③ 欧阳修：《新唐书》，卷一五，页373。
④ 秦蕙田：《五礼通考》，卷一一七，页23下。
⑤ 刘昫：《旧唐书》（台北，鼎文书局，1980），卷二四，页917。欧阳修：《新唐书》，卷六五，页374。
⑥ 丘濬：《大学衍义补》，卷六五，页10下。
⑦ 刘昫：《旧唐书》，卷二四，页919—920。
⑧ 萧嵩：《大唐开元礼》（台北，台湾商务印书馆，文渊阁《四库全书》本），卷一，页1上—1下。《开元礼》成于开元二十年。据孔继汾《阙里文献考》（1762），卷一四，页10下。
⑨ 刘昫：《旧唐书》，卷二四，页920。
⑩ 丘濬：《大学衍义补》，卷六五，页14下。
⑪ 脱脱：《宋史》（台北，鼎文书局，1980），卷一〇五，页2548。

讳，改谥"至圣文宣王"①。真宗初欲追谥为"帝"，或言孔子周之陪臣，周止称王，不当加帝号而止②。

宋仁宗至和二年（1055），封孔子后为"衍圣公"，世代传袭③。神宗元丰七年（1084），以孟子配食文宣王④。前此，熙宁七年（1074），判国子监常秩等请追尊孔子以帝号，下两制礼官详定，以为非是而止⑤。徽宗崇宁三年（1104），诏辟雍文宣王殿以"大成"为名，并增文宣王冕十有二旒⑥。此为宣圣用天子冕旒之始⑦。南宋高宗绍兴十年（1140），复释奠文宣王为"大祀"，其礼如社稷；州县为"中祀"⑧。宁宗庆元元年（1195），虽仍定文宣王为"中祀"⑨，但大致而言，迄元代为止，孔庙间逢战乱，容有停祀或破坏，祭祀礼仪却是日增月益，尊崇有加。即使在异族王朝亦少有例外，譬如大定十四年（1174），金世宗加宣圣像冠十二旒、服十二章⑩。元武宗即位（1307），加封"至圣文宣王"为"大成至圣文宣王"⑪；至大二年（1309），又定制孔庙春秋二丁释奠，牲用太牢⑫。

然而，孔庙此一日趋峥嵘之势，却受扼于明代世宗皇帝（1507—1567）。嘉靖九年（1530），孔庙改制，祭祀礼仪大为降杀，其变动、牵连之广不下唐初，意义则迥然有别。

在传统中国，孔庙适位于文化力量与政治势力的汇聚之处。孔庙诚然为

① 脱脱：《宋史》，卷八，页152。
② 丘濬：《大学衍义补》，卷六六，页1下。
③ 脱脱：《宋史》，卷一二，页237。
④ 脱脱：《宋史》，卷一〇五，页2549。
⑤ 脱脱：《宋史》，卷一〇五，页2548。
⑥ 脱脱：《宋史》，卷一〇五，页2549—2550。唯宋末孔传所记孔子始服王者之冕为大观元年（1107）。见孔传《东家杂记》（台北，台湾商务印书馆，文渊阁《四库全书》本），卷上，页28下。又（金）孔元措《孔氏祖庭广记》则作崇宁四年（1105），且误记始服王者之"服"。盖孔子之服仅九章，盖"公服"，非"王服"也。因此金大定年间方有加"十二章"之举。孔元措之见，见是氏《孔氏祖庭广记》（上海，商务印书馆，1936），卷三，页28。
⑦ 孔传：《东家杂记》，卷上，页28下。
⑧ 孔继汾：《阙里文献考》，卷一四，页15上。
⑨ 孔继汾：《阙里文献考》，卷一四，页15上。
⑩ 不著撰人：《大金集礼》（台北，台湾商务印书馆，文渊阁《四库全书》本），卷三六，页2上—2下。
⑪ 宋濂等：《元史》（台北，鼎文书局，1980），卷二二，页484。
⑫ 宋濂等：《元史》，卷二三，页510。

"道统"的制度化，但其制度化却需得到统治者的支持与认可。如此一来，就使得礼仪介于"道统"与"治统"之间了。因而从透视此一制度的变迁，最易于把握二者之互动。嘉靖九年，孔庙改制实为唐初以来孔庙发展的逆转。从此一个案的剖析，可以显现专制君主如何操纵文化系统的解释，以压制"道统"所象征的制衡力量，并打击文人集团的士气。至此，明代专制政治在义理上方大功告成。

### 二、嘉靖九年孔庙改制

明正德十六年（1521），武宗崩殂，无嗣。慈寿皇太后与大学士杨廷和定策，以遗诏遣官迎兴献王长子——厚熜入嗣皇位，是为世宗。

世宗即位不久，为了追崇本生父，与在朝群臣意见相左，遂酿成"大礼议"。世宗坚持只"继统"（继承皇位），而不"继嗣"（为人后嗣）；廷臣则力争"继嗣"，方能"继统"。双方相持不下。起初，礼臣议考孝宗，改称兴献王皇叔父，援宋司马光（1019—1086）、程颐（1033—1107）议濮王礼之例①，世宗不允。适逢进士张璁（1475—1539）上疏，辩群臣非是。世宗方扼廷议，得璁疏大喜过望，至谓："此论出，吾父子获全矣。"② 亟下廷臣议，阁臣杨廷和与礼官毛澄（弘治六年进士）等抗疏力争；世宗不听，执意如初。然其时渐有从者，如方献夫（弘治十八年进士）即附和道：

> 陛下之继二宗（孝宗、武宗），当继统而不继嗣。……继统者，天下之公，三王之道也。继嗣者，一人之私，后世之事也③。

嘉靖三年（1524），世宗更定章圣皇太后尊号，去本生之称。廷臣伏阙固争，遂下员外郎马理等一百三十四人于锦衣卫狱，当场杖死者十有六人，朝臣大为摧抑④。至此，"大礼议"纷争暂告段落。

---

① 濮王礼议见《宋史》，卷一三，页 253—259。司马光之疏，见《司马温公文集》（上海，商务印书馆，1936），卷六，页 134—135；程颐之意见，见《二程集》（台北，里仁书局，1982），卷五，页 515—518。
② 张廷玉：《明史》（台北，鼎文书局，1980），卷一九六，页 5174。
③ 张廷玉：《明史》，卷一九六，页 5187。
④ 张廷玉：《明史》，卷一七，页 219。

《明史》对毛澄等"以道侍君"执拗不屈的精神固然大书特书，但在参劾大礼诸臣列传之后，文末附有一段论赞，却足资省思。它说：

> "大礼"之议，杨廷和为之倡，举朝翕然同声，大抵本宋司马光、程颐濮园议。……而世宗奉诏嗣位，承武宗后，事势各殊。诸臣徒见先贤大儒成说可据，求无罪天下后世，而未暇为世宗熟计审处，准酌情理，以求至当。争之愈力，失之愈深，惜夫 ①。

清儒毛奇龄（1623—1716）对"大礼议"之祸，以正、反双方皆疏于"古礼"，学识简陋有以致之 ②。毛氏旁征博引，熟悉古今源流，诚然独有所见。但"大礼议"所衍生的问题却非纯以"学问"可以明断。它所蕴涵的实是对"君权"及其合法性的考验。

是故，世宗在"大礼议"中的功过得失，诚难以一言判定。从"大礼议"的演变视之，世宗虽以外藩入继大统，然在践祚之后，自始至终，即掌握全局，不为群臣所撼动。此正可显现明代君权之独断。而在"大礼议"之后，世宗随即编纂议礼之文，来粉饰其作为。例如：嘉靖四年（1525），《大礼集议》完成，颁示天下。嘉靖七年（1528），《明伦大典》修成，昭告天下，随定议礼诸臣罪名，追削杨廷和等籍 ③。这充分表示世宗非但懂得以"势"来遂行其是，而且亦不忘借"理"（礼）来辩护其言行。《明史》对世宗的这番作为，有很深刻的观察。它这样说：

> 帝（世宗）自排廷议定"大礼"，遂以制作礼乐自任。……乃议皇后亲蚕，议勾龙、弃配社稷，议分祭天地，议罢太宗配祀，议朝日、夕月别建东、西二郊，议祀高禖，议文庙设主更从祀诸儒，议祧德祖正太祖南向，议祈谷，议大禘，议帝社帝稷 ④。

由上述可以确知，世宗对诸多礼仪更定的兴趣，并非天生使然，而是"大礼

① 张廷玉：《明史》，卷一九一，页5078。
② 毛奇龄：《西河全集》（龙威秘书），《辨定嘉靖大礼议》，卷二。
③ 张廷玉：《明史》，卷一七，页220—222。
④ 张廷玉：《明史》，卷一九六，页5178。

议"有以启之。

嘉靖九年为世宗更定礼仪极为频繁的一年。是年，世宗创制皇后亲蚕北郊礼、更改社稷坛配位礼、更建四郊、重立天地分祀礼[①]。冬十一月，遂及文庙祀典。可见，孔庙改制实为世宗一连串礼制更革的要项，其意义尤为不凡。若说世宗在其他礼仪上逞其所好，反映的只是君权威望之重，则孔庙改制无异是人主对"制度化"道统的挑衅，并刻意予以贬抑。

论者尝谓嘉靖文庙改制缘张璁之议[②]，衡诸史实则不然。先是，嘉靖九年十月，世宗因纂《祀仪成典》，指示大学士张璁凡"云雨风雷等及先圣先师祀典俱当以序纂入"[③]。张璁遂上奏道：

云雷等祀及社稷配位俱蒙圣明更正，但先圣先师祀典尚有当更正者。叔梁纥乃孔子之父；颜路、曾晳、孔鲤乃颜（回）、曾（参）、子思（孔伋）之父，三子配享庙庭，纥及诸父从祀两庑，原圣贤之心岂安于是？所当亟正。臣请于大成殿后，另立一堂祀叔梁纥而以颜路、曾晳、孔鲤配之[④]。

按文庙从祀乃遵循既定的等级制。颜回、曾参、孔伋享食"配位"，实远逾诸父从祀"两庑"[⑤]，遑论孔子之于叔梁纥了。张璁因是有以疵之。

由上述可以获知，孔庙改制实首启自世宗，而张璁深晓以"大礼议"模式，缘父子一伦，人情之常来肯定世宗更革的意图，虽至为切要，但主动之权则全操之世宗本人。至于谓"子虽齐圣，不先父食"，则明白挪用"大礼议"的辩词[⑥]。而世宗遂以为然。

张璁奏上，世宗随即裁决道：

---

① 《明实录》（"中研院"历史语言研究所校印），《世宗实录》，卷一〇九——一二〇。
② 例如庞锺璐《文庙祀典考》，卷四，页11下—13下。
③ 张璁：《谕对录》（万历三十五年），卷二二，页1下。又张璁：《罗山奏疏》（万历五年），卷六，页1上。
④ 《明实录》，《世宗实录》，卷一一九，页3—4上。张璁原疏繁冗，姑取《实录》摘要。
⑤ 孔庙从祀制完备的等级，除孔子为至圣之外，依序为"四配""十哲"，此二等级得配享正堂，再其次为"先贤""先儒"则只能从祀两庑。
⑥ "子虽齐圣，不先父食"原出《春秋左氏传》（见洪亮吉《春秋左传诂》[北京，中华书局，1987]，卷九，页354）为方献夫引为譬喻"君臣"之词，为"大礼"辩，深为世宗所喜。毛奇龄：《西河全集》，《辨定嘉靖大礼议》，卷二，页14上—15上。

朕惟孔子享于堂而使亲附食于两庑，神灵诚有大不悦者，岂为安乎？夫尊亲如是，其尊天又可知也。所有十二笾豆，牲用熟，此逼拟大祀。理决无疑者。当更正以尊天也①。

世宗因谕张璁"加体孔子之心而详之"②。张璁究竟有无"加体孔子之心"方为世宗详之，史乏记载，亦无从揣测。然而从他回奏之词分析，谓"璁缘帝意"以改制文庙却是言而有据的。张璁在奏对中说道：

孔子祀典自唐宋以来，淆乱至今，未有能正之者。今宜称先圣先师，而不称王。祀宜称庙，而不称殿。祀宜用木主，其塑像宜毁撤。笾豆用十，乐用六佾。叔梁纥宜别庙以祀，以三氏配。公侯伯之号宜削，只称先贤、先儒。其从祀申党、公伯寮、秦冉、颜何、荀况、戴圣、刘向、贾逵、马融、何休、王肃、杜预、吴澄宜罢祀，林放、蘧瑗、卢植、郑玄、服虔、范宁宜各祀于乡，后苍、王通、欧阳修、胡瑗、蔡元定宜增入③。

于此，张璁所奏之词有略加疏解的必要，以便确切了解其意旨。

（一）谥号：孔子不称王。张璁自谓承明初吴沈之绪余。吴氏在《孔子封王辩》中力言：孔子，人臣也；生非王爵，死而封王则为僭礼。因谓"夫子有王者之道则可，谓夫子有王者之号则不可"④。张璁又援丘濬之说，谓后世尊崇孔子，始乎汉平帝之世。是时政出王莽奸伪之徒，假崇儒之名，以收誉望⑤。张璁故议后世唯称"'先师孔子'，以见圣人所以为万世尊崇者，在道不在爵位名称"。

（二）毁塑像，用木主，去章服，祭器减杀。洪武年间，太祖曾一度用木主，不设塑像，但止行于南京太学。张璁遂援为通例。又本丘濬之论，谓

---

① 张璁：《谕对录》，卷二二，页15下。
② 张璁：《谕对录》，卷二二，页17上。
③《明实录》，《世宗实录》，卷一一九，页4上。原疏见《论对录》，卷二二，页1下—15上。
④ 张璁：《谕对录》，卷二二，页3上。
⑤ 丘濬：《大学衍义补》，卷六五，页6上—7上。

"塑像之设，中国无之，至佛教入中国始有之"[1]。其实明兴以来，自宋濂始，间间续续皆有去像立主之议，惜未落实[2]。于是至张璁甫成定案。而像既去，章服亦无所加。又明初，定"文舞六佾、笾豆十"；成化十二年（1476），从祭酒周洪谟（1419—1491）之请，诏"舞增八佾，笾豆加十二"，盖以天子之礼[3]。至是遂予降杀。

（三）更定从祀制：削爵称、进退诸儒。孔子既不得封王，从祀弟子更无从封爵。张璁进退诸儒盖本之程敏政（1445—1499）[4]。其故端在以"传道之师"取代"传经之师"，盖缘时代学风之变[5]。又蔡元定（1135—1198）从祀，盖取桂华、桂萼（？—1531）兄弟之议[6]。欧阳修从祀，则因"大礼"之故[7]。吴澄（1249—1333）罢祀，受累"宋臣仕元"。前此，谢铎已先非之[8]。

（四）"大成殿"改称"孔子庙"，内增设"启圣祠"。孔子既不得封王，则祭祀之所宜称"庙"，不宜称"殿"。"启圣祠"之设立孕育已久：南宋洪迈（1123—1202）[9]、元熊钰[10]，曾先后指正孔庙从祀有"子尊父卑"悖乎人伦之嫌。迄有明程敏政尤大加挞伐[11]，至是张璁议立"启圣祠"，以明人伦之大，盖寓暗合"大礼议"之深意。

---

[1] 丘濬：《大学衍义补》，卷六五，页 11 上—14 上。

[2] 沈德符：《万历野获编》（北京，中华书局，1980），卷一四，页 361。

[3] 张廷玉：《明史》，卷五〇，页 1297—1298。

[4] 程敏政：《篁墩文集》（台北，台湾商务印书馆，文渊阁《四库全书》本），卷一〇，页 4 上—10 下。

[5] 拙作：《学术与信仰：论孔庙从祀与儒家道统意识》将有较详细的剖析。

[6] 桂萼：《桂文襄公奏议》（乾隆二十七年），卷八，页 17 上-20 下。

[7] 欧阳修：《欧阳修全集》（台北，世界书局，1961），页 977—995。欧阳修与司马光等意见相反。欧阳修入祀孔庙因濮议之故，见顾炎武《原抄本顾亭林日知录》（台北，文史哲出版社，1979），卷一八，页 432。前此，当时人徐学谟早已言之："（世宗）欲举（欧阳修）而从祀孔子庙庭，盖为濮议之有当于圣心也。"见是氏《世庙识余录》（台北，国风出版社，1965），卷四，页 5 上。张璁《谕对录》中，世宗言及欧阳修，有人以"大礼"为请，可见徐、顾之言确非无据。《谕对录》，卷二二，页 26 上。

[8] 此论原先发自谢铎，后为张璁所用。见张廷玉《明史》，卷一六三，页 4432；卷五〇，页 1298—1300。

[9] 洪迈：《容斋随笔》（上海，上海古籍出版社，1978）；《容斋四笔》，卷一，页 615。

[10] 熊钰：《熊勿轩先生文集》，卷四，页 52。

[11] 程敏政：《篁墩文集》，页 10 下—12 上。

张璁所上孔庙改制，固希逢世宗旨意，世人直目为孔门之耻①。当时即有人记载道："一时缙绅为耳目之濡染既久，纷纷执议，几干聚讼。"②此处"耳目之濡染既久"指的当是士绅长久习于旧制，而不以新制为是。御史黎贯便指陈道：

> （孔子）天下止称曰"先师"，而不曰"王"。……非惟八佾、十二笾豆为僭，而六佾、十笾豆亦为僭矣。不惟像当毁，而复屋重檐亦当毁矣③。

"启圣祠"之设立，自始即有人颇致微词，尤其孔子既去王称，而叔梁纥竟仍系"公爵"，殊为不称④。世宗议定，令下毁像设主，郡县多不忍遽毁，藏之复壁⑤。阙里更是保存完好如初⑥。盖毁像实违人情之常，有司只好依违其间。

当时编修徐阶（1503—1583）上疏世宗，除了反对去王毁像，更率直批评道：

> 陛下自即位以来，动以太祖高皇帝为法。太祖之在御，尝厘渎诸神之号，而独于孔子仍其王封，盖有不轻变之心焉。抑亦神岳渎而人孔子，其义固有辩也⑦。

要之，世宗、张璁改革孔庙惯援"祖宗成法"以为张本，徐阶于此盖"以子

---

① 沈德符：《万历野获编》，《补遗》，卷二，页854；焦竑：《玉堂丛语》（北京，中华书局，1981），卷三，页93。
② 徐学谟：《世庙识余录》（台北，国风出版社，1965），卷六，页19下。
③ 黎贯：《论孔子祀典疏》，收入《广东文征》（香港，珠海学院，1973），卷六，页209。
④ 徐学谟：《世庙识余录》，卷六，页19下—20上。徐氏即批评张璁："盖亦逢迎议礼之余绪耳。"博学如瞿九思，于万历年间整理孔庙典故，对"启圣祠"亦百思不得其解。瞿氏曰："启圣公独不议神主者，以世宗于四配惟称其'圣'，于十哲两宜惟称'先贤'，皆不系以爵，独启圣公系以'公爵'，或圣心已疑此典太隆，故不致议，非遗也。"瞿九思：《孔庙礼乐考》（万历年间刊），卷一〇，页47下。
⑤ 朱国桢：《涌幢小品》（笔记小说大观），卷一六，页4下。顾炎武：《原抄本顾亭林日知录》，卷一八，页429。又邵长蘅：《青门簏稿》（常州先哲遗书），卷一〇，页10上。邵氏（1637—1713）于清初呼吁复孔圣像。
⑥ 俞正燮：《癸巳存稿》（台北，台湾商务印书馆，1971），卷九，页256。
⑦ 徐阶：《世经堂集》（康熙二十年），卷六，页41上—41下。

之矛，攻子之盾"。他又说：

> 天下王祀孔子，承袭已久。经生学士习于见闻，野父编氓侈于尊戴。一旦奉不王之诏，众人愚昧，不能通知圣意所存，将互相惊疑。妄加臆度，以为陛下不务抑其他，而轻夺爵于孔子，人心易惑难晓[①]。

徐阶一方面引太祖为重，另一方面以"人心易惑难晓"来怂动世宗，必得虑及人情反应。结果只徒然激怒世宗。徐阶坐是外贬，除了天下翕然称贤[②]，丝毫改变不了世宗的决心。

张璁为了答辩群臣疑难，于是又逐条批驳，写了《先师孔子祀典或问》。其中有两点值得特别留意的：国初，宋濂（1310—1381）曾上《孔子庙堂议》，大意谓"不以古之礼祀孔子，是亵祀也。亵祀不敬，不敬则无福"[③]。细绎宋濂全文，意在讽劝太祖尊孔。然张璁却引为孔庙改制张本[④]。

其次，《或问》中另有一条，或曰："孔子祀典之正，将行天下也，然则阙里也如之何？"[⑤]这透露了孔庙改制的反对者似乎退而求其次，唯求确保阙里孔庙不受影响。这种双轨制在明代确曾发生过，但情境迥异。正统三年（1438），裴侃有见于孔庙从祀"子尊父卑"的现象，因进言："天下文庙惟论传道，以列位次。阙里家庙，宜正父子，以叙彝伦。"[⑥]遂设"启圣王殿"，颜、曾、孔、孟四子之父俱配[⑦]。唯止行于阙里而已。反观张璁非但不妥协，且引子思言，但谓："今天下车同轨，书同文，行同伦，言天下大一统也。奚疑于阙里乎哉？"[⑧]据此阙里孔庙亦不得例外。张氏身为宰辅，当可代表朝廷力求治教齐一的立场。张璁疏上，发礼部集议。议下，大多本张璁之言[⑨]，世宗命

① 徐阶：《世经堂集》（康熙二十年），卷六，页41下。
② 沈德符：《万历野获编》，卷一四，页361—362。
③ 宋濂之文，见李之藻《泮宫礼乐疏》（台北，台湾商务印书馆，文渊阁《四库全书》本），卷一，页42下。
④ 张璁：《罗山奏疏》，卷六，页29上。
⑤ 张璁：《罗山奏疏》，卷六，页30上。
⑥ 张廷玉：《明史》，卷五〇，页1297。
⑦ 叔梁纥，元至顺元年（1330）已追封"启圣王"。宋濂：《元史》，卷七六，页1892—1893。
⑧ 张璁：《罗山奏疏》，卷六，页30上。
⑨ 又以行人薛侃议，进陆九渊从祀。张廷玉：《明史》，卷五〇，页1300。

悉如议行。于是成一代之典。

### 三、世宗孔庙改制与祖宗成法（明代政教传统）

世宗初即位，因"大礼"与朝臣相持不下。"大礼"争执趋烈时，修撰杨慎慷慨激昂地说："国家养士百五十年，仗节死义，正在今日。"遂与群臣两百余人跪伏在左顺门，希冀世宗收回成命[1]。不意世宗大怒，先后杖死者十八，并谪戍多人。嘉靖四年（1525），余珊（正德三年进士）应诏陈事，因是有言：

> 今议礼诸臣，一言未合，辄以悖逆加之。谪配死徙，朝宁为空[2]。

衡诸孔庙改制诸臣之遇相去亦无远。世宗自锐意礼制，名曰"好古"，实辄断以己意，常与廷臣意见相左。世宗嗜以整肃朝士，树立主威。张璁改制孔庙疏上，世宗命礼部会翰林诸臣议，徐阶疏陈不可，立遭贬抑。世宗乃御制《正孔子祀典说》与《正孔子祀典申记》两篇，俱令下礼部集议以闻。随后，身为世宗宠臣的夏言（1482-1548）上疏，赞美世宗"以圣人之心，推圣人之心，辨析详明，考究精当"之后，竟言：

> 数日以来，群议沸腾。以臣愚忠乞陛下……其孔子祀典，暂假时日，少缓订议[3]。

可见其时反对声浪必然浩大。御史黎贯甚谓世宗如执意改制孔庙，必不免"取讥当时，贻笑后世"[4]。前此，张璁似已预知如此。他在拜读世宗鸿文之后，奏对道：

> 习俗之难变，愚夫之难晓也，其所自为说者亦曰"尊孔子"也。盖谕于利，而实未尝谕于义也。仰惟皇上仁义中正，断之以心，所谓唯圣人能知圣

---

[1] 张廷玉：《明史》，卷一九一，页 5068。

[2] 张廷玉：《明史》，卷二〇八，页 5499.

[3]《明实录》，《世宗实录》，卷一一九，页 6 上。

[4] 黎贯：《论孔子祀典疏》，《广东文征》，卷六，页 209。

人者也①。

又，世宗一度欲与其他朝臣咨商，或卜告皇祖以明吉凶②。张璁皆以今人党同伐异，兹事唯赖皇上"见决"奉告③。此无形助长了世宗专断的焰势。张氏奉劝世宗将孔庙改制"断之以心"，实不啻把"礼乐制作"（文化宰制权）双手供奉给专制君主了。

　　其实，世宗上述两篇御笔，最适以明了他改制孔庙的理念。早在同年正月，世宗固执己见，创立皇后亲蚕礼。他罔顾群臣骇然反对，悍然宣称：

　　夫礼乐制度自天子出，此淳古之道也。故孔子作此言，以告万世④。

按孔子原语作"天下有道，则礼乐征伐自天子出"⑤。世宗断章取义，省略"天下有道"，但言"礼乐制度自天子出"，援孔子之名为的只不过是压制儒臣罢了。反讽的是，世宗改制孔庙正是此一意念的延伸。所不同的是，此番礼乐更革的对象竟是孔夫子自身。

　　世宗在《正孔子祀典说》开宗明义即说：

　　朕惟孔子之道，王者之道也；德，王者之德也；功，王者之功也；事，王者之事也；特其位也，非王者之位焉⑥。

于此，世宗所要点出的正是孔子"有德无位"，故不应享王者之礼。他数落唐玄宗迄元武宗予孔子"封三"之非。世宗指出孔子对当时诸侯有僭王者，皆以《春秋》笔削而心诛之。孔子生既如此，其死乃不体圣人之心，漫加封号，

① 张璁：《罗山奏疏》，卷六，页24下—25上。
② 张璁：《谕对录》，卷二二，页26下。
③ 张璁：《谕对录》，卷二二，页26下—27上。
④ 《明实录》，《世宗实录》，卷一〇九，页4上。
⑤ 朱熹：《四书章句集注》（北京，中华书局，1983），《论语集注》，卷八，页171。
⑥ 明世宗的《正孔子祀典说》与《正孔子祀典申记》在《嘉靖祀典考》收录有未修饰的全文。《明实录》《古今图书集成》或其他有关孔庙记录，间有收录，但显经修饰或节录，故只引前书。佚名《嘉靖祀典考》（"中研院"傅斯年图书馆收藏，朱丝栏手抄本），卷五，《正孔子祀典说》。

虽曰尊崇，其实"贼害圣人之甚"①。故"封王"实不符孔子平生居身行事。

世宗在另一篇文章中大加阐述"王"字之义。他解释道：孔子王号之"王"非周制"王天下之王"（天王），而是后世"封王者之王"（诸侯王）。历代君主封谥孔子仅止于王号，而不以皇帝加之，即是"不欲与之齐"。因此孔子王称，犹拜封臣下，何由尊崇之意②。世宗借此驳斥徐阶封王之论，连带亦否认了前代儒臣，如周洪谟③，特意将孔子王称提升为周制天王之举。是故，孔子若存王号，却享天子之礼，犹不免僭越之讥④。

世宗素来极为注重祭祀礼仪的尊卑次序。他在反对以太祖、太宗配位社稷时（嘉靖九年正月）即明白晓示道：

> 朕每以祭太社、太稷，奉我太祖、太宗配，窃有疑焉。夫天地至尊，次则宗庙，又次则社稷，此次序尊杀之理也⑤。

所以世宗只允有"尊祖配天"之仪，而绝无"奉祖配社"之理⑥。在世宗心目中，以"社稷"之重皆无法与"宗庙"比拟，孔庙礼仪可想而知了。

沈德符（1578—1642）对世宗孔庙改制的底蕴辨析入微，他就曾说：

> 孔庙易像为主，易王为师，尚为有说。至改八佾为六、笾豆尽减，盖上（世宗）素不乐师道与君并尊⑦。

沈氏的论断可以用其时的事例来佐证。当朝廷争辩孔庙改制，黎贯率十三道御史合疏力争，意谓世宗即位以来，举行敬天尊亲之礼，可谓盛极，何独致疑孔子王称。此一批评恰恰刺中世宗内心的隐痛，世宗大怒，遂将贯等"悉

---

① 佚名：《嘉靖祀典考》，卷五，《正孔子祀典说》。

② 佚名：《嘉靖祀典考》，卷五，《正孔子祀典申记》。

③ 孔贞丛：《阙里志》（万历年间），卷一一，页17上—18上。

④ 世宗之见，后世多不以为然。朱彝尊则委婉解成"太学，则天子主之。以天子之学，行天子之礼。奏天子之乐，享以十二笾，舞以八佾"。朱彝尊：《曝书亭集》（台北，世界书局，1964），卷六〇，页697。

⑤ 《明实录》，《世宗实录》，卷一〇九，页11上。

⑥ 《明实录》，《世宗实录》，卷一〇九，页11下。

⑦ 沈德符：《万历野获编》，卷一四，页360。

下法司按治"①。观此，沈氏谓"上素不乐师道与君并重"实一语道破世宗的心结。

在感情因素里，"大礼议"所留给世宗的积怨，仍暗地里作祟。在孔庙改制决策上，这个情结宣泄无遗。语及孔庙从祀存有"子尊父卑"的现象，世宗不禁迁怒倡导"濮议"的儒臣。他说道：

> 安有子坐堂上，而父食于下乎？此所谓名不正者焉，皆由纲领一紊，而百目因之以斁。传至有宋而程颐以亲接道统之传，遂主英宗不可父濮王之礼。诚所谓是可忍也，孰不可忍也②。

世宗措辞"是可忍也，孰不可忍"，显见其气愤之至。

世宗一再声言，他无意以"位"凌"先师"。又说今若不正孔庙礼制，将不免来日"子不父其父，臣不君其君，内离外叛，何可胜言"③。所以他为己辩护道：

> 朕不得不辨，亦不得不为辅臣璁辨。璁也，为名分也，为义理也，非谀君也，非灭师也。若朕所正者亦若是④。

令人讶异的是，世宗毫不讳言指责明宪宗用礼官之议，"增乐舞用八佾，笾豆用十二，牲用熟而上拟乎事天之礼"是"略无（顾）忌"。类此直接批评"皇祖考"不是的人君，在历史上实不多见。更有趣的是，宪宗成化十七年（1481）有国子监丞祝澜主张孔圣塑像当易木主，疏上，竟遭贬官。此与张璁缘世宗之意，易像为主，反得幸进，际遇之异，不可同日而语⑤。

对于各项礼制改革，世宗常自命为明太祖的继承者。孔庙改制诚不例外。太祖初定天下之时，命天下崇祀孔子，去塑像，止令设主（按只行于南京太

---

① 张廷玉：《明史》，卷二〇八，页 5502。又《明实录》，《世宗实录》，卷一一九，页 8 下。世宗曰："祀典改正，实出朕尊师重道之意。黎贯乃妄引追崇之典，犹存诋毁大礼之情，纠众署名，肆意奏扰，褫职为民。"世宗后因都御史汪铉之言，此次上疏只严办黎贯一人。

② 佚名：《嘉靖祀典考》，卷五，《王孔子祀典说》。

③ 佚名：《嘉靖祀典考》，卷五，《正孔子祀典说》。

④ 佚名：《嘉靖祀典考》，卷五，《正孔子祀典说》。

⑤ 佚名：《嘉靖祀典考》，卷五，《正孔子祀典说》。又朱国桢：《涌幢小品》，卷一六，页 1 下。

学），乐舞用六，笾豆以十。世宗认为尊崇已极，无以复加。然而太祖何以仍存孔子封号，世宗自解道："（此）岂无望于后人哉？"① 言下之意，他是以去此一封号的"后人"自居了。

严格地说，世宗对太祖所订下的礼制并非墨守成规。事实上，他对太祖晚年制定的礼仪更订甚多。这一点世宗本人，颇为自觉。他在嘉靖九年三月分郊会议即明白表达他的立场。世宗说道：

太祖天造草昧，规模宏远，讦猷懿范可守可则者多矣。乃若礼乐，亦有不能不待于后者。至于振起而扩克之，虽我圣祖之心，岂无所望于后世之圣子神孙者乎？此正今日之事也。岂有泥于祖宗已然之迹，遂一成而不可变邪② ？

嘉靖十二年（1533），蒲州诸生秦镗伏阙上书，谓世宗所举分郊礼、孔庙损革，"皆非圣祖之意，请复其初"③。秦生虽懂得诉诸祖宗成法，以约束我行我素的世宗，但却忽略了世宗对自我形象的定位。秦生除了坐律论死，亦改变不了既成的事实。原来依世宗之见，《中庸》所谓"非天子不议礼、不制度、不考文"中的"天子"非只限于"创业之君"的太祖，并且涵盖"守成之主"的他了④。所以世宗在《正孔子祀典申记》中说，孔庙礼制"不可不因时制宜，至于事关纲常者，又不可不急于正之"⑤。

细究之，世宗对太祖所定的礼制，虽非一成不变，但在精神上却是一脉相传的。这只要稍加探讨太祖对孔庙与其他祭祀礼仪的态度，则不难发现二者确有"神似"之处。

洪武元年（1368）二月，太祖循开国之君惯例，以太牢祀先师孔子于国学，并遣使诣曲阜致祭。为此，他说道：

仲尼之道，广大悠久与天地相并，故后世有天下者，莫不致敬尽礼，修

① 佚名：《嘉靖祀典考》，卷五，《正孔子祀典说》。
② 佚名：《嘉靖祀典考》，卷一，《分郊会议第一疏》。
③ 张廷玉：《明史》，卷一九七，页5223。
④ 佚名：《嘉靖祀典考》，卷一，《分郊会议第一疏》。
⑤ 佚名：《嘉靖祀典考》，卷五，《正孔子祀典申记》。

其祀事。朕今为天下主，期在明教化，以行先圣之道①。

太祖的措辞充分显示：他深悉，对创业之君而言，"祭孔"作为强化"继统"的象征意义实不可或缺。

然而于次年，太祖的态度却急转直下，他突然下令孔庙春秋释奠止行于曲阜，天下不必通祀②。太祖所持的理由是：

自汉以下，以神（孔子）遍祀海内。朕代前王统率庶民。目书检点，忽睹神之训言："非其鬼而祭之，谄也"、"敬鬼神而远之"、"祭之以礼"，此非圣贤明言，他何能道。故不敢遍祀，暴殄天物，以累神之圣德③。

洪武初年，时值开国之际，百废待举。太祖屡诏儒臣大修礼事④。同年即诏天下普祀城隍，而孔子反不得通祀，殊不可解。尚书钱唐、侍郎程徐皆疏言力争。程氏云：

古今祀典，独社稷、三皇与孔子通祀。天下民非社稷、三皇则无以生，非孔子之道则无以立。……孔子以道设教，天下祀之，非祀其人，祀其教也，祀其道也。今使天下之人，读其书，由其教，行其道，而不得举其祀，非所以维人心扶世教也⑤。

太祖皆不听。洪武四年（1371），宋濂上《孔子庙堂议》，语及先圣固宜天下

---

① 《明实录》，《太祖实录》，卷三〇，页5下—6上。

② 《明史》之《太祖本纪》或《礼志》皆不载洪武二年，孔庙停天下通祀。《明实录》亦然。盖后世史臣为太祖隐讳。此一资料唯见于《明史》，《钱唐传》，见《明史》，卷一三九，页3981。秦蕙田更误引王圻《续文献通考》，误置洪武二年夏四月丙戌为诏天下通祀之日，其实应为洪武十五年夏四月丙戌。见《明实录》，《太祖实录》，卷一四四，页2上。请参较秦蕙田《五礼通考》，卷一二〇，页1下—2上；王圻《续文献通考》（万历三十一年），卷五七，页7下—8上。

③ 徐一夔：《大明集礼》（台北，台湾商务印书馆，文渊阁《四库全书》本），卷一六，页20上。《大明集礼》成于洪武三年九月，故载有洪武二年《致祭曲阜孔子御制祝文》。

④ 《明实录》，《太祖实录》，卷三〇，页1上—4下；卷三八，页1上—10上。

⑤ 张廷玉：《明史》，卷一三九，页3981—3982。

通祀，竟遭远谪<sup>①</sup>。

从上述可知，太祖一方面深晓"祭孔"对创业之君的重要性，另一方面却为了区区祭物，诏天下停祀孔子。此中必有深故。原来在洪武元年三月，太祖大将徐达攻下济宁，启圣公（元封）孔克坚，称疾，仅遣子希学入京，觐见太祖。太祖为此颇为不悦，致亲笔谕孔克坚道：

> 吾闻尔有风疾在身，未知实否？然尔孔氏非常人也，彼祖宗垂教于世，经数十代，每每宾职王家，非胡君运去独为今日之异也。吾率中土之士，奉天逐胡，以安中夏。虽曰庶民，古人由民而称帝者，汉之高宗也。尔若无疾称疾，以慢吾国不可也<sup>②</sup>。

可见，太祖深悉孔子一系对他政权合法化举足轻重。孔克坚之迟迟不成行，可能视北方战事未定，犹豫难决。

而后，孔克坚来朝，太祖一反惯例，竟不授官。太祖接见孔氏于谨身殿，但曰："尔年虽未耄而病婴之。今不烦尔官。"<sup>③</sup>太祖又向群臣解释道："朕不授孔克坚以官者，以其先圣之后，特优礼之，故养之以禄而不任之事也。"<sup>④</sup>同月，却以克坚子希学袭封衍圣公。太祖不悦之情昭然若揭。

洪武五年（1372），太祖因览《孟子》，至"君之视臣如土芥，则臣视君如寇雠"，谓非臣子所宜言，乃罢孟子配享。且诏有谏者劾大不敬。钱唐抗疏入谏曰："臣为孟轲死，死有余荣。"<sup>⑤</sup>史书载"帝鉴其诚恳，不之罪"<sup>⑥</sup>。其实钱唐所体现的殉道行为，代表了政治权威与文化信仰的正面冲突，而其代价正

---

① 《明实录》，《太祖实录》，卷六七，页 7 上。又邓球《皇明咏化类编》（隆庆年间），卷七二，页 12 下。宋濂之文载诸李之藻《泮官礼乐疏》，卷一，页 42 上—44 下。俞正燮、邵长蘅等谓宋濂谪官，以其请毁像之故，按诸史实非确。宋讷在《大明敕建太学碑》即明白记载："（太学之祀），夫子而下，像不土绘，祀以神主，数百年夷习乃革。"可见明太祖并不以去像为忤。宋讷：《西隐文稿》，卷七，页 388。俞正燮之见，见是氏《癸巳存稿》，卷九，页 256。邵长蘅之见，见是氏《青门簏稿》，卷一〇，页 9 下。

② 《孔府档案选编》（北京，中华书局,1982），上册，页 17。

③ 《孔府档案选编》，上册，页 17。叶盛：《水东日记》（北京，中华书局，1980），卷一九，页 188。二者记录较为口语化，应是原始资料。《明实录》，《太祖实录》，卷三一，页 8 下。

④ 《明实录》，《太祖实录》，卷三一，页 8 下。

⑤ 张廷玉：《明史》，卷一三九，页 3982。

⑥ 张廷玉：《明史》，卷一三九，页 3982。

是一个专制统治者所难以负担的。洪武六年（1373），太祖旋复孟子配享[①]。唯迟至洪武十五年（1382），方诏天下通祀孔子。《上谕》中但曰：

> 孔子明帝王之道，以教后世，使君君臣臣父父子子，纲常以正，彝伦攸序，其功参于天地[②]。

"君君、臣臣、父父、子子"诚属孔门之教，但于此时此境，太祖特为强调，颇耐人寻味。按胡惟庸案发生于洪武十三年（1380），株连甚广，绵延多时[③]。不知太祖是否有鉴于近年朝廷政争，动荡欠安，图借孔子之教因势开导。万历年间，瞿九思解释天下通祀孔子，非为亵祀，有段措辞，值得再三推敲。他说：

> 我高皇帝念四方郡国恐有不率者，意欲借大圣人之灵坐而镇之，则又不得不假借孔子为重。……通观厥成，是天下通祀孔子，正所以倚赖圣人，不得为亵[④]。

瞿氏号为醇儒，为孔门辩驳，无足为奇。但此段话容有弦外之音，史乏明言，诚未可知。

洪武三年（1370），太祖诏革诸神封号，唯孔子仍封爵。按自唐世，山川之神，崇名美称，历代有加，称"帝"、称"王"，比比皆是。太祖谓此举为"庶几神人之际，名正言顺，于礼为当"[⑤]。

洪武四年（1371），太祖令郡县不得通祀三皇。原是元贞元年（1295），元成宗初命立三皇庙于府州县，春秋通祀，而以药师主之[⑥]。太祖认为非礼，命天下郡县毋得亵祀[⑦]。不意竟造成祭礼独缺三皇，于是在洪武六年（1373），

---

① 王圻：《续文献通考》，卷五七，页11下。又孙承泽：《春明梦余录》（香港，1965），卷二一，页36下。

② 《明实录》，《太祖实录》，卷一四四，页2上。

③ 胡惟庸案见张廷玉《明史》，卷三〇八，页7906。

④ 瞿九思：《孔庙礼乐考》，卷一，页20上。

⑤ 《明实录》，《太祖实录》，卷五三，页1下—2上。

⑥ 宋濂：《元史》，卷七六，页1902。

⑦ 《明实录》，《太祖实录》，卷六二，页3下—4上。

创建"历代帝王庙"于京师，致祭三皇、五帝、汉唐宋元创业之君①。洪武二十一年（1388），以历代名臣三十七人从祀"历代帝王庙"②。体制仿孔庙，祭礼则过之。每岁春秋，由皇上亲临致祭，盖欲突显"治统"之尊荣，颇有与孔庙抗衡之意味③。

洪武二十一年（1388），太祖废武成王庙。武成王庙原名太公庙，祀齐太公望，唐开元十九年（731）始置。上元元年（760），尊太公为武成王，祭典与文宣比，仿孔庙，以古名将为十哲配享④。后世又增七十二贤从祀。初意文宣、武成两相对峙。初唐以降，儒学因科考取士之故，荣登官学。文人意识抬头，国家渐有重文轻武的倾向。唐贞元四年（788），兵部侍郎李纾建言，文宣、武成二庙祭礼应有等差。他说：

> 文宣垂训，百代宗师，五常三纲非其训不明，有国有家非其制不立，故孟轲称自生人以来一人而已。由是正素王之法，加先圣之名，乐用宫悬，献差太尉，尊师崇道，雅合正经。其太公述作，止于《六韬》，勋业形成一代，岂可拟其盛德，均其殊礼哉⑤？

李纾的上奏正是此一意向的表征。是故，武成庙祭礼虽隆重，终不得与文庙比拟⑥。

反之，明太祖之废祀武成王庙，并非独厚文庙，而是别有用心。清儒秦蕙田（1702—1764）误解明太祖废武庙，是因"太公之功焉得与孔子并"，至誉太祖之举"可破千年黩祀之典"⑦，可说完全不懂其中真情。太祖明白说道：

> 太公，周之臣封诸侯，若以王祀之，则与周天子并矣。加之非号，必不

---

① 《明实录》，《太祖实录》，卷八四，页 2 下—3 下。

② 《明实录》，《太祖实录》，卷一八八，页 5 下—6 上。

③ 李东阳：《大明会典》（台北，新文丰出版公司，1976），卷九一，页 1 上—11 上。

④ 欧阳修：《新唐书》，卷一五，页 377。

⑤ 杜佑：《通典》（台北，新兴书局，1963），卷五三，页 307。

⑥ 中国文庙、武庙之差遇演变可参考陶希圣《武庙之政治社会的演变》，《食货月刊》，复刊第 2 卷，第 5 期，1972 年，页 1—19。

⑦ 秦蕙田：《五礼通考》，卷一二〇，页 18 上。

享也<sup>①</sup>。

是故太祖去太公王号，罢其旧庙，令只宜从祀帝王庙。

观此，世宗之去孔子王号，与太祖之去太公王号如出一辙。其用意至为明显，即人臣之祭不得享帝王之礼，若是，则为僭越。洪武二十一年，太祖在殿试制策中表达了他对礼制的观点。他说：

事神之道，志人之心，莫不同焉。虽然始古至今，凡所祀事，必因所以乃祀焉。然圣贤之制，礼有等杀。自天子至于臣民，祭祀之名，分限之定，其来远矣<sup>②</sup>。

前此，洪武三年诏革诸神封号，洪武二十年除武将之神太公望王封皆是太祖此一理念的反映。太祖既然如此严守祭礼名分，国初吴沈又从下力辩"孔子称王为非"<sup>③</sup>，而太祖仍始终不敢轻率废孔子王封，其故可能鉴于洪武二年，停孔庙通祀业已引起儒臣莫大反弹。为了避免进一步刺激作为官僚骨干的士人集团，以免人心分崩离析，难以收拾，太祖因是不得不有所顾虑。

世宗距明初立国百余年，专制政治已成气候，君权巩固，无他顾忌。世宗至推举太祖远逾孔子，他称赞太祖道：

后世之为君而居王者之位者，其德于孔子，或二三肖之、十百肖之，未有能与之齐也。至我太祖高皇帝，虽道用孔子之道，而圣仁神圣武功文德直与尧舜并，恐有非孔子所可疑（拟）也<sup>④</sup>。

由是世宗认为"王者之名不宜伪称，王者之德不宜伪为"<sup>⑤</sup>。

---

① 《明实录》，《太祖实录》，卷一八三，页3上。
② 《明实录》，《太祖实录》，卷一八九，页1上。
③ 吴沈的《孔子封王辩》收入孔贞丛《阙里志》，卷一一，页63上—63下。吴沈于洪武十二年，以儒士举。颇受太祖重用。《孔子封王辩》有可能因洪武三年诏革诸神封号，独存孔子封爵而发。吴沈事迹见傅维鳞《明书》(台北，华正书局，1974)，卷一七，页6下—7下；又过庭训《本朝分省人物考》(台北，成文出版社，1971)，卷五二，页23上—25上。
④ 佚名：《嘉靖祀典考》，卷五，《正孔子祀典说》。
⑤ 佚名：《嘉靖祀典考》，卷五，《正孔子祀典说》。

洪武初年，吴沈谓："二帝三王尽君师之责者也，若夫子则不得为君，而为师。"[1] 此一主张沦到世宗手里，则变本加厉。世宗在驳斥黎贯时，说道：

> 君父有兼师之道，师决不可拟君父之名。孔子本臣于周，与太公望无异。所传之道，本羲农之传，但赖大明之耳[2]。

嘉靖九年十二月，世宗决意创设"圣师"之祭，奉皇师伏羲氏、神农氏、轩辕氏，帝师陶唐氏、有虞氏，王师夏禹王、商汤王、周文王、武王，九圣南向。左先圣周公，右先师孔子配位[3]。

先是，洪武四年，宋濂建议欲如元初熊鉌之说，以伏羲为道统之宗，神农、黄帝、尧、舜、禹、汤、文、武以次而别；皋陶、伊尹、太公望、周公、稷、契、夷、益、傅说、箕子与享，而为天子公卿所宜师式。以此秩祀天子之学，则道统益尊[4]。太祖不从。熊、宋二氏原欲推尊孔子，故议上自天子，下至庶人，天下一体另行通祀孔子，其不以孔子配享历代圣王，盖寓意深焉[5]。至是，世宗取其式行之，然不以皋陶等配享，代之则为"先圣"周公、"先师"孔子。一如世宗所言"（孔子）所传之道，本羲农之传，但赖大明之耳"。

依世宗"圣师"之祭，孔子不啻又贬回唐初以"先师"配享的地位。虽说此番配位对象并非"先圣"周公，其涵义则无两样。明末费经虞（1599—1671）为孔子由"先圣"贬回"先师"，颇是叫屈。他说道：

> "圣"与"师"之称异。《周礼》师之类甚众，即后世授徒皆名曰"师"，

---

① 孔贞丛：《阙里志》，卷一一，页63上。

② 《明实录》，《世宗实录》，卷一一九，页8上。

③ 《明实录》，《世宗实录》，卷一二〇，页6下。李东阳：《大明会典》，卷九一，页16上—18下。此为清康熙建"传心殿"所本，但意义迥然不同。请参阅拙作《清初政权意识形态之探究：政治化的道统观》，《历史语言研究所集刊》（1987），第58本，第1分，页105—132。

④ 熊鉌：《熊勿轩先生文集》，卷四，页55。宋濂《孔子庙堂议》，收入李之藻《泮宫礼乐疏》，卷一，页44上—44下。

⑤ 熊氏既议立"天子之学"，且附言："若孔子实兼祖述宪章之任，集众圣大成，其为天下万世通祀，则首天子，下达夫乡学。春秋释奠，天子必躬亲藏事。"熊鉌：《熊勿轩先生文集》，卷四，页55。

不敢曰"圣"，是"圣"尊而"师"次矣。今无故而降圣人为"师"……不知其本何经传①？

费氏对孔子称"先师"皆有如是感发，更何况沦为"配享"了。对儒者而言，世宗此举无异是重历千年梦魇了。难怪连一向支持孔庙改制甚力的张璁，都以"三皇之世混沌洪蒙，事多祎怪"来搪塞世宗②，希望借此打消世宗"圣师"之祭的念头。但因世宗持论甚坚，此一祀典竟获实施。至此，孔子以"道统"之尊，亦不得不在国家祭典上屈服于"治统"之元。

### 四、道统与治统之间

长远以来，在儒家的认识之中，"三代"代表"治教合一""君师不分"的理想治世。自周室衰，礼崩乐坏，孔子思承先王之教，以学用世，开启"治教分途"之世。从此，人君与士人分工而治。《礼记·中庸》足以反映如此的状况，它说道：

虽有其位，苟无其德，不敢作礼乐焉；虽有其德，苟无其位，亦不敢作礼乐焉③。

在"德""位"难以两全的情境下，人君与儒生只得互相提携，以治理天下。

清康熙二十三年（1684），身为异族统治者的圣祖亲诣阙里，允为孔庙大事。在《〈幸阙里赋〉序》中，高士奇所陈述的观点，恰足作为历来人君与儒者的共识。他写道：

隆古之世，作君作师，理同事壹。三代以还君师之统分矣。夫祖述尧舜，宪章文武，圣人之学本师帝王。贵贵贤贤，彼此迭尚。君师之理，何尝不同

---

① 费密：《弘道书》（怡兰堂刻，1919），卷中，页7上。费氏另对世宗改称孔子"至圣先师"，不伦不类，颇致微词。同书，卷中，页6下。嘉靖时，适有朝臣许诰撰《道统书》，谓宜崇祀五帝、三王，以周公、孔子配，世宗即采用其言。张廷玉：《明史》，卷一八六，页4926。

② 张璁：《谕对录》，卷二三，页9上—9下。

③ 朱熹：《四书章句集注》，页36。

条共贯哉[①]？

正由于儒者一向标榜"孔子之道即二帝、三王之道"[②]，人君亦只得尊孔子为"万世帝王师"。有明皇帝诚难例外[③]。

孔子以下，士人以道自任。清梁廷枏说得好：道本空虚无形之物，寄于圣贤之身，则有形，有形故曰"统"[④]。唐代韩愈以来，"道统"概念渐次成熟[⑤]。此一概念更加强士人的义理基础，以权衡人君理治的合法性。而唐初以来，孔教作为官学，日趋显要。人主筹组孔庙，建立从祀制，致孔庙遍设天下州县。此不啻将"道统"制度化、政治化。元人熊鈇谓："尊道有祠，为道统设也。"盖因是而发[⑥]。

然而就在"道统"意识日益显著之际，君权亦日趋专擅。宋朝分化相权与强干弱枝之策，使得治权汇归中央君主之手[⑦]。但宋人重文轻武，士气高昂，君权尚不至侵凌象征"道统"的孔庙，反倒尊崇有加。唯至有明一代，专制政治发展至极点，太祖身为开国之君，总揽军、政大权。其擅权之专可从日后评断废相之举得知。太祖云：

> （秦）设相之后，臣张君之威福，乱自秦起。宰相权重，指鹿为马。自秦以下，人人君天下者皆不鉴秦设相之患，相继而命之，往往病及于君国[⑧]。

---

① 孔继汾：《阙里文献考》，卷四〇，页16下。

② 崔述：《崔东壁遗书》，《洙泗考信录》，页262。

③ 瞿九思：《孔庙礼乐考》，卷一。例如，明太祖、明成祖等皆明称孔子为"帝王师"。

④ 梁廷枏：《正统道统论》，收入《广东文征》，卷三一，页88。

⑤ "道统"一词，始见于李元纲《圣门事业图》。钱大昕：《十驾斋养新录》（台北，世界书局，1977），卷一八，页426。但其概念则可溯及韩愈《原道》一文。见韩愈《韩昌黎文集》（台北，世界书局，1960），卷一，页7—11。北宋石介、南宋胡宏皆早于朱熹，较先阐发此一概念，可见其时已渐形成儒者的集体意识。请参较石介《徂徕石先生文集》（北京，中华书局,1984），卷七，页79；胡宏《胡宏集》（北京，中华书局,1987），页31。"道统"作为哲学用词则见于朱熹《朱子大全》（台北，台湾中华书局，四部备要），卷七六，页22上。

⑥ 熊鈇：《熊勿轩先生文集》，卷四，页48。

⑦ 宋代以降，"君权"高涨，参见钱穆《国史大纲》（台北，台湾商务印书馆，1956），下册，第三十六、三十七章；又见是氏《中国历代政治得失》（台北，1974），页65—67；又见其《论宋代相权》，《中国文化研究汇刊》（1942），页145—150。

⑧ 朱元璋：《明太祖文集》（台北，台湾商务印书馆，文渊阁《四库全书》本），卷一〇，页5上。

太祖既对宰相分权预存戒心，对内侍管束更是严谨。尝铸铁牌，文曰："内臣不得干预政事，犯者斩。"[1] 有明一代，虽号称宦官为虐多端，但终难得逞。王世贞（1526—1590）为此解释道：

> 高皇帝收天下之权，以归一人，即狼戾如（王）振、（刘）瑾者，一嚬而忧，再嚬而危，片纸中夜下而晨就缚，左右无不鸟散兽窜，是以能为乱而不能为变也[2]。

太祖又时发轻儒之论。谓今之儒者"穷经皓首，理性茫然，至于行文流水，架空妄论，自以善者"[3]。因此于独擅治权之际，太祖不容另存足与治权抗衡的道统象征。于是，作为士人精神堡垒的孔庙，遂首当其冲，遭受贬抑。继太祖之后，明世宗压制孔庙仪制，在人君之中，尤属罕见。充分暴露了"赵孟能贵之，赵孟能贱之"——予取予舍的心态。

嘉靖孔庙改制，不止打击了文人士气，并且深植人心。尝见明末善书序文，规劝世人奉行功过格，即以贵如孔圣尚且难保"王封"为例，以示祸福难倚，芸芸众生只有唯善是行。

总之，孔庙日趋峥嵘之势，至此受扼于明代君主。明亡之前，散文家张岱（1597—1679）曾谒孔庙，其中有段颇具启发性的观察，他注意到：

> 庙中凡明朝封号，俱置不用，总以见其大也[4]。

可见，孔门对于明朝封号深感屈辱。万历年间，王世贞言及孔庙改制，具奏云：

> 缙绅色沮而不敢吐者，六十年矣。乞以时改正[5]。

---

① 张廷玉：《明史》，卷七四，页 1826。

② 王世贞：《弇山堂别集》（北京，中华书局，1985），卷九〇，页 1720。

③ 朱元璋：《明太祖文集》，卷一〇，页 6 上。

④ 张岱：《陶庵梦忆》（上海，上海古籍出版社，1982），页 10。

⑤ 转引自费密：《弘道书》，卷中，页 3 上。

其沉痛之情可代表士人内心实感。万历四十四年（1616），巡按山东御史毕懋康发觉孔、孟二庙体制互有出入，因具疏云：

> 嘉靖时，……孔门弟子及诸从祀者并罢封爵；乃孟子庙主尚称邹国亚圣公，乐正子以下称侯伯。夫孔子已易王者之号，而孟子犹号邹公……非所以一王制而妥神灵。请仿孔庙近例，改其称号，则舛谬正而祀典益光矣①。

疏入，虽得报闻，竟不果行。此间接透露神宗并不以世宗改制孔庙为是。然终有明一代，孔庙竟不获改正。反讽的是，孔庙之能恢复往昔荣耀，则直待满洲王朝夷狄之君。此岂不令人沉思再三？

要言之，熟悉汉文化的异族之君，多深谙孔子之道与治权的切要，因此对孔庙礼敬有加。例如金人初下中原，焚掠殆尽，曲阜孔庙亦沦为烟尘。但底定北方之后，即谙"马上得之，不可马上治之"之理。熙宗新即位，诏立孔子庙于上京；世宗加圣像冕十二旒，服十二章；章宗明定郡邑文宣王庙隳废者复之，又章宗改臣庶名孔子讳者，曲阜孔庙前立下马牌，祭版署御名②。西夏仁宗特尊孔子为"文宣帝"，唯止行于西夏③。即使汉化未深的蒙古王朝，迄元末，孔庙奏乐竟至二十，直是匪夷所思④。有清人君，浸淫中原文化已久，康、雍、乾三朝对孔庙礼仪更是迭有增荣。康熙二十三年（1684），圣祖临幸阙里，亲诣孔庙，行三跪九拜之礼，孔门大书特书，倍感荣幸⑤。雍正元年（1723），追封孔子五代王爵⑥，此不啻与嘉靖九年削夺孔子王封，形成强

---

① 孔继汾：《阙里文献考》，卷一四，页33下—34上。
② 孔继汾：《阙里文献考》，卷一四，页17上—17下。孔贞丛：《阙里志》，卷六，页2上。庄季裕：《鸡肋编》，卷中，页44上。
③ 俞正燮：《癸巳存稿》，卷九，页254。
④ 瞿九思：《孔庙礼乐考》，卷四，页20下—21上。瞿氏认为"六奏诚烦简适中"，"至胜国（元朝）乃至二十奏，无乃太多乎？"
⑤ 孔尚任：《出山异数纪》（昭代丛书乙集），卷一八，页4下。又官方记载孔毓圻、金居敬等撰《幸鲁盛典》（台北，台湾商务印书馆，文渊阁《四库全书》本），卷三，页5上—5下。
⑥ 庞锺璐：《文庙祀典考》；卷一，页7上—8上。雍正有旨封木金父公为"肇圣王"，祈父公为"裕圣王"，防叔公为"诒圣王"，伯夏公为"昌圣王"，叔梁公为"启圣王"。更名"启圣祠"为"崇圣祠"。

烈的对比。有趣的是，雍正持论与嘉靖全然相反，他认为"三代以上之王号，即后世之帝称，非诸侯王之谓"①。所以他虽未直接复孔子王封，却行之乃祖，未尝不寓深意。

又乾隆莅临阙里，次数之多为历代人君之冠。清光绪三十二年（1906），孔庙升格为"大祀"，与天地、宗庙同，至此无以复加②。究其实，异族人君崇奉孔教，正由于他们明白"帝王之政，非孔子之教，不能善俗"，而"政不能善俗，必危其国"。上述引语见诸元代曹元用所撰《遣官祭阙里庙碑》之内③，适透露了人君尊崇孔庙的真意。

在传统中国社会之中，"国之大事，在祀与戎"④。而"祀"在日常生活中尤属为要。孔庙自唐以下，遍设诸州县，深入民间；虽说其为官方所奉行的宗教，却是百姓得以崇祀。张璁即说："孔子虽三尺童子皆得以祀之、尊之，以师故也。"⑤相反的，治统之祀却为人君所独擅，百姓不得参与。张璁亦云："有人于此列尧舜禹汤文武之像而祀之，其罹刑禁也，必矣。"⑥是故，孔教之普及化正是统治者与儒生相互为用的结果。作为孔教举行礼仪的制度，孔庙屡屡遭受政、教两股力量互动的波及，难免与时俱迁。其更动或不稳定的根源恰是，一方面，它为"道统"的有形化身，另一方面，却受制于代表"治统"的人君。其在历史上的兴衰起伏，正是它介于"道统"与"治统"之间，有以致之。

（原载《历史语言研究所集刊》，第 61 本，第 4 分，1990 年）

---

① 雍正：《朱批谕旨》（台北，文源书局，1965），页 4120。

② 赵尔巽：《清史稿》（台北，鼎文书局，1981），卷八四，页 2537。

③ 孔贞丛：《阙里志》，卷一〇，页 40 下。

④ 洪亮吉：《春秋左传诂》，卷一一，页 467。

⑤ 张璁：《谕对录》，卷六，页 28 下。

⑥ 张璁：《谕对录》，卷六，页 28 下。

## 九 权力与信仰：孔庙祭祀制度的形成

本文基本上是项"文献考古"的工作，拟透过繁多芜杂、真伪难辨的史料，重建渐为今人所淡忘的祭祀制度；尤其旨在呈现它原初的形成过程。其研究进路，拟结合思想史"观微知著"与制度史"言必有据"的特点，希冀免于陷入"死在字下"与"悬空穷理"两难的格局。

传统上，孔庙祭祀有别于一般民间信仰。唐初以来，即为"国之大祭"；历代列为国家祭祀要典，官方色彩至为鲜明。唐初以后，孔庙祭祀制度趋于定型；于此之前，则变化多端、起伏不定。唯有仔细剖析此一阶段，方能显现孔庙的原初性格，以及随之而来不断蜕化的因素。居中，权力与信仰交互渗透的现象，则为瞩目之焦点。

一、引言

二、从私庙到官庙

三、王莽与孔庙祭祀

四、谶纬与东汉孔庙碑文

五、访求圣裔与孔庙外地化

六、周公乎？孔子乎？

七、结论

### 一、引言："兹惟我国家之盛事，非独尔一家之荣"

清代所遗留的阙里孔庙，庙屋有四百六十六间，占地三百二十余亩，是历代扩修的成果。论其面积之大，气魄之雄伟，仅次于皇帝宫苑；但孔子初殁时"祠宇不过三间"[①]。孔子埋葬之所——"孔林"，据称亦"茔不过百亩，封不过三版"[②]，然抵雍正年间，占地则达三千余亩。孔家世袭圣裔居家理事之所——"孔府"，其构作宏伟与富丽堂皇，亦可想而知。这些荣耀，归根结底，皆源自人君对孔子之教的倚重，遂有泽及子孙之举。

然而，浩荡皇恩原非独厚孔氏一系，却攸关理国治教。试以明武宗为例，

---

① 首都博物馆编：《孔子：纪念孔子诞辰 2540 周年》(京都，见闻社，1989)，页 85。

② 孔继汾：《阙里文献考》(乾隆二十七年)，卷一一，页 1 上。

以阐明之；正德四年（1509），孔族推举曲阜知县，导致族人失睦。大明皇帝武宗，因是敕孔氏人家曰：

> 我太祖高皇帝，崇重尔祖之道。即位之初，首命访求大宗之裔，袭封"衍圣公"；既又择其支裔之良者，授曲阜县知县，世守其职，著在令典，累朝遵行。兹惟我国家之盛事，非独尔一家之荣也①。

孔子嫡裔，世代为阙里家庙主祀者，自汉代以下，封爵不一，宋仁宗改称"衍圣公"。明武宗时，朝班一品，列文臣之首②。孔裔世职曲阜知县，汉末已具先例（鲁从事）；唐开元二十七年（739），更诏孔嗣出任乡官（州长史），代代勿绝③。要之，天下州县皆用流官，独曲阜用孔氏世职宰治，"盖以大圣之子孙，不使他人统摄"，以示殊荣④。明朝沿用此制不变。

观此，孔裔领受朝廷封爵、任官，其优荣恩遇远非他人可比拟。明武宗竟仍视作国家当行之盛事，非止孔氏一家之殊荣。此一评断，意味丰涵，渊源有自，颇值深入探讨。

授爵、封官，甚或赐田、免役，这些措施皆于孔氏族人及身而止；更重要的是，孔子祀礼通行全国，影响所及尤为广远。武宗之父，孝宗，就曾着意点出祭孔的特殊性。他说道：

> 古之圣贤，功德及人，天下后世立庙以祀者多矣。然内而京师，外而郡邑，及其故乡靡不有庙；自天子至于郡邑长吏通得祀之，而致其严且敬，则惟孔子为然⑤。

单就明代吕元善的估计，当时天下孔庙即有一千五百六十余处⑥。可说做到

---

① 孔继汾：《阙里文献考》，卷九，页 6 下。
② 孔继汾：《阙里文献考》，卷一八，页 1 下—2 上。又张廷玉：《明史》（台北，鼎文书局，1980），卷七三，页 1791。
③ 孔元措：《孔氏祖庭广记》（上海，商务印书馆，丛书集成初编），卷九，页 89。唯清乾隆年间，废曲阜知县孔裔世职。参见孔继汾《阙里文献考》，卷一八，页 7 上—9 下。
④ 孔继汾：《阙里文献考》，卷一〇，页 1 下—2 上。
⑤ 孔继汾：《阙里文献考》，卷三三，《孝宗御制孔子庙碑》，页 30 上—30 下。
⑥ 吕元善：《圣门志》（上海，商务印书馆，丛书集成初编），卷一上，页 18。

"自京师以达于天下之郡邑，无处无之之境地"①。

孔庙之广布全国，当然是为了奉行朝廷教化政策；如果对孔庙发展史稍做回顾，即不难发现，自始至终，孔庙实为官方由上而下所极力推行的祭祀制度。

在传统中国，孔子之教既是政教的指导原则，且是社会的凝聚力。关于这一点，连身为异族统治者的雍正皇帝（1678—1734）都有深刻的体认。他在宣谕礼部时说道：

> 《礼运》曰："礼达而分定。"使非孔子立教垂训，则上下何以辨？礼制何以达？此孔子所以治万世天下，而为生民以来所未有也②。

雍正不只肯定"孔子之教在明伦纪、辨名分、正人心、端风俗"所起的作用，且归结"在君上尤受其益"③。雍正的《上谕》适扼要地说明了人君提倡孔庙祀典的底蕴④。

其实，雍正对孔庙的重视固别有用心，却是古今"愿治之君"共同的表征。前此，明宪宗在《御制重修孔子庙碑》即坦承："孔子之道在天下如布帛菽粟，民生日用不可暂阙。"⑤他又说：

> 自孔子以后，有天下者无虑十余代，其君虽有贤否智愚之不同，孰不赖孔子之道以为治？其尊崇之礼愈久而愈彰，愈远而愈盛⑥。

此处所言及的"尊崇之礼"指的即是孔庙礼仪。明宪宗于此不啻呼应了元成宗之语："孔子之道，垂宪万世。有国家者，所当崇奉。"⑦毋怪清雍正亦一再

---

① 孔继汾：《阙里文献考》，卷三三，页 29 下。
② 庞锺璐：《文庙祀典考》，卷一，页 12 下。
③ 庞锺璐：《文庙祀典考》，卷一，页 12 下。
④ 请参阅拙著：《清初政权意识形态之探究：政治化的道统观》，《历史语言研究所集刊》（1987），第 58 本，第 1 分，页 105—132。
⑤ 孔继汾：《阙里文献考》，卷三三，《宪宗御制重修孔子庙碑》，页 29 下—30 上。
⑥ 孔继汾：《阙里文献考》，卷三三，页 29 下。
⑦ 孔贞丛：《阙里志》（万历年间），卷一〇，页 39 上。

表明："孔子之道，垂范古今。朕愿学之志，时切于怀。"① 显见入主中土的君主，毋论华夷之别，对遵行孔庙祭祖传统的重要性多深有所悉。其实，这些近世君主之所以推行孔庙祀典不遗余力，适反映了孔庙祭祀传统与现实政权紧密的互倚关系。而这正是历史上政教彼此互动的结果。

为了适切掌握以上所呈现的文化论述，拙文必得回溯并剖析孔子如何由生时"无尺寸之地，微一旅之众"，演变成身后"修仁义者取为规矩，肆强梁者莫不钦崇"的景象，最后更纳入国家祀典，变成"居尊于南面，庙儿长存"的礼制②。

## 二、从私庙到官庙："汉祖致祀，天下归心"

根据《左传》所述，鲁哀公十六年（前479），夏四月己丑，孔子卒，哀公为之诔，以"尼父"称之③。然而《左传》记述简要，对孔子身后并无着墨。

所幸三百余年后，司马迁（前145—?）历鲁，曾目睹仲尼庙堂车服礼器，他对孔子身后事有番记载。他写道：

> 孔子葬鲁城北泗上。……弟子及鲁人往从冢而家者百有余室，因命曰"孔里"。鲁世世相传以岁时奉祠孔子冢，而诸儒亦讲礼乡饮大射于孔子冢。孔子冢大一顷。故所居堂弟子内，后世因庙藏孔子衣冠琴车书，至于汉二百余年不绝④。

据此，可以获悉最初的"孔庙"立于孔子故宅。

至于该庙是否如南宋孔子四十七代孙孔传所云："鲁哀公十七年，立庙于旧宅，守陵庙百户。"⑤ 则颇值存疑。按孔传视此为"历代崇奉"之始，但细

① 孔继汾：《阙里文献考》，卷三二，《（世宗）御制重修阙里孔子庙碑》，页2下。
② 孔元措：《孔氏祖庭广记》，卷一一，页133。
③ 洪亮吉：《春秋左传诂》（北京，中华书局，1987），卷二〇，页882—883。
④ 司马迁：《史记》（台北，泰顺书局，1971），卷四七，页1945。
⑤ 孔传：《东家杂记》（台北，台湾商务印书馆，文渊阁《四库全书》本），卷上，页6下。此说颇为流行，值得检讨，例如：南宋魏了翁（1178—1237）在《泸州重修学记》中即接受此一说法；另外金代孔元措在《孔氏祖庭广记》中亦沿袭了上述之说。参见魏了翁《鹤山集》（台北，台湾商务印书馆，文渊阁《四库全书》本），卷四五，页8下；又孔元措《孔氏祖庭广记》（上海，商务印书馆，丛书集成初编），卷三，页21。

加推敲，孔传之语系依《史记·孔子世家》追加衍生之辞，纯属臆测。

首先，《孔子世家》未曾道及立庙时间，而在孔传之前，亦乏记载。孔传生于孔子之世千余年之后，竟能断言"鲁哀公十七年立庙于旧宅"，真匪夷所思。

其次，依周代礼制：天子七庙，诸侯五庙，大夫三庙，士一庙，庶人祭于寝（即不得立庙）①。司马迁于《孔子世家》称孔子为"布衣"（喻庶民），恐系文采之辞，意欲突显孔子至德，上齐"世家"②。孔子固无封土，然于《论语》之中，两次明言："吾从大夫之后。"③ 中年又曾出任鲁司寇，晚虽去职无官守，似不可以庶民待之。依《礼记·王制》所述："大夫废其事，终身不仕，以士礼葬之。"④ 是故从各方面言，孔子身后皆有立庙的资格。

此外，鲁哀公诔孔子，子赣既直斥哀公"生不能用，死又诔之，非礼也"⑤。

因此，孔门弟子愿否接纳哀公为孔子立庙，不无疑问。若再推敲《孔子世家》行文"弟子及鲁人往从冢而家者百有余室"，其意应为景仰之举，非为官遣。即使晚出的《孔子家语》，其叙述亦无两样⑥。但由希颜君上崇奉的孔传看来，则变成"守陵庙百户"了。

职是之故，清初孔继汾，虽为孔子六十九代孙，远较晚出，其记述反为

---

① 孙希旦：《礼记集解》（北京，中华书局，1989），卷一三，页343。

② 司马贞的《史记索隐》、张守节的《史记正义》皆对孔子名系"世家"有所说词。见司马迁《史记》，卷四七，页1905。按孔子虽无侯伯之位，但并不意谓非为"大夫"。

③ 朱熹：《四书章句集注》（北京，中华书局，1983），《论语集注》，卷六，页124，卷七，页155。明人朱国桢于《涌幢小品》中有段评语，谓湛甘泉称孔子为"庶圣"不当。他说："湛甘泉称孔子曰'庶圣'，谓庶中之圣也。其语生拗无意趣，且为鲁司寇，原非庶人。"朱氏之评深获我心同然。参见朱国桢《涌幢小品》（笔记小说大观），卷一六，页2上。

④ 孙希旦：《礼记集解》，卷一三，页368。

⑤ 洪亮吉：《春秋左传诂》，卷二〇，页883。

⑥ 王肃注：《孔子家语》（台北，台湾商务印书馆，文渊阁《四库全书》本），卷九，页12上。其书云"自后群弟子及鲁人处墓如家者，百余家，因名其居曰'孔里'焉"。《孔子家语》传统上视为王肃伪作，此段行文与《史记》如出一辙。另外，胡仔《孔子编年》（台北，台湾商务印书馆，文渊阁《四库全书》本），卷五，页19下。孔子生鲤，年五十，先孔子死。司马迁：《史记》，卷四七，页1946。因此孔子为弟子所葬，确有实据。《四库全书总目提要》说："自周秦之间，谶纬杂出，一切诡异神怪之说率托诸孔子，大抵诞谩不足信。仔独依据经传，考寻事实，大旨以《论语》为主，而附以他书，其采撷颇为审慎。"胡仔与孔传同时人，但《孔子编年》则无"鲁哀公十七年立庙"记载。《四库全书总目提要》（台北，台湾商务印书馆，武英殿本），卷五七，页2上—2下。

信实。他说:

> 先圣之没世,弟子葬于鲁城北泗上。既葬,后世子孙即所居之堂为庙,
> 世世祀之。然茔不过百亩,封不过三版,祠宇不过三间[①]。

按孔子之子伯鱼,先孔子死(哀公十二年)[②]。因此孔子为弟子所葬,不无道
理。值得注意的是,该庙应是"家庙",或后世所称"祠堂"之属,与今之
"孔庙"性质迥异。

可是另一方面,由于孔子生前有教无类,声名远播,"孔子冢"及"家庙"
均立成公众瞻仰、祭拜或举行仪式之所。《史记》就言道:诸儒讲礼、乡饮、
大射于孔子冢,而鲁世世相传以岁时奉祠孔子冢。三国时,魏诸臣所集类书
《皇览》对"孔子冢"有详赡的记载。此书形容:

> 孔子冢去城一里,冢茔百亩。……冢前以瓴甓为祠坛,方六尺,与地平。
> 本无祠堂[③]。

而曾目睹"孔子庙堂"的司马迁另云:

> (孔子)故所居堂弟子内,后世因庙藏孔子衣冠琴车书,至于汉二百余年
> 不绝。高皇帝过鲁,以太牢祠焉。诸侯卿相至,常先谒然后从政[④]。

合而诵之,时人祭孔极可能兼行"墓祭"与"庙祀"之礼[⑤]。所以《皇览》才
会记述"孔子冢"前有祠坛,而无祠堂了。可见,其时"孔子冢"与"孔子

---

① 孔继汾:《阙里文献考》,卷一一,页1上。

② 司马迁:《史记》,卷四七,页1946。胡仔:《孔子编年》,卷三,页19下。

③ 南朝宋裴骃:《史记集解》所引。见司马迁《史记》,卷四七,页1946。

④ "故所居堂弟子内"向有多解,参见王叔岷《史记斠证》("中研院"历史语言研究所,1982),
第六册,页1790—1791。唯阎若璩解"孔子冢"应作"孔子家",恐与《皇览》所述不符。《皇
览》明载:"孔子冢去城一里,冢茔百亩。"

⑤ 先秦古人"墓祭"或"庙祀"的问题,参较吕思勉《读史札记》(台北,木铎出版社,1983),
页275—277;又杨鸿勋《关于秦代以前墓上建筑的问题》,收入是氏《建筑考古学论文集》(北
京,文物出版社,1987),页143—149。

庙堂"均是祭孔之所。但"冢"究竟因亡者即地而设，无法复制。"庙"却可依样仿造，无此忌讳。此一特质，方便孔庙日后大肆拓殖，通祀天下。

总之，迄秦汉之际，孔门声势定然不容忽视，否则素以贱儒见称的高祖，必不至于过鲁，以太牢重祀孔子[1]。于此之前，生当战国末季的韩非就说："世之显学，儒、墨也。儒之所至，孔丘也。"[2]《吕氏春秋》亦记载道："（孔、墨）皆死久矣。从属弥众，弟子弥丰，充满天下。"又云："王公大人从而显之，有爱子弟者随而学焉，无时乏绝。"[3]毋怪秦始皇坑杀诸生时，长子扶苏以"诸生皆诵法孔子，今上皆重法绳之，臣恐天下不安"[4]谏之。可见，孔子后学不可胜数，高祖初定天下，必不致看轻此股力量。至于他过鲁之后，"诸侯卿相至，常先谒然后从政"，则只能说是上行下效之情，无足为奇。

汉初，人主崇尚的实际是黄老、刑名之术。儒学虽曾因叔孙通之流，略备朝仪之用，尚非朝廷思想主流[5]。武帝固以"独尊儒术，罢黜百家"为后世所称道，但于祭孔礼仪却毫无建树。武帝末，鲁恭王竟以广宫室为名，坏孔子旧宅，而后虽致"孔壁得书"，传为文化奇谭[6]，但此举究为孔庙之厄，毋怪后儒深引为耻[7]。简而言之，西汉之时，孔子地位大概只能说是尊而不贵，孔子之祀尚未出于阙里。

然而其时，孔庙已由"私庙"渐次转化为"官庙"的性质。其关键即在于奉祀者领有朝廷世袭的爵称。孔子之后，第八代孙孔谦，相魏安釐王，封"鲁文信君"；第九代孙孔鲋，秦始皇并天下，以鲋博通六艺，召为"鲁文通君"，拜为少傅。此为孔子后裔享有爵封之始[8]。但此为录贤，非为奉祀。直迄汉高祖过鲁，高祖封孔子九代孙孔腾为"奉嗣君"，方为孔家奉祠后裔领有官方身份之始，但既未食邑，亦未袭封[9]。

---

① 《史记》中即记载："沛公（刘邦）不好儒，诸客冠儒冠来者，沛公辄解其冠，溲溺其中。与人言，常大骂。未可以儒生说也。"司马迁《史记》，卷九七，页 2692。

② 陈奇猷校注：《韩非子集解》（台北，河洛出版社，1974），页 1080。

③ 陈奇猷校释：《吕氏春秋校释》（台北，华正书局，1985），卷二，页 96。

④ 司马迁：《史记》，卷六，页 258。

⑤ 司马迁：《史记》，卷一二一，页 3117。

⑥ 班固：《汉书》（台北，鼎文书局，1987），卷三〇，页 1707。

⑦ 庄季裕：《鸡肋编》，卷中，页 44 上。

⑧ 孔元措：《孔氏祖庭广记》，卷一，页 5。

⑨ 孔传：《东家杂记》，卷上，页 33 下。又《孔子家语》亦载。孔贞丛：《阙里志》，卷二，页 19 上。

孔子十代孙孔忠，文帝征为博士，然是否受封"褒城侯"颇有疑问。总之，孔腾以下爵封并无承续①。迄十三代孙孔霸，因为"帝师"之故，元帝特赐爵"关内侯"，食邑八百户，号"褒成君"，徙名数（户籍）于长安。后因孔霸上书求奉祭先圣，元帝方令以所食邑祀孔子，还其长子（孔福）名数于鲁②。而后，孔子十四代至十六代虽俱嗣侯，犹拜"关内侯"，仍为尊帝师之故。至平帝，方改封"褒成侯"，专奉先圣之祭③。自是于孔子后裔世世封爵，且爵位与日俱增④。

总结以上所述，自秦以前，鲁人岁时奉祀孔子，其主鬯之人、圭田之制弗可得考。汉初，始以宗子奉祀。元帝时，始有封户。平帝时，始有国邑。

## 三、王莽与孔庙祭祀："制定则天下自平"

成帝绥和元年（前8）二月，孔子另系后裔孔吉受封"殷绍嘉侯"，以奉成汤之后。三月且进爵为公，地百里。依诏书的解释：缘"成汤受命，列为三代，而祭祀废绝"，故考求其后，封孔吉为"殷绍嘉侯"，以"存二王之后，所以通三统"⑤。其实，此为长远以来推尊孔家的策略运用。时人仅因成帝久无继嗣，即以存三代之后责之，以存人立己；而孔子适自居殷人之后，儒生即因时际会以"移花接木"的手法，增益祀孔的名目⑥。清儒秦蕙田颇能洞悉此中真情，他评道："绍嘉侯之封虽曰'继殷之后'，其实亦是奉孔子。"⑦宋人马端临亦将此事载之"祠祭褒赠先圣先师"门内⑧，可见古今诸儒不无同解。

① 孔传：《东家杂记》，卷二，页19上—19下；又班固：《汉书》，卷八一，页3352。唯张守节《史记正义》引《括地志》谓："汉封夫子十二代孙忠为褒成侯；生光，为丞相，封侯。"见司马迁《史记》，卷四七，页1944。记载讹误。按，孔忠为十代孙。孔光为十三代孙孔霸之四子。孔霸方受封关内侯，号"褒成君"。又以考据核实著称的《阙里文献考》亦不载孔忠受封"褒成侯"。
② 班固：《汉书》，卷八一，页3352；孔继汾：《阙里文献考》，卷五，页1上—1下。
③ 孔贞丛：《阙里志》，卷二，页19上—19下。
④ 后周静帝大象二年，孔子嫡裔即改封"邹国公"，食邑一千户。见陈镐《阙里志》（弘治年间修，朝鲜本），卷二，页23上。
⑤ 班固：《汉书》，卷一〇，页328。
⑥ 班固：《汉书》，卷六七，页2924—2927。武帝时，始封周后姬嘉为"周子南君"，至元帝时，尊"周子南君"为"周承休侯"，位次诸侯王。唯殷后，推求子孙，绝不能纪。匡衡议以孔子世为汤后，不见采纳。梅福复言，绥和元年，始见采信，封孔子世为"殷绍嘉公"。
⑦ 秦蕙田：《五礼通考》，卷一二一，页6上。
⑧ 马端临：《文献通考》（北京，中华书局，1986），卷四三，考405。唯马氏误载建武十三年封孔均子为"褒成侯"，实为建武十四年。

但立孔子一系为"殷后"，并非顺理成章，这连当时建言甚力的梅福都得百般回护。他说：

> 孔子故殷后，虽不正统，封其子孙，以为殷后，礼亦宜之①。

梅福既知孔子并非殷后正统，又勉强为之；其欲推尊孔家，实至显然。他的意图在奏词中，表白无遗。他说：

> 今仲尼之庙不出阙里，孔氏子孙不免编户，以圣人而歆匹夫之祀，非皇天之意也。今陛下诚能据仲尼之素功，以封其子孙，国家必获其福，又陛下之名与天亡极②。

文中的"素功"意谓"素王之功"。"素王"一词为当时称孔子"有德无位"，集著述大成之用语，自董仲舒（前179—前104）以下大为流行③。孔子盛德伟业，泽及子孙。梅福等感念不已，遂寄望帝室优遇孔家后裔。诚如梅氏所

---

① 班固：《汉书》，卷六七，页2925。
② 班固：《汉书》，卷六七，页2925。
③ "素王"一词原出《庄子·天道》："以此处上，帝王天子之德也；以此处下，玄圣素王之道也。"郭象注："有其道为天下所归，而无其爵者，所谓素王自贵也。"成玄英疏："老君、尼父是也。"见王叔岷《庄子校诠》（"中研院"历史语言研究所专刊，1988），上册，页473、474。《史记·殷本纪》亦载有"伊尹言素王及九主之事"。司马贞《索隐》按"素王者，太素上皇，其道质素，故称素王"。见司马迁《史记》，卷三，页94。董仲舒于《春秋繁露》谓"孔子立新王之道"（见董仲舒《春秋繁露》[台北，世界书局，1975]，《玉杯》，页17）。董氏于上武帝"对策"之中，则直率"孔子作《春秋》，先正王而系万事，见素王之文焉"。班固《汉书》，卷五六，页2509。大略其时，"素王"已用来称谓孔子及其德业。《淮南鸿烈·主术训》亦载有"孔子……专行教道，以成素王，事亦鲜矣"（《淮南鸿烈集解》[北京，中华书局，1989]，卷九，页312—313）。而后，则渐专指孔子，如《论衡·超奇》篇谓："孔子作《春秋》，以示王意。然则孔子之《春秋》，素王之业也。"（王充《论衡》[台北，世界书局，1975]，卷一三，页282）郑玄《六艺论》："孔子既西狩获麟，自号素王，为后世受命之君，制明王之法。"（皮锡瑞《六艺论疏证》[皮氏经学丛书]，页32上）徐干《中论》亦云："仲尼为匹夫而称素王。"（徐干《中论》[四部丛刊初编]，上卷，页20上）以孔子为"素王"更散见谶纬之书，见孙星衍《孔子集语》（台北，世界书局，1970），卷一五；又姜义华等《孔子：周秦汉晋文献集》（上海，复旦大学出版社.1990），第四卷。以孔子为"素王"，其涵义之异解可参较皮锡瑞《六艺论疏证》，页32上—33上；康有为《孔子改制考》（北京，中华书局，1988），卷八。

建言：

> （陛下）追圣人素功，封其子弟，未有法也，后圣必以为则①。

这无异坦承以孔子为殷后，奉祀成汤实为空前创举。

此外，在平帝元始元年，王莽执政之时，复有两项措施与孔庙密切关联。其一，晋封孔子十六代孙孔均（本名莽，避王莽名改均）为"褒成侯"，食邑二千户，这与王莽一贯笼络儒生的攻革攸关。前此，王氏已刻意尊事名儒孔光，以收拾天下人心②。而后，又起明堂、辟雍，为学者筑舍万区；立古文经，网罗饱学之士。对王氏这番作为，班固有颇为深入的解说。他解释道："莽意以为制定则天下平，故锐思于地理，制礼作乐，讲合六经之说。"③

其时，孔子裔侯有二："绍嘉"奉殷后，"褒成"奉孔子后，东汉光武中兴，二者尚袭爵如故。"褒成"之后，自此绵延不绝。"绍嘉"之后，光武十三年，改封"宋公"以为汉宾，已寓贬抑之意，后则不知所终。迄三国魏黄初年间，朝廷制命孔羡为"宗圣侯"，以奉孔子家祀的碑文中但云"追存二代三恪之礼，兼绍宣尼褒成之后"一语，足见孔子裔侯复回归单线承袭④。

其二，王莽擅权之际，于平帝元始元年追谥孔子曰"褒成宣尼公"。此为后世尊崇孔子之始⑤。王氏此举令孔庙官庙化更形突显，但其意图则昭然若揭。明代的丘濬为此坦率斥道：

> （夫）平帝之世，政出三莽奸伪之徒。假崇儒之名，以收誉望，文奸谋。圣人在天之灵，其不之受也必矣⑥。

元始五年（5），王莽篡汉，王氏欲拜"褒成侯"孔均为太尉，孔氏以疾

① 班固：《汉书》，卷六七，页 2925。

② 班固：《汉书》，卷九九上，页 4044—4045。

③ 班固：《汉书》，卷九九中，页 4140。

④ 孔继汾：《阙里文献考》，卷三〇，页 4 下—5 上。孔贞丛：《阙里志》，卷二，页 19 上。吉生何齐，何齐生安，皆袭封，宋公则绝。又见马端临《文献通考》，卷四三，考 405。又王世贞《弇山堂别集》（北京，中华书局，1985），卷三九，页 707—708。

⑤ 班固：《汉书》，卷一二，页 351。

⑥ 丘濬：《大学衍义补》（台北，台湾商务印书馆，文渊阁《四库全书》本），卷六五，页 6 下。

辞不就，遂还鲁失爵①。总之，王莽篡汉固属昙花一现，随即烟消云散，但其尊孔之举却影响深远。东汉光武帝，于建武五年（29），戎马倥偬，战事未曾底定之际，即封孔安"殷绍嘉公"②。同年，还幸鲁，使大司空祀孔子，开创后世帝王遣官祀阙里的先例③。十三年，改封孔安为"宋公"，十四年复封孔子后孔志为"褒成侯"④。这在在显示政治上，光武虽推翻了王氏政权，尊孔一事却全盘接受，唯恐落人于后。

终东汉之季，帝王幸阙里渐趋寻常。除了开国之君光武之外，另有明帝、章帝和安帝过鲁诣阙里，亲祠孔子并及七十二弟子⑤。其中，元和二年（85）章帝幸阙里，与孔子后裔孔僖有番对话，颇能反映人君祀孔的政教意涵。

先是，章帝以太牢祠孔子及七十二弟子，并作六代之乐，大会孔氏子孙，命儒者讲《论语》。孔僖因自陈谢，遂有下述的交谈：

> 章帝曰："今日之会，宁于卿宗有光荣乎？"对曰："臣闻明王圣主，莫不尊师贵道。今陛下亲屈万乘，辱临敝里，此乃崇礼先师，增辉圣德。至于光荣，非所敢承。"帝大笑曰："非圣者子孙，焉有斯言乎！"⑥

孔僖以"崇礼先师，增辉圣德"一语道破章帝祀孔的潜在用心。至此，章帝亦只得大加赞赏，以自求排解。要之，章帝与孔僖的对话不只生动地反映了人君祀孔的心态，并且透露了孔门子弟自尊自贵的精神。

然而在祭祀制度上，明帝的措置，影响特为深远，尤须留意。他除首开祀孔子弟子之例⑦，且于永平二年（59）养三老、五更于辟雍，令郡、县、道

① 孔继汾：《阙里文献考》，卷五，页1下。
② 范晔：《后汉书》（台北，鼎文书局，1983），卷一上，页38。
③ 范晔：《后汉书》，卷一上，页40。又秦蕙田《五礼通考》，卷一二一，页7下—8上。
④ 范晔：《后汉书》，卷一下，页61—63。孔安为孔吉之孙，孔志为孔均之子。
⑤ 范晔：《后汉书》，卷二，页118；卷七九，页2562；卷五，页238。
⑥ 范晔：《后汉书》，卷七九上，页2562。
⑦ 明帝永平十五年（72），幸孔子宅，祠孔子及七十二弟子已开后世祠孔子及七十二弟子于阙里，为后世祀孔子弟子之先例。丘濬谓安帝延光三年（124），祀孔子及七十二弟子于阙里，为后世祀孔子弟子之始。不确。见丘濬《大学衍义补》，卷六五，页7上。清儒秦蕙田、庞锺璐皆将丘氏意见误置年代。参见秦蕙田《五礼通考》，卷一二一，页9上；庞锺璐《文庙祀典考》，卷二，页4上。

行乡饮酒于学校，皆祀圣师周公、孔子①。按，地方庠序祀周公，已见前例：西汉景帝时，文翁为蜀守，兴学，曾修礼殿以祀周公②。唯阙里之外，明文规定国学郡县祀孔子，则始自明帝永平二年③。

其实，释奠先圣、先师世礼绝非迟迄东汉方才有之。杜佑《通典》根据《礼记》即说："周制，凡始立学，必释奠于先圣先师。"④《礼记·文王世予》又载："凡学，春官释奠于其先师，秋冬亦如之。"⑤唯此处的"先圣""先师"向无定指，遂引发后儒多端臆测。

汉儒郑玄（127～200）释"先圣"为"周公若孔子"（意谓周公或孔子；若周公、孔子）⑥。唐孔颖达（574～648）疏郑氏解为"以周公、孔子皆为先圣；近周公处祭周公，近孔子处祭孔子"⑦。又郑氏释"先师"则"若汉，《礼》有高堂生，《乐》有制氏，《诗》有毛公，《书》有伏生"⑧。郑氏身处经学当令

① 范晔：《后汉书》，《礼仪上》，页3108。

② 西汉文翁始修周公礼殿见《益州太守高联修周公礼殿记》，收入洪适《隶释·隶续》（北京，中华书局，1985），卷一，页13上—14上。其详细讨论参阅施蛰存《水经注碑录》（天津，天津古籍出版社，1987），卷一〇，页387—400。文翁之事见班固《汉书》，卷八九，页3625—3627。其立石室之事见常璩《华阳国志》（四川，巴蜀书社，1985），卷三，页235，另郦道元《水经注疏》（江苏，江苏古籍出版社，1989），卷三三，页2753—2754。唯郦氏之文大概根据常氏之作撰成。按周公礼殿应始自文翁，非汉末高联。唐代贺遂亮撰的《益州学馆庙堂记》可能失察。其残文见陆增祥《八琼室金石补正》，收入《石刻史料新编》（台北，新文丰出版公司），卷三五，页1上—5下。高联重修的周公礼殿"壁上图画上古盘古李老等神，及历代帝王之像，梁上又画仲尼及七十二弟子，三皇以来名臣"。其后壁画屡经重妆别画，已无旧迹。见黄休复《益州名画录》，收入于安澜编《画史丛书》（上海，上海人民美术出版社，1982），卷下，页39。故后世所见皆非高联时所绘原画。至于文翁石室毁于火，当时有无壁画须存疑。故顾炎武所见绝非原画。参较顾炎武《原抄本顾亭林日知录》（台北，文史哲出版社，1979），页429。此外，所有文庙涉及释氏东来以前，已有孔子像设或图绘之说均需重加检讨。

③ 孔继汾：《阙里文献考》，卷一四，页2上。

④ 杜佑：《通典》（北京，中华书局，1988），卷五三，页1471。孙希旦：《礼记集解》，卷二〇，页560。

⑤ 孙希旦：《礼记集解》，卷二〇，页559。

⑥ 郑玄等：《礼记注疏》（台北，世界书局，摘藻堂四库全书荟要），卷二〇，页13上。

⑦ 郑玄等：《礼记注疏》，卷二〇，页13下。

⑧ 郑玄等：《礼记注疏》，卷二〇，页12上。郑氏引《周礼》谓："'凡有道者、有德者，使教焉，死则以为乐祖，祭于瞽宗。'此之谓先师之类也。若汉，《礼》有高堂生……《书》有伏生，亿可以为之也。"郑氏引文见孙诒让《周礼正义》（北京，中华书局，1987），卷四二，页1720。并请参考孙氏于古人祭先圣、先师、先贤之疏解。

的时代①，其对"先圣""先师"所做的疏解，与其说给予二者适切的正解，毋宁是反映了该时学术教育的状况。宋儒魏了翁即评道：

> 夫周公、孔子非周鲁之所得而专也。……所谓各祭其先师，秦汉以来始有之，而《诗》《书》《礼》《乐》各有师，不能以相通，则秦汉以来，为士者断不若是之隘也②。

其他如宋人刘彝解"先圣"与"先师"作：

> 周有天下，立四代之学。虞庠则以舜为先圣，夏学则以禹为先圣，殷学则以汤为先圣，东胶则文王为先圣③。

而"先师"则是"各取当时左右四圣成其德业者为之"，此恐属凭空悬臆之词。反观清儒奉命纂修《钦定礼记义疏》对此二词所做之解较近情实，它解释道：

> 郑（玄）于先师惟以汉人比，于先圣言周公若孔子。……所谓先圣、先师大约系能教之人，未必是帝王；且地异而时不同，未必定某为先圣，某为先师，如刘氏（彝）说也④。

"地异而时不同"是《礼记义疏》作者据以驳斥刘氏的理据；然而更重要的是，他点出"郑（玄）于先师惟以汉人比"此一事实。同样的，郑氏生于明帝诏令国学郡县祀圣师周、孔之后不到一世纪，其所做"先圣"之解，似亦为该时情状。换言之，明帝永平二年，朝廷始明定周公、孔子并为"先圣"。

---

① 皮锡瑞：《经学历史》（台北，鸣宇出版社，1980），第四章。
② 转引自秦蕙田：《五礼通考》，卷一一七，页4下—5上。
③ 秦蕙田：《五礼通考》，卷一一七，页5下。
④《钦定礼记义疏》（台北，台湾商务印书馆，文渊阁《四库全书》本），卷二八，页26下。

至郑氏之时，应无多大变化①。

东汉明帝诏祀先圣周公，实承继王莽以来提升周公地位的余波。前此，王莽自比周公摄政，于周公其人其事刻意仿效。而后将相传为周公之作——《周官》立为官学，倚之为施政蓝图②。平帝元始元年，除恢复孔裔封侯，并封周公后公孙相如为"褒鲁侯"，食邑两千户，奉其祀③。距周公始受封之鲁国，绝祀已久。原来鲁国，周公传迄顷公共三十四世。顷公二十四年（前256），楚考烈王灭鲁。顷公亡，迁于下邑，为家人，鲁庙废，绝祀④。是故，王莽之举令周公重获奉祀，意义非比寻常⑤。

此外，元始中，王莽秉国，尊信鼓吹古文经甚力的刘歆，使得今文经无法专擅官学的地位。王氏篡汉之后，刘歆更被尊为国师⑥。换言之，古文经合法传授的官学地位首告确立⑦。这种趋势即使于王氏新朝政权崩解之后，古文

---

① 明帝永平二年，朝廷明定国学郡县祀"圣师"周公、孔子。此处的"圣师"应是复合名词，如"圣人""圣王"，而非如清人廖平所云，东汉以周公为"先圣"、孔子为"先师"。廖平之解恐受唐初一度以周公为"先圣"、孔子为"先师"之启示（廖平《知圣篇》，收入李耀仙主编《廖平学术论著选集》[四川，巴蜀书社，1989]，第一册，页547）。理由如下：（一）与东汉郑玄之注解不符（如正文）。（二）与孔庙碑文不符，尤其是《孔庙置守百石孔龢碑》（立于桓帝永兴元年），言及"辟雍礼未行祠先圣师，侍祠者孔子子孙"，数称"祀孔"为"先圣之礼"。唯《鲁相韩敕造孔庙礼器碑》载有"祠孔子以太牢，长吏备爵，所以尊先师，重教化也"。此处或为行文之宜，非与"先圣"对比。东汉事例或不一，"先圣"、"先师"仍无确指。此二碑文参见洪适《隶释·隶续》，卷一。《晋书》乃唐贞观末年所修，其衍"圣师"为"先圣先师周公孔子"恐受唐初一度施行圣周师孔制启示，非必为明帝实况。参阅《晋书》，卷二一，页670。

② 举发王莽与刘歆以权力与经学（古文说）相互为用最力的当属康有为的《伪经考》。见氏著《伪经考》（台北，台湾商务印书馆，1974），特别是第六卷。反驳康说，并辩白刘氏经学并非全然为王氏篡权铺路，则见钱穆《两汉经学今古文平议》（香港，新亚研究所，1958），《刘向歆父子年谱》，页1—163。刘师培曾剖析王氏施政与《周官》之关系，参见氏著《西汉周官师说考》，收入《刘申叔先生遗书》（台北，华世出版社，1975）。

③ 班固：《汉书》，卷一二，页351；卷八一，页3365。

④ 司马迁：《史记》，卷三三，页1547。

⑤ 王莽新朝续封周公后姬就为"褒鲁子"，孔子后孔钧为"褒成子"。班固：《汉书》，卷九九中，页4105。

⑥ 班固：《汉书》，卷三六，页1967—1972。

⑦ 班固：《汉书》，卷九九上，页4069。载有："是岁（元始四年），莽奏起明堂、辟雍、灵台，为学者筑舍万区，作市、常满仓，制度甚盛。立《乐经》，益博士员，经各五人。征天下通一艺教授十一人以上，及有逸《礼》、古《书》、《毛诗》、《周官》、《尔雅》、天文、图谶、钟律、月令、兵法、《史籀》文字，通知其意，皆诣公车。"《平帝纪》载此事在元始五年。同书，卷一二，页359。

经因政治之故，暂时无法立学朝廷，但学术风尚一时并未改变，盖其时经学取向已逐渐步上今、古文兼容并蓄的坦途[①]。无可讳言的，于王莽、刘歆一班人权倾一世之时，古文经的影响占尽优势。这攸关周公、孔子地位之消长，清末的今文学家康有为在回顾这一段历史时，即将此一变化的讯息，慨然道出：

> 自刘歆以《左氏》破《公羊》，以古文伪传记攻今学之口说，以周公易孔子，以述易作，于是孔子遂仅为后世博学高行之人，而非复为改制立法之教主圣王，只为师统而不为君统，诋素王为怪谬，或且以为僭窃，尽以其权归之人主。于是天下议事者引律而不引经，尊势而不尊道，其道不尊，其威不重，而教主微[②]。

将孔子视作改制立法之教主圣王，显然是康氏政改理念的投射，未必符合历史实情。但康氏道破今、古文之异存于"以周公易孔子，以述易作"却十分值得重视。因为一如"旧说（古文）《诗》《书》《礼》《乐》《易》皆周公作，孔子仅在明者述之之列"，如是"孔子仅为后世之贤士大夫，比康成（郑玄）、朱子尚未及"[③]。康氏以古文学家评断孔子仅止"修成康之道，述周公之训"，即比郑氏、朱氏还不如，当属夸张之词。但此一评语忠实地反映了经学家眼中，"今文"祖孔子，"古文"祖周公，不只判然有别，且迭有高下之分[④]。

另一位与康氏学术交涉颇为错综复杂的廖平，亦持同样的观点[⑤]。廖氏不约而同地言道：

> 以《六经》分以属帝王、周公、史臣，则孔子遂流为传述家，不过如许（慎）、郑（玄）之比，何以宰我、子贡以为贤于尧舜，至今天下郡县立庙，享以天子礼乐，为古今独绝之圣人[⑥]？

① 廖平：《今古学考》（张氏适园丛书），卷上，页23上—26下。又钱穆《东汉经学略论》，收入氏著《中国学术思想史论丛》（台北，东大图书公司，1977），第三册，页44—52。

② 康有为：《孔子改制考》，卷八，页195。

③ 康有为：《孔子改制考》，卷一○，页243。

④ 今文、古文宗旨之异，参见廖平《今古学考》，卷上，页8下—11上。

⑤ 廖平与康有为彼此之间思想颇有纠葛，其互动关系非本文关注的课题。

⑥ 廖平：《知圣篇》，收入李耀仙主编《廖平学术论著选集》，页175。

廖氏甚而断言"《六经》传于孔子,与周公无干"①。康氏、廖氏之析论并非无的放矢,在他们之前,魏源即采古文家说法,谓"学校所崇《五经》,《易》《诗》《书》《礼》皆原本于周公而述定于孔子"②。而要求增祀周公于天下学宫;在他们之后,尊崇古文的刘师培则信誓旦旦"孔子订《六经》,述而不作"③。其实,这种针锋相对的观点并非始于近世,远古早已有之。

今、古文之争源远流长,甚至可上溯至两汉之际。东汉初年,设立《左氏传》时,范升即以"《左氏》不祖孔子"坚决反对立学,且再三申述"《五经》之本始自孔子"④。西汉末年,刘歆之《移太常博士书》呕呕欲立古文经的愤慨之词,已可略窥其时今、古文水火不融、互相倾轧的状况⑤。而该时今、古文敌对之关系一时不只难以化解,且颇有激化的倾向。譬如,廖平对当时文献的解读,极其敏锐。他分析道:

> (刘)歆《移书》犹以经归孔子;以后报怨(博士),援周公以与孔子为敌,遂以《易》为文王、周公作,《春秋》为鲁史,《仪礼》出于周公,《书》为历代史笔,《诗》国史所存,掊摭仲尼,致使洁身而去⑥。

刘氏若是如此,其追随者可想而知。是故,汉代今文学家为了抵制古文经的势力,与随之而至日益扩张的周公形象,不无可能进行孔子造像运动,甚或诉诸神话,以相对抬高孔子的地位。这就涉及董仲舒以下,今文学家甚或与今文关系密切的谶纬之说,如何将孔子装扮成"有德无位"的"素王",甚或"为汉立制"的"先知"。

## 四、谶纬与东汉孔庙碑文:"孔子近圣,为汉定道"

《四库全书总目提要》曾赋予谶纬一个简要的定义,它说:"谶者,诡为

---

① 廖平:《古学考》(台北,开明书店,1969),页4。廖氏又说:"《六经》由孔子一人手定,无与于周公。"同书,页3。

② 魏源:《魏源集》(北京,中华书局,1976),页154。

③ 刘师培:《刘申叔先生遗书》,《左盦集》,卷二,页3上。

④ 范晔:《后汉书》,卷三六,页1228—1229。

⑤ 班固:《汉书》,卷三六,页1968—1971。

⑥ 廖平:《古学考》,页20。

隐语，预决吉凶。纬者，《经》之支流，衍及旁义。"[①] 谶纬之说常托诸孔子，神怪其言，后世遂将二者混而为一。总之，古文学家不屑谶纬之说，反之，今文学家喜采谶纬之说，这是经学史不争的事实[②]。今文学与谶纬之说的关系甚至可以发展至如影随形的地步。前已述及西汉今文大儒董仲舒，以"素王"尊称孔子，这是先秦所未有的现象[③]，推其意，董氏所以尊孔子为"素王"，首托改制之义，董氏说：

> （孔子）西狩获麟，受命之符是也。然后托乎《春秋》正不正之间，而明改制之义。一统乎天子，而加忧于天下之忧也，务除天下所患，而欲以上通五帝，下极三王，以通百王之道[④]。

董氏力倡"三代改制"，显是为汉廷制法张目；然其述及孔子《春秋》要旨，仍不偏废"百王之道"以待后圣。这种普遍意涵，在其门生司马迁的意识中，仍未改变；司马氏于《太史公自序》中说道：

> 仲尼悼礼废乐崩，追修经术，以达王道，匡乱世反之于正，见其文辞，为天下制仪法，垂《六艺》之统纪于后世[⑤]。

① 纪昀：《四库全书总目提要》（台北，台湾商务印书馆，文渊阁《四库全书》本），卷六，页60下。

② 大致而言，古文学家鄙视谶纬之说，今文学家则反是。此为两汉经学史公认之事实。参见刘师培《刘申叔先生遗书》，《左盦外集》，卷五，页6下—7上；又周予同《周予同经学史论著选集》（上海，上海人民出版社，1983），页9。最典型的例子，例如光武帝问桓谭、郑兴谶事，二者皆以"臣不读谶""臣不为谶"答之。按桓氏、郑氏皆主古文。语见《后汉书·桓谭传》与《后汉书·郑兴传》。又章帝建初元年（76），贾逵上书曰："（至）光武皇帝，奋独见之明，兴立《左氏》《穀梁》，会二家先师不晓图谶，故令中道废。"而贾氏附会图谶，以兴古文，由是《左氏》《穀梁春秋》、《古文尚书》、《毛诗》四经遂行于世。《后汉书》有见于此，《论》曰："桓谭以不善谶流亡，郑兴以逊辞仅免，贾逵能附会文致，最差贵显。世主以此论学，悲矣哉！"见《后汉书·贾逵传》。

③ 纬书与今文学关系之密切，学者并无异辞。然其先后互动关系，则无定论。刘师培主张，董仲舒受纬书影响，而有素王改制论。见《刘申叔先生遗书》，《左盦外集》，卷五，《论孔子无改制之事》。反之，主张纬书受董仲舒之影响则有日本人安居香山，见氏著《緯書の基礎的研究》（汉魏文化研究会，1966），第四章。

④ 董仲舒：《春秋繁露》，《符瑞第十六》，页126—127。

⑤ 司马迁：《史记》，卷一三〇，页3310。

既然是"通百王之道""为天下制仪法"，就非专为一家一姓所设。然而这种对孔子之道普遍的阐释与推衍，于谶纬之中特殊化、现实化了。

首先，谶纬起于何时，学者颇有争议；然于其风行汉世哀、平以下的事实，则皆无异辞[①]。"谶""纬"之出或有先后之分，性质上却名异实同[②]。《后汉书·方术列传序》对谶纬之流行与统治者之喜好有极扼要的论述，它这样记载道：

汉自武帝颇好方术……后王莽矫用符命，及光武尤信谶言，士之赴趣时宜者，皆骋驰穿凿，争谈之也。故王梁、孙咸名应图箓，越登槐鼎之任，郑兴、贾逵以附同称显，桓谭、尹敏以乖忤沦败，自是习为内学，尚奇文，贵异数，不乏于时矣[③]。

《隋书·经籍志》言及谶纬之兴衰，亦肯定地说："起王莽好符命，光武以图谶兴，遂盛行于世。"[④]所谓"内学""符命""图谶"皆谶纬之事。元始四年，王莽奏立图谶之学，令后者取得官学地位，得以畅行无阻[⑤]。鉴诸往后，王氏频频利用图谶以夺权，足证文件谶纬之学适可迎合这些野心家攫取或巩固政权的目的[⑥]。

除此政治作用之外，谶纬基本的呈现形式是"配经"的。按今文学主张，"五经祖于孔子"，因此谶纬之说往往托诸孔子。当时力主古学的桓谭（前23—前50）即坦然指出：

---

① 参阅刘师培：《刘申叔先生遗书》，《左盦外集》，卷五，页 5 下。刘氏谓："谶纬盖起于秦汉之间，至哀、平之际而益盛，东汉以降更无论矣。"顾颉刚氏则谓："零碎的谶固然早已有了，但其具有纬的形式，以书籍的体制发表之的，决不能早于王莽柄政的时代。"见顾著《汉代学术史略》（台北翻印，无出版日期），页 188—189。近人比较有系统的探讨则见陈槃《古谶纬研讨及其书录解题》，（台北，"国立"编译馆，1991），页 99—177。
② 陈槃：《古谶纬研讨及其书录解题》，《谶纬命名及其相关之诸问题》，页 141—177。
③ 范晔：《后汉书》，卷八二上，页 2705。
④ 魏征：《隋书》（台北，史学出版社，1974），卷三二，页 941。
⑤ 范晔：《后汉书》，卷一二，页 359。
⑥ 王莽、刘秀等利用谶纬以夺权之事各见《汉书》《后汉书》本传。

《谶》出《河图》《洛书》，但有兆朕而不可知。后人妄复加增，依托称是孔丘[1]。

东汉末年的荀悦（148—209）亦言：

世称《纬书》，仲尼之作也。臣悦叔父故司空爽辨之，盖发其伪也。有起于中兴之前，终、张之徒作乎[2]？

明代的黄省曾就"有起于中兴之前，终、张之徒作乎？"注云"起于哀平"[3]，实据其盛行之日言之[4]。必须点出的，此适值王莽柄政、阴谋篡位之际，亦是周公声誉复起之时。总之，桓氏、荀氏等对谶纬是持着批判的态度，然于其时并不起作用[5]。这从王莽、公孙述、刘秀以及其他政客可以轻易利用符命、图谶号召群众以夺权，就足以反映谶纬深获民心的状况[6]。

无论如何，桓氏、荀氏的批评透露了谶纬广泛假托孔子之名以行世的现象。唯值得一提的，在原始典籍中，例如记载孔子一生志事最信实的《论语》，孔子是以博学多闻、体现全德的谦谦君子出现。孔氏不止"罕言利与命与仁"[7]，且"不语怪、力、乱、神"[8]。即使迟至《礼记》中的孔氏仍旧坚持"素隐行怪，后世有述焉，吾弗为之"的一贯作风[9]。但在谶纬里，孔子的道德形

---

① 桓谭：《新论》（台北，台湾中华书局，1976），卷三，页 6 下。

② 荀悦：《申鉴》（台北，世界书局，1975），《俗嫌第三》，页 18。

③ 荀悦：《申鉴》，《俗嫌第三》，页 18。

④ 纪昀：《四库全书总目提要》，卷三二，页 53 下。

⑤ 桓谭、荀悦之外，最著名的批判图谶的当属王充，见刘盼遂集解《论衡集解》，卷二六，页 519。王氏云："案神怪之言，若在谶记，所表皆效图书。'亡秦者胡'，河图之文也。孔子条畅增益以表神怪，或后人诈记以明效验。"

⑥ 例如，汉魏之际，曹丕亦利用谶文篡权。参阅陈槃《孝经中黄谶解题改写本》，《历史语言研究所集刊》，第 59 本，第 4 分，1988 年，页 891—897。直迄隋炀帝即位，乃彻底禁绝谶纬之书，为吏所纠者至死，自是多散亡，无其学。见魏征《隋书》，卷三二，《经籍志》，页 941。

⑦ 朱熹：《四书章句集注》，《论语集注》，卷五，页 109。

⑧ 朱熹：《四书章句集注》，《论语集注》，卷四，页 98。

⑨ 郑玄注：《宋本礼记郑注》（台北，鼎文书局，1972），卷一六，页 2 下。

象为神乎其神的"预言家"所掩盖了①。

是故，谶纬的作者为了博得群众的信仰，必得转化上述互异的孔子形象，以建立预言的权威。首先，他们对于孔子何以有谶纬之作，自有一番说辞。谶纬的信徒说：

> 孔子既叙《六经》，以明天人之道，知后世不能稽同其意，故别立纬及谶以遗来世②。

于此，孔子已预言后世不能领略其叙《六经》之深意，并预置谶纬与《六经》之回旋空间（配经的关系）。此外，他们将孔子敷上神秘的色彩，以利"增益其所不能"。譬如说孔子迥异常人，能"吹律定姓"③；又道"孔子母徵在，梦黑帝而生，故曰'玄圣'"，④这完全套用了古代圣王诞生的"感生说"以示孔子非同凡响，生具圣人之资⑤。而孔子之形象亦变得怪诞不经——"长十尺，大九围；坐如蹲龙，立如牵牛；就之如昂，望之如斗"⑥。顺此，孔子"斗唇，舌理七重，吐教，陈机，授度"⑦，而其胸竟然有文，曰"制作定世符运"⑧，就毋足为奇。

总之，谶纬之中于孔子诸多瑞征的描述，只不过为了烘托孔子"素王改制"的神圣性。尤其是符应潮流，为汉立制方面着墨特多。历官王莽、光武的苏竟曾谓："孔丘秘经，为汉赤制，玄包幽室，文隐事明。"⑨盖为此而发。

---

① 另参较顾颉刚：《春秋时的孔子和汉代的孔子》，收入氏编《古史辨》（台北，万年青书店翻印），第二册，页130—139。

② 魏征：《隋书》，卷三二，页941。

③ 安居香山、中村璋八编：《重修纬书集成》（东京，明德出版社，1971），卷三，《乐纬》，页111。

④ 安居香山、中村璋八编：《纬书集成》（汉魏文化研究所，1964），卷四上，《春秋演孔图》，页5。

⑤ 安居香山、中村璋八：《緯書の基礎的研究》（汉魏文化研究会，1966），页164—168。

⑥ 安居香山、中村璋八编：《纬书集成》，卷四上，《春秋演孔图》，页5。

⑦ 安居香山、中村璋八编：《重修纬书集成》（东京，明德出版社，1973），卷五，《孝经钩命决》，页72。

⑧ 安居香山、中村璋八编：《纬书集成》，卷四上，《春秋演孔图》，页5。以谶纬之文为素材，勾勒出孔子神奇的形象，可参阅周予同的《纬谶中的孔圣与他的门徒》，收入周著《周予同经学史论著选集》，页292—321。

⑨ 范晔：《后汉书》，卷三〇上，页1043。

其语"秘经"，即纬书之谓①；而孔子作纬，为汉家之制；汉承火德尚赤，故云"赤制"②。《春秋感精符》谓："墨孔生，为赤制。"③即是例证。在谶纬之中，此类为现实服务的预言屡见不鲜。其他例如《春秋纬演孔图》谓：

> 圣人不空生，必有所制，以显天心。丘为木铎，制天下法④。

又道：

> 麟出，周亡，故立《春秋》，制素王，授当兴也⑤。

上述引文与下文"玄丘制命，帝卯行也"⑥合而诵之，即知"当兴"者意指刘姓天下。

析言之，《春秋》经由董仲舒发挥拨乱反正、改制之义以来，于群经之中脱颖而出。谶纬之属的《孝经钩命决》载有孔子之语："吾志在《春秋》，行在《孝经》。"⑦旨在突显孔教里边《春秋》与《孝经》在义理与实践方面所独具的重要性。按汉廷原标榜以孝治国，故"汉制使天下诵《孝经》，选吏举孝廉"⑧。《孝经》因是受到重视是可以理解的。

有了上述文化背景，即可明了郑玄对《礼记·中庸》颇为独特的疏解。于注释《中庸》"唯天下至诚，为能经纶天下之大经，立天下之大本"时，郑

---

① 范晔：《后汉书》，卷三〇上，页1043。

② 范晔：《后汉书》，卷二九，页1025。孔子虽受命，不当位，仅为"素王"，为汉家制作。故谓此。与苏竟同时之人，郅恽曾上书王莽亦云："汉历久长，孔为赤制。"王氏大怒，犹以恽据经谶，难即害之。

③ 安居香山、中村璋八编：《纬书集成》，卷四上，《春秋演孔图》，页9。

④ 安居香山、中村璋八编：《纬书集成》，卷四上，《春秋演孔图》，页9。中间有缺字以《玉函山房辑佚书》补全。参阅宋均注《春秋纬演孔图》（台北，文海出版社，《玉函山房辑佚书》），页4下。

⑤ 安居香山、中村璋八编：《纬书集成》，卷四上，《春秋演孔图》，页9。

⑥ 安居香山、中村璋八编：《纬书集成》，卷四上，《春秋演孔图》，页10。同页云"卯金刀，名为刘，中国东南出荆州，赤帝后，次代周"。汉家继统之转变与"符应"说的关系可参阅陈槃先生《秦汉之间之所谓"符应"论略》，收入《古谶纬研讨及其书录解题》，页1—98。

⑦ 安居香山、中村璋八编：《重修纬书集成》，卷五，《孝经钩命决》，页70。

⑧ 范晔：《后汉书》，卷六二，页2051。

氏如此下笔：

> "至诚"，谓孔子也；"大经"，谓六艺而指《春秋》也；"大本"，《孝经》
> 也①。

于此，郑氏所做的其实是以具体的经书指涉，来取代义理的阐释②；这无意间
道出当时学术的风尚，意即，在郑氏的时代，《春秋》与《孝经》所象征的核
心地位，其他经书无法与之等量齐观。这一点与孔庙碑文若合符节。

《孔庙置守庙百石孔龢碑》，立于桓帝永兴元年（153），为现存最古之孔
庙碑文；言及朝廷之所以为孔子立庙，始揭孔氏"作《春秋》、制《孝经》"
之功，次方及孔氏"删述《五经》、演《易系辞》"之事③。此一排列，寓意深
远，未尝不可为之佐证。

然以改制之义度之，仍以《春秋》居群经首要。东汉王充（27～97？）
的立论即是一个绝佳的证言，他道：

> 夫五经亦汉家之所立，儒生善政大义皆出其中。董仲舒表《春秋》之义，
> 稽合于律，无乖异者。然则《春秋》，汉之经；孔子制作，垂遗于汉④。

王氏谓"《春秋》，汉之经"，无异表示《春秋》最能满足汉人现时的需要。王
氏素以破除谶纬妄说闻名，语及孔子援《春秋》为汉立制却毫无异词。可见
《春秋》作为汉人的理论基石，已成时人的共识与信仰。是故，谶纬里边攸关

---

① 郑玄注：《宋本礼记郑注》（台北，鼎文书局，1972），卷一六，页13。
② 试比较朱熹之注，朱氏即援义理释之，毫无名目指涉。见朱熹《四书章句集注》,《中庸章句》,
　页38—39。
③ 洪适：《隶释·隶续》，卷一，页15上。缺字以《阙里文献考》补之。参照孔继汾《阙里文献考》,
　卷三三，页1上。立于灵帝建宁二年的《鲁相史晨祠孔庙奏铭》对于这几本经书的排列亦相同，
　详见后文引文。
④ 刘盼遂：《论衡集解》，卷一二，页249。

《春秋》的述作最为丰富①，绝非偶然。

究其实，谶纬与孔子形象之蜕化是相辅相成的。一方面，谶纬的造作者借孔子之名，取得发言的正当性，从中表达既定的政治讯息。反之，孔子之形象，不断于谶纬之中获得现时的意涵，以至能与时俱进，历久弥新。现今幸存的东汉孔庙碑文正是此一发展的缩影。前已引述的《孔庙置守庙百石孔龢碑》即称颂：

> 孔子大圣，则象乾坤，为汉制作②。

稍后所立的《鲁相韩敕造孔庙礼器碑》[建于桓帝永寿二年（156）] 亦言道：

> 孔子近圣，为汉定道。自天王上下，至于初学，莫不骥思，叹仰师镜③。

该碑文末复杂引谶纬之说，例如"颜育空桑，孔制元孝"、"前闿九头，以斗言教，后制百王，获麟来吐，制不空作"与"至孔乃备，圣人不世，期五百载，三阳吐图，二阴出谶，制作之义，以俟知奥"等等之语④。

立碑更迟的《鲁相史晨祠孔庙奏铭》[立于灵帝建宁二年（169）] 除了重复上述之主题，谓"孔子乾坤所挺，西狩获麟，为汉制作"，更明白征引纬书的《孝经援神契》曰："玄丘制命，帝卯行。"⑤ 又征引《尚书考灵曜》道："丘生仓际，触期稽度为赤制，故作《春秋》以明文命。缀纪撰书，修定礼义。"⑥ 碑文尾端竟至全然套用谶讳用语以总结孔子之志业，它如是叙述道：

> 昔在仲尼，汁光之精。大帝所挺，颜母毓灵。承弊遭衰，黑不代仓……

---

① 明人孙瑴云："言纬者始主《春秋》，诸书征引，殊不别疏，皆曰《春秋纬》。以故纬之篇，《春秋》为多。"见孙氏《古微书》（台北，台湾商务印书馆，文渊阁《四库全书》本），卷六，页1上—1下。又参阅安居香山《緯書の成立とその展開》（东京，国书刊行会,1984），页221、225—226。

② 洪适：《隶释·隶续》，卷一，页15上—15下。

③ 洪适：《隶释·隶续》，卷一，页18上。

④ 洪适：《隶释·隶续》，卷一，页18下。

⑤ 洪适：《隶释·隶续》，卷一，页25下。

⑥ 洪适：《隶释·隶续》，卷一，页25下。

获麟趣作，端门见征，血书著纪……主为汉制，道审可行。乃作《春秋》，复演《孝经》，删定《六艺》，象与天谈，钩河摘洛，却揆未然，巍巍荡荡，与乾比崇①。

宋人欧阳修、洪适均因碑文征引谶纬，讥刺撰者荒诞不经。例如，洪氏讥讽碑文"颜育空桑，不经之甚"，且斥责撰者"乃以钩河摘洛而颂尼父，鄙哉！"② 欧阳氏亦斥汉儒狡陋，谓："孔子作《春秋》，岂区区为汉而已哉！"③ 这些评论如出一辙，均是不解当时实情所致。

孔庙碑文倘若稍加剖析，则其所涉及之对象，以《孔庙置守庙百石孔龢碑》为例，请置"守庙百石卒史"固始自孔子十九世孙麟廉，但其认可则历经地方官吏（郡国鲁相）、朝廷（三公）以及最后天子之"制曰：'可'"的层层批示④。可见，东汉孔庙碑文在在显示谶纬所塑造的孔子形象，已变成汉人所以尊崇孔庙的根源。因此，西汉末年，纵使古文经兴起，亦只能提升周公的地位，而未能动摇孔子的重要性。

此外，这些碑文亦提供了孔庙沿革极佳的记录。迄桓帝永兴元年，吾人获悉孔子圣裔——褒成侯，仅是四时来祠，事已即去，遂致庙有礼器，无常人掌领，故有置百石卒史之请。故孔家图比照辟雍祠先圣之礼，其时辟雍侍祠者孔子子孙太宰、太祝令各一人，皆备爵；太常丞监祠、河南尹给牛羊豕鸡各一、大司农给米祠。仿此，阙里孔庙该有专人典主守庙，春秋飨礼，出王家钱，给犬酒。结果获旨允行⑤。

然而距此不过十余年，灵帝建宁元年（168），鲁相史晨到官，行秋飨礼，却发现无公出酒脯之祠，即自用俸钱祀孔。史氏为此上疏朝廷云：

臣以为素王稽古，德亚皇代。虽有褒成世享之封，四时来祭，毕即归国。臣伏见临辟雍之日，祠孔子以太牢、长吏备爵，所以尊先师，重教化也。……

---

① 洪适：《隶释·隶续》，卷一，页 26 下。
② 洪适：《隶释·隶续》，卷一，页 19 下、27 上。
③ 欧阳修：《欧阳修全集》（台北，世界书局，1961），《集古录跋尾》，卷二，页 1109。
④ 洪适：《隶释·隶续》，卷一，页 14 下—17 下。
⑤ 洪适：《隶释·隶续》，卷一，《孔庙置守庙百石孔龢碑》，页 15 上—15 下。

而（孔圣）本国旧居，复礼之日，阙而不祀，诚朝廷圣恩所宜特加①。

其回复为皇帝诏依社稷，出王家谷，春秋行礼以禋祀②。有趣的是，鲁相史晨发现辟雍祀孔礼重，阙里祀孔反而礼轻，此一本末倒置的现象，使得朝廷祀孔子之政治目的，不言而喻。

桓帝永兴元年至灵帝建宁元年相差不远，但阙里祀孔已残缺不全，其间恐因桓、灵之际，灾乱频仍，朝廷无暇兼顾所致。所幸新任鲁相史晨所举春飨礼，留存完好的记录，从中可以知悉该时祀孔的盛况。史晨以建宁元年四月十一日到官，乃以令日，拜谒孔子，因春飨，修辟雍礼，与会者包括各级地方官吏与孔家代表，其中守庙百石孔赞显为永兴元年议立典守孔庙之职。参与盛典者达九百七人，雅歌吹笙，奉爵称寿，相乐终日③。

然而此一祭典并无法挽回孔家衰颓之命运，随着大汉帝国之崩解，于献帝初年，孔氏国绝失传④。

## 五、访求圣裔与孔庙外地化："非但洙泗湮沦，至乃飨尝乏主"

在孔庙祭典里，孔氏圣裔扮演着不可或缺的奉祀角色。孔系的断绝必然使得祀孔难以为继。职是之故，政权之兴衰、孔家之荣枯与祀孔之存续诚息息相关，难以分割。

所不同的是，刘氏王朝在历史上固一去不返，而孔氏圣裔却似千年火凤凰得应时重现。黄初二年（221），魏文帝履位之初，"访求"孔氏后裔。得孔氏二十一代孙孔羡，拜议郎。其诏书曰：

昔仲尼资大圣之才……遭天下大乱，百祀堕坏，旧居之庙，毁而不修，褒成之后，绝而莫继，阙里不闻讲颂之声，四时不睹蒸尝之位，斯岂所谓崇礼报功，盛德百世必祀者哉⑤！

---

① 洪适：《隶释·隶续》，卷一，《鲁相史晨祠孔庙奏铭》，页25上—25下。
② 孔继汾：《阙里文献考》，卷一四，页2上。
③ 洪适：《隶释·隶续》，卷一，《史晨飨孔庙后碑》，页27下—28上。
④ 范晔：《后汉书》，卷七九上，页2563。
⑤ 陈寿：《三国志》（台北，鼎文书局，1983），卷二，页77—78。

缘此，以议郎孔羡为"宗圣侯"，邑百户，奉孔子祀。其实，魏晋以降，孔裔常有封爵而无胙土，其所食邑亦随时升降，然仅限百户、两百户而已<sup>①</sup>。譬如北周宣帝，追封孔圣至"邹国公"，但"邑数准旧"<sup>②</sup>。较之汉时食邑动辄千户，不啻天壤之别。

魏文帝除了诏封孔羡为"宗圣侯"，复令鲁郡修起旧庙，置"百石吏卒"以资守卫；于其外又广为室屋以居学者。故孔庙所存碑文录有"莘莘学徒，爰居爰处"之赞语<sup>③</sup>。这已初具后世"庙学制"之雏形。简言之，"宗圣侯"之立，适值三国鼎立、群雄割据的局面，其邑地虽小，然观《魏修孔子庙碑》，犹以"大圣""玄圣"尊称孔子，故魏制大体仍可视为汉制之延续<sup>④</sup>。

魏文帝复起孔庙，距汉末方三十余年，孔庙已废绝若此；而后逾是时修时毁。两晋南北朝，鼎祚迭移，战乱频繁，民生困顿，有司自顾不暇。北方沦入胡人之后（曲阜隶属鲁郡，属北方），斯文存续艰难。况且汉末以来，玄、释风行，儒术不复独尊天下。上位者"抑扬孔、墨，留连释老"非为罕闻<sup>⑤</sup>。人君纵使有意倡作仁义之学，亦因"世尚庄、老，莫肯用心儒训"<sup>⑥</sup>而难以赓续。值此儒教式微之际，孔庙祭祀欲求不绝如缕，已属大不易。

西晋之乱，阙里被寇，庙貌荒残。迄东晋孝武帝太元十年（385），有朝臣路经该处，目睹"孔庙庭宇倾顿，轨式颓弛"，感慨"万世宗匠忽焉沦废"，至不觉涕流。其实自北方湮没，迄东晋孝武帝时，阙里荒废将及百年<sup>⑦</sup>。孔庙之颓败若此，孔氏子孙之际遇可想而知。

此一时期，孔氏谱系不上紊乱，且流离失散，自魏文帝立二十一代孙，

---

① 晋武帝泰始三年（267），改封二十二代孙孔震为"奉圣亭侯"，食邑两百户。北齐文宣帝诏封孔子后裔"崇圣侯"，仅食邑一百户而已。各见孔继汾《阙里文献考》，卷五，页2下；李百药《北齐书》（台北，国史研究室，1973），卷四，页51。孔氏家谱辄夸大其词，举凡"百户"均吹嘘为"千户"。见孔元措《孔氏祖庭广记》，卷二，页6—7。

② 令狐德棻：《周书》（台北，国史研究室，1973），卷七，页123。

③ 陈寿：《三国志》，卷二，页78。《三国志》记"置百户吏卒"，据《魏修孔子庙碑》改正为"置百石吏卒"。见洪适《隶释·隶续》，卷一九，页12下。洪适据碑文谓"黄初元年"，非"黄初二年"，不确。参较施蛰存《水经注碑录》，卷六，页260—261；又朱彝尊《曝书亭集》（台北，世界书局，1964），卷四七，页5€4，则作"百石卒史"。

④ 洪适：《隶释·隶续》，卷一九，页12上—13下。

⑤ 许嵩：《建康实录》（北京，中华书局，1986），卷一七，页691。

⑥ 沈约：《宋书》（台北，鼎文书局，1980），卷一四，页363。

⑦ 沈约：《宋书》，卷一四，页366。

迄隋炀帝访求孔"苗裔"，立三十二代孙为"绍圣侯"①。孔氏家谱世系记载屡与正史不符：家谱所系圣裔，正史不见登录；反之，当时正史所载圣裔，家谱不见系次亦有之②。之所以致此，极可能孔氏家族依南、北政权对立，而呈南、北宗分继的现象，以致记载互有抵牾③。且因朝代更替过速，兵灾不断，常有断裂之虞。例如，元嘉十九年（442），缘于阙里饱经寇乱，黉学残毁，宋文帝除于先庙地恢复营造，依旧给祠置令，以便四时飨祀，特下诏："奉圣之胤，可速议继袭。"④永明七年（489），南齐武帝于兴立孔庙之诏书里，亦感叹"非但洙泗湮沦，至乃飨尝乏主"。因诏令"奉圣之爵，以时绍继"⑤。太平二年（557），梁敬帝缘"奉圣之门，胤嗣歼灭"而下诏："外可搜举鲁国之族，以为奉圣后。"⑥即使降至唐初，仍需借着"博求其后"，方能寻得孔子哲嗣以"存亡继绝"⑦。这都显示了孔裔存续岌岌可危，若无人君刻意访求，恐早已名实俱亡了。

　　于此，不禁有疑问浮现，意即，于议立孔庙之余，人君何以呕呕觅立孔圣后裔？本来原初的孔庙（阙里）具有双重性格，其一即为家庙性质，所以传统上孔子后裔在奉祀仪典中即为必备的血缘角色。是故，为了宣示祀孔的

---

① 魏征：《隋书》，卷三，页 72。

② 例如，东晋至宋继袭次序，正史（《晋书》《宋书》）与家谱记载有所抵触。参较《孔氏祖庭广记》，卷一，页 6—7；《阙里志》，卷二，页 20 上—20 下。

③ 有关此段期间，孔氏家谱记载，第二十二代迄第二十六代圣裔与正史互有出入。尤其晋武帝泰始三年（267），改封二十二代孙孔震为"奉圣亭侯"，迄宋文帝元嘉十九年（442），二十六代孙孔鲜袭爵，相距一百七十余年，所传仅四世，大有疑问。参见孔继汾《阙里文献考》，卷五，页 2 下—3 下。孔继汾认为，二十八代孙孔灵珍于北魏孝文帝太和十九年（495）受封"崇圣侯"，追溯其先祖，登载于孔氏家谱，故造成与正史不符之处。身为孔氏"后裔"，孔继汾无法承受孔氏一系有分裂失传之事实。可是就史实而言，孔氏一系极可能因南北割裂，呈南北宗分继的状态，并且间有失传。这从下文所引的诏书可以获知。除了此一时期外，南宋时，孔氏亦有类似现象。参较程敏政《篁墩文集拾遗》（台北，台湾商务印书馆，文渊阁《四库全书》本），页 1 上—4 下。程氏主张，孔裔封爵不当归诸阙里之宗（小宗），却当归诸随宋人南渡之衢族（大宗）。孔氏六十三代孙孔贞栋曾撰文驳斥之，然语及宋代之前，亦只能承认："五季以前无论已。"见孔贞栋《圣裔考辨》，收入孔贞丛《阙里志》，卷二，页 37 下—39 上。

④ 沈约：《宋书》，卷五，页 89。

⑤ 萧子显：《南齐书》（台北，鼎文书局,1980），卷三，页 56。

⑥ 姚思廉：《梁书》（台北，鼎文书局，1980），卷六，页 147。

⑦ 唐高祖武德二年，博求孔子后。见刘昫《旧唐书》，卷一，页 9。武德九年，封孔子后德伦为褒圣侯。见欧阳修《新唐书》，卷一五，页 373。武德九年诏令见《大唐赠泰师鲁国孔宣公碑阴》。孔元措《孔氏祖庭广记》，卷一〇，页 125。

正当性，"延续"或"访求"孔氏圣裔自然成为人君的当务之急。

另一方面，儒家，就社会宗教信仰而言，固难与道、释抗衡，然以治国之术言之，其所倡导之人伦典范却是治化之本，有国者不容忽视。宋文帝即谓："宣尼之笃训，贡士任官，先代之成准。"①可见儒教与朝廷用人取士关联密切。稍前述及的梁敬帝，于立孔庙并求奉圣后裔的诏书中，以"立忠立孝""制礼作乐"来推许孔圣，从中不难窥其真意②。宋孝武帝则毫不掩饰儒教于救亡图存的实用价值。他言道：

> 国难濒深，忠勇奋厉，实凭圣义，大教所敦。永惟兼怀，无忘待旦。可开建庙制……厚给祭秩③。

由于孔子所代表之儒教，有上述治国之实效，以致人君常以祀孔的营为，来强化其政权之义理基础。

此一时期，人主复启立孔庙于京师的风气。先是永嘉之乱，曲阜所属的豫州阖境没入胡人石勒手中④。阙里孔庙一时化为烟尘。太元十一年（386），东晋孝武帝诏封孔靖之为"奉圣亭侯"，奉宣尼祀⑤。并于南方京畿首立宣尼庙，专供祀孔之所⑥。此不意促成孔庙向阙里之外拓殖的契机。唯从时人研议宣尼庙宜"依亭侯之爵"或"依古周公之庙，备王者仪"莫衷一是的情状度之，其时孔庙祀典仍混沌未明，亟待定位⑦。这种摸索过程似乎直至南齐永明三年（485），因朝廷论定"皇朝屈尊弘教，待以师资，引同上公，即事惟允"方暂告段落。依此，孔庙释奠礼"设轩县之治，六佾之舞，牲牢器用，悉依

---

① 沈约：《宋书》，卷五，页83。

② 姚思廉：《梁书》，卷六，页147。

③ 沈约：《宋书》，卷六，页116。

④ 房玄龄：《晋书》（台北，鼎文书局，1980），卷一四，页442。其时，曲阜属鲁县，为豫州辖下。

⑤ 房玄龄：《晋书》，卷九，页235。

⑥ 许嵩：《建康实录》，卷九，页283。《晋书》不载立宣尼庙。

⑦ 萧子显：《南齐书》，卷九，页143—144。王俭引述东晋孝武帝时，"范宁欲（宣尼庙）依周公之庙，备王者仪"；此语并不能作为当时设有周公庙的证据。查王泾《大唐郊祀录》（指海丛书，卷一〇，页9上）载有范宁原议，其云：《礼》曰：'大德不官，当为师则不臣。'古周公之庙，备王者之仪。夫子之葬，兼三代之礼，明出常均之外也。"盖谓"古周公庙"也。

上公"①。

此外，永明七年（489）二月，南齐武帝兴学，立孔庙于京畿（建康）②。同年（太和十三年）秋七月，北魏孝文帝亦于京师（平城）立孔庙③，此可能为对应之举。进而，北魏孝文帝复于太和十九年（495），行幸鲁城，亲祠孔子庙。又为孔子起园柏，修饰坟陇④；诏封孔裔灵珍为"崇圣侯"⑤。较之即位之初，于孔圣后裔优礼有加⑥。

无独有偶，孔庙外地化的现象，随着南、北政权的分峙，日趋显著。北齐立，天保元年（550），文宣帝即诏封"崇圣侯"邑一百户，以奉孔子之祀，并下令鲁郡以时修治庙宇，务尽褒崇⑦。太平二年（557），梁敬帝则下诏议立奉圣之后，并缮庙堂⑧。其实，梁朝开国君主武帝，于立国之初（天监四年，505）已立孔庙于京师（建康），梁敬帝所行只不过是复振之而已⑨。此外，北

① 萧子显：《南齐书》，卷九，页144。
② 萧子显：《南齐书》，卷三，页56。从《建康实录》所引《地志》，可知南齐孔子庙位于京畿。见许嵩《建康实录》，卷九，页283。
③ 魏收：《魏书》（台北，鼎文书局，1980），卷七下，页165。清儒秦蕙田以北魏孝文帝太和十三年为京师立孔庙之始，误之甚。明儒丘濬以为太和十六年，告谥孔庙，为始有宣尼庙之文，亦误。按东晋孝武帝太元十一年，已于南方京畿立"宣尼庙"。秦蕙田《五礼通考》，卷一二一，页19下；丘濬《大学衍义补》，卷一五，页7下—8下。《魏书》所附《校勘记》，将"平城孔庙"误作"洛阳孔庙"。《魏书》，卷一八一，页2757。按太和十六年二月告谥孔庙，孝文帝仍在平城。太和十七年九月，巡幸洛阳，周巡故宫，发现荒毁不堪，有待经营。其时之前，洛阳何有孔庙之设？
④ 魏收：《魏书》，卷七下，页177。
⑤ 孔元措：《孔氏祖庭广记》，卷一，页7。
⑥ 北魏孝文帝延兴三年（473），诏以孔子二十八世孙孔乘为"崇圣大夫"，才给十户以供洒扫（见魏收《魏书》，卷七上，页138—139），按宋明帝泰始二年（466），宋师弃守，遂失淮北西州及豫州淮西地。鲁郡因是落入北魏手中（沈约《宋书》，卷八，页160）。因此北魏孝文帝延兴二年（472）致祭孔子的诏书中方言："顷者淮徐未宾，庙隔非所，致令祠典寝顿，礼章殄灭。"诏书中更透露孔庙有遭亵渎、鸠占鹊巢的景象。书中言道："遂使女巫妖觋，遥进非礼，杀生鼓舞，倡优媟狎，岂所以尊明神、敬圣道者也。自今已后，有祭孔子庙，制用酒脯而已，不听妇女合杂，以祈非望之福。犯者以违制论。"（魏收《魏书》，卷七上，页136）。宋文帝元嘉十九年（442），下诏修复阙里孔子庙，已知孔庙十分破败，但因世故妨道，未克实行。宋孝武帝孝建元年（454），再诏开阙里庙制，同诸侯之礼（沈约《宋书》，卷五，页89—90；卷六，页115—116）。鲁郡位于宋、魏交战之地，阙里孔庙常罹兵灾，故保存不易。
⑦ 李百药：《北齐书》，卷四，页51。
⑧ 姚思廉：《梁书》，卷六，页147。
⑨ 姚思廉：《梁书》，卷二，页42。

周虽雄踞华北，然阙里所在的鲁郡，并非辖域之内。武帝建德六年（577），北周灭北齐，鲁郡纳入版图；宣帝却于大象二年（580），决定别立孔庙于京师（长安），并追封孔圣为"邹国公"，立后承袭[①]。相对的，至德三年（585），南方于历经梁季湮微之后三十余年，陈后主下诏改筑旧庙，以便以时祭奠[②]。由上所述，南、北朝君主之相互竞立孔庙、寻觅圣裔，充分显示孔庙祭祀制度所发挥的"象征力量"（symbolic power），定然裨益安邦定国之计。尤其北魏孝文帝、北周宣帝京城立庙优先于阙里，更突显孔庙之政治作用[③]。

其实，孔庙外地化不止见诸京师。且缘"庙学制"的形成，不止中央官学，在地方学校亦有分立的现象[④]。自东汉明帝永平二年，诏国学郡县祀孔子以降，人主、有司释奠孔子便屡见不鲜。例如，三国时，魏齐王正始二年（241），帝初通《论语》，五年（244）讲《尚书》通，七年（246）讲《礼记》通，均使太常释奠，以太牢祠孔子于辟雍[⑤]。晋武帝泰始三年（267），又诏太学及鲁国，四时备三牲以祀孔子[⑥]。东晋升平元年（357），穆帝讲《孝经》通，亲释奠于中堂（其时权以中堂为太学）。穆帝之外，成帝、孝武帝皆曾亲行释奠之礼[⑦]。凡此种种，但云"释奠"，未尝言"庙"。

东晋孝武帝太元十年（385），尚书令谢石以学校陵迟，上疏兴复国学于太庙之南。其西立有"夫子堂"，画孔子及十弟子像[⑧]。不知是否即指太元十

① 令狐德棻：《周书》，卷六，页100；卷七，页123。

② 姚思廉：《陈书》（台北，鼎文书局，1980），卷六，页113。又《曲阜孔庙建筑》作者失察，屡将南方孔庙误作阙里孔庙。譬如，南齐武帝永明七年诏书、陈后主至德三年诏书中所提的孔庙，均指南方而言。参较南京工学院建筑系、曲阜文物管理委员会合著《曲阜孔庙建筑》（北京，中国建筑工业出版社，1987），页412。

③ 唐初亦有此现象。高祖武德二年，先立国子学之孔庙，太宗贞观十一年方修宣尼庙于兖州。刘昫《旧唐书》，卷一，页9；卷三，页48。

④ 高明士学兄推测北魏孝文帝太和十三年立孔庙于京师，应是立于"中书学"。梁武帝天监四年，立孔庙，恐亦设置国子学堂内。参阅高明士《唐代的释奠礼制及其在教育上的意义》，《大陆杂志》（1980），第61卷，第5期，页22。此外，较早东晋孝武帝太元十年所立之国学，甚或太元十一年所立之宣尼庙，以文字所叙地理位置，与国子学或旧有太学毗邻而居。参见许嵩《建康实录》，卷九，页277、283。

⑤ 陈寿：《三国志》，卷四，页119—121。

⑥ 房玄龄：《晋书》，卷一九，页599。

⑦ 房玄龄：《晋书》，卷一九，页599。

⑧ 许嵩：《建康实录》，卷九，页277。

一年所立之"宣尼庙"①？或而后庙移之况？至少，东晋安帝时，已见"国子圣堂"联称，似（孔子）圣堂寓居国子学之内②。要之，自魏文帝于阙里孔庙之外，广为学屋，已启"依庙立学"之先例。迄东晋孝武帝时，即见臣僚上表，中载有"兴复圣祀，修建讲学"之请③。宋元嘉十九年（442）修复孔庙的诏书之中，亦见"并下鲁郡修复学舍，采召生徒"之语④。观此，兴庙立学遂成惯例，"庙学制"于是粗具雏形。此一建制影响所及，上达中央官学（如太元十年所立之国学），下迄地方学校之规划，均呈现"庙学相依"的格局。北齐文宣帝天保元年，下诏"郡学于坊内立孔颜庙"⑤；唐贞观四年（630），太宗进而下诏州县皆立孔庙⑥。使得"庙学制"从阙里孔庙"依庙立学"之先例，跃入地方普遍"依学立庙"的荣景。从此，孔庙与学校（不论中央或地方）环环相扣。元人马端临有见于此，说道：

> 古者入学，则释奠于先圣先师，明圣贤当祠之于学也。自唐以来，州县莫不有学，则凡学莫不有先圣之庙矣⑦。

实有见于此。孔庙遂是兼有正统文化宣导者与国家教育执行者的双重功能。申言之，京师立庙，有别于原初孔庙，政治意图特为突显，但为维持奉祀之正当性，圣裔设立仍不可或缺。是故，不免染有家庙的残余性格。相对的，地方孔庙纯是遂行国家政教措施，而无此顾虑。这终使得孔庙完全脱离家庙性质，正式融入国家祭祀系统，成为官庙的一环。

---

① 许嵩：《建康实录》，卷九，页 283。要之，《晋书》载太元十年元月，国子学生因风放火，焚屋百余间。是故，太元十年春，尚书令谢石才会有兴复国学于太庙之南之请；此与咸康三年（337）所立旧有之太学，以秦淮水为隔。若此，太元十一年所立之宣尼庙则在故学之址，或邻近。唯太元十年所立之国学，其西之夫子堂，为同时之作，或而后庙移之所？无从得考。参阅房玄龄《晋书》，卷二七，页 807；许嵩《建康实录》，卷七，页 190。

② 房玄龄：《晋书》，卷二七，页 829。

③ 沈约：《宋书》，卷一四，页 366。

④ 沈约：《宋书》，卷五，页 89。

⑤ 潘相：《曲阜县志》（乾隆三十九年刊本）（台北，台湾学生书局，1968），卷二一，页 11 下。

⑥ 欧阳修：《新唐书》，卷一五，页 373。

⑦ 马端临：《文献通考》，卷四三，页 411。

### 六、周公乎？孔子乎？ "日没日出，宁有二日？"

循理说，孔庙祭祀制度正是定型于唐朝，但唐初，孔庙祭祀却诡谲万分，起伏不定。其故即领享正位的对象屡有更动，导致孔子、周公互有更替。这就旁及周公祭祀的问题。

按周公旦，周武王弟，辅翼武王，用事居多。伐纣事成，封于少昊之虚——曲阜，是为鲁公。周公不就封，留佐武王。其后武王卒，成王年少，遂襄赞成王，使其子伯禽代就封于鲁。周公卒，成王葬周公于毕，从文王①。唯鲁有太庙，主周公之祭祀，即周公庙②。鲁顷公二十四年，楚考烈王灭鲁，鲁竟绝祀，此事前文已有论述。

另外，别有一处奉祀周公。原来成王营王城，有迁都之志，故赐周公许田，以为鲁国朝宿之邑，后世因而立周公别庙③。鲁桓公元年（前711），郑国托辞奉祀周公，以祊田礽易得许田④。周公固为鲁国之祖，然郑国是否持续奉祀，大有疑问。汉人认定桓公卒为人所弑，即肇自桓公易许田，不祀周公，废祭祀之罚⑤。

而后仅见西汉蜀守文翁兴学，修礼殿以祀周公。由于史料仅此一见，因此学校祀周公究出自文翁一人之意，或为通例？则无从判别。降至王莽，朝臣喻为今之周公，王氏亦以周公自况⑥，周公后裔遂得封侯，以祀周公。唯新朝政权瓦解之后，东汉光武只复封孔子后裔，周公后则终不见复立。明帝永平二年，令祀圣师周公、孔子，但仅行于学校之所，无关周裔奉祀之庙。汉末，曾出现"周公不师孔子，孔子亦不师周公"之论调⑦，此一微言是否即为时风易势的讯息，殊堪留意。

三国时期，魏文帝立意修复鲁郡孔子旧庙，亦不及周公之庙。其时适逢

---

① 司马迁：《史记》，卷三三，页1515—1522。张守节《史记正义》引《括地志》云："周公墓在雍州咸阳北十三里毕原上。"

② 公羊高：《春秋公羊传注疏》（台北，台湾商务印书馆，文渊阁《四库全书》本），卷一四，页9上—9下。

③ 司马迁：《史记》，卷四，页150，注（二）。

④ 洪亮吉：《春秋左传诂》，卷五，页209。

⑤ 班固：《汉书》，卷二七上，页1343。

⑥ 班固：《汉书》，卷七七，页3262。云："太师孔光、大司徒马宫等咸称莽功德比周公。"卷八四，页3482，注（三）云："莽自比周公，故依效其事。"

⑦ 杨勇：《世说新语校笺》（台北，明伦出版社，1970），页128。

朝臣论辩孔子后裔"宗圣侯"应否赐予命祭之礼，从中透露周、孔身后不同的际遇，主张"宗圣侯"已具命祀的崔林说：

> 今周公已上达于三皇，忽焉不祀，而其礼经亦存其言。今独祀孔子者，以世近故也。以大夫之后，特受无疆之祀，礼过古帝，义逾汤、武，可谓崇明报德矣，无复重祀于非族也①。

"以世近故也"作为孔子领受重祀的原因，此一解释是否公允，有待深考②，然其时周公之祀废而不举，却是不争之事实。

降至东晋，从成帝时人范坚与冯怀的书问对答，可知"汉氏以来，释奠先师唯仲尼不及公旦"③，显见周公仍未领祀。

北魏太和十六年（492），孝文帝诏祀历代帝王："唐尧于平阳，虞舜于广宁，夏禹于安邑，周文于洛阳。"④此处的"周文"即是"周文公"之略⑤。缘周公曾营成周洛邑，故孝文帝以周公传世洛阳，象征有周一代，与古圣贤王分祀。此举"治统"意义远逾"道统"。而后，孝文帝迁都洛阳，其能臣李冲喻之"修周公之制，定鼎成周"⑥，未尝不解其寓意。此所以周公庙别在洛阳之故。

周公奠定有周一代基业，其丰功伟业史不绝书，孔子心仪其人其事，致以恢复周道为己志，晚年竟以不梦周公为忧⑦。后世以"周公、仲尼之道"并称，不为无据⑧。唯周公东鲁之庙，迟至北宋大中祥符元年（1008），宋真宗

---

① 陈寿：《三国志》，卷二四，页681。

② 陈寿：《三国志》，卷二四，页682。裴松之即不赞成崔林此解。

③ 李昉：《太平御览》（台北，新兴书局，1959），卷五三五，页3上—3下。

④ 魏收：《魏书》，卷七下，页169。

⑤ 参较魏收：《魏书》，卷一八一，页2750。另参钱大昕《廿二史考异》（京都，中文出版社，1980），卷二八，页544。

⑥ 魏收：《魏书》，卷五三，页1183。

⑦ 孔子曾说："周鉴于二代，郁郁乎文哉！吾从周。"又说："甚矣吾衰也！久矣吾不复梦见周公。"朱注云："孔子盛时，志欲行周公之道，故梦寐之间，如或见之。至其老而不能行也，则无复是心，而亦无复是梦矣，故因此而自叹其衰之甚也。"见朱熹《四书章句集注》，《论语集注》，卷二，页65；卷四，页94。

⑧ 朱熹：《四书章句集注》，《孟子集注》，卷五，页260。

幸鲁，方追封周公为"文宪王"，立新庙①，其距废庙不举已达一千数百年之久。其遭遇与阙里孔庙不可同日而语。

周公祭祀趋于衰颓似大势底定，唯一逆转即发生于唐朝初年。武德二年（619），高祖令国子学立周公、孔子庙各一所，四时致祭②。依诏书析言之，其祭周公所持理由如下：

> 爰始姬旦，匡翊周邦，创戈礼经，尤明典宪。启生人之耳目，穷法度之本源，化起《二南》，业隆八百，丰功茂德，冠于终古③。

高祖为开国君主，其祭周公似取后者创业之功，并溯治道之源。唯周公与孔子时称"二圣"，并无轩轾之意④。武德七年（624），高祖幸国子学，亲临释奠，以周公为先圣，孔子配。复引道士、沙门有学业者，与博士杂相驳难，久之乃罢⑤。适见儒学于唐初仍未稳居朝廷主导意识。后世儒者以高祖"反引佛、老二氏，与吾徒相辩论"，谓之"失礼"，未免苛责太过⑥。

贞观二年（628），太宗罢祀周公，升孔子为先圣，以颜回配⑦。盖取左仆射房玄龄、博士朱子奢之建言。他们建议云：

> 武德中，诏释奠于太学，以周公为先圣，孔子配享。臣以周公、尼父俱称圣人，庠序置奠，本缘夫子。故晋、宋、梁、陈及隋大业故事，皆以孔子为先圣，颜回为先师，历代所行，古人通允⑧。

此中要紧的是，二者道出：（一）释奠于学，本为孔子之故；（二）大业之前，皆以孔子为先圣，颜回为先师。按诸史实，房、朱二氏所言不差。周公

---

① 脱脱：《宋史》（台北，鼎文书局 1980），卷七，页 139。

② 潘相：《曲阜县志》，卷四，页 7 上。

③ 刘昫：《旧唐书》，卷一八九上，页 4940。

④ 刘昫：《旧唐书》，卷一八九上，页 4940。

⑤ 刘昫：《旧唐书》，卷二四，页 916。

⑥ 秦蕙田：《五礼通考》，卷一七七，页 26 上—26 下。

⑦ 欧阳修：《新唐书》，卷一五，页 373。

⑧ 王溥：《唐会要》（京都，中文出版社，1978），卷三五，页 635—636。

历史上固称"上圣""至圣"，实政治意涵居多①，故魏晋以降，释奠于学，皆以孔子为尊。故太宗诏从之，遂有以上之更动。贞观四年（630），太宗下诏州、县学皆作孔子庙②。这是官方由上至下推行孔庙最彻底的举动。贞观九年（635），秘书监颜师古议郡国立庙之非礼，为朝廷所采纳③。此处的"庙"似非专指孔庙而言，唯示意朝廷控制地方立庙之决心，于孔庙地方普及化之趋势并无妨碍。咸亨元年（670），即复见州、县修孔子庙之诏令④。

高宗永徽中（650—655），不知何故，复以周公为"先圣"，孔子为"先师"⑤，居间徒生波折。显庆二年（657），太尉长孙无忌、礼部尚书许敬宗等进言，首先道出永徽与贞观之制有所违异⑥：

按新礼：孔子为先圣，颜回为先师。又准贞观二十一年，以孔子为先圣，更以左丘明等二十二人与颜回俱配尼父于太学，并为先师。今据永徽令，改用周公为先圣，遂黜孔子为先师，颜回、左丘明并为从祀⑦。

此处所言之"新礼"即贞观二年所定之礼，孔庙祭祀，礼有等差，"配享"犹停正殿，"从祀"则退居两庑。汉魏以来，"圣"则非周（公）即孔（子），"师"则偏善一经，高下之分，昭然若判。依此"永徽令"对孔子以下之贬抑，至为显然。

有关"永徽令"颁发之渊源，史乏明言，其转变似突如其来。唯后世今

---

① 周公称"圣"，意指居摄事迹居多。例如，班固《汉书》，卷七七，页3262，称"上圣"。范晔《后汉书》，卷四〇上，页1330—1331，称"先圣"；同书，卷二九，页1012，称"至圣"。房玄龄《晋书》，卷四七，页1325，称"圣人"；同书，卷九九，页2586，称"大圣"。沈约《宋书》，卷六八，页1796，称"上圣"。

② 欧阳修：《新唐书》，卷一五，页373。

③ 潘相：《曲阜县志》，卷二二，页3下。

④ 刘昫：《旧唐书》，卷五，页94。诏书云："诸州县孔子庙堂及学馆有破坏并先来未造者，遂使生徒无肄业之所，先师阙奠祭之仪，久致飘露，深非敬本。宜令所司速事营造。"

⑤ 欧阳修：《新唐书》，卷一四，页374。

⑥ 《旧唐书》《通典》以礼部尚书许敬宗领名，《新唐书》《唐会要》则以太尉长孙无忌领名。参见刘昫《旧唐书》，卷二四，页918；杜佑《通典》，卷五三，页1480；欧阳修《新唐书》，卷一五，页374；王溥《唐会要》，卷三五，页636。

⑦ 王溥：《唐会要》，卷三五，页636。

文学家往往归罪刘歆以下古文学家长远之影响，此说能否确立，犹待详考①。唯郑玄之学左右孔子地位之升降，确有蛛丝马迹可循。审视长孙氏的进言，彼等持以改正"永徽令"的理据即是："依《礼记》之明文，酌康成（郑玄）之奥说。"② 观其所引《礼记》所载之"先圣""先师"之解，全系采自郑氏③；是故，"酌康成之奥说"的"酌"字，似充"陪衬"，实为"主导"之义。换言之，显庆改制的论据，实采郑氏之辞。

显庆二年，长孙氏所力争的，简言之，即是"改令（永徽）从诏（贞观）"。他们以"进"孔子、"出"周公的策略，达成厘清文庙祭统的性质。他们辩称："成王年幼，周公践极，制礼作乐，功比帝王，所以禹、汤、文、武、成王、周公为六君子。"④ 是故．论其鸿业，周公合同王者祀。长孙氏对周公绩业的陈述，清楚地反映了儒者对"治""道"分疏的态度。前此，晋时，范坚与冯怀的对答已显示如是之区别。《太平御览》记载了此段对谈：

① 例如，廖平说："（刘歆）牵引周公以敌孔子，古文家说以经皆出周公是也。后人习闻其说，遂以周公、孔子同祀学宫，一为先圣，一为先师，此其误也。"见廖平《古学考》，页30。又康有为说："然如旧说（古文）《诗》、《书》、《礼》、《乐》、《易》皆周公作，孔子仅在明者述之之列，则是说岂非实录哉？汉以来皆祀孔子为先圣也，唐贞观乃以周公为先圣，而黜孔子为先师。"唐"贞观"年号疑为"武德"、"永徽"之误。见康有为《孔子改制考》，卷一〇，页243。皮锡瑞亦云："太史公谓：'言六艺者折衷于孔子，可谓至圣。'……后汉以降，始有异议，不尽以经为孔子作。《易》则以为文王作《卦辞》，周公作《爻辞》；《春秋》则以《凡例》为出周公；《周礼》《仪礼》皆以为周公手定……唐时，乃尊周公为先圣，降孔子为先师。配享、从祀与汉韩敕、史晨诸碑所言大异。"见皮氏《经学通论》（台北，台湾商务印书馆，1980），《序》，页1。后汉以来，孔子"志在《春秋》"之说盛行，《春秋》一经特为突出，前文略有所述。晋时，杜预反谓："（《春秋》）盖周公之志，仲尼从而明之。……其发凡以言例，皆经国之常制，周公之垂法，史书之旧章，仲尼从而修之，以成一圣之通体。"见左丘明《春秋左传注疏》（台北，台湾商务印书馆，文渊阁《四库全书》本），杜预《序》，页14下—17上。唐时，刘知几（661—721）推衍其说，谓："《春秋》之作，始自姬旦，成于仲尼。丘明之《传》，所有笔削及发凡例，皆得周典。"见刘氏《史通通释》（台北，里仁书局，1980），卷一四，页418。反氏谓杜预此等谬说致使孔子黜为先师，止配享周公，不得南面专太牢之祭，并预启刘氏非圣无法。参见皮氏《经学历史》，页82—84。

② 王溥：《唐会要》，卷三五，页636。

③ 长孙无忌所征引的《礼记》及郑注如下："谨按《礼记》云：'凡学，春官释奠于其先师。'郑元（玄）注曰："官谓《诗》、《书》、《礼》、《乐》之官也。先师者若《礼》有高堂生，《乐》有制，《诗》有毛公，《书》有伏生，可以为师者。'又《礼记》曰：'始立学，释奠于先圣。'郑元注曰：'若周公、孔子也。'"

④ 王溥：《唐会要》，卷三五，页636。

范坚书问冯怀曰："汉氏以来，释奠先师唯仲尼不及公旦，何也？"冯答曰："若如来谈，亦当宪章尧、舜、文、武，岂唯周旦乎？"①

可见，治统、道统泾渭分明，周公不纳入道统祭祀，已渐成共识。汉明帝时，虽有周公、孔子并为"圣师"之祀，三国以下、唐之前，则文庙祀统独不见"先圣"周公踪影②。

显庆二年，长孙氏的建言终获得人君的首肯。于是孔子复升"先圣"，周公乃依别礼，归王者之统，配享武王③。至此，孔子稳居文庙享主之首的地位，明列国家祀典之中，未曾动摇。

## 七、结论："唐宋升祀，永锡荫祚"

唐玄宗时，官修的《唐六典》明列国家祀典有四：一曰祀天神，二曰祭地祇，三曰享人鬼，四曰释奠于先圣、先师④。末项的"释奠"礼，细分则包括孔宣父与齐太公之祀，此在《唐六典》《大唐开元礼》的礼仪阶序上皆同列"中祀"，形式上虽无差异，实质上颇有先后、轻重之别⑤。

考诸史籍，古并无恒祭太公之文，贞观中，始于磻溪置祠⑥。玄宗开元十九年（731），令两京与天下诸州各置"太公尚父庙"，以汉留侯张良配飨⑦。从此释奠礼兼及齐太公。初时，象征武人之神的"太公庙"，以仿效代表文庙

---

① 李昉：《太平御览》，卷五三五，页 3 上—3 下。
② 北周太祖素以"黜魏、晋之制度，复姬旦之茂典"为标榜，其后代子孙亦以提升孔庙为己任，遑论他人。参见令狐德棻《周书》，卷七，页 123；卷四五，页 806。
③ 王溥：《唐会要》，卷三五，页 637。
④ 李林甫等：《唐六典》（北京，中华书局，1992），卷四，页 120。王泾的《大唐郊祀录》撰于孔宣父、齐太公追谥为"王"之后，因此其称呼略有微异。王氏曰："凡祭祀之礼，天神曰祀，地祇曰祭，人鬼曰享，文宣王、武成王曰释奠。"见王泾《大唐郊祀录》（指海丛书），卷一，页 2 上—2 下。
⑤ 李林甫等：《唐六典》，卷四，页 120。其曰："凡祭祀之名有四……其差有三：若昊天上帝、五方帝、皇地祇、神州、宗庙为大祀，日、月、星、辰、社稷、先代帝王、岳、镇、海、渎、帝社、先蚕、孔宣父、齐太公、诸太子庙为中祀，司中、司命、风师、雨师、众星、山林、川泽、五龙祠等及州县社稷、释奠为小祀。"另见萧嵩等《大唐开元礼》（台北，台湾商务印书馆，文渊阁《四库全书》本），卷一，页 1 上—1 下。
⑥ 王泾《大唐郊祀录》，卷一〇，页 14 上。
⑦ 刘昫：《旧唐书》，卷八，页 196—197。

的孔庙为主。例如，开元二十七年（739），追谥孔子为"文宣王"；肃宗上元元年（760），追赠太公望为"武成王"，飨祭之典，一同"文宣王"①。"太公庙"又仿照孔庙从祀制，以张良为"亚圣"，复选历代良将"十哲"。一时文、武两庙亦步亦趋，无分轩轾。

然唐初以下，士人文化兴起，包括科举制度的落实，终使得孔子庙凌驾太公庙②。其间太公庙虽偶因兵革之兴，受到重视，但难挽大势所趋③。其实，肃宗时代此一差别已见端倪。肃宗一度因岁旱罢中、小祀，太公庙遂不祭，而文宣之祭，至仲秋犹祀之于太学④。其轻重之别，判然两分。在祭祀范围方面，诚如韩愈所云："自天子至郡邑守长通得祀而遍天下者，唯社稷与孔子为然。"⑤反之，"太公庙"非天下通祀，主祭者至高仅为上将军。然而祭孔者可上抵天子至尊，其祭祀范围域内无远弗届，绝非太公祭祀可比。唐德宗贞元四年（788），兵部侍郎李纾以"武成王庙"（前"太公庙"）崇敬过礼，上疏朝廷祈求改正，其中有段奏辞最能代表士人意识。李氏言道：

文宣垂训，百代宗师，五常三纲，非其训不明，有国有家，非其制不立，故孟轲称，有生人以来，一人而已。由是正素王之法，加先圣之名，乐用宫悬，献差太尉，尊师崇道，雅合正经。且太公述作，止于《六韬》，勋业形于一代，岂可拟其盛德，均其殊礼哉⑥！

当时朝臣大半附和李氏之见，激进者甚而主张去"武成"追封及王位。时因兵兴，仅依李纾之请⑦。但李氏之议事实上预示了"武成王庙"难以挽回的命运。洪武二十年（1387），明太祖终究以吕尚人臣"称王不当"，废"武成王

---

① 杜佑：《通典》，卷五三，页1484。

② 可略参较金诤：《科举制度与中国文化》（上海，上海人民出版社，1990）。

③ 欧阳修：《新唐书》，卷一五，页380。

④ 欧阳修：《新唐书》，卷一五，页376—377。

⑤ 马其昶校注：《韩昌黎文集校注》（台北，华正书局，1975），卷七，页283。

⑥ 杜佑：《通典》，卷五三，页1484。

⑦ 此一论争，各方文字收入王泾《大唐郊祀录》，卷一，页17上—23下。

庙"祭祀[1]。至此，"释奠"礼复回归为一。

于本文中，我们呈现并分析了孔庙如何从私人性质的家庙，演变成官庙，且进一步遍布天下州县，最后变成国家常祀祭典的定制。

宋末元初的儒者熊鉌曾说："尊道有祠，为道统设也。"[2] 这里的"祠"即意指"孔庙"，孔子则为道统之源。熊氏的论断，极为切中肯綮，决非儒生片面自贵之辞。明成祖在其《御制重修孔子庙碑》里的言辞，即可作为熊氏之语最佳的印证。明成祖说道："乃曲阜阙里在焉，道统之系实由于兹。"并坦承重视孔庙祭祀实有祖宗传承（开国皇帝太祖）的渊源[3]。析言之，这些后世儒生与人君对孔庙的理念，实来自孔庙漫长演变的积淀。

从汉至唐，孔庙的形成过程之中，孔子形象由一介有教无类的夫子，逐渐蜕化成"帝王师"，最后汇归为"万世道统之宗"。相对的，孔庙祭祀即是官方针对此一蜕化形象不断的调适与制度化。朝廷尊崇孔庙，人君与儒生首推其功，其相互为用，自不待多言。是故，从孔庙发展的轨迹审视之，统治阶层实位居主导势力，因此有别于民间信仰，孔庙自始至终、彻头彻尾展现了官方的性格。

另一方面，原初的阙里孔庙具有公、私双重特性。于公方面，它是全国孔庙之基型，其重要性甚至凌驾京师孔庙。诚如明宪宗所叙"祀典自京师以达于天下郡邑，无处无之，而在阙里者尤加之意"[4]。可知京师孔庙的政治宣示作用，究竟无法取代阙里孔庙在文化层面所孕育的象征意义。

于私方面，阙里孔庙仍不脱浓厚的家庙性质。人君为了取得祭孔的正当性，只得透过议立或访求，刻意塑造"万世一系"的世袭圣裔，以便维续祭祀礼仪。而历史上人君祀孔，或许有个人因素掺杂其中，但尤具意义的是，统治者对政教祭祀传统的积极参与，显示权力与信仰相互的渗透。元代的曹元用最能反映此中情结，他言道：

---

① 黄彰健校：《明实录》（"中研院"历史语言研究所），《太祖实录》，卷一八三，页 3 上。详细讨论见拙著《道统与治统之间：从明嘉靖九年（1530）孔庙改制论皇权与祭祀礼仪》，《历史语言研究所集刊》（1990），第 61 本，第 4 分，页 917—941。

② 熊鉌：《熊勿轩先生文集》（上海，商务印书馆,1936），卷四，页 48。

③ 孔继汾：《阙里文献考》，卷三三，《明成祖御制重修孔子庙碑》，页 28 下。

④ 孔继汾：《阙里文献考》，卷三三，《明宪宗御制重修孔子庙碑》，页 29 下。

孔子之教，非帝王之政不能及远；帝王之政，非孔子之教不能善俗。教不能及远，无损于道；政不能善俗，必危其国①。

身为人君的明孝宗，其言辞对以下的分析提供了极贴切的注解，首先，他肯定孔子为"万世帝王师"，"凡有天下之君遵之，则治；违之，则否"②。另外，他表明了对祀孔传统深刻的认识，他说：

自汉祖过鲁之（之，疑为衍文）祀之，后多为之立庙。沿及唐宋英明愿治之君屡作，益尊而信之。孔子之庙遂遍天下。……虽金元入主中国，纲常扫地之时，亦未尝或废。盖天理民彝之在人，有不能自泯也③。

"万世帝王师"属于人主信仰部分，"为之立庙"则是权力所在，二者交互渗透则变成"英明愿治之君"具有履行祀孔的义务了。

在孔庙祭祀制度的发展中，除了自然灾害（阙里孔庙着火、年久失修等）、人为兵祸、世系断裂之外，有两种义理纠结阻止或威胁到孔庙的正常拓展。

首先，即是"道统"与"治统"概念混淆不清。唐初，周公、孔子互为先圣，就是最好的例证。周公固曾制礼作乐，佐治天下，然其身份极为特殊，诚如其自语："我文王之子，武王之弟，成王之叔，我于天下亦不贱矣。"④以孟子的话形容之，即"贵戚之卿"⑤。"贵戚之卿"则非一般士子所能企及。反观孔子乃一"布衣"，集古代文化之大成；其学而优则仕，仕则为"异姓之卿"，不失为天下儒生效法的偶像。况且周公的文化制作，凭借的是血缘的政治特权；孔子却是己身著述、私家讲学，其涵义极为不同。于周、孔之别，韩愈颇有见地，他在《原道》中说："由周公而上，上而为君，故其事行；由周公而下，下而为臣，故其说长。"⑥韩愈所处的时代（786—824）适逢孔庙趋于定型，其言论恰为"道统""治统"之分做了即时的辩解。

---

① 孔贞丛：《阙里志》，卷一〇，天历二年（1329）《遣官祭阙里庙碑》，页40下。
② 孔继汾：《阙里文献考》，卷三三，頁30下。
③ 孔继汾：《阙里文献考》，卷三三，页30下。
④ 司马迁：《史记》，卷三三，页1518。
⑤ 朱熹：《四书章句集注》，《孟子集注》，卷一一，页324。孟子对"贵戚之卿"的定义是"君有大过则谏，反复之而不听，则易位"。"异姓之卿"则是"君有过则谏，反复之而不听，则去"。
⑥ 马其昶校注：《韩昌黎文集校注》，卷一，页10。

其次，于孔庙定制之时，代表武人之神的太公庙亦起而效行之，成为释奠礼仪有力的竞争对手。本来"国之大事，唯祀与戎"[1]，文武原不偏废。然唐代以下，士人文化抬头，历代多有重文轻武的倾向，导致武庙渐至衰颓，或废，或代而行之，在国家祭典中远不及文庙之盛[2]。

总之，唐代以下，若说孔庙"独尊"释奠礼，大概非过甚之词[3]。其通祀天下与敬礼之尊，其他国家祀典无可比拟[4]。唐代固曾追封周公为"褒德王"[5]，宋代又一度追谥"文宪王"，但皆就地而祀，非通行全国。于宋代，蜀地的"周公礼殿"竟只祭拜孔子，而无周公像[6]，周、孔二者境遇炎凉可知。元代，虽曾于岐山之阳，立"周公庙"，致祭时如历代圣君名臣，有牲无乐。唯明洪武年间，王祎发现岐山周公庙已沦为道观。至谓："凡庙之仪，与冠冕佩服之制，皆粗鄙不合礼。又正殿前有戏台，为巫觋优伶之所集，而殿中列以俗神野鬼之像，尤极淫怪。"[7]嘉靖年间，陶钦皋寻访曲阜周公庙，赋诗中复有"周公庙侧黍离离""萧条钟鼓已多时"诸句，适透露周公庙衰颓已久[8]。清康熙时，周公后代东野沛然，不忍祖宗祠宇潦倒破败，求助朝廷，观其奏词竟颇凄凉。东野氏奏道：

> 臣祖周公，以元圣之德，制作经纬，固与孔子并列久矣。今祠宇颓坏，拜谒寂寥，主鬯仅以青衿，祭田不及百亩，不惟不能并尊于孔子，且不得比于颜、曾、孟、仲。乞念传道之功，稍加优隆[9]。

---

[1] 洪亮吉：《春秋左传诂》，卷一一，页467。

[2] 参见陶希圣：《武庙之政治社会的演变》，《食货月刊》，复刊第2卷，第5期，1972年，页1—19。

[3] 明、清之世，有梓潼文昌之祭，兴起民间，比附文庙，然时受压制，其典礼未可与孔庙比隆。参阅陶希圣《梓潼文昌神之社会史的解说》，《食货月刊》，复刊第2卷，第8期，1972年，页1—9。

[4] 唐代时天下通祀社稷与孔子，然敬礼之尊，孔子超过社稷。见马其昶校注《韩昌黎文集校注》，卷七，页283。

[5] 刘昫：《旧唐书》，卷二四，页9上。

[6] 洪适：《隶释·隶续》，卷一，页14下。

[7] 王祎：《王忠文公集》（上海，商务印书馆，丛书集成初编），卷六，页15。

[8] 孔祥林注：《曲阜历代诗文选注》（济南，山东人民出版社,1985），页117。

[9] 孔继汾：《阙里文献考》，卷一八，页4上。

东野氏言及周公庙凋零不堪，不只无法与孔庙比隆，且不及孔子门生之祭，语必非假，然他却未及理出周、孔祀典悬殊之症结所在，意即"当今学堂，专祀孔子，若周公，则学人终身未尝一拜"①。

**附记** 本文原发表于1993年香港中文大学人类系所举办的"文化中国"国际会议，承蒙中央民族学院年钟鉴教授评论，谨此致谢。于撰写期间，我特别感谢余教授，以及我的同事邢义田、王汎森、刘淑芬、于志嘉诸位先生的赐教。

（原载《大陆杂志》，第86卷，第5期，1993年）

## 十 学术与信仰：论孔庙从祀制与儒家道统意识

### 一、引言

在帝制中国，孔庙作为官方祭祀制度，恰是传统社会里政治与文化两股力量最耀眼的交点。以皇权为代表的政治势力，其对孔庙祭祀制度的作用，本人已有著作分析②。本文则企图从文化的角度，探讨儒学主流思想如何透过道统意识来左右孔庙从祀制，并造成历史上诸多的变迁。

宋末元初的熊鉌（1247—1312）说："尊道有祠，为道统设也。"③此处的"祠"指的即是孔庙。孔子为道统之源，素为儒者所宗；祭祀孔子，即是为了尊崇道统。明代的程徐于上疏太祖勿停天下通祀孔子时，将这一点陈述得十分透彻，他说：

> 孔子以道设教，天下祀之，非祀其人，祀其教也，祀其道也④。

---

① 廖平：《六变记》，收入李耀仙主编《廖平学术论文选集》，页547。
② 拙作：《清初政权意识形态之探究》，《历史语言研究所集刊》（1987），第58本，第1分，页105—132；《道统与治统之间》，《历史语言研究所集刊》（1990），第61本，第4分，页917—941；《权力与信仰》，《大陆杂志》（1993），第86卷，第5期，页8—34。
③ 熊鉌：《熊勿轩先生文集》（上海，商务印书馆，1936），卷四，页48。
④ 张廷玉：《明史》（台北，鼎文书局，1980），卷一三九，页3982。

此外，孔庙祭祀对象，除了孔子之外，另包括历代儒教正统的承继者，这就涉及孔庙从祀制了。

孔庙之有从祀者，意在"佐其师（孔子），衍斯世之道统"①。据王世贞所云："（斯礼）虽德之者，不能举无功之祀；怨之者，不能废应祀之功。"②循此，学者于从祀人选应无歧见才是。衡诸史实则不然，学者各持己见、莫衷一是反是常事。究其由，历代诸儒，甚至并世诸儒对"道统"一义的了解多有分歧，导致从祀标准迭有变异。诚如朱门高弟，黄幹所感叹：

> 呜呼！道之在天下未尝亡，而统之相传，苟非其人，则不得而兴③。

这也就是儒者坚持"道之正统，待人而后传"的道理④。由于这项坚持，历代从祀人选的标准难免随着儒家思想脉动，而有所变迁。

然而孔庙究属国家祭祀要典，儒者本身对从祀人选并无法私相授受。孔庙所奉祀的人物，无论进退与否，均须受朝廷的认可与节制。依惯例，从祀诸儒必得由廷议产生。

私下之间，学者对于何人可从祀孔庙，往往议论纷纷，各有所是。但若经儒臣具疏建言，复经皇上下诏廷议，则可进行正式的辩论。明代的沈鲤就曾说明廷议的功能。他说：

> 从祀一事，持久不定，必烦廷议者，则以在廷之臣可以尽天下之公议，而众言佥同，人品自定，所以要之于归一之论也⑤。

可知廷议主旨在于汇集共识，亟求从祀至当归一。

可是，究其实廷议仅仅是从祀孔庙的程序而已，真正的裁量权仍握在皇帝手中。以明世宗嘉靖十九年（1540）为例，众议薛瑄（1389—1464）宜从祀文庙否。《明实录》记录完备，足供参考：

---

① 王世贞：《弇州山人四部稿》（台北，伟文图书公司,1976），卷一一五，页 2 上。

② 王世贞：《弇州山人四部稿》，卷一一五，页 2 上。

③ 王懋竑：《宋朱子年谱》（台北，台湾商务印书馆,1982），卷四下，页 240。

④ 王懋竑：《宋朱子年谱》，卷四下，页 235。

⑤ 孙承泽：《天府广记》（北京，北京出版社,1962），卷九，页 88—89。

先是御史杨瞻、樊得仁奏："故礼部侍郎薛瑄，国朝大儒，宜从祀文庙。"
诏下儒臣议。时尚书霍韬……二十三人议宜祀；庶子童承叙、赞善浦应麒议
宜缓；赞善兼检讨郭希颜以瑄无著述功，议不必祀①。

观此，薛瑄已获得多数儒臣（二十三人）的支持，入祀孔庙似不成问题。是
故，其时"给事中丁湛等请从众议之多者"，至是礼部亦集议以请②。但事情
的发展大大出乎意料，明世宗却置廷议于不顾，依旧执意论久而后定，以慎
重祀典。他言道：

> 圣贤道学不明，士趋流俗，朕深有感。薛瑄能自振起，诚可嘉尚；但公
> 论久而后定，宜候将来③。

所以直至隆庆五年（1571），薛瑄不但获得廷议的支持，且得到穆宗的首肯，
方得配享孔庙。这显示孔庙从祀人选的裁量权最终仍操诸统治者手中。明儒
王世贞以传统的语汇赞美之："斯礼也，人主行之以厚道，而持之以公道。"④
这点适透显孔庙从祀制的政治文化。

由于孔庙所奉祀的对象全然为儒家圣贤，身后从祀孔庙自然成为儒者至
高的荣耀。例如，王守仁（1472—1529）生前平"宸濠之乱"有功，受封
"新建伯"。可是时人视此爵称仅止"一代之典"，阳明身后倘能入祀孔庙方为
"万代之典"⑤。阳明弟子薛侃于敦请朝廷允王氏从祀孔庙之时，即录有"从祀
孔庙，万代瞻仰，甚盛举"之语⑥。可见入祀孔庙的殊荣远逾俗世的爵封。清
儒钱大昕就道出："孔庙从祀，非寻常事。"⑦不啻一语道破其中关键。

---

① 黄彰健校：《明世宗实录》（"中研院"历史语言研究所校印），卷二三五，页 2 下。
② 黄彰健校：《明世宗实录》，卷二三五，页 2 下。
③ 黄彰健校：《明世宗实录》，卷二三五，页 2 下—3 上。
④ 王世贞：《弇州山人四部稿》，卷一一五，页 2 上。
⑤ 孙承泽：《春明梦余录》（香港，1965），卷二一，页 36 下；又见是氏《天府广记》，卷九，页
  89。
⑥ 薛侃：《请从祀疏》，收入王守仁《王阳明全集》（上海，上海古籍出版社，1992），卷三九，页
  1495。
⑦ 钱大昕：《潜研堂集》（上海，上海古籍出版社，1989），卷一九，页 322。

而传统读书人对"入祀孔庙"的关切又可以以下列两件事例稍加说明。明儒冯从吾素好圣学，举止矜庄；时人即以"此食生独肉者"讥之，盖缘祭孔需享以牲礼，借此暗讽冯氏"有意于两庑之间"[①]。冯氏的故事固是反讽的例子，却透露了"从祀孔庙"的文化象征经常活跃于古人心目之中。

又清人李文炤，方十岁，游郡城。李父携之晋谒孔庙，循行殿庑，告以配享从祀之典。李氏随应曰："如此庶不枉一生。"[②] 李氏的故事显示传统儒生自幼即浸淫"从祀孔庙"的文化价值，以致"入祀孔庙"的意向深植士子民心。

其实上述文化心理的表征，乃长远以来孔庙在建制过程中所积累的效果。例如，贞观四年（630），唐太宗诏地方州、县学普设孔子庙[③]。此举促使士子耳濡目染儒者成圣希贤的荣耀，大有潜移默化之功。然而制度上而言，仍以孔庙从祀制的建立最为关键。是故，必须先对此一制度的形成略加探讨，方能进一步观察儒家主流思想与孔庙发展史的关系。

## 二、从祀制的形成

古人每事必祭其创始之人，譬如耕之祭先农、桑之祭先蚕、学之祭先师，都是秉持同样的道理[④]。于古代典籍之中，《周礼》《礼记》分别提供了学者祭祀先师的经典依据。《周礼·春官》载有：

> 凡有道有德者，使教焉，死则以为乐祖，祭于瞽宗[⑤]。

《礼记·文王世子》亦云：

> 凡学，春官释奠于其先师，秋冬亦如之[⑥]。

① 董其昌：《容台集》（台北，"中央"图书馆，1968），卷一，页13上—13下。
② 《清稗类钞》（台北，1966），《性理类》，页26。
③ 欧阳修：《新唐书》（台北，鼎文书局，1980），卷一五，页373。
④ 顾炎武：《原抄本顾亭林日知录》（台北，文史哲出版社，1979），卷一八，页430。
⑤ 孙诒让：《周礼正义》（北京，中华书局，1987），卷四二，页1720。
⑥ 孙希旦：《礼记集解》（北京，中华书局，1989），卷二〇，页559。

孔子为儒者宗师，孔庙祭祀以孔子为主即是体现上述的礼制规范。

然而，孔庙除却祭孔，还涉及附祭制度。这包括"配享"及"从祀"两大位阶，二者在本文概称"从祀制"。但古来未尝有弟子从祀于师之礼，职是之故，孔庙从祀制确为创举①。然而孔庙，尤其从祀制，方之其他古代祭礼，例如郊祭、社稷，实属晚起，所以，孔庙礼制的发展，无疑已有成规可循。这只要略加剖析从祀制，立可发现挪借或转化昔存礼制的痕迹。就此视之，"配享""从祀"均无例外。

首先，祭典有主、有配。例如，《礼记·祭义》即曾记载：

> 郊之祭，大报天而主日，配以月②。

古人祭天于郊，故云"郊祭"。唐代孔颖达对祭天，主日、配月，有如是的疏解：

> 主日配以月者，谓：天无形体，悬象著明不过日月，故以日为百神之主，配以月。自日以下皆祭，特言月者，但月为重，以对日耳③。

宋儒方悫则以其他祭典为背景，对祭天主日配月提供了较广泛的比较，他说：

> 有其祀，必有其配。故主以日，而又配以月也。犹之祭社，则配以句龙；祭稷，则配以周弃焉④。

此处的"社"即是"五土之神"，"稷"则为"五谷之神"（"五土之中，特指原隰之祇"）⑤。祭祀社稷，在汉代已是中央与地方常行之祀典。依郑玄的解释，句龙、周弃之所以配享社稷，乃循"古者官有大功，则配食其神"的原则⑥，

---

① 魏了翁：《鹤山文集》（四部丛刊初编），卷四五，页6上。
② 孙希旦：《礼记集解》，卷四六，页1216。
③ 郑玄等注：《礼记注疏》（台北，台湾商务印书馆，文渊阁《四库全书》本），卷四七，页16下。
④ 卫湜：《礼记集说》（台北，台湾大通书局，通志堂经解），卷一一一，页13下。
⑤ 杜佑：《通典》（北京，中华书局，1988），卷四五，页1264。
⑥ 转引自范晔：《后汉书》（台北，鼎文书局，1983），卷九，页3200。

可见陪祭配位不只是古代祭典之常事，且允以"人物"行配位之实。

必须补充的是，主日配月仅是祭天之一种仪式而已；此外，历史人物亦可充郊天配位的角色，通常这个人物即是创业垂统的始祖。此一制度传言始自周公。《孝经·圣治章》有如下常为史书引述的语句：

> 孝莫大于严父，严父莫大于配天……昔者周公，郊祀后稷以配天，宗祀文王于明堂，以配上帝[①]。

西汉平帝元始五年（5），王莽上奏复行郊祭仪，即接引上述之语作为典据。他对王者所以必须祭天，有如下的解释：

> 王者父事天，故爵称"天子"。……王者尊其考，欲以配天，缘考之意，欲尊祖，推而上之，遂及始祖[②]。

其实，王氏所言已涉"禘之礼"：即《礼记·丧服小记》与《礼记·大传》中所谓："王者禘其祖之所自出，以其祖配之。"[③] 依郑玄所解则是：凡大祭曰"禘"。大祭其先祖所由生谓"郊祀"[④]。遵此，后稷为周之始祖，故行郊天之祭，尊之以配天；唯文王为开国之君，故又"宗祀"文王于明堂以配上帝。为此，郑玄注云："王者之先祖，皆感大微五帝之精以生。"又道"宗祀文王于明堂，以配上帝"，即"泛配五帝"（感生帝）[⑤]。这说明了郊天、祀帝均允以先祖行配位之实。

汉代郊祭屡屡以高祖配位，即为上述礼制的实践[⑥]。总之，毋论郊祭或社稷均源自上古，以司马迁在《史记·封禅书》的用语简述之，则是"郊社所

---

① 唐玄宗：《御注孝经》（台北，鼎文书局，1972），页9上。此事亦载诸《史记》。见司马迁《史记》（台北，泰顺书局，1971），卷二八，页1357；又班固《汉书》（台北，鼎文书局，1987），卷二五下，页1264—1265。

② 班固：《汉书》，卷二五下，页1264。

③ 孙希旦：《礼记集解》，卷三二，页866；卷三四，页902。

④ 郑玄：《宋本礼记郑注》（台北，鼎文书局，1972），卷一〇，页8上。

⑤ 郑玄：《宋本礼记郑注》，卷一〇，页1下、8上。

⑥ 班固：《汉书》，卷二五下，页1264—1266。

从来尚矣"①。汉代以来，这些祀典成为官方所奉行的祭礼，所以"配位"之典亦成惯例。

除"配享"之外，"从祀"礼制在汉朝亦见行事。例如：最初，元鼎四年，汉武帝因亲郊，而发现后土无祀，始立后土祠于汾阴②。平帝年间，王莽建议，天地合祭，先祖配天，先妣配坠。又有合祭、分祭之仪，孟春，天子亲合祀天坠于南郊，以高帝、高后配；冬至，使有司奉祠南郊，高帝配；夏至，使有司奉祭北郊，高后配③。东汉光武帝，立北郊于洛阳城北，祀地祇，位南面西上，高皇后配，西面北上，皆在"坛上"，地理群神从食，皆在"坛下"，如元始故事④。光武祀地祇，同时涉及配享与从食，最富启示。复由"坛上""坛下"之分，可知"配飨"之位必定尊于"从食"（从祀）。后世孔庙"配飨"诸儒位居殿堂，而"从祀"之儒则只能忝列两庑，其渊源即在于此。

综上所述，孔庙从祀制形式上皆有现成礼制可资借鉴。根据《左传》所载，孔子卒于鲁哀公十六年（前479）⑤。孔庙必定立于孔子身后，唯其时应仅是家庙、祠堂的性质。西汉年间，孔庙逐步转化成官庙。于此之后，文献方出现有关孔庙从祀的记录：东汉永平十五年，明帝过鲁，幸孔子宅，祀仲尼及七十二弟子。这是首开弟子从祀于师的先例⑥。其时七十二弟子应属附祭关系。

弟子配享孔子，则至迟在东汉末叶已见行事。这从时人祢衡（173—198）的《颜子颂》可得佐证⑦。迄三国魏齐王芳之时，尤屡见朝廷使太常以太牢祭孔子于辟雍，且以颜渊配之⑧。这显示颜渊配享已成祭孔祀典的常规。

总之，孔庙从祀制由东汉以下，渐次发展成形。这代表孔庙于官庙化之

① 司马迁：《史记》，卷二八，页1357。班固在《汉书·郊祀志》中亦以同样的用辞状之，班固云，"郊祀社稷，所从来尚矣"。颜师古谓："起于上古。"见班固《汉书》，卷二五上，页1191。

② 司马迁：《史记》，卷二八，页1389。

③ 班固：《汉书》，卷二五下，页1365—1366。

④ 范晔：《后汉书》，《志第八》，页3180—3181。

⑤ 洪亮吉：《春秋左传诂》（北京，中华书局，1987），卷二〇，页882—883。

⑥ 范晔：《后汉书》，卷二，页118。明儒丘濬则误系后世祀孔子弟子始于安帝延光三年（124）。参较丘濬《大学衍义补》，卷六五，页7上。

⑦ 祢衡：《颜子颂》，收入高明编《两汉三国文汇》（台北，中华丛书编辑委员会，1960），页2250。

⑧ 陈寿：《三国志》（台北，鼎文书局，1983），卷四，页119—121。魏齐王正始年间，每讲经遍，辄使太常释奠于辟雍，以太牢祀孔子，以颜渊配。

后，在礼制上又有一大跃进。然而于此之前，其他祭礼实施"配享"与"从祀"由来已久。对孔庙本身而言，"配享"与"从祀"事实上皆属于日后追加礼制。

另一方面，虽然孔庙从祀制于东汉明帝祀孔子并及七十二弟子时，已启其端，但包含"从祀"与"配享"成套的附祭制度，则须俟唐玄宗开元年间，方见完整的运作。

东汉明帝以降，孔庙附祭制度陆续发展，间有从祀（七十二弟子）或颜子配享，层次不一。整体而言，均朝向从祀建制的完成迈进；唯一例外，即唐初之逆流。唐高祖武德七年（624），孔子一度沦为配享周公，此与孔庙从祀制大相径庭。然而太宗贞观二年（628），旋停祭周公，升孔子为先圣，以颜回配享①。但孔子先圣之位，并非从此屹立不摇。唐高宗永徽年间，复以周公为先圣，黜孔子为先师，颜回、左丘明以降皆从祀②。按太宗贞观二十一年（647），诏左丘明二十二人与颜回并为先师，俱配尼父于太学③。准此，永徽年间，孔子降为先师，即配享周公之意。

是故，高宗显庆二年（657），由太尉长孙无忌、礼部尚书许敬宗等领衔上疏，祈求"改令（永徽）从诏（贞观）"的奏词，便针对永徽令有关从祀制规定不合情理之处大加挞伐。他们言道：

> 圣则非周即孔，师则偏善一经。……所以贞观之制，正夫子为先圣，加众儒为先师。而今新令，辄事刊改……仲尼生衰周之末，拯文丧之弊，祖述尧舜，宪章文武，弘圣教于六经，阐儒风于千载，故孟轲称生灵以来，一人而已。自汉以降，奕叶继侯，崇奉其圣，迄于今日，胡可降兹上哲，俯入先师？且又丘明之徒，则行其学，贬为从祀，亦无故事。今请改令从诏，于义为允④。

---

① 欧阳修：《新唐书》，卷一五，页373。

② 欧阳修：《新唐书》，卷一五，页374。

③ 王溥：《唐会要》（京都，中文出版社，1978），卷三五，页636。

④ 《旧唐书》《通典》均以礼部尚书许敬宗领名，《新唐书》《唐会要》则以太尉长孙无忌领名。参见刘昫《旧唐书》，卷二四，页918；杜佑《通典》，卷五三，页1480；欧阳修《新唐书》，卷一五，页374；王溥《唐会要》，卷三五，页636。

以长孙氏之意，孔子"俯入先师"与丘明之徒"贬为从祀"通是永徽令不合传统之举。此一"倒行逆施"的礼制，终因长孙氏等之言，获得改正。于是周公仍依礼配享周武王，孔子复为先圣。从此，以孔子、周公分属"道统""治统"，泾渭分明，而以孔子为中心的从祀制乃固若磐石，永为定制。

另一方面，就儒学内容而言，更饶富意义的是，从祀制的实践与儒学主流思想交互错杂的关系。这便进入拙文的主题：孔庙从祀制如何呈现儒家道统意识，而这只能从剖析历代从祀的变动着手，才能显现其中的脉动。

### 三、唐代的从祀制：传经之儒与七十二弟子

唐初，孔庙从祀制随着孔子声势的高下，起伏不定。终于在贞观二十一年，孔子首次恢复先圣地位后的第十九年，孔庙从祀制有了突破性的发展。该年二月，太宗诏以左丘明、卜子夏、公羊高、穀梁赤、伏胜、高堂生、戴圣、毛苌、孔安国、刘向、郑众、杜子春、马融、卢植、郑玄、服虔、何休、王肃、王弼、杜预、范宁、贾达等二十二人并为先师。理由是："代用其书，垂于国胄，自今有事于太学。"遂命配享宣尼庙堂[1]。此次配享完全以颜回之例为准则，所以实际上的配享尚包括颜子在内，这从显庆二年长孙等氏再次奏言恢复孔子先圣之位的追溯之词亦可确认[2]，但其理据则迥然有异。

要之，颜回在孔门独特的地位素来未被质疑。颜回德行高超，居门人之首，且孔子屡称其好学，非他人可及。颜回死时，孔子哭之恸，至有"天丧予？天丧予？"之叹，足见其受孔子钟爱的程度[3]。

是故，在众多弟子之中，颜回首先脱颖而出陪祀孔子，实属意料中事。至迟在东汉祢衡的《颜子颂》中已有"亚圣德"之赞，更重要的又录有"配圣馈，图辟雍"之辞，可见该时颜回已图画辟雍，配享孔圣[4]。唯始配享之时间则有待考论之处。明代孔贞丛的《阙里志》言："汉高帝十二年，东巡狩过鲁，以太牢祀孔子，以颜子配飨，历代因之。"[5]汉高祖过鲁，以太牢祀孔子，

---

① 王溥：《唐会要》，卷三五，页635。唯"贞观二十一年"误植"三十一年"。

② 王溥：《唐会要》，卷三五，页636。

③ 朱熹：《四书章句集注》（北京，中华书局，1983），《论语集注》，卷六，页125。

④ 祢衡：《颜子颂》，收入《两汉三国文汇》，页2250。

⑤ 孔贞丛：《阙里志》（万历年间），卷三，页4上。

查《史记》确有其事，唯"以颜子配飨"则无史料可据，恐系无稽之谈<sup>①</sup>。

其次，清儒庞锺璐在《文庙祀典考》中言："汉永平十五年祀七十二弟子，颜子位第一。魏晋祀孔子，均以颜子配。"<sup>②</sup>庞氏之语有实测、有虚拟。实处是："魏晋祀孔子，均以颜子配。"按贞观二年（628），太宗罢祀周公，升孔子为先圣，以颜回配，即缘国子博士朱子奢之建言。朱氏之奏辞适可印证上述之语，朱氏说：

> 庠序置奠，本缘夫子。故晋、宋、梁、陈及隋大业故事，皆以孔子为先圣，颜回为先师，历代所行，古人通允<sup>③</sup>。

反之，庞氏谓："祀七十二弟子，颜子位第一。"或仅就颜子在孔门突出的形象，所预铸的虚拟之辞，尚待实证。遑论"配享"与"从祀"在礼制位阶截然有异。

可是，过犹不及，前人论颜回始配享孔子之事，亦曾有嫌迟之论。颜子配孔，明儒丘濬便断为魏王芳正始七年（246），清儒秦蕙田则裁为正始二年（241）<sup>④</sup>。两相互较，秦氏虽较丘氏精谨，唯尚囿于正史之限。前述东汉祢衡《颜子颂》一文若可采信，则颜子配飨之情必不晚于祢氏之世。而后，颜子配孔则成为既定模式。晋元康初年，潘尼的《释奠颂》即对颜子配孔有栩栩如生的描述。他清楚地道出："夫子位于西序，颜回侍于北墉。"<sup>⑤</sup>迄北齐之时，孔庙甚以"孔颜庙"合称之，足见颜子在祀孔礼制中突出的地位<sup>⑥</sup>。

颜回在孔门弟子之中，其重要性固早受肯定，其他弟子则不只无此殊荣，且立祀的过程甚为曲折。例如，郦道元的《水经注》已载魏黄初二年（221），文帝令郡国修葺孔子旧庙，庙中有"夫子像，列二弟子执卷立侍，穆穆有询仰之容"<sup>⑦</sup>。郦氏虽未曾指明此二弟子为何人，但若揆诸日后北魏洛阳城内的国

---

① 参较司马迁：《史记》，卷九七，页 2692。

② 庞锺璐：《阙里文献考》，卷首，页 46 上。

③ 王溥：《唐会要》，卷三五，页 635—636。

④ 丘濬：《大学衍义补》，卷六五，页 7 上。秦蕙田：《五礼通考》，卷一一七，页 16 上—16 下。

⑤ 房玄龄：《晋书》，卷五五，页 1510。

⑥ 魏征：《隋书》，卷九，页 181。

⑦ 郦道元：《水经注疏》（南京，江苏古籍出版社，1989），卷二五，页 2110。

子学，同样设有孔丘像，并有"颜渊问仁、子路问政在侧"[①]，以此逆推，黄初二年孔庙中的"二弟子"或应是颜渊与子路。

然而，颜回与子路之地位甚为不同。洛阳国子学中的颜子早已领受历代配享殊荣，旁侍孔像可谓名正言顺，反观子路则徒具塑像，在礼仪上仍落得"妾身未名"。其实，子路正式从祀孔庙远远落后颜渊逾五百年，声势悬殊，可见一斑；其他弟子尤可想而知。此外，唐初首次大规模立孔庙从祀制，竟与绝大多数孔子及门弟子无缘，殊可留意。

唐贞观二十一年（647），太宗下诏以左丘明等二十二贤配享孔庙，而及门弟子除颜回与子夏之外，全不在考虑之列。此举令后儒议论纷纷。然而，这却清楚地反映了当时学术的风向，援明儒丘濬之见释之，则是："诸儒从祀孔子，皆其有功于圣人之经。"[②]以此度之，则卜子夏、毛苌缘有功于《诗》，左丘明、穀梁赤、公羊高有功于《春秋》，伏胜、孔安国有功于《尚书》，高堂生、戴圣有功于《礼》，王弼有功于《易》，刘向、郑众、杜子春、马融、卢植、郑玄、服虔、王肃、贾逵则通有功于诸经，何休、杜预、范宁则又有功于《三传》，方得配享孔庙。观此，子夏立名孔庭纯系传《诗》之故，非关其孔门弟子的地位。

细绎上述配享诸儒之贡献，戴圣以上，功在"存经"；王辅嗣以下，则功在"传经"。二者略有差异，唯其有功于圣人之经则毫无二致。而其得以配享孔廷，全因贞观礼臣"依《礼记》之明文，酌康成之奥说"，据此方得"正孔子为先圣，加众儒为先师"[③]。是故，《礼记》与郑玄的注解有略加检讨的必要，以便了解贞观之治的论据。

《礼记·文王世子》说：

凡始立学，必释奠于先圣[④]。

---

① 杨衒之：《洛阳伽蓝记校注》（台北，华正书局，1980），卷一，页1。其故事见《论语》之《颜渊》与《子路》两篇。

② 丘氏之见转引自李之藻《泮宫礼乐疏》（台北，台湾商务印书馆，文渊阁《四库全书》本），卷二，页3上。

③ 王溥：《唐会要》，卷三五，页636。

④ 孙希旦：《礼记集解》，卷二〇，页560。

郑玄注"先圣"为"周公若孔子"①，意谓周公或孔子。贞观礼臣据此以恢复孔子先圣的名位。《礼记·文王世子》又说：

> 凡学，春官释奠于其先师，秋冬亦如之②。

郑玄释"先师"：若汉，《礼》有高堂生，《乐》有制氏，《诗》有毛公，《书》有伏生，可以为师者③。显然，郑氏受所处时代学术氛围的影响，以"偏善一经"的经师解"先师"之义。同样的，贞观礼臣正是受此一价值标准的启示，以当时普受肯定的经学宗师，代表儒学的至高成就，配享孔庙。

值得注意的是，前此，孔颖达等奉诏撰定《五经正义》，包括《易》主王弼、《书》主孔安国、《春秋左氏》主杜预、《毛诗》与《礼记》则皆主郑玄④。书成，下诏付国子监施行⑤。而后，贞观从祀二十二贤即将《五经正义》的注疏名家囊括无遗，可谓是极迅捷的同步反应；而其从祀褒优之诏措辞："代用其书，垂于国胄（国子学胄子）。"或许着意于此。得此之助，往后贞观二十二贤更加发挥规范朝廷官学的作用了⑥。

可是，美中不足的，贞观从祀不意间却独独遗漏了孔门大多数与经学传承无关的弟子。此事引致后人疵议。开元八年（720），国子司业李元瓘为此奏称：

> 京国子监庙堂，先圣孔宣父，配坐先师颜子。……又四科弟子闵子骞等并伏膺儒术，亲承圣教，虽复列像庙堂，不参享祀。谨按祠令：何休等

---

① 郑玄：《宋本礼记郑注》，卷六，页 15 上。

② 孙希旦：《札记集解》，卷二〇，页 559。

③ 郑玄：《宋本礼记郑注》，卷六，页 15 上。

④ 马端临：《文献通考·经籍考》（上海，华东师范大学出版社，1985），卷二，页 48；卷四，页110；卷六，页 154；卷八，页 202；卷九，页 234—235。又皮锡瑞《经学历史》（台北，鸣宇出版社，1980），页 197。

⑤ 刘昫：《旧唐书》，卷七三，页 2602—2603。

⑥ 李林甫：《唐六典》（北京，中华书局，1992），卷二一，页 558。其间记载：凡释奠之日，则集诸生执经论议。……凡授之经，以《周易》等各为一经。诸教授正业：《周易》，郑玄、王弼注；《尚书》，孔安国、郑玄注；《三礼》《毛诗》，郑玄注；《左传》，服虔、杜预注；《公羊》，何休注；《穀梁》，范宁注；《论语》，郑玄、何晏注；《孝经》《老子》，并开元御注。旧令：《孝经》，孔安国、郑玄注。……每岁终，考其学官训导功业之多少，而为之殿最。

二十二贤犹沾从祀。岂有升堂入室之子，独不沾配享之余？望请春秋释奠，列享在二十二贤之上。七十子者，则文翁之壁，尚不阙如，岂有国库遂无图绘？请令有司图形于壁，兼为立赞①。

　　结果诏下："颜回等十哲，宜为坐像，悉令从祀。曾参大孝，德冠同列，特为塑像，坐于十哲之次。因图画七十弟子及二十二贤于庙壁上。"②

　　开元八年的诏令之中，曾参持受褒遇，前此已有征兆。曾参大孝，历代多有称述③。而其所著《孝经》④，尤为人君所看重。自"汉制使天下诵《孝经》，选吏举孝廉"⑤，《孝经》的政治行情一路攀高，魏晋南北朝迭有人君亲加注释，以广行天下⑥。统治者推崇《孝经》的底蕴，唐玄宗在《御注孝经》里的引言，适表露无遗，他对"明王之以孝理天下"之说大表赞同⑦。换言之，《孝经》鼓吹"孝始于事亲，中于事君，终于立身"的政治意涵，人主从未轻意放过⑧。

　　贞观十四年（640），唐太宗观释奠于国子学，即特诏孔颖达讲《孝经》，并加注疏⑨。可见唐初以来，《孝经》的地位便居高不下。而传统上曾参被目为《孝经》一书的作者，连带使得曾氏地位亦水涨船高。终于在总章元年（668），皇太子于释奠国学之时，上表祈求褒赠颜回之外，另有曾参。朝廷回复为：颜回可赠"太子少师"，曾参可赠"太子少保"，并配享孔庙⑩。

　　总章元年孔庙从祀更动，最醒目之处，便是曾参取代了子路在魏晋南北

① 王溥：《唐会要》，卷三五，页639。
② 王溥：《唐会要》，卷三五，页636。
③ 曾参孝行参见庞锺璐《文庙祀典考》卷八，页5下—9上。
④ 曾子作《孝经》见司马迁《史记》，卷六七，页2205。关于《孝经》作者的问题可参见蔡汝堃《孝经通考》（台北，台湾商务印书馆，人人文库），第二篇。
⑤ 范晔：《后汉书》，卷六二，页2015。
⑥ 朱彝尊：《经义考》（京都，中文出版社，1978），卷二二三，页1上—8上。
⑦ 唐玄宗：《御注孝经》，《序》，页1上—1下。
⑧ 唐玄宗：《御注孝经》，页3下。另参考周予同《孝经新论》，收入朱维铮编《周予同经学史论著选集》（上海，上海人民出版社，1983），页477—491。
⑨ 欧阳修：《新唐书》，卷一五，页373。
⑩ 潘相：《曲阜县志》，卷二二，页7下—8上。曾参于总章元年已配享孔庙，关于此点丘濬反而为是，秦蕙田为误。比较丘氏《大学衍义补》，卷六五，页10下；秦氏《五礼通考》，卷一一七，页34上。

朝旁侍的地位。昔时"颜渊问仁、子路问政"，恰是侧侍孔夫子惯用的配对。可是，此番皇太子鉴于身份之制，加上渠成曾参配享之态势，于其上表亦只能措辞"想仁、孝于颜、曾"①，而不敢奢言"习问政于子路"了。太极元年（712），朝廷更擢封颜子"太子太师"、曾子"太子太保"，咸预配享②。可见开元八年，曾参特受褒遇，不只其来有故，并且预伏日后晋升"四配"的契机。

此外，开元八年（720）诏书中所谓"十哲"③，即指孔门"四科"之后秀，包括"德行"：颜渊、闵子骞、冉伯牛、仲弓；"言语"：宰我、子贡；"政事"：冉有、季路；"文学"：子游、子夏④。这批学生是孔子生前最感得意的及门弟子，因此朝廷特有褒誉。但是"十哲"之受重视并非始于唐代。首先，图画"七十二弟子"在汉末似已流行，例如，光和元年（178），灵帝置"鸿部门学"，即画孔子及七十二弟子像⑤。又兴平元年（194），高眹复修的"周公礼殿"，梁上亦曾画仲尼及七十二弟子⑥。但"十哲"之目之单独呈现，则俟南北朝时，方见文献陆续登载。至迟在东晋太元十年（385），国子学西边的"夫子堂"，即画有夫子及十弟子像⑦。地方上，齐永明十年（492），成都刺史刘悛复修的"玉堂礼殿"，其上亦画有"四科十哲像"⑧。甚至阙里孔庙本身，据东魏兴和三年（541），兖州刺史李埏的《修孔子庙碑》，亦有"既缮孔像，复立十贤"的记述⑨。此处所提的"十贤"，核其碑文即知意指"四科"。因此孔门"十哲"受到看重，由来已久。然而图画或立像究竟仍与"预享"颇有差距。李元瓘的奏词便道出，开元八年四科弟子已列像庙堂，却不参享祀。循此，开元八年下诏图画七十弟子，并不代表所有孔子及门弟

① 潘相：《曲阜县志》，卷二二，页7下。
② 潘相：《曲阜县志》，卷二二，页12上。
③ 开元八年采国子司业李元瓘之奏，方有十哲预享。日人仁井田陞将十哲系于开元七年祠令之中，显然有误。参较仁井田陞《唐令拾遗》，栗劲等编译（长春，长春出版社，1989），页102。
④ 朱熹：《四书章句集注》，《论语集注》，卷六，页123。
⑤ 范晔：《后汉书》，卷六〇下，页1998。
⑥ 贺遂亮：《益州学馆庙堂记》，残文收入陆增祥《八琼室金石补正》（台北，新文丰出版公司，石刻石料新编），卷三五，页1上—1下。
⑦ 许嵩：《建康实录》（北京，中华书局，1986），卷九，页277。
⑧ 黄休复：《益州名画录》，收入于安澜编《画史丛书》（上海，上海人民美术出版社，1982），卷二，页39。
⑨ 孔元措：《孔氏祖庭广记》（上海，商务印书馆，丛书集成初编），卷一〇，页118。

子均得预享，这项工作有待开元二十七年（739）颁布另一道《学令》方告完成。

史书记载人君祀孔子弟子，首见《后汉书·明帝本纪》：永平十五年（72），明帝过鲁，幸孔子宅，祠仲尼及七十二弟子。亲御讲堂，命皇太子、诸王说经①。此为后世祀孔子弟子之始。此距汉初高祖以太牢祀孔子，已近三百年。

明帝祀孔子，兼及七十二弟子，成为后世帝王之惯例。而后，章帝于元和二年（85），安帝于延兴三年（124），幸阙里，除祀孔子，亦及七十二弟子②。本来孔子有教无类，桃李遍布天下，司马迁于《史记·孔子世家》中形容"孔子以诗书礼乐教，弟子盖三千焉，身通六艺者七十有二人"③，定非过甚其辞。唯"弟子三千之数"似非确切之数，所谓"三千"盖欲形容众多之况④，如《礼记·中庸》所颂"礼仪三百，威仪三千"⑤。尤其孔门登堂入室者"七十二"人更是具有特殊涵义的习用数目，而非实数⑥。以世儒据以考订孔子从祀弟子的三部典籍而论，人数、人名皆去取不一⑦。《文翁孔庙图》作七十二

① 范晔：《后汉书》，卷二，页118。
② 范晔：《后汉书》，卷三，页150；卷五，页238。
③ 司马迁：《史记》，卷四七，页1938。
④ 参较汪中：《述学》（四部丛刊初编），《内篇·释三九》，页2下。汪氏谓："故知三者虚数也……推之十百千万固亦如此。故学古者通其语言，则不膠其文字矣。"
⑤ 郑玄：《宋本礼记郑注》，卷一六，页11上。
⑥ "七十二"的象征意义请参阅闻一多《闻一多全集》（北京，三联书店，1982），页207—220。可惜他没有用《孔子家语·七十二弟子解》，实数人数为"七十六"或"七十七"最能证成"七十二弟子"之"七十二"为虚数。
⑦ 依司马贞：《史记索隐》，《史记·仲尼弟子列传》所录公伯僚、秦冉、鄏单，《家语》不载，而别有琴牢、陈亢、县亶当此三人数。如《文翁孔庙图》所记，又有林放、蘧伯玉、申枨、申堂，俱是后人以所见增益，于今殆不可考。见司马迁《史记》，卷六七，页20—22。明儒瞿九思另有较详细的比对，见《孔庙礼乐考》，卷二，页6上—6下。朱彝尊于搜寻孔子弟子，其姓名考，采取较宽广的标准，凡姓或名相异则视为别人。他认为：《家语》有而《史记》无者：琴牢、薛邦（司马贞则认为同"邽国"；盖《史记》避汉祖讳，而"郑"与"薛"，字误也。见司马迁《史记》，卷六七，页2224）申续、陈亢、县亶。《史记》有而《家语》无者，公伯僚、郑国、申棠、鄏单、秦冉、颜何。《文翁礼殿图》则又有廉瑀、林放，为二书所无。见朱彝尊《曝书亭集》（台北，世界书局，1964），卷五六，页664。

人，但诚如清儒朱彝尊所言："文翁石室象在显晦之间。"① 其时代性颇值存疑。《孔子家语》"七十二弟子解"实际弟子数目却是"七十七"或"七十六"②。《史记·仲尼弟子列传》则引述孔子之言，谓："受业身通者七十有七人。"③ 而与《史记·孔子世家》所载数目"七十二"不符。

考诸更早之文献，记载孔子言行最直接的著作《论语》，其弟子姓名著录者虽仅止二十七人④，但其他先秦典籍所载则远过此数。例如，《孟子·公孙丑》云"七十子之服孔子"⑤《韩非子·五蠹》亦言"为（仲尼）服役者七十人"⑥、《吕氏春秋·遇合》谓"达徒七十人"⑦，其数目之为"七十"，盖举其成数而言。是故，"七十二"、"七十六"、"七十七"均无不可。然而染有五行色彩的"七十二"之数，在后世往往由"象征数目"跃为"规范实数"。譬如，北宋曾一度厘订孔子弟子从祀名额为"七十二"实数⑧。是故朱彝尊的批评，确非无的放矢。他说：

（世儒）议配祀之典，先横七十之目于心胸，虑溢七十二人之外。于是论者纷论，以臆断进退⑨。

---

① 朱彝尊：《曝书亭集》，卷五六，页651。司马贞所见《文翁孔庙图》可能相当晚起。按西汉文翁石室早毁于火，当时有无壁画，或后世所见壁画与原图一致否，均得存疑。东汉末年，高朕在旧址重修周公礼殿，并在壁上"图画上古盘古李老等神，及历代帝王之像，梁上又画仲尼七十二弟子、三皇以来名臣"。而后屡毁屡画，据北宋黄休复所言："今已重妆别画，无旧踪矣。"贺遂亮《益州学馆庙堂记》之残余碑文，收入陆增祥《八琼室金石补正》，卷三五，页1上—5下。黄休复《益州名画录》，收入于安澜编《画史丛书》，卷下，页39。宋以前之著录则见王应麟《玉海》（台北，大化书局，1977），卷五七，页6下—7上。宋以后之著录见施蛰存之讨论。施氏《水经注碑录》（天津，天津古籍出版社，1987），卷一〇，页393—394。
② 今本：《孔子家语》止弟子七十六人。按司马贞《史记索隐》谓：《孔子家语》亦有七十七人。考《史记》载有颜何，字丹；《史记索隐》注云：《家语》字称。查今存《孔子家语》少颜何，故仅七十六人。较陈士珂《孔子家语疏证》（台北，台湾商务印书馆，1976），页233。
③ 司马迁：《史记》，卷六七，页2185。
④ 崔述：《崔东壁遗书》（上海，上海古籍出版社，1983），《洙泗考信余录》，卷三，页403。
⑤ 朱熹：《四书章句集注》（北京，中华书局，1983），《孟子集注》，卷三，页235。
⑥ 陈奇猷校注：《韩非子集释》（台北，河洛图书出版社，1974），卷一九，页1051。
⑦ 陈奇猷校释：《吕氏春秋校释》（台北，华正书局，1985），卷一四，页815。
⑧ 脱脱：《宋史》（台北，鼎文书局，1978），卷一〇五，页2550。
⑨ 朱彝尊：《曝书亭集》，卷五六，页651。

此外，《文翁孔庙图》《史记·仲尼弟子列传》《孔子家语》于孔子弟子人名、数目皆互有歧异，无形中加剧孔子弟子从祀类目的不稳定性，导致历代孔子从祀弟子的员额与人名均有变动。例如，开元二十七年，所颁布孔子从祀弟子人数为"七十七"，核其人名纯系遵循《史记·仲尼弟子列传》所云[1]。但《大唐开元礼》所列从祀弟子则达八十二人，细析其成分则显系以《史记·仲尼弟子列传》为底本，而酌取《孔子家语》所载的琴牢、陈亢，以及《文翁孔庙图》的蘧伯玉、林放、申枨。

由于《大唐开元礼》颁布于开元二十年（732）[2]，书中所列从祀弟子必然早于此一时期，因此与开元二十七年所颁从祀封爵弟子有所违异[3]。稍后，完成于贞元九年（793）的《大唐郊祀录》，书中所录庙堂四壁孔门从祀弟子，

---

[1] 欧阳修：《新唐书》，卷一五，页375—376。开元二十七年并致赠七十七弟子爵公侯：子渊兖公，于骞费侯，伯牛郓侯，仲弓薛侯，子有徐侯，子路卫侯，子我齐侯，子贡黎侯，子游吴侯，子夏魏侯。又赠曾参以降六十七人：参成伯，颛孙师陈伯，澹台灭明江伯，密子贱单伯，原宪原伯，公冶长莒伯，南宫适郯伯，公晳哀郳伯，曾点宿伯，颜路杞伯，商瞿蒙伯，高柴共伯，漆雕开滕伯，公伯寮任伯，司马牛向伯，樊迟樊伯，有若卞伯，公西赤邵伯，巫马期郜伯，梁鳣梁伯，颜柳萧伯，冉孺郜伯，曹恤丰伯，伯虔邹伯，公孙龙黄伯，冉季东平伯，秦子南少梁伯，漆雕敛武城伯，颜子骄琅邪伯，漆雕徒父须句伯，壤驷赤北征伯，商泽睢阳伯，石作蜀郈邑伯，任不齐任城伯，公夏首亢父伯，公良孺东牟伯，后处营丘伯，秦开彭衙伯，奚容蒧下邳伯，公肩定新田伯，颜襄临沂伯，鄡单铚鞮伯，句井强淇阳伯，罕父黑乘丘伯，秦商上洛伯，中党召陵伯，公祖子之期思伯，荣旗雩娄伯，县成钜野伯，左人郢临淄伯，燕伋渔阳伯，郑子徒荥阳伯，秦非汧阳伯，施常乘氏伯，颜哙朱虚伯，步叔乘淳于伯，颜之仆东武伯，原亢籍莱芜伯，乐欬昌平伯，廉絜莒父伯，颜何乎阳伯，叔仲会瑕丘伯，狄黑临济伯，邦巽平陆伯，孔忠汶阳伯，公西与如重丘伯，公西祝阿伯。完成于开元二十六年（738）的《唐六典》亦同。李林甫《唐六典》（北京，中华书局，1992），页122；并见王溥《唐会要》，卷三五，页638。陈仲夫于《唐六典》校本序，谓是书三开元二十七年，显有误。《新唐书·艺文志》明谓书成于开元二十六年，见欧阳修《新唐书》，卷五八，页1477。另外，唐人刘肃的《大唐新语》所言亦同。见刘氏《大唐新语》（北京，中华书局，1984），卷一一，页136。是故《唐六典》方未及登载开元二十七年从祀弟子封爵之事。

[2] 《大唐开元礼》于开元二十年九月颁所司行用。见刘昫《旧唐书》，卷二一，页818—819。

[3] 池田温解题：《大唐开元礼》（东京，古典研究会，1977），卷一，页10下—11上。文渊阁本《大唐开元礼》则误将颜幸、颜何、申党抄成"颜辛党"。参较《大唐开元礼》（台北，台湾商务印书馆，文渊阁《四库全书》本），卷一，页12上。《通典》所系从祀弟子与《大唐开元礼》相同，但误将此列于开元二十七年。参较杜佑《通典》，卷五三，页1482—1483。

取舍又与上述略有出入①。居间差异，时人王泾的评语或可代解。王氏说：

从祀弟子左丘明等二十二人，是贞观二十年诏令配食于宣父堂；其余弟子等（孔子门人），开元中定礼续加，至今以为恒式也②。

可见，开元年间以来，孔门从祀弟子屡有更动，导致异时文献互有出入，而开元八年与开元二十七年之间，均非执一不迁。

开元二十七年《学令》除了肯定从祀弟子之外，最重要的便是赐予所有从祀儒生爵号，使得从祀位阶更形分明。例如，孔子追赠为"文宣王"，南面而坐，十哲等东西列侍③。门人之中，颜子既云"亚圣"，特优其秩，赠"兖国公"。其他十哲则受赠为"侯"，曾参以下门人及二十二贤则受赠为"伯"。阶级森然，尊卑立判④。

唐人皮日休颇能洞悉此番爵封背后之历史渊源。他道出：

孔子之封赏，自汉至隋，其爵不过乎公侯，至于吾唐，乃策王号。七十子之爵命，自汉至隋，或卿大夫，至于吾唐，乃封公侯。曾参之孝道，动天地，感鬼神。自汉至隋，不过乎诸子，至于吾唐，乃旌入十哲⑤。

是故，他有如是的赞叹：

仲尼之道，否于周、秦，而昏于汉、魏，息于晋、宋，而郁于陈、隋。遇于吾唐，万世之愤，一朝而释。傥死者可作，其志可知也⑥。

---

① 开元八年，国子司业李元瓘上言，称先圣孔宣父庙，先师颜子配座。请以十哲弟子为坐像，从祀其七十弟子。请准都监庙，当图形于壁上，兼为立赞。诏可其议。王泾《大唐郊祀录》录有壁上弟子名，共六十六名，加上颜渊十一名，共七十七名，略少于《大唐开元礼》八十二名，但仍包括《孔子家语》的琴牢、陈亢与《文翁孔庙图》的蘧伯玉与申枨。王泾《大唐郊祀录》（指海丛书），卷一〇，页6下—8下。

② 王泾：《大唐郊祀录》，卷一〇，页11下。

③ 王谠：《唐语林校证》（北京，中华书局，1987），卷六，页458。

④ 王溥：《唐会要》，卷三五，页637—638。

⑤ 皮日休：《皮子文薮》（上海，上海古籍出版社，1981），卷九，页88。

⑥ 皮日休：《皮子文薮》，卷九，页88。

统而言之，唐代从祀制的特色有二：第一，它反映了时代学风，创立"传经之儒"的附祭类目；其次，它引进了，或更确切地说，恢复了历史上"七十二弟子"陪祭的名位。历史上，这两大类目于人选与名额虽屡有变迁，然而对日后孔庙从祀制的开展，均竖立起不可动摇的典范。

### 四、宋元从祀制：四配的确立与新学、道学的交锋

晚唐之时，藩镇割据，外族入侵，中州烽火弥漫；五代一国，诸姓政权旋起旋落，干戈不断，百制陵夷。逢此之际，斯文赓续艰难。

唐开元末，孔庙升为中祠，设有从祀之礼，令摄三公行事。五代朱梁丧乱，交互征战，从祀遂废[1]。以阙里本庙而言，兖州处四战之地，阙里随之湮沦。广顺二年（952），后周太祖征兖州，城破，谒拜夫子庙及孔墓，并下令修葺孔子祠宇。孔家后裔称是时："二百年间，绝东封之礼；洙泗之上，无鸾和之音。"[2] 意欲赞美太祖之举，却又透露之前阙里凄凉情状。阙里本庙若此，地方分庙的情况臆而可知。

唯祀典上，后唐明宗长兴元年（930），复开元五年（717）贡举人谒先圣先师开讲之礼[3]。至长兴三年（932），循国子博士蔡同文之请，始复孔庙从祀礼[4]。蔡氏感于"丧乱以来，废祭四壁英贤"，故启此陈情。他奏道：

> 伏见每年春秋二仲月上丁，释奠于文宣。以兖国公颜子配坐、以闵子骞等为十哲，排祭奠，其有七十二贤图形于四壁，面前皆无酒脯。自今后乞准本朝旧规[5]。

自蔡氏恳请之后，朝廷允以释奠，从祀诸贤宜准《郊祀录》，各陈脯醢诸

---

① 脱脱：《宋史》，卷一〇五，页2547。
② 孔传：《东家杂记》（台北，台湾商务印书馆，文渊阁《四库全书》本），卷上，页15上。
③ 王溥：《五代会要》（上海，商务印书馆，丛书集成初编），卷八，页95。开元五年之敕见宋敏求《唐大诏令集》（上海，学林出版社,1991），卷一〇五，页492。
④ 《五代会要》与《文献通考》皆载为"长兴三年，惟《宋史》记为长兴二年"，可能有误。参较王溥《五代会要》，卷八，页95；马端临《文献通考》，卷四三，页409；脱脱《宋史》，卷一〇五，页2547。
⑤ 王溥：《五代会要》，卷八，页95。

物以祭。至是，从祀乃复行于世。

孔庙之复祀与祭孔的政教象征意义密不可分。虽值五代丧乱，然而不乏创业之君深谙儒教的政治涵蕴。辽开国之君耶律阿保机，自忖为受命之君，理当事天敬神，随采太子之议，立孔子庙，尊孔子大圣[1]。后周太祖郭威，车驾亲征兖州，初平，立幸曲阜，谒孔子祠。既奠，将致拜，左右劝言："仲尼，人臣也，无致拜。"帝答曰："文宣王，百代帝王师，得无敬乎！"遂拜奠祠前，并修缮祠宇[2]。可见华夷之君对尊孔的重要性所见略同。五代之际，除君王敬拜之事外，亦有市井小吏以修复夫子庙为己志，不惜散用家财，羞愧高官的事例[3]。正由于这种崇敬圣人之情仍然遍存朝野，使得孔庙虽历经衰世，尚可维系于不坠之地。

五代之末，文教渐修。后周显德二年（955），别营国子监，置学舍。宋代因之增修，建隆元年（960）并塑先圣、亚圣、十哲像，画七十二贤及先儒二十一人像于东西庑木壁。太祖并亲撰《孔子赞》《颜子赞》[4]，十哲以下命文臣分撰余赞[5]。至此，孔庙从祀制方算恢复完整的运作。

大中祥符元年（1008），宋真宗加谥孔子为"玄圣文宣王"，旋因国讳改谥为"至圣文宣王"。次年，诏追封十哲为公，七十二弟子为侯，先儒为伯或赠官，意以爵位叙次尊卑高下[6]。此番晋爵封官较之唐开元二十七年异处有二：除颜渊依然封"公"，十哲亦晋升为"公"，孔门弟子曾参等晋爵为"侯"；先儒左丘明等二十一人则追封为"伯"，其中王肃、杜预生前已封"侯"，故各赠"司空""司徒"之官。此次孔庙追封不仅提升授爵层次，而且扩充及全部从祀诸儒，不再受孔子及门弟子之限。

可是宋代从祀制最具特色之处并不在于以上所言，而是在于"四配"的

---

[1] 脱脱：《辽史》（台北，鼎文书局，1980），卷七二，页1209。原文为："义宗，名倍。……神册元年（916）春，立为皇太子。时太祖问侍臣曰：'受命之君，当事天敬神。有大功德者，朕欲祀之，何先？'倍曰：'孔子大圣，万世所尊，宜先。'太祖大悦，即建孔子庙，诏皇太子春秋释奠。"

[2] 薛居正：《旧五代史》（台北，鼎文书局，1980），卷一一二，页1482。

[3] 薛居正：《旧五代史》，卷一二六，页1665。据《五代史补》，冯道镇同州，有酒务史乞以家财修夫子庙。终使冯氏生愧，因出俸重创之。

[4] 脱脱：《宋史》，卷一〇五，页2547。"赞辞"见潘相《曲阜县志》，卷二四，页1上。

[5] 潘相：《曲阜县志》，卷二四，页8上—15下。

[6] 脱脱：《宋史》，卷一〇五，页2548。

形塑与新学、道学之交替。按"四配"意指颜子、孟子、曾子、子思配享孔圣。此四人配享孔庙因缘不一，万史迥异。其中，颜子配享最早，地位稳固。曾子于唐初一度配食孔廷，开元八年中辍，坐于"十哲"之次。此事前文已有所论述。因此，宋初孔庙配享仅止颜子一位。

宋神宗熙宁七年（1074），判国子监常秩等请立孟轲、扬雄像于庙廷[1]，此显为孟子配食孔廷铺路。接着，元丰六年（1083），从吏部尚书曾孝宽之请，封孟子为邹国公，更是孟子入祀孔庙的先声。果然，元丰七年（1084）从晋州州学教授陆长愈之请，诏以孟轲配食文宣王。本来陆氏之议，朝廷犹有异议者，谓孔庙配享、从祀皆孔子同时之人，今以孟轲并配（颜回已配），非为得当。但礼官援唐贞观之例，以汉伏胜、高堂生，晋杜预、范宁之徒，与颜子俱配享，至宋仍然从祀，足见入祀孔庙未必同时。此议为朝廷采纳，故诏下孟子配享；又荀况、扬雄、韩愈皆因"发明先圣之道，有益学者，久未配食"，同诏命三者并加封爵，以世次先后从祀于二十一贤之间[2]。而元丰从祀所反映的时代精神，可由时人曾巩与友人的书信中得知。曾氏曰：

> 仲尼既没，析辨诡词，骈驾塞路，观圣人之道者，宜莫如于孟、荀、扬、韩四君子之书也。舍是醨矣[3]！

吁请孟轲、扬雄从祀孔庙之论，熙宁七年虽有先例，然而早在晚唐，韩愈的追随者皮日休已先声夺人为韩氏入祀孔庙请命。他推崇韩氏之文"蹴杨、墨于不毛之地，蹂释、老于无人之境"，故得孔道之正[4]。可惜此一论调于佛、老思想弥漫的氛围，并无法引起朝廷的共鸣。韩氏入祀孔庙一事，自然无有下闻。虽说如此，皮氏始开为时儒疏请入祀孔庙的先例，致使后世之儒时常唯恐落人之后，立意搜寻本朝大儒从祀孔廷，以示教化之迹，增辉圣德。

虽说正式向朝廷疏请入祀孔庙，孟子固晚于韩氏，然而在地方上，孟子

---

[1] 脱脱：《宋史》，卷一六，页311—312；卷一〇五，页2548—2549。明儒李之藻则误系元丰元年五月壬戌封孟轲邹国公，并塑像司颜回配享。二事皆有讹误。参较李之藻《泮宫礼乐疏》，卷二，页9上。按此议为林希所出，希时为礼部郎中。见李焘《续资治通鉴长编》（北京，中华书局，1990），卷三四五，页8291。

[2] 脱脱：《宋史》，卷一〇五，页2549。

[3] 曾巩：《曾巩集》（北京，中华书局，1984），页231。

[4] 皮日休：《皮子文薮》，卷九，页88。

侧身孔庙的记录却为时甚早。韩氏所撰的《处州孔子庙碑》至少已透露出孟轲、荀况、韩婴、董仲舒、扬雄诸儒，原不在从祀之列，却随从祀之儒图之壁上[①]。宋初，柳开为润州孔庙所撰的碑文，亦道出太平兴国八年（983），润州所重修的文庙已立有孟子塑像一事[②]。就此点而言，中央孔庙位于京畿重地，仪典森然，管规严格，似难变通；反之，地方孔庙因地制宜，显得较为灵活，不只瞬时反映时代思潮之情态，且能预示孔庙变动的趋势。仁宗景祐四年（1037），孔圣后裔知兖州，于邹县特为孟子建孟庙，并以其徒公孙丑、万章配享[③]。此举无异肯定："有功于圣门者，无先于孟子。"孟子得此孔氏贵人提携，在祭典礼仪的地位上的确跃进了一大步。

所以细绎元丰七年扬雄、韩愈得以从祀孔庙，义理上咸因孟子之故。孟子以效法孔子为己志，周游列国，俾求行道，惜不得用，以著述终身。其所处之世，处士横议，杨、墨肆行，故恒致辩。诚如孟子自道：

> 我亦欲正人心，息邪说，距诐行，放淫辞，以承三圣者（意指禹、周公、孔子）；岂好辩哉？予不得已也[④]。

他坚信"杨、墨之道不息，孔子之道不著"。是故"能言距杨、墨者"，方不愧为"圣人之徒"[⑤]。西汉扬雄、中唐韩愈正是以上承孟子自许，适时发扬了上述理念，而以力辟异端为志业。扬氏即以今之孟子自况，他说：

> 古者，（扬）［杨］、墨塞路。孟子辞而辟之，廓如也。后之塞路者有矣。窃自比于孟子[⑥]。

韩愈除"推尊孟氏，以为功不在禹下"，亦曾发扬氏同样的议论。他道：

---

① 韩愈：《韩昌黎文集校注》（台北，华正书局，1975），卷七，页284。
② 柳开：《河东先生集》（四部丛刊初编），卷四，页2上。
③ 孙复：《孙明复小集》（台北，台湾商务印书馆，文渊阁《四库全书》本），页33上—34下。按"景祐无丁酉年"，焦循将"丁丑"笔误作"丁酉"。参较焦循《孟子正义》，卷一，页6。
④ 朱熹：《四书章句集注》，《孟子集注》，卷六，页273。
⑤ 朱熹：《四书章句集注》，《孟子集注》，卷六，页273。
⑥ 扬雄：《法言注》（北京，中华书局，1992），卷二，页45。

释老之害过于杨墨，韩愈之贤不及孟子。孟子不能救之于未亡之前，而韩愈乃欲全之于已坏之后。呜呼！其亦不量其力，且见其身之危，莫之救以死也。虽然使其道由愈而粗传，虽灭死，万万无恨[①]。

就是这种辨正异端，虽千万人吾往矣的精神，使得孟、扬、韩三氏虽生处异代，却能声气相通，荣登一室。

其实，孔廷从祀，本儒者大事，而孟氏阐发孔教于晚周，然赵宋之前，文庙竟未见踪影，较之其他从祀诸儒，声光显为隐晦。《孟子》一书，西汉孝文帝虽曾设置博士，武帝旋辍置[②]。而后私家著作固不乏征引者，唯无复享有官学地位[③]。

唐中叶之后，渐有人看重《孟子》一书。肃宗宝应二年（763），礼部侍郎杨绾谓孟氏"亦儒门之达者"，请孝廉一科兼习《论语》《孝经》，并及《孟子》[④]。德宗建中元年（780），濠州刺史张镒撰《孟子音义》，上之[⑤]。迄韩愈遂推尊孟子为道统之继承者，于《原道》一文至称："（斯道）孔子传之孟轲，轲之死，不得其传。"[⑥] 在他文中，韩氏更申述此意如下：

自孔子没，群弟子莫不有书，独孟轲氏之传得其宗。……故学者必慎其所道，道于杨墨老庄佛之学，而欲之圣人之道，犹航断港绝潢以望至于海也。故求圣人之道，必自孟子始[⑦]。

韩氏之追随者皮日休承其意，因之疏请立《孟子》为学科[⑧]。

由于韩愈对孟学的提撕与厘清，使得韩愈变成孟子的代言人或化身。皮氏称道："孟子千世之后，独有一昌黎先生。"[⑨] 又谓："苟轩裳之士，世世有昌

---

① 韩愈：《韩昌黎文集校注》，卷三，页126。

② 赵歧：《孟子题辞》，见焦循《孟子正义》（北京，中华书局，1987），卷一，页16。

③ 赵歧：《孟子题辞》，见焦循《孟子正义》，卷一，页19。

④ 王溥：《唐会要》，卷七六，页1396。

⑤ 王溥：《唐会要》，卷三六，页659。

⑥ 韩愈：《韩昌黎文集校注》，卷一，页10。

⑦ 韩愈：《韩昌黎文集校注》，卷四，页153。

⑧ 皮日休：《皮子文薮》，卷九，页89。

⑨ 皮日休：《皮子文薮》，卷三，页22。

黎先生，则吾以为孟子矣。"① 足见韩氏与孟子的关系已至如影随形的地步，密不可分。综而言之，北宋儒学之振兴，基本上是循着韩愈所开辟的两条路径前进：一是清理门户，树立道统；二是坚壁清野，敌我分明。借此以达到净化及复振儒学的崇高目标。这种内外兼顾，齐头并进的理路，韩氏《原道》一文提示得十分清楚。韩氏辩道：

> 斯吾所谓道也，非向所谓老与佛之道也。尧以是传之舜，舜以是传之禹，禹以是传之汤，汤以是传之文、武、周公，文、武、周公传之孔子，孔子传之孟轲，轲之死，不得其传焉②。

韩愈的这段论述成为宋儒理解"道统"的系谱，并且由于他着意突出孟子承先启后的重要性，以致宋儒不分流派，纷纷以继承孟子为志业。例如，北宋理学的开宗大师程颢自谓："孟子没而圣学不传，以兴起斯文为己任。"③ 其弟程颐序其墓表，亦以此许之，程颐言道：

> 孟轲死，圣人之学不传。……先生（程颢）生千四百年之后，得不传之学于遗经，志将以斯道觉斯民④。

论及与道统之关系，程颐又说：

> 先生出，倡圣学以示人，辨异端，辟邪说，开历古之沈迷，圣人之道得先生而后明，为功大矣⑤。

如是的道统观与孟子不断放大的意象，再三出现于后儒的著述，最后积淀成"既成的事实"了。南宋，朱熹为其道友张栻所拟的祭文亦反映上述的特征。朱氏曰：

---

① 皮日休：《皮子文薮》，卷三，页22。
② 韩愈：《韩昌黎文集校注》，卷一，页10。
③ 程颢、程颐：《二程集》（台北，里仁书局,1982），卷一一，页638。
④ 程颢、程颐：《二程集》，卷一一，页640。
⑤ 程颢、程颐：《二程集》，卷一一，页640。

呜呼！自孔孟之云远，圣学绝而莫继。得周翁与程子，道乃抗而不坠。然微言之辍响，今未及乎百岁，士各私其所闻，已不胜其乖异。嗟！惟我之与兄吻志同而心契①。

朱熹所谓"继往圣之绝学"的道统观，适又为其自身之写照。朱门高弟黄幹称述其老师"自孔孟以降，千三百年间，读书者众矣；未有穷理若此其精者也"②。又说："由孔子而后，曾子、子思继其微，至孟子而始著。由孟子而后，周、程、张子继其绝，至先生而始著。"③ 这些叙述显然具有韩愈道统观的特色，意即道统的承继可以是非连续性的，甚至间隔千年之久。而孟子恰位居道统承先启后的中枢地位。毋怪朱熹的论敌陆九渊亦以道统自任，谓己学"因读《孟子》而自得之"④。且夸言孟子之后，虽伊洛诸公，得千载不传之学，但草创未为光明，亟以个人得孟学之传自负⑤。

上述为宋代孟学崛起的背景。其中，韩氏最为关键；退之是北宋孟学兴复的催化剂。宋初的儒者实透过韩氏著作的导引，以重新认领孟子，且赋予孟子在儒学发展中不可或缺的枢纽地位。正由于此，使得韩愈成为孟子荣登孔廷的原动力。为了解此一曲折的真相，有必要略加回顾宋初韩愈之形象。

宋初，引介韩氏最着力者莫过乎柳开。柳氏生于晋末，长于宋初。他的门人张景称述他的功绩是："拯五代之横流，扶百世之大教；续韩（愈）、孟（轲）而助周、孔。"⑥ 柳氏亦自命继承韩氏之志业，故尝自名"肩愈"。他明白宣示："吾之道，孔子、孟轲、扬雄、韩愈之道。"⑦ 他在《昌黎集后序》中甚而称誉韩文"淳然一归于夫子（孔子）之旨，而言之过于孟子与扬子云远矣！"⑧ 总结而言，"韩愈排释老"与"孟轲拒杨墨"是宋初儒学流行的基调，

① 朱熹：《晦庵先生朱文公文集》（台北，中华书局，四部备要），卷八七，页9下。
② 黄幹：《朱子行状》，见《宋朱子年谱》，卷四下，页236。
③ 黄幹：《朱子行状》，见《宋朱子年谱》，卷四下，页235。
④ 陆九渊：《陆九渊集》（台北，里仁书局，1981），卷三五，页471。
⑤ 陆九渊：《陆九渊集》，卷三五，页436。
⑥ 张景：《序》，见《河东先生集》，页1下。
⑦ 柳开：《河东先生集》，卷一，页11下。
⑧ 柳开：《河东先生集》，卷一一，页3下。

其意义竟可拟诸"汤武之征伐""周公之制礼乐""孔子之作经典"①。孟、韩二氏受后儒之推崇，显然非比寻常。

影响宋初学术、教育甚巨的"三先生"（胡瑗、孙复、石介），亦无一不对孟子推崇备至②。从现存的文献考查，至少孙氏、石氏都是透过韩愈以承受孟子的。孙复言：异端之学蜂起，仁义不作，即是"儒辱"。是故，若无孟子辟扬、墨（应为杨、墨），扬雄距申、韩，韩愈排佛、老，则"天下之人胥而为夷狄"③。所以他将韩氏的道统观予以推衍，甚而涵盖了韩氏自身。孙氏言道：

> 吾之所谓道者，尧、舜、禹、汤、文、武、周公、孔子之道也，孟轲、荀卿、扬雄、王通、韩愈之道也④。

孙氏更谓勤学斯道三十年。又称赞韩氏阐述孟子之功，言深且尽⑤。孙复的学生石介在《读原道》一文中，谓孟子"去孔子且未远，能言王道，不为艰"，而韩氏"去孔子后千五百年间，历杨、墨、韩、庄、老、佛之患"，大道破散消亡，荒唐放诞之说，恣行于天地间，而韩氏此时能言之，委实为难⑥。所以他认为："孔子后，道屡塞，辟于孟子，而大明于吏部（韩愈）。"⑦韩愈在其时所拥有开宗式的地位，可以由石氏《尊韩》一文窥得消息。

石氏一方面称许："孟轲氏、扬雄氏、王通氏、韩愈氏，祖述孔子而师尊之，其智足以为贤。"另一方面，石氏却斥责今儒："柳仲涂（开）、孙汉公、张晦之、贾公疏，祖述吏部而师尊之，其智实降。"⑧以凸显韩氏在时人心目中至高无上的地位。乍看之下，上引两段话前后似有矛盾。其实，石氏是采取了里外包抄的策略，用以烘托出韩氏身为道统代言者的角色。否则以下峰

---

① 张景：《序》，见《河东先生集》，页1上。
② 胡瑗在太学，令其徒说《孟子》；另一徒徐积著有《荀子辩》。见黄宗羲《宋元学案》（北京，中华书局，1986），卷一，页28、32—37。
③ 孙复：《孙明复小集》，页38上。
④ 孙复：《孙明复小集》，页35上。
⑤ 孙复：《孙明复小集》，页34下。
⑥ 石介：《徂徕石先生文集》（北京，中华书局,1984），卷七，页78。
⑦ 石介：《徂徕石先生文集》，卷七，页79。
⑧ 石介：《徂徕石先生文集》，卷七，页79。

回路转之语就无以得解了。石氏叹道：

> 道始于伏羲氏，而成终于孔子。……噫！孔子为圣人之至。噫！孟轲氏、荀况氏、扬雄氏、王通氏、韩愈氏五贤人，吏部为贤人而卓。不知更几千万亿年复有孔子，不知更几千百数年复有吏部①。

石氏用心良苦，于此尽见。

从以上的剖析，知悉宋初医"尊韩"，所以"尊孟"，这从孔庙祀典的运作复可充分佐证。

元丰七年，朝廷以孟子配享孔子，并以荀况、扬雄、韩愈三氏从祀孔庙。本来韩氏在其著名的《原道》之中，曾评荀氏与扬氏之学为"择焉而不精，语焉而不详"②，似有贬抑二氏之意。究其实则不然。上述之语旨在与孟氏之学互较，并不能孤立而观，更何况援之为论定之辞？于《读荀》一文，韩氏对此三氏之学则有较完整的论述。首先，韩氏坦承，始读孟氏书，方知孔子之道可尊，从而肯定孟氏传道之功。日后复读扬雄之书，益尊信孟氏。及得荀氏之书，"考其辞，时若不粹；要其归，与孔子异者鲜"。因此韩氏论道："孟氏醇乎醇者也，荀与扬大醇而小疵。"③且评定荀氏之贡献，位在孟轲、扬雄之间，犹不失为圣人之徒。以此对照元丰七年孔庙从祀之举，并无扞格。

韩氏对元丰七年孔庙从祀深远的影响，复可以从负面的约制作用得到旁证。韩氏的追随者，不管是崖末的皮日休，或宋初的柳开、孙复、石介等，无一不对隋唐之际的大儒王道大加赞扬。皮氏就曾说道：孟子、荀卿翼传孔道，以至于文中子（王通）；文中之道，旷百祀而得室授，方及昌黎文公④。在隋唐之际佛释肆行时，王逭力挽斯道的用心，柳氏深表同感⑤。孙、石师徒至誉王通为"五贤人"之一，许为斯道正统。孔子三十五代孙孔道辅，且已在圣祖家庙中，构五贤堂，像而祀之⑥。可见王通在当时的声誉定然不低。然

① 石介：《徂徕石先生文集》，卷七，页79。
② 韩愈：《韩昌黎文集校注》，卷一，页10。
③ 韩愈：《韩昌黎文集校注》，卷一，页21。
④ 皮日休：《皮子文薮》，卷九，页83。
⑤ 柳开：《河东先生集》，卷六，页5上。
⑥ 见孔道辅：《五贤堂记》，收入孔贞丛《阙里志》，卷一二，页43上—44上。其事见孙复《孙明复小集》，页29上—30下；石介《徂徕石先生文集》，卷七，页79。

而元丰七年孔庙从祀名单，"五贤"之中却唯独遗漏了王氏，此事颇为费解。究其故，极可能是因为韩愈终身未尝只字言及王通所致①。此一阙失，暂时解消了王氏入祀孔庙的机会。一直要到将近五百年后，王氏才得入祀孔廷，令人为之惋惜不已。

从思想上看韩愈与元丰七年（1084）孔庙从祀的关系已如上述，至于实践上，则必须涉及背后促成此事的推动者——王安石。依《宋史·礼志》记载，元丰七年孔庙从祀起因于陆长愈的奏议。但清儒蔡元凤却说："是请，固非陆氏一人之私言。"②朱熹在南宋亦曾说："孟子配享，乃荆公（王安石）请之。"③衡度当时情况，不无可能。

早在熙宁四年（1071），王安石正如火如荼地推行新法时，其中一项攸关贡举的新制，便是以《孟子》为"兼经"以试士，使得《孟子》晋列经书，为天下士子所诵读④。再复按熙宁七年请立孟子像的常秩、元丰六年奏封孟子为邹国公的曾孝宽与元丰七年廷议孟子配享的林希，个个与王氏均有着盘根错节的政治渊源。职是之故，元丰七年，王氏虽已谢政退隐，但是时政权犹操诸新党手里，王氏影响力断不容忽视⑤。若要了解王氏有此举动，则必须略述王氏心目中的孟子。

王氏之所以鼓吹孟子不遗余力与他一生景仰孟子有关。王氏《淮南杂说》初出，世人立谓"其言与孟轲相上下"⑥。早年的王氏，也和是时许多人一样曾经韩愈的洗礼，并受到极大的感发。在回溯这个摸索的阶段时他不讳言"年少已感韩子诗，东西南北俱欲往"的冲动⑦。甚至以"孟、韩之心为心"与友

---

① 笔者曾翻阅韩氏文集数遍，始终未见王氏名字，不免讶异。后得见他人著作已查觉此一现象，愈发肯定文中的假说。参见尹协理、魏明《王通论》（北京，中国社会科学出版社，1984），页254。

② 蔡元凤：《王荆公年谱考异》（台北，洪氏出版社，1975），卷二三，页314。

③ 黎靖德编：《朱子语类》（北京，中华书局，1986），卷九〇，页2294。

④ 李焘：《续资治通鉴长编》（北京，中华书局，1986），卷二二〇，页5334。

⑤ 常秩、曾孝宽、林希事各见脱脱《宋史》，卷三二九，页10595—10596；卷三一二，页10234；卷三四三，页10913—10914。参较近藤正则《王安石にすける孟子尊崇の特色》，《日本中国学会报》，第36集（1984），页135。近藤氏曾揣测，王安石对元丰七年孟子配享可能有所影响，惜证明仍欠周详。

⑥ 晁公武：《郡斋读书志》（台北，台湾商务印书馆，1978），卷四下，页458。

⑦ 王安石：《临川先生文集》（台北，华正书局，1975），卷七，页138。

朋互勉①。但成学之后，其仰慕孟子之心显然远逾于韩氏。在奉答欧阳修的诗作中，他把此一心态和盘托出。他写道：

> 欲传道义心犹在，
> 强学文章力已穷。
> 他日若能窥孟子，
> 终身何敢望韩公②。

要之，欧阳修在当时已具有学术祭酒之地位，士人不止尊之为一代宗师③，并且誉为"今之韩愈"④。而王氏却不以韩氏自限，益见其自负之情。

此外，在另一首题为《秋怀》的诗中，王氏言道：

> 韩公既去岂能追，
> 孟子有来还不拒⑤。

这不啻是王安石对于孟、韩二氏心理调适的自我告白。在一首悼念韩愈的诗中，他对韩氏的志业竟以"力去陈言夸末俗，可怜无补费精神"讥之⑥。显见韩子在他心目中，已远不如孟子。而日后在诡谲的政治生涯中，孟氏反成为他的精神支柱，致有"何妨举世嫌迂阔，故有斯人慰寂寥"之句。王氏所谓的"斯人"，即指孟子⑦。

在当时的思想界，尊孟固然是主流的思潮，但由于王氏本身对孟学特殊的感受，其着重点自有不同。基本上，王氏是个儒释调和论者，因此韩氏以下所标榜孟学辟异端的色彩，在王氏则见舒缓。王氏所发挥的孟学精神，毋

---

① 王安石：《临川先生文集》，卷八四，页885。
② 王安石：《临川先生文集》，卷二二，页264。王氏此诗向有多解，参见蔡元凤《王荆公年谱考异》，卷五，页83—86。
③ 曾巩在给欧阳修的信中，就言道："韩退之没，观圣人之道者，固在执事之门矣。天下学士，有志于圣人者，莫不攘袂引领，愿受指教。"曾巩《曾巩集》（北京，中华书局，1984），页232。
④ 苏轼：《苏轼文集》（北京，中华书局,1992），卷一〇，页316。
⑤ 王安石：《临川先生文集》，卷一二，页181。
⑥ 王安石：《临川先生文集》，卷三四，页372。后一句本作"默默谁令识道真"。
⑦ 王安石：《临川先生文集》，卷三二，页355。

宁较偏重"仁政"与"大有为"的政治承担①。

从事后的结果看来，王氏与他人的歧见并无妨于孟子进入孔庙殿堂的事实。唯一的差异是，王氏之前，孙复、石介诸人均对孟氏、韩氏一视同仁，尊之为"贤人"②，其中并无高低之分。但王氏却将孟氏提升至"圣人"，且特意阐明圣贤之别。说：

> 孟轲，圣人也。贤人则其行不皆合于圣人，特其智足以知圣人而已③。

循此线索，元丰七年孔庙祀典孟子独获配享，而其余诸子仅充从祀，适可得解。而王氏左右孔庙祀典的痕迹便至为显然了。

所以，孟子配享孔庙，除了学术因素外，政治因素亦不可忽略。尤其王安石的主要政敌司马光是坚决反孟的。司马氏所崇奉的儒者是扬雄，以为尤在孟、荀之上④。他的《疑孟》之作，明显寓有弦外之音，即以刺孟行抨击王氏之实⑤。他与王氏政治上势如水火，人所周知。熙宁七年四月，王氏罢相，司马氏的纠劾甚为关键⑥。难怪同年十二月，国子监常秩请立孟轲像时未能成功⑦。但随着新党势力的坐大，尊孟声浪究竟掩盖了司马光的反孟杂音。尤其

---

① 参见蒋义斌：《宋代儒释调和论及排佛论之演进》（台北，台湾商务印书馆，1988），第二章；又近藤正则前引文。

② 王安石：《临川先生文集》，卷七二，页764。王氏对"成德"阶段有清楚的位阶，他有如是的分别："昔人论人者，或谓之仁人，或谓之善人，或谓之士。"

③ 王安石：《临川先生文集》，卷七二，页765。

④ 司马光曾道："孔子既没，知圣人之道者，非子云而谁？孟与荀殆不足拟，况其余乎？"见司马光《温国文正公文集》（四部丛刊初编），卷六八，页5上。

⑤ 司马光有：《疑孟》之作。司马光《温国文正公文集》，卷七三，页9上—14上。《四库全书总目提要》云："宋尊孟子始王安石。元祐诸人务与作难，故司马光疑孟、晁说之诋孟作焉。非攻孟子，攻安石也。"纪昀《四库全书总目提要》，卷三五，页13上。"宋尊孟子始王安石"显然有误。但后半语，则无所疑。元人白珽亦有斯语，见白珽《湛渊静语》（知不足斋丛书），卷二，页14上—14下。谓："当时，王安石假孟子大有为之说，欲人主师尊之，变乱法度。是以温公致疑于孟子，以为安石之言未可尽信也。"要之，宋初，早于司马光的冯休即有《删孟》之作，或李觏《常语》等，但尊孟运动实大势所趋，这些反对声浪充其数只是回旋之流，并无法改变时代的思潮。邵博的《邵氏闻见后录》录有多家反孟的观点。见邵博《邵氏闻见后录》（北京，中华书局，1983），卷一一至卷一三。

⑥ 李焘：《续资治通鉴长编》，卷二五二，页6160—6168。

⑦ 李焘：《续资治通鉴长编》，卷二五八，页6304—6305。

王安石身后，更挟其残余的政治势力将王氏推上孔庙殿堂。这自然是司马光所始料未及的。

宋神宗、王安石君臣相得，亘古罕有。学术上，王安石得以侧身孔庙的凭借，便是应诏所修的《三经新义》，这包括了《诗》《书》《周礼》三部经典的训释工作，加上日后王氏自己编纂的《字说》，均成为科考士子必读的书①。神宗要求修撰经义的目的，在他催促王氏尽早完成经义之作的诏辞中即有所交代。他说：

> 经术，今人人乖异，何以一道德？卿有所著，可以颁行，令学者定于一②。

朝廷欲以学术匡正天下的意图，相当明确。而此一措施亦复迎合了士子"多欲朝廷早修经义，使义理归一"的需求③。王氏撰著得科考助力，声势上自然凌驾其他学派。神宗去逝，哲宗初继位，元祐年间，旧党掌权。元祐三年（1088），郓州州学教授周穜上书乞王安石配享神宗；据云"中外喧传，颇骇群听"，周氏为此罢归吏部治罪④。绍圣年间，哲宗亲政，元祐党人罢去，新党复执政。时风易势，绍圣元年（1094），王氏旋获配享神宗庙廷⑤。徽宗崇宁三年（1104），且诏以王安石配享孔庙，位邹国公孟子之次。南宋黄震形容当时的孔庙位次说：

> 熙丰《新经》盛行，以王安石为圣人，没而跻之配享，位颜子下；故左则颜子及安石，右则孟子⑥。

① 侯外庐：《中国思想通史》（北京，人民出版社，1959），卷四上，页434—448；程元敏：《〈三经新义〉与〈字说〉科场显微录》，收入《屈万里先生七秩荣庆论文集》（台北，联经出版公司，1978），页249—285。

② 李焘：《续资治通鉴长编》，卷二二九，页5570。

③ 李焘：《续资治通鉴长编》，卷二四三，页5917。

④ 李焘：《续资治通鉴长编》，卷四一八，页10138。

⑤ 马端临：《文献通考》，卷四四，页415。

⑥ 黄震：《黄氏日钞》（台北，台湾商务印书馆，文渊阁《四库全书》本），卷三二，页27上。郑居中：《政和五礼新仪》（四库全书珍本初集），卷一二一，页2下。

黄氏谓其时以王氏为圣人，并非过甚其词。当崇宁四年（1105），王氏配享孔庙时的赞语即是"优入圣域，百世之师"一语[①]。这一句赞语借用了孟子"圣人，百世之师也"的典故[②]。政和三年（1113），复诏封王氏"舒王"配享，子王秀"临川伯"从祀（缘预修撰《三经新义》）。父子同登孔廷，千古荣耀，于此重现[③]。而王氏本人甚至逾越孟子配位，与颜子相对。后来安石的女婿蔡卞当国，据云曾"再欲升安石厌颜子，渐次而升，为代先圣张本"[④]。大为时论所非而作罢。

蔡氏究竟有无此居心？逝者已矣，苦无对证。唯细考其时孔庙典章，确有启人疑窦之处。要之，孔庙爵位本为标示尊卑高下而设。而安石至封"舒王"，不止凌驾颜、孟之上（二者咸封"公"），且与至圣相称。又王氏生前，其子秀为其做画像赞已有：

列圣垂教，参差不齐，集厥大成，光于仲尼。[⑤]

则是认为其父过孔子。王氏之子肆无忌惮若此，其婿未必相差太远。

其实，王氏父子从祀，实是孔庙从祀史中一大异数，政治象征居多。若以"水"喻政治，则"水能载舟，亦能覆舟"。随着北宋败亡，新党溃散，世人即以王氏为代罪羔羊，欲其负误国之罪，故声讨之声不绝于耳，而欲去王氏孔庙之祀的声浪亦随之崛起，其中最著名的莫若杨时的弹章。靖康元年（1126），金兵长驱直下，国势岌岌可危。杨时上奏道：

蔡京用事二十余年，蠹国害民，几危宗社，人所切齿，而论其罪者，莫知其本也。盖京以继述神宗皇帝为名，实挟王安石以图身利，故推尊安石，加以王爵，配飨孔子庙庭。……今日之祸，实安石有以启之[⑥]。

---

① 杨仲良：《通鉴纪事本末长编》（宋史资料萃编第二辑），卷一三〇，页3上。
② 朱熹：《四书章句集注》，《孟子集注》，卷一四，页367。
③ 脱脱：《宋史》，卷一〇五，页2551，孔子的弟子，曾皙、曾参父子，颜路、颜回父子均从祀孔庙，视为殊荣。
④ 岳珂：《桯史》（笔记小说大观），卷一一，页4下—5上。
⑤ 邵博：《邵氏闻见后录》，卷二〇，页1580。王雱死，安石以诗哭之曰："一日凤鸟去，千年梁木摧。"是以其子拟孔子。父子相圣，毫无忌惮。
⑥ 杨时：《杨龟山先生全集》（台北，台湾学生书局,1974），卷一，页21上—21下。

他建议朝廷"追夺（安石）王爵，明诏中外，毁去配享之像，使淫辞不为学者之惑"①。杨时疏上（五月三日），不久遂降王氏依郑玄等例，从祀孔子庙廷②。

王氏降归从祀之列，比拟经师郑玄，此不啻谓朝廷不再专主王氏之学。稍前（同年四月二十三日），昔日享有"造道之指南""穷经之要术"美誉的《字说》已因臣僚批斗"新政"而遭禁止③。当时《三经新义》虽未全遭禁绝，但已不能再专擅场屋了④。

随着赵氏政权南迁，王氏的地位亦节节败退。南宋淳熙四年（1177），孝宗诏罢临川伯王雱从祀。最后，终于在淳祐元年（1241），理宗以王氏"天命不足畏，祖宗不足法，人言不足恤"，为万世罪人，废祀孔庙⑤。从此，王氏父子由孔庙除名，新学亦随之烟消云散。

淳祐元年正代表儒家学术的分水岭。从此，"新学"彻底地式微，起而代之的是沉抑已久的"伊洛之学"，也就是世人习称的"道学"⑥。"伊洛之学"受到抑制有远、近原因。"远"则是自北宋以来，受制于代表官学的"新学"；"近"则是朱熹及其门人，受到"伪学"的指控，以及政治上"庆元党禁"的迫害⑦。终于在淳祐元年，伊洛学派不止澄清名誉，并且荣登孔廷。理宗所下的从祀诏如此言道：

> 朕惟孔子之道，自孟轲后不得其传，至我朝周敦颐、张载、程颢、程颐，

---

① 杨时：《杨龟山先生全集》，卷一，页 22 下。

② 佚名：《靖康要录》（笔记小说大观），卷六，页 9 上。

③ 佚名：《靖康要录》，卷三，页 23 上—24 上。

④ 其时，御史中丞陈过庭就上奏道："自蔡京擅权，专尚王氏之学，凡苏氏之学，悉以为邪说而禁之。近罢此禁，通用苏氏之学，各取所长而去所短也。"佚名《靖康要录》，卷六，页 12 上。

⑤ 脱脱：《宋史》，卷四二，页 822。

⑥ "道学"原指"黄老之学"，见魏征《隋书》（台北，鼎文书局，1980），卷二九，页 1003。至少在北宋初年已用来指称"儒学"，例如，柳开《柳河东集》，卷一，页 6 下。南宋时期，"道学"首先用来讥讽以朱熹为代表的"伊洛之学"，后来却变成"正统儒学"的代称。例如《宋史》的《道学传》。

⑦ 参见李心传《建炎以来朝野杂记》（丛书集成初编），甲集，卷六，页 79—81；冯琦《宋史纪事本末》（台北，鼎文书局，1978），《道学崇黜》，卷八〇，页 867—896；又黄宗羲《宋元学案》，《庆元党禁》，卷九七，页 3197—3234。

真见实践，深探圣域，千载绝学，始有指归。中兴以来，又得朱熹精思明辨，表里混融，使《大学》《论》《孟》《中庸》之书，本末洞微，孔子之道，益以大明于世①。

依此，理宗下令学官将一批理学大师列诸从祀，以示崇奖之意。理宗亦缘首黜安石从祀，升濂、洛诸儒，表章朱熹《四书》，丕变士习，后人上庙号曰"理"②。从此，毋论官、私，理学步上了康庄大道。

淳祐元年的从祀诏为本次祀典首要的文献，其意义必得详加解读。浮面视之，本次诏书泛及北宋四子与朱熹的从祀事宜，但深析文意，不难发现朱熹才是此次从祀的灵魂人物。以赐爵而言，朱熹早已封"公"③，而北宋四子只封为"伯"。其次，此番朝廷褒扬周、张、二程，全然根据朱氏《近思录》与《伊洛渊源录》中所塑造的道统系谱④。前者摘要周、张、二程的"言思"，后者则阐述四氏之"行谊"。朱熹所体现的道统观，可以《近思录》本身的话语加以印证。他说：

> 自唐虞、尧、舜、文、武、周公，道统相传。至于孔子，孔子传之颜、曾，曾子传之子思，子思传之孟子，遂无传焉。……迨于宋朝，人文再辟，则周子唱之，二程子、张子推广之，而圣学复明，道统复续，故备著之⑤。

依朱熹的设计，《近思录》撷取了周、张、二程四氏"言思"的精华。朱熹对它期许极高，甚且说：

> 《四子》，《六经》之阶梯；《近思录》，《四子》之阶梯⑥。

---

① 脱脱：《宋史》，卷四二，页 821。
② 脱脱：《宋史》，卷四五，页 889。
③ 朱熹于理宗宝庆三年（1227）已封"信国公"，又于绍定三年（1230）改封"徽国公"，用邹（孟子）、兖（颜子）之例。见李心传《道命录》（丛书集成初编），卷一〇，页 116—117。淳祐元年，封周敦颐为"汝南伯"、张载为"郿伯"、程颢为"河南伯"、程颐为"伊阳伯"。
④ 《近思录》由朱熹与吕祖谦合编而成。《伊洛渊源录》则独自成之朱熹手，与吕氏颇有歧见。
⑤ 朱熹：《近思录》（台北，台湾商务印书馆,1986），卷一四，页 327。
⑥ 朱熹：《朱子语类》，卷一〇五，页 2629。

《四子》无疑指的是《大学》《论语》《孟子》《中庸》。而淳祐元年从祀诏所叙的序列，恰是朱熹所订的为学次序。言及读书顺序，朱氏反复阐明先后之别甚关紧要。他屡次言道：

> 某要人先读《大学》，以定其规模；次读《论语》，以立其根本；次读《孟子》，以观其发越；次读《中庸》，以求古人之微妙处①。

换言之，"学问须以《大学》为先，次《论语》，次《孟子》，次《中庸》"②。而代表周、张、二程的《近思录》竟可作为《四子》的阶梯，可见《近思录》在朱氏心目中非比寻常。

必须补充的是，《四子书》（或简称《四书》）因取名自朱熹，但其受重视却非始自朱氏。韩愈的《原道》、李翱的《复性书》均曾突显《大学》《中庸》作为振兴儒学的要籍，而韩、李既曾合注《论语》，且对《孟子》推崇备至③。义理上，这已涵蕴这些撰述有会通一处、并集体经典化的可能。

北宋初年，《大学》与《中庸》由《礼记》诸多篇章中脱颖而出，单行别刊，意义非同凡响④。继之，二程大力表章《四书》，而朱熹论述尤详，终使朱氏成就划时代的学术大业："进《四书》，退《五经》。"⑤换言之，《四书》取代了《五经》，成为阐释儒家义理最根本的依据。

孔庙祀典，作为儒家学术最忠实的风向仪，立即反映了上述的学术动向。而一般认为是《大学》《中庸》撰述者的曾子与子思遂在孔子庙廷步步高升。徽宗崇宁元年（1102），朝廷特追封子思为"沂水侯"，缘其为"圣人之后，

---

① 朱熹：《朱子语类》，卷一四，页249。
② 朱熹：《朱子语类》，卷一四，页249。
③ 例如，韩愈在《原道》曾援引《大学》以阐发儒家淑世有为的义理。见韩愈《韩昌黎文集校注》，卷一，页9—10。李翱在《复性书》亦借《大学》的"格物"来判别儒、释之分，又借《中庸》来发挥儒家的道统说。见李翱《李文公集》，卷二。宋时，欧阳修读翱《复性书》三篇即谓："此《中庸》之义疏尔！"欧阳修《欧阳修全集》（台北，世界书局，1961），《居士外书》，卷二三，页532。韩、李合注有《论语笔解》。其对孟子之推崇，散见二人之著乍。后人伪托二氏曾注《孟子》，盖为依托。马端临《文献通考》，卷一八四，考1583。
④ 王应麟：《玉海》（台北，台湾商务印书馆，文渊阁《四库全书》本），卷五五，页46下。
⑤ 钱穆：《朱子新学案》（台北，三民书局，1971），第四册，页180—181。

孟氏之师，作为《中庸》，万世宗仰"①。继而，大观二年（1108），子思奉诏入祀孔廷，位于左丘明等二十四贤之间。理宗端平二年（1235），复诏升子思于"十哲"②。作为儒者最辉煌的一刻终于在度宗咸淳三年（1267）同时降临在子思与曾子身上。就在这一年，子思与曾子一同携手晋身孔殿，配享宣圣③。有趣的是，唐时曾参一度以《孝经》作者，比拟"十哲"，旋即中辍；这次竟缘《大学》而鱼跃孔廷，跻身"四配"。学风瞬变如此莫测，如果曾子复生亦未免有不虞之誉之感。

咸淳从祀，"四配"方告底定。究其旨意纯本诸朱熹所言："配享只当论传道，合以颜子、曾子、子思、孟子配。"④朱氏生前即将此一制度付诸地方书院实行，且以"濂溪周先生、明道程先生、伊川程先生、康节邵先生、司马温国文正公、横渠张先生、延平李先生"从祀⑤。居末位的"延平李先生"即是朱熹本人的业师李侗。除此之外，其他六位却是朱氏手书《六先生画像赞》中的先圣⑥。此六先生虽各自成学，闻道不一，但朱熹说他们"学虽殊辙，道则同归"，适足以标榜有宋一代的学术风范⑦。而且从朱氏文集看来，当时地方上为这几位先哲立祠之风已甚为普遍⑧；然而代表中央观点的孔庙祀典，迄淳祐元年方正式取周、张、二程从祀，犹不及邵氏与司马氏。而咸淳从祀适时弥补了此一缺憾，诚如诏书所言：

> 朱熹所赞已祀其四，而尚遗雍、光，非缺典与？其令学官列诸从祀，以示崇奖⑨。

朝廷厚爱朱熹有余，连他的论友——湘学张栻、浙学吕祖谦，也都在理宗景

---

① 孔继汾：《阙里文献考》，卷一四，页13下。

② 脱脱：《宋史》，卷一〇五，页2550。

③ 脱脱：《宋史》，卷四六，页897。

④ 朱熹：《朱子语类》，卷九〇，页2294。

⑤ 朱熹：《朱子语类》，卷九〇，页2295。

⑥ 朱熹：《晦庵先生朱文公文集》，卷八五，页9上—9下。

⑦ 朱熹：《晦庵先生朱文公文集》，卷八六，《沧洲精舍告先圣文》，页12上。

⑧ 朱熹：《晦庵先生朱文公文集》，卷七七—八〇、八六。此一文化现象另可参阅寺田刚《宋代教育史概说》（东京，博文社，1969），页272—277。

⑨ 孔继汾：《阙里文献考》，卷一四，页16下。

定二年（1261）获升列从祀。朝廷所持理由是二氏与朱氏"志同道合，切偲讲磨，择精语详，开牖后学，圣道大明"①。又朱熹生前曾自画像以自警，且为追念此二亡友，并做画像赞②。当时或未料及他日三人均荣登孔廷吧！

回顾有宋一代的从祀制，可以发现若干儒学变迁的特色：

其一，韩愈对宋初孟学的兴起固有开道之功，但随着儒学"心性论"的深化，韩愈"辟异端"的论调已无法满足后儒构作理论的需求。北宋中期，苏轼尚誉韩氏"文起八代之衰，而道济天下之溺"③，但到北宋晚期，散文家张耒竟讥讽韩氏"以为文人则有余，以为知道则不足"。遑论以下其他以道德性命自任的儒者。明朝的王廷相甚至贬斥韩氏"本非有道之士"，拟予罢祀。学风骤变，炎凉可知④。是故，南、北宋虽均推尊孟学，其意涵则颇有差异。

此外，元丰七年，孟轲、荀况、扬雄、韩愈四位先儒通允入祀孔庙，正表示当时学风崇高、宽广，极具包容力。传统上，孟氏主"性善"、荀氏主"性恶"、扬氏"善恶混"和韩氏"性三品论"正代表四种截然不同的人性论⑤。北宋年间，人性问题同是儒者共同关怀的焦点。撇开力主"性善"，而且日后取得绝对优势的伊洛学派不谈，王安石、司马光、苏轼等人对此问题都各有抒发，以致莫衷一是⑥。元丰从祀能够做到兼容并蓄，恰好说明了当时犹处"学统四起"之际，儒术尚未定于一尊。

而元丰年间，孟子配享，与颜子构成"双配"；徽宗崇宁三年，加上王氏配享，形成"三配"；度宗咸淳三年，下诏颜、曾、思、孟"四配"。这种以多配一（主）的形式，的确突破传统祭典的格局，殊值留意⑦。尤其，"政

---

① 毕沅：《续资治通鉴》（台北，文光出版社，1975），卷一七六，页4806。

② 朱熹：《晦庵先生朱文公文集》，卷八五，页9下—11上。

③ 苏轼：《苏轼文集》，卷一七，页509。

④ 张耒：《张耒集》（北京，中华书局，1990），卷四一，页667。王廷相《王廷相集》（北京，中华书局，1989），页871。

⑤ 孟子"性善论"见朱熹《四书章句集注》，《孟子集注》，《告子》。荀子"性恶论"见王先谦《荀子集解》（台北，世界书局，1969），《性恶篇》。扬雄"善恶混"，见扬雄《法言注》，《修身》。韩愈"性三品论"见韩愈《韩昌黎文集校注》，《原性》。

⑥ 例如，王安石《临川先生文集》，卷六八，《原性》、《性说》诸篇。司马光《温国文正公文集》，卷七三，《疑孟》。苏轼《苏轼文集》，卷四，《扬雄论》。

⑦ 古代祭祀，若"郊天"、"社稷"，"一配"为常，至多"双配"，后世乃衍至"三配"、"四配"。参考杜佑《通典》，《吉礼》；瞿九思《孔庙礼乐考》，卷二，页1上—2下。

和新仪"除允王氏父子从祀，并以殿堂、两庑的建筑区隔标示"配享""十哲"与"从祀"诸儒之别，使得孔庙从祀的阶层化益形突出[①]。

最后要谈元代祀典。元代从祀实衍宋末之余绪。元仁宗皇庆二年（1313），以宋儒周敦颐、程颢、程颐、张载、邵雍、司马光、朱熹、张栻、吕祖谦及本朝许衡从祀孔子庙廷[②]。其中，仅许衡因赓续朱学有功，为新近添入，其他诸儒南宋末叶咸已从祀，但因当时南宋与北方政权隔阂，祀典互异，故元朝一统天下之后，才又有斯命。同样的情形亦见诸仁宗延祐三年（1316），以颜、曾、思、孟四子配享[③]。按"四子配享"本定于南宋咸淳年间，元初未用，至是始行。如同时人的建言：

> 今天下一家，岂容南北之礼各异……使南北无二制，天下无异礼，亦可见我朝明道统，得礼之中，足以垂世无穷矣[④]。

元代从祀史中较富新意的，则是文宗至顺元年（1330），以董仲舒从祀[⑤]。虽承时儒熊铢大力推荐[⑥]，然恐不脱朱熹之余荫。朱子对董氏评价甚高，至谓董氏本领纯正，是所谓"纯儒"[⑦]。而顺帝至正二十二年（1362）所从祀的五贤，则全系伊洛后劲。包括杨时"亲得程门道统之传，排王氏经义之缪"，李侗"传河洛之学，以授朱熹"，胡安国"闻道伊洛，志在《春秋》"，蔡沈"从学朱子，亲承指望"，真德秀"博学穷经，践履笃定"[⑧]。在此之前，元仁宗皇庆二年恢复科举取士，明经全用朱熹之注，此外别取胡安国《春秋》、蔡沈《尚书集传》表章而尊用，真德秀之《大学衍义》则备经筵讲读[⑨]。同样本诸

---

① 庞锺璐：《文庙祀典考》，卷三，页10上。先时从祀诸贤并列殿上，"政和新仪"成，殿上唯祀配位、哲位。孔门其他弟子及从祀儒生分列东西舍。是为两庑从祀之始。

② 宋濂：《元史》（台北，鼎文书局，1980），卷二四，页557。

③ 宋濂：《元史》，卷七六，页892。

④ 宋濂：《元史》，卷七六，页893。

⑤ 王圻：《续文献通考》，卷五六，页11上—11下。

⑥ 熊铢：《熊勿轩先生文集》，卷四，页51。熊氏谓："孟氏之后无传，濂洛未兴之前，寥寥千载，独一董仲舒，学最正，行最醇。"

⑦ 朱熹：《朱子语类》，卷一三七，页3260。

⑧ 宋濂：《元史》，卷七七，页1921—1922。

⑨ 宋濂：《元史》，卷七七，页1922；卷八一，页2018—2019。

"代用其书，垂于国胄"的道理，可见从祀者与官学关系之密切。而朱学充分宰制有元一代的学术支配权，与元代从祀制适可资互证。

总括而言，唐以前，孔庙祀典以"孔、颜"连称。迄韩愈立意抬高孟子地位，到了北宋，孟子遂得配享孔殿，"孔、孟"连称，渐有取代"孔、颜"之趋势。元文宗，改赐孟子为"亚圣"、颜子为"复圣"①，颜、孟易位，大势底定。从此，"孔孟"并称，主导后世儒学之发展，迄今未改。

### 五、明清从祀制：理学的分化、考据的兴起与实学的重视

唐初以降，孔庙的发展大略可用"日益峥嵘"以形容之，唯独有明一朝波折丛生。明代开国之君太祖与守成之主世宗，对象征道统的孔庙均有所挑衅，以致造成士人集团与统治人君一度对峙的局面②。可是太祖与世宗对孔庙礼仪刻意地压抑，并未妨碍孔庙从祀制度实质地运作。

其实，太祖深谙晋谒孔庙，对笼络儒生的作用。他往往于攻克一城之后，随谒孔庙，差遣儒士告谕父老③。尤其是洪武元年（1368）初立国，犹处戎马倥偬之际，即循故事，以太牢祀先师孔子于国学，并遣使诣曲阜致祭④。这在在显示：他熟悉"祭孔"如"祭天"，对创业之君实具有"继统"的象征意义。

可是次年，太祖却急转直下令天下不必通祀孔子。之所以致此，似与他个人和孔家的嫌隙有关，而且借此压制士人集团⑤。洪武五年（1372），太祖偶览《孟子》，至"君之视臣如土芥，则臣视君如寇雠"，以为非人臣所当言，乃罢孟子配享。后因儒臣抗争，翌年旋恢复孟子享祀⑥。但迟迄洪武十五年

---

① 宋濂：《元史》，卷七六，页892—893。朝廷赐颜子"复圣公"、曾子"宗圣公"、子思"述圣公"、孟子"亚圣公"。汉儒赵岐虽曾以"命世亚圣之大才"称誉孟氏，但历来孔庙祀典，却以"亚圣"尊称颜回。赵岐之辞参见焦循《孟子正义》，卷一，页13。

② 请参阅拙著：《道统与治统之间》，《"中研院"历史语言研究所集刊》，第61本，第4分，1990年，页917—941。

③ 张廷玉：《明史》（台北，鼎文书局，1979），卷一，页6—10。例如攻下镇江、龙兴。

④ 张廷玉：《明史》，卷二，页20。

⑤ 详细分析请参拙著《道统与治统之间》，页932—933。

⑥ 见王圻：《续文献通考》，卷五七，页11下。又孙承泽《春明梦余录》（香港，1965），卷二一，页36下。

（1382），孔子方得恢复天下通祀①。太祖的举动简言之，仅代表人君专制的独断，与儒学思潮并无关联。

明太祖统治期间，真正与从祀制发生关联乃是洪武二十九年（1396），因行人司副杨砥的建言，黜扬雄从祀，以董仲舒入祀②。扬雄罢祀的罪名为"臣事贱莽（王莽）"，此点宋儒早已论列，却无妨扬氏进祀孔庙。譬如，王安石即为之辩称："扬雄之仕，合于孔子无不可之义，奈何欲非之乎？"③王氏挚友曾巩虽持论略异，谓"（雄）仕莽之际，不能无差"④。却依然对扬氏学问不减敬意。然而明太祖纯以扬雄仕君不忠罢之，除了反映明初强化"忠君"观念的迫切需求，学术上殊少涵意。

至于董仲舒，元至顺元年已从祀，唯元末以世变不及遍行。元明交替之际所从祀的杨时、李侗、胡安国、蔡沈、真德秀五先生尤为如此，是故进入明季之后，咸得重予祀命⑤。衡诸胡、蔡、真三氏于英宗正统二年（1437），杨氏于孝宗弘治八年（1495），李氏则迟迄神宗万历四十一年（1613）方复奉诏从祀，董氏可谓殊遇。究其故，与明初王祎甚有关联。洪武四年（1371），王祎所上的《孔子庙庭从祀议》，在当时未及实行，但视诸而后明代孔庙的演变，王氏之议应为所本⑥。在诸多建言之中，王氏特别推崇董仲舒与其所治《春秋》一经，此点想必为太祖留下深刻的印象。王氏称许董仲舒"功殆不在孟子下"时，说道：

> 自夫孟轲既往，圣学不明。……历秦至汉，诸儒继作，然完经翼传，局

---

① 张廷玉：《明史》，卷三，页39。

② 黄彰健校：《明太祖实录》（"中研院"历史语言研究所），卷二四五，页2上。《明史·礼志》误系洪武二十八年。参较张廷玉《明史》，卷五〇，页1297。

③ 王安石：《临川先生文集》，卷七二，页765。

④ 曾巩：《曾巩集》，卷一六，页266。

⑤ 徐一夔：《大明集礼》（台北，台湾商务印书馆，文渊阁《四库全书》本），卷一六，页17下—18上。按《大明集礼》终修于洪武三年，孔庙从祀元代新制仅许衡一人。另参考程敏政《篁墩文集》（台北，台湾商务印书馆，文渊阁《四库全书》本），卷一〇，页14下。

⑥ 王祎：《王忠文公集》，卷一二，页303—306。同年，宋濂上《孔子庙堂议》，主张天下通祀孔子，深不为太祖所喜，竟致贬官。而王祎之议，其语多与宋濂合。唯王氏建言从祀董仲舒一事，不见宋氏之疏。秦蕙田误系王氏之议于元至顺元年之前，实误。其时，王祎仅十岁。参较张廷玉《明史》，卷二八九，页7415。王祎死难于洪武五年，年五十二。另秦蕙田《五礼通考》，卷一一九，页25下。

于颢门之学，而于圣人之道，莫或有闻，惟董仲舒于其间号称"醇儒"，其学博通诸经，于"春秋"之义尤精。所以告其君者，如天人性命、仁义礼乐，以及勉强遵行，正谊明道之论，皆他儒之所不能道。至其告时君，罢黜百家，表章六经，以隆孔子之教，使道术有统，异端息灭，民到于今赖之①。

除了阐述董氏对治道的贡献之外，王氏复为"扬雄之事新莽，犹获从祀，而仲舒顾在所不取"深抱不平。而在洪武二十八年上从祀疏时，杨砥完全接纳了王氏的观点。他说：

> 扬雄为莽大夫，诒讥万世，董仲舒《天人三策》及正谊明道之言，足以扶翼世教。今孔庙从祀，有雄无仲舒，非是②。

此外，值得一提的是，就在董氏从祀之前不久（洪武二十八年七月），太祖特下诏要求国子生勤加研习《春秋》，以求"圣人大经大法，他日为政临民庶乎有本"。因他认为"孔子作《春秋》，明三纲，叙九法，为百王轨范，修身立政备在其中"③，而太祖于《春秋》治道切身的领受，正是董氏能雀屏中选，尽早复祀的底蕴。

但有明一朝影响孔庙最为深远的却非太祖，而是明中叶的世宗，其更动祀典、进退诸儒规模之巨，在孔庙发展史中堪称绝无仅有。世宗以藩子入嗣帝统，因追崇本生父兴献王，与朝臣争论相持不下，遂援"大礼议"以整肃儒臣。此后即以"制礼作乐"自任，展开一连串更制礼仪的行动，范围包括祭天地、社稷、日月、先蚕等，嘉靖九年（1530）遂更延及孔庙祀典④。

世宗借改孔庙祀典，以压治士人集团的意图十分明显，以致诏书初下，"一时缙绅耳目之濡染既久，纷纷执议，几干聚讼"⑤。而世宗之宠臣张璁亦报告道："数日以来，群议沸腾。"因此乞求世宗举凡"孔子祀典，暂假时日，

① 王祎：《王忠文公集》，卷一二，页303。

② 夏燮：《明通鉴》（台北，西南书局，1982），页526。

③ 黄彰健校：《明太祖实录》，卷二三九，页4下。

④ 张廷玉：《明史》，卷一九六，页5178。

⑤ 徐学谟：《世庙识余录》（台北，国风出版社，1965），卷六，页19下。

少缓订议"①。然而世宗仍执意如初，不为所动。嘉靖九年终成一代之典，影响且及于后世。

嘉靖九年，张璁迎合帝意所上的奏辞，实为这次祀典更制的定本。而为了深入了解此次改制的学术意义，首先便得过滤世宗个人所横加的情绪或政治因素。张氏在奏对文词中，为世宗说道：

> 孔子祀典自唐宋以来，淆乱至今，未有能正之者。今宜称先圣先师，而不称王。祀宜称庙，而不称殿。祀宜用木主，其塑像宜毁撤。笾豆用十，乐用六佾。叔梁纥宜别庙以祀，以三氏配。公侯伯之号宜削，只称先贤、先儒。其从祀申党、公伯寮、秦冉、颜何、荀况、戴圣、刘向、贾逵、马融、何休、王肃、杜预、吴澄宜罢祀，林放、蘧瑗、卢植、郑玄、服虔、范宁宜各祀于乡，后苍、王通、欧阳修、胡瑗、蔡元定宜增入②。

根据上疏，可知嘉靖孔庙改制包括：（一）孔子撤王封，从祀弟子削爵称。（二）毁塑像，用木主。（三）设立"启圣祠"，以主祭孔子之父叔梁纥，附祭从祀弟子之父。（四）更定从祀制，进退诸儒。其中第一、二项方是改制争执所在，最为士人所非议，直目为孔门之耻③。第三项则在两可之间。第四项，时儒鲜有歧意，却与本文主题关系密切，是故，最能忠实反映时代学风。

设立"启圣祠"一事，孕育已久。南宋洪迈④、元熊鉌⑤、明初宋濂、王祎⑥，甚至晚近的程敏政皆一再疵议孔庙从祀有"子尊父卑"、悖乎人伦的现象⑦。譬如，颜回、曾参、孔伋均配享，位居殿堂之上，而颜父（颜路）、曾父（曾晳）、孔父（孔鲤）却止于从祀，卑处两庑之下。这不啻造成从祀制中"传道"与"人伦"之间的紧张性。明正统三年（1438），因裴侃的建言，孔

---

① 黄彰健校：《明世宗实录》，卷一一九，页6上。
② 黄彰健校：《明世宗实录》，卷一一九，页4上。
③ 例如，沈德符《万历野获编》（北京，中华书局，1980），《补遗》，卷二，页854；焦竑《玉堂丛语》（北京，中华书局，1981），卷三，页93；吕元善《圣斗志》，卷一上，页16。
④ 洪迈：《容斋随笔》（上海，上海古籍出版社，1978），《容斋四笔》，卷一，页615。
⑤ 熊鉌：《熊勿轩先生文集》，卷四，页52。
⑥ 宋濂：《宋学士全集》（丛书集成初编），卷二八，页1019—1022。王祎：《王忠文公集》，卷一二，页305—306。
⑦ 程敏政：《篁墩文集》，卷一〇，页10下—12上。

庙采取了区分地域的双轨制，以解决上述矛盾。裴氏的意见是：

> 天下之庙，惟论传道，以列位次。阙里家庙，宜正父子，以叙彝伦①。

所以在阙里一地，因孔子之父叔梁纥在元代已追封"启圣王"，别创"启圣王殿"，以"四配"之父自行配享，如是则两者能兼顾。

嘉靖九年，即遵此模式，推广至天下孔庙，此后无复有地域之别。不可否认的，张璁借议立"启圣祠"，以明"人伦"之大，实暗寓"大礼议"之深意。而"启圣祠"本身亦衍生成一"副从祀系统"，而与孔庙"主从祀制"彼此对应。举例而言，嘉靖十年（1531），诏以程珦（二程之父）、朱松（朱熹之父）、蔡元定（蔡沈之父）从祀"启圣祠"②。其位阶则有"先贤"或"先儒"之不同，全然视其子之地位而定，故实不脱"父以子贵"的模式。

嘉靖孔庙改制之中，"进退诸儒"一事，时人鲜少异议，后世至以"意虽私而论则公"许之③，足见与时代学风并行不悖。只有两个特例，一是欧阳修因"濮议"之故，为世宗引为"大礼议"奥援，故得从祀④。时人徐学谟曾挺身说：

> （世宗）欲举（欧阳修）而从祀孔子庙廷，盖为濮议之有当于圣人也⑤。

其次，吴澄因受指控为宋人仕元，违春秋夷夏之辨，遂遭罢祀。本来宣德十年（1435），湖广慈利教谕蒋明以吴氏"其功不下于许衡，衡既从祀，澄当如之"请之⑥。按蒙元之世，许衡为"北方之儒"，吴澄为"南方之儒"，二者勠力保存儒学于不坠之地。朝廷允其从祀之请，即依上述的认识。其时诏书如此记载着：

---

① 张廷玉：《明史》，卷五〇，页1297。
② 张廷玉：《明史》，卷五〇，页1300。
③ 庞锺璐：《文庙祀典考》，卷四，页14下。
④ 北宋英宗发生与明世宗类似的情况，谓为"濮议"。欧阳修反对司马光诸人意见，而与英宗吻合。欧阳修：《欧阳修全集》，页977—995。
⑤ 徐学谟：《世庙识余录》（台北　国风出版社，1965），卷四，页5上。
⑥ 黄彰健校：《明英宗实录》（"中研院"历史语言研究所），卷四，页5上。

盖元之正学，大儒惟许衡及澄二人。故卒后皆谥"文正"。我国家奏章《四书》《五经》及性理之说，凡澄所言皆见条录，其发明斯道之功，朱熹以来莫或过之①。

明成祖倡性理之学以缘饰文治，修《四书五经大全》，多采宋、元儒成说，以为科考定本②。后又修《性理大全》，以周、程、张、朱诸儒之书类聚成编，与经书大全互为表里③。吴澄得受青睐，与此有关。

此外，吴澄从祀恰逢明代学术转向的前夕。其时吴氏犹被目为"朱学后劲"，而非后世所推崇的"朱陆调和论者"，或"心学的先驱者"④。价值上，吴澄得以从祀涵蕴"文化"贡献凌驾政治忠诚之上的意义。吴氏仕元的事实，在从祀诏中仅以"（元）屡征虽起，未尝淹留进退之际"一笔带过⑤。但降至嘉靖，"仕元"却酿成罢祀主因。先是，弘治年间，谢铎指控吴氏"处中国而居然夷狄，忘君亲而不耻仇虏"⑥，要求罢祀吴氏不遂。到了嘉靖，议礼者全然接受谢氏说词，显见该时外患日深，夷夏意识趋于紧严的情形。反讽的是，吴澄于满清夷狄之朝，乾隆二年（1731）竟获恢复名位，重祀孔庙⑦。其从祀可谓以"学术"始，而后却与夷夏政权轮替相起伏。

除此之外，嘉靖九年孔庙改制概本诸程敏政于弘治元年（1488）所上的《考正祀典疏》⑧。而程著基本上沿袭元儒熊鉌与明初宋濂、王祎的意见，而加

---

① 黄彰健校：《明英宗实录》（"中研院"历史语言研究所），卷四，页5下。
② 张廷玉：《明史》，卷七〇，页1694。
③ 张廷玉：《明史》，卷九八，页2425。
④ 请参考拙著：《"学案"体裁产生的思想背景》，《汉学研究》，第2卷第1期，1984年6月，页207—209。
⑤ 黄彰健校：《明英宗实录》，卷四，页5下。
⑥ 王圻：《续文献通考》，卷五七，页23下—24上。
⑦ 庞锺璐：《文庙祀典考》，卷一，页14下。
⑧ 张瑄：《谕对录》（万历三十五年刊），页10下—11上。弘治年间，另有张九功上从祀疏，意见与程敏政相似，收入薛瑄《薛瑄全集》（太原，山西人民出版社，1990），页1628—1630。

以损益之①。依此，遭罢祀有十三人，改祀于乡有七人，增祀则有五人②。显然，"罢祀"惩处最严；"改祀于乡"则依"有功德于一方者，一方祀之，逾境则已"的准则行之。此与从祀孔庙者得以通祀天下有极悬殊的差别③。

居中，原列名孔子弟子的申党、秦冉、颜何，缘考核不实遭罢祀；公伯寮因诉子路而沮孔子，大悖圣门之教，连带去祀；蘧援、林放，原非孔子弟子，而致改祀于乡。

南宋以来，理学奉孟子为圭臬，"性善"论即取得绝对优势。此后荀子在孔庙的地位便岌岌不保。荀子素以主张"以性为恶，以礼为伪"，并且"以子思、孟子为乱天下，以子张、子夏、子游为贱儒"。这种论调显然不合时宜，是故挞伐之声，不绝于耳。朱熹便评道："荀卿则全是申、韩。"④而李元纲作于乾道六年（1170）的《圣门事业图》中，将孟子划归"历代圣贤"，意谓"传大中至正之道，行之万世而无弊"；然而荀子、扬雄却与瞿昙、老聃、杨朱、墨翟诸异端并列"独行圣贤"，视"其道可救一时，不可传于万世"⑤。此一分辨，高下立判。而荀、扬二氏日后于孔庙落寞的下场已隐约可期。

但嘉靖孔庙改制最能彰显时代精神的却是以"明道之儒"来取代"传经之儒"。在此一价值的取舍之下，唐代贞观年间所从祀的经师纷纷遭受贬斥，其中不乏因细行而罢祀或改祀于乡。例如，戴圣遭指控"治行不法，身为赃吏"，刘向"喜诵神仙方术，流为阴阳术家"，贾逵"附会图谶，以致贵显"，马融"不拘儒者之节，献颂以美（梁）冀"，何休"黜周王鲁，异端邪说"，王弼"倡为清谈，专祖老庄"，王肃佐助"（司马）昭篡魏"，杜预"以吏则不廉，以将则不义"⑥。凡此通以德性不检下祀，这固是反映理学影响之下，道

---

① 试比较熊铄《熊勿轩先生文集》，卷四，页 50—51；宋濂《宋学士集》，卷二八，页 1020—1021；王祎《王忠文公集》，卷一二，页 303—305；程敏政《篁墩文集》，卷一〇，页 4 上—10 下。

② "改祀于乡"依《明世宗实录》只有六人，唯《明史·礼志》载有七人，多了郑众。查张璁的《谕对录》及《罗山奏疏》均采程敏政之奏稿载有郑众。可见《明世宗实录》漏抄一人。参较张廷玉《明史》，卷五〇，页 1300；张璁《谕对录》，卷二二，页 11 上；《罗山奏疏》（万历五年），卷六，页 16 上—16 下。

③ 程敏政：《篁墩文集》，卷一〇，页 3 上。

④ 黎靖德：《朱子语类》，卷一三七，页 3255。

⑤ 李元纲：《圣门事业图》（百川学海），页 1001。

⑥ 张璁：《谕对录》，卷二二，页 9 下—10 下。

德标准趋于严紧，但底层尚存有深刻的学术理由。

嘉靖改制所以罢祀经师，显然有意标新立异。"立异"方面：他们更动贞观所树立的从祀标准，把存经之儒与传道之儒分开对待。一方面批评贞观礼官"拘于旧注疏（郑玄）"，见识浅陋，以"专门训诂之学为得圣道之传"①。他们认为，遭罢祀的八位经师只不过是训诂之儒，仅因为其训释之书行于唐，故唐以备经师之数，其功劳实远逊存经之儒。尤其理学大明之后，《易》用程朱、《诗》用朱子、《书》用蔡氏、《春秋》用胡氏，又何取于汉魏以来驳而不正之儒？同理，郑众、卢植、郑玄、服虔、范宁五人虽若无过，"然其所行亦未能以窥圣门，所著亦未能以发圣学"，遂遭降级，各改祀于乡②。另一方面，他们却对"存经"者推崇如故。譬如，左丘明、公羊高、穀梁赤之于《春秋》，伏胜、孔安国之于《书》，毛苌之于《诗》，高堂生之于《仪礼》，后苍之于《礼记》，杜子春之于《周礼》，仍功不可没。尤其是秦火之后，圣道几熄，守其遗经特弥足珍贵。

嘉靖改制"标新"部分，除以"存经"名目增祀后苍之外，并以隋唐之际的王通与北宋初年的胡瑗进祀孔庙。二者于儒学承先启后的贡献，促成"明道之儒"自立门户而不复依傍于"传经之儒"之下。而其学术去取标准，程朱色彩十分鲜明：不止前述蔡元定，因佐其师朱熹解经，允得入祀"启圣祠"③，致连王通、胡瑗先代前贤，咸得"断以程朱之说"，方允从祀庙廷④。

本来有宋一代适值经学、道学未分之际，从祀之儒"传经"兼具"明道"，二者并不细分。朱熹便是个中最佳典范。唯胡瑗著述固少，今以德性践履从祀，此例一开，"立德"优于"立言"，"明道之儒"有凌驾"传经之儒"的趋势。

同理，朱熹的论敌陆九渊，随于同年因行人薛侃之请，进祀孔庙。陆氏入祀较诸朱氏迟近三百年之久，足见陆学之隐晦。嘉靖九年，陆氏缘王守仁弟子薛侃之请，从祀孔廷。这象征了道学的分化。顾炎武观察入微，曾为评道：

---

① 张璁：《谕对录》，卷二二，页9下。

② 张璁：《谕对录》，卷二二，页10下—11上。

③ 蔡元定从祀为桂萼之兄桂华之议，并付于张璁附奏。见桂萼《桂文襄公奏议》（乾隆二十七年），卷八，页17下。

④ 张璁：《谕对录》，卷二二，页12下。

嘉靖之从祀，进欧阳修者为大礼也，出于在上（世宗）之私意也。进陆九渊者，为王守仁也，出于在下（儒臣）之私意也[1]。

顾氏之论确一针见血。陆氏得以从祀，既替心学的拓展建立了一处稳固的滩头堡，且为后来王阳明的从祀打了一场成功的前哨战。

在为陆氏敦请祀命的上疏之中，薛侃为陆氏争正统的意图相当明显。他说道：

孟子没而学晦，至宋周敦颐、程颢追寻其绪，陆九渊继之，心学复明[2]。

王守仁曾以"圣人之学，心学也"许陆氏[3]，故薛氏以"心学"标示陆学一脉。薛氏语及北宋学统，仅及大程而略小程，对陆王一系绝非偶然。他们深悉陆氏不契伊川之学，甚以"蔽固深"讥刺小程子[4]，而后者正是朱熹生平所宗，这种壁垒分明的宗派意识日后益形加剧。

王守仁生前坚信，朱熹与陆九渊虽所学若有不同，要皆不失为"圣人之徒"。他曾为陆学的处境抱不平，遂有感而发言道：

顾（朱）晦庵之学，既已若日星之章明于天下；而（陆）象山独蒙无实之诬，于今且四百年，莫有为之一洗者。使晦庵有知，将亦不能一日安享于庙庑之间矣[5]。

王氏至誓言"欲冒天下之讥，以为象山一暴其说，虽以此得罪，无恨"[6]。观此，薛侃推举陆氏从祀，意在完成令师未竟之志。

---

[1] 顾炎武：《原抄本顾亭林日知录》卷一八，页 432。

[2] 薛侃之疏收入潘相《曲阜县志》。卷二九，页 17 下。薛氏之疏恐是误系嘉靖八年，观其内容应属九年之事，另立"三氏学"亦是九年之事。见《明世宗实录》。

[3] 王守仁：《王阳明全集》（上海，上海古籍出版社，1992），卷七，页 245。

[4] 陆九渊：《陆九渊全集》，卷三四，页 413。

[5] 王守仁：《王阳明全集》，卷三一，页 809。

[6] 王守仁：《王阳明全集》，卷三一，页 809。

薛氏复将陆氏久久未得从祀之因，归诸"畚岁尝与朱熹论说不合"，故受其徒排挤为禅①。可是薛氏的说辞，除了透露历史上朱学之盛，并未尝理出陆氏少立文字方是潜存的主因。为了抗衡朱熹大量的著述，尤其经解部分，陆氏门徒屡劝陆氏何不著书立说，陆氏反云："六经注我，我注六经。"②显见陆氏重视"身教"远胜于"言教"，所以他自信满满地说："若某则不说一个字，亦须还我堂堂地做个人。"③但陆氏罕著述的事实，终使他在历史上屈居下风。嘉靖从祀，"立德"克服了"立言"，使得"著述"暂居第二义。

然而就在同疏之中，薛侃所推荐的陈献章则无此幸运。其间"著述多寡"成了从祀关切的焦点，薛氏必得曲予维护。他言道：

> （陈氏）博而能约，不离人伦日用而见鸢飞鱼跃之机。虽无著述，其答人、论学等书已启圣贤之局钥④。

既然"答人、论学等书"不算"著述"，"著述"指的必是"解经的文字"。嘉靖九年，陈氏未得从祀，此恐是主因。

倘以陈氏之例，衡诸薛瑄从祀始末，其演变将愈形显豁。自成化年间，有人提请从祀朱学矩矱薛瑄始，至穆宗隆庆五年（1571）止，呼吁薛氏入祀孔廷，绵延及于百年之久⑤，而著述太少亦始终是薛氏从祀失败的主因。例如，孝宗弘治元年（1488），杨士奇以其"无著述"阻之⑥。但薛氏本来即标榜：

> 自孝亭以还，斯道已大明，无烦著作，直须躬行耳⑦。

事实上，薛瑄尚著有《读书录》二十卷，嘉靖十九年（1540），廷议薛瑄从祀事宜，儒臣唐顺之便援此为薛氏辩护道：

---

① 潘相：《曲阜县志》，卷二九，页 17 下。
② 陆九渊：《陆九渊集》，卷三四，页 399。
③ 陆九渊：《陆九渊集》，卷三五，页 447。
④ 潘相：《曲阜县志》，卷二九，页 17 下。
⑤ 李之藻：《泮宫礼乐疏》，卷二，页 24 上。
⑥ 李之藻：《泮宫礼乐疏》，卷二，页 16 下。
⑦ 张廷玉：《明史》，卷二八二，页 7229。

（薛）瑄所著《读书录》且十余万言，固濂洛关闽之绪而《六经》之旨也，其为著述亦已繁①。

然这番辩护仍无法杜悠悠之口，反对者说："瑄于《六经》少所著述，宜不得祀典。"② 另一为薛氏辩护的儒臣徐阶亦承认："瑄所著止《读书》一录，未能释然于罕所著述之疑。"③ 可见所谓"著述"必须是"解经文字"，其他则一概不予考虑。否则无由理解弘治年间，杨士奇竟然无视于《读书录》，而以"无著述"阻薛氏从祀。

是故，嘉靖十九年的廷议，虽然大多数儒臣支持薛氏从祀孔庙，世宗仍裁决："公论久而后定，宜候将来。"④ 但唐顺之为薛氏所设的辩词显示，陆九渊罕著述、重践履的典范已逐渐获致认可。唐氏借重嘉靖九年进陆氏、黜马融之先例，辩道：

自古儒者说经之多，莫如马融；其体认本心，绝不肯为《六经》注脚者，莫如陆九渊⑤。

但在嘉靖从祀，却一进一黜若此。当时徐阶亦有同感，他坦承"论著述，九渊实不如马融之多"，然而"论践履，马融固不如九渊之正"⑥。他且申言之：

圣门之学，重践履而轻文词；贵身心而贱口耳。回之如愚，世所短也，孔子亟称之；赐之博学多识，世所尚也，孔子屡抑之⑦。

徐氏隐然以薛氏比附毫无著述的颜子，并诉诸孔子元圣的爱恶，其谋以"立德"取代"立言"用心至苦。直到穆宗隆庆五年，薛瑄才获入祀孔庙，再次

---

① 唐顺之：《荆川先生文集》（台北．台湾商务印书馆，四部丛刊影印明刻本），《外集》，卷一，页367下。

② 唐顺之：《荆川先生文集》，《外集》，卷一，页367下。

③ 徐阶：《世经堂集》（康熙二十年刊），卷六，页43下。

④ 黄彰健校：《明世宗实录》，卷二三五，页3上。

⑤ 唐顺之：《荆川先生文集》，《外集》，卷一，页367下。

⑥ 徐阶：《世经堂集》，卷六，页45下。

⑦ 徐阶：《世经堂集》，卷六，页44上。

证明"立德"凌驾"立言"之上。时儒瞿九思言道：

> 凡诸儒之学，所以学为圣贤，必其学已得正传，可以受承道德，方可列于孔庙，以为圣人之徒[1]。

换言之，从祀标准"必先论其行，后论其书"。因此他列举从祀要件，首及"德行"，次及"经术"，末方及"世代"[2]。实有见于该时文庙祀典的动向。

万历十二年（1584），神宗下诏廷议陈献章、胡居仁、王守仁从祀。朱门学者沈鲤，时为礼部尚书则主张独祀居仁[3]。大学士申时行仍请并祀三人，故特为献章、守仁申辩。首先，他反驳对陈、王二氏的指控，谓陈、王"各立门户，离经叛圣如佛、老、庄、列之徒"，并点出"守仁言致知，出于《大学》，言良知本于《孟子》；献章主静，沿于宋儒周敦颐、程颢"，二者均祖述经训，羽翼圣真[4]。

申氏申辩道，未必著述方为有功圣门。他特别强调躬行实践的重要，至言：

> 圣贤于道，有以身发明者，比于以言发明，功尤大地[5]。

守仁从祀，似对程朱学者造成莫大压力，所以申氏方举孔庙祀典原有朱、陆并祀前例，以祛除崇王废朱的疑虑，他力言："道固互相发明，并行而不悖。"[6]申氏的申诉获得神宗的同情，随即下诏以陈、胡、王三氏一体并祀。这意谓着"学术三分天下"的来临。

按明代学术之分，自陈献章、王守仁始。宗献章者曰"江门之学"，宗守仁者曰"姚江之学"，居仁则墨守程朱一系。《明史·儒林传》中："嘉（靖）、

---

① 瞿九思：《孔庙礼乐考》，卷五，页33上—33下。

② 瞿九思：《孔庙礼乐考》，卷五，页46上。

③ 李之藻：《泮宫礼乐疏》，卷二，页24下。

④ 黄彰健校：《明神宗实录》，卷一五五，页5上。

⑤ 黄彰健校：《明神宗实录》，卷一五五，页5上。王守仁门徒似恐王氏受罕著述之累，急着编纂王氏全集出版。参见 Hung-Lam Chu, The Debate Over Recognition of Wang Yang-ming, *Harvard Journal of Asiatic Studies*, vol. 48,No.1,June,1988, pp. 47—70。

⑥ 黄彰健校：《明神宗实录》，卷一五五，页5下。

隆（庆）而后，笃信程、朱，不迁异说者，无复几人矣。"① 这一段话自是针对新学流行而发，但基本上，朱学并未失去官学的优势地位。

唯儒臣始荐陈、王二氏从祀，距二儒生时均不逾四十年②，可见新学传布既广且速。尤其王氏生前饱受"伪学"之累，屡遭压抑。身后犹一度经历权相张居正厉禁讲学之制，以致无由从祀。然而张氏过世不久，王氏旋与陈献章同上孔廷。

要言之，万历从祀，新学崛起，代表道学多元化。整体而言，"明道之儒"有替代"传经之儒"之势。明中叶徐阶的言辞，恰可资印证。他说：

> 六经之道，具在人心；六经之文坦然明白。纵无训诂，岂遽失传③？

这种藐视注疏的心态只能出现在理学大放光明的时代。

始自南宋末年，熊鉌首倡议立新"五贤祠"，以崇祀周、程、张、朱五贤，并取代旧有荀、扬诸贤。依熊氏之见，此不唯"大明洙泗之正传，亦以一洗汉唐之陋习"④。熊氏且认为，祀典上，道学五先生"直可以继颜、曾、思、孟之次，配食夫子"。熊氏之后，拟以道学五贤超越汉、唐从祀之儒的呼声即此起彼落。有明一朝，更是屡见不鲜⑤。最典型的例子，莫如瞿九思所言：

> "四配"譬之，则孔子之长男；"十哲"譬之，则孔子之中男；周、程、朱最后出，譬之，则孔子之少男⑥。

而汉、唐诸儒竟不与孔子之宗传。

明亡之前——崇祯十五年（1642），除因左丘明曾亲授经于孔子而改称为

---

① 张廷玉：《明史》，卷二八二，页 7222。
② 嘉靖九年，薛侃陈请陈献章（1428—1500）从祀，距生时仅三十年。隆庆元年，耿定向首为王守仁（1472—1528）请祀，距生时三十九年。耿定向：《耿天台先生文集》（台北，文海出版社，1970），卷二，页 11 上—13 下。
③ 徐阶：《世经堂集》，卷六，页 44 下。
④ 熊鉌：《熊勿轩先生文集》，卷三，页 34；卷四，页 49。
⑤ 例如弘治年间的杨廉、万历年间的唐伯元；参见张廷玉《明史》，卷二八二，页 7247、7257。甚有以周敦颐当跻于"四配"之列。见舒梓《阙里问答》（百陵学山），页 2 下。
⑥ 瞿九思：《孔庙礼乐考》，卷一，页 44 上。

"先贤"外，最值得注意的是称周、张、二程、朱、邵六子亦升为"先贤"，位七十子下，汉唐之儒之上①。嘉靖改制，唯有"四配"与"十哲"方尊为"先贤"，其他从祀者概以"先儒"称之。周敦颐诸儒由"先儒"进阶为"先贤"，实为理学地位的跃进。简而言之，由宋至明的孔庙从祀恰恰反映了"理学的黄金时代"。而崇祯改祀固将理学臻于巅峰。唯此时此刻宛如诗人所伤逝："夕阳无限好，只是近黄昏。"其灿烂夺目的荣耀迅即消逝。

随着明朝政权的溃亡，理学，尤其陆王一系，顿成众矢之的。顾炎武以王守仁的良知说譬之魏晋清谈，责备他"以一人而易天下"②。清初另一大儒王夫之亦将王学末流比诸"陆子静（九渊）出而宋亡"，其流祸相似③。程朱学者更是振振有词："明之天下不亡于寇盗，不亡于朋党，而亡于学术。"④ 而这里所谓的"学术"当然是指阳明末流的"异端邪说"了。

当时这类以王学肆行解释明亡的论调，颇为常见。所以程朱学者张烈更是大声挞伐："阳明一出而尽变天下之学术，尽坏天下之人心。"从而判定"阳明之出，孔、朱之厄"。欲罢黜王氏从祀而后已⑤。有清一代考证的开山学者阎若璩，亦以维护朱门自任，甚而扬言"欲近罢阳明，远罢象山"，最后致连居于两公之间的白沙（陈献章）亦难逃他的声讨之列⑥。而阎氏于康熙四十二年（1703）所撰的《孔庙从祀末议》适可看出清初康、雍、乾三朝文庙更制的线索，影响不可不谓深远⑦。

阎氏《从祀议》原先附载于氏著《尚书古文疏证》之后。但附录本与单行本互较，可以发现其中大有异同。最重要的差别是《从祀议》的单刊

---

① 张廷玉：《明史》，卷五〇，页1301。

② 顾炎武：《原抄本顾亭林日知录》，卷二〇，页539。

③ 王夫之：《船山遗书全集》（中华文化丛书，1972），《张子正蒙注》，卷九，页12上。清初朱门学者张烈亦谓："明之阳明，即宋之象山。"见张烈《王学质疑》（正谊堂丛书），《附录》，页2上。

④ 陆陇其：《三鱼堂文集》（台北，台湾商务印书馆，文渊阁《四库全书》本），卷二，页2下—3上。

⑤ 张烈：《王学质疑》，《附录》，页14上—14下。

⑥ 张烈：《王学质疑》，《附录》，页12下—14下。

⑦ 阎若璩：《孔庙从祀末议》（昭代丛书），页32下。

本——其子图欲上之朝廷以左右观听的本子，省略了罢黜陆王学者的文词[1]。这似乎有意迎合清朝统治者的文教策略。原来清初君主充分体认，孔庙祀典对于清朝统治的正当性多所助益；他们基本上不赞成打压陆王学派，不过，却借增祀程朱一系，以宣示本朝教化之盛。陆王学者便在清初危疑、动荡之际，幸而度过一劫。

康熙五十一年（1712），清圣祖下诏朱熹既为孔孟正传，宜跻孔庙"四配"之次。后缘李光地劝阻才使朱子退居"十哲"之末[2]。纵使如此，朱熹已跻身孔庙正殿，飞跃汉唐以下诸儒之上。圣祖之尊崇朱子必与其所重用的程朱理学名臣关系密切。前此，他还参预《朱子全书》《性理精义》的纂修[3]。康熙五十一年进祀朱子只能视作圣祖一生崇朱的总结。

雍正二年（1724），清世宗依廷议裁决：孔庙宜复祀林放、蘧瑗、秦冉、颜何、郑玄、范宁六人，增祀孔子弟子县亶、牧皮，孟子弟子乐正克、公都子、万章、公孙丑，汉诸葛亮，宋尹焞、魏了翁、黄幹、陈淳、何基、王柏、赵复，元金履祥、许谦、陈澔，明罗钦顺、蔡清以及本朝程朱大儒陆陇其，共二十人，张载之父张迪入祀"崇圣祠"[4]。这是唐代以下，孔庙最大规模的增祀举动。乾隆皇帝在为《世宗御制文集》作序时，特意指出乃父受圣祖感发，继志述事，以至文治茂隆。他称扬世宗道：

> 圣学高深，探性命之精，操治平之要，天德王道一以贯之，隆礼先师孔子，增祀先儒，右文重道之典，超越常制[5]。

① 阎若璩：《孔庙从祀末议》举凡建议八佾、十二笾豆于大学祭典，进有若为"十二哲"（另一哲公西华不遂行，后显为朱熹），孔子、孟子弟子或复祀、或入祀，进程朱学者、河间献王、诸葛亮、范仲淹等等，后世大多采行。其单刊本与附载《尚书古文疏证》的本子互有出入，可参较上引书，页3上—34下。

② 李清植：《文贞公年谱》（台北，广文书局，1671），卷下，页50上—50下。乾隆三年又以有若升配，成"十二哲"。见牛树海《文庙通考》（浙江书局，同治十年），卷一，页29上—29下。

③ 清圣祖：《御制文集第四集》（台北，台湾商务印书馆，文渊阁《四库全书》本），卷二二，页7上—13下。

④ 鄂尔泰监修：《大清世宗宪皇帝实录》（台北，华文书局，1964），卷二三，页24下。

⑤ 清高宗：《御制文集初集》（台北，台湾商务印书馆，文渊阁《四库全书》本），卷九，页9上—9下。

细绎雍正祀典所复祀的六位先儒，显然为纠正嘉靖改制而作。其中林放等四位经核实为孔子弟子，得以复祀。另外又考得县亶、牧皮为孔子弟子，崭新添祀。这种因考核所得的孔门弟子未来仍陆续发生[1]。

北宋以降，孟学一路攀升，虽道学趋于分化，犹稳居儒学宗传之首，迄清初，其地位未曾动摇。孟子四位高弟于宋政和五年或配享，或从祀新立的邹县孟子庙[2]。自是，与其师均沾殊荣，同祀孔庙。

而在雍正所增祀的儒者之中，程朱学派（由尹焞至陆陇其）竟居十三位之众，却独无一位陆王学者。使得朱学一洗明末衰颓之势，并与清初"返归程朱"的运动相互唱和[3]。而程朱一系从此成为官方思想的基调，许多历史上杰出的程朱学者均首度获得青睐，得以上祀孔廷。举其要若道光年间上祀的谢良佐，咸丰年间上祀的曹端，同治年间的吕柟，光绪年间的辅广、游酢、吕大临、陆世仪与张伯行等。但降至清下半叶，宋学趋于宽广，调和朱陆，或倾向陆王之学亦有入选者，例如道光三年（1823）从祀的汤斌、道光七年（1827）的孙奇逢与同治二年（1863）的袁燮[4]。

在汉学方面，雍正祀典复祀了郑玄、范宁，颇有重立"汉帜"的味道。本来嘉靖改制，"传经之儒"纷纷遭受罢祀，后世即有人为之叫屈。万历年间的王世贞即不平：

先朝之黜汉儒，凛乎斧钺矣。夫卑汉者所以尊宋，而不知其陷宋儒于背本也。令训故之学不传，即明哲如二程、朱子，亦何所自而释其义乎[5]？

王氏固为复祀汉代经师请命，唯值理学日正当中之际，难获共鸣，故毫不起作用。

---

① 例如咸丰三年从祀的公明仪、七年从祀的公孙侨。

② 李心传：《建炎以来朝野杂记》（丛书集成初编），《乙集》，卷四，页 398；又陈锦《文庙从祀位次考》（光绪十二年），页 30 下—31 下。

③ 清初程朱学派的复振运动可略参考钱穆《中国近三百年学术史》（台北，台湾商务印书馆，1968），第六章；以及 Carsun Chang, *The Development of Neo-Confucian Thought* ( New York: Book Associates, 1962 ). vol. II. chapter 13.

④ 庞锺璐：《文庙祀典考》，卷四九，页 1406—1410、1422—1426；卷五〇，页 1482—1488。

⑤ 王世贞：《弇州山人四部稿》，卷一一五，页 7 上。

到了清初，朴学大师顾炎武首对"贞观从祀制"纯依"传注之功"定祀大加赞扬，并谓"深得古人敬学尊师之意"。他且申言，荀况、扬雄、韩愈"此三人之书虽合于圣人，而无传注之功，不当祀"①。至此，孔庙从祀似又回到贞观之制的起始点：以"传注"为"著述"的取舍标准。总之，顾氏对嘉靖改制——"以一事之瑕而废传经之祀"至表遗憾，遂有以下的评论：

> 弃汉儒保残守缺之功，而奖末流论性谈天之学，于是语录之书日增月益，而《五经》之义委之榛芜。自昺人之议从祀始也。有王者作，其必遵贞观之制乎②！

雍正或许正应验了顾氏期待已久的"王者"，其复祀郑玄、范宁当稍可慰藉顾氏九泉之灵，况且该时一体从祀的朱门学者，尚不乏经学卓然有成的专家（例如魏了翁、王柏、陈澔、赵复，等等）。雍正虽对廷议所上的经师，或以"未为纯儒"（戴圣、何休），或以"仅守一家言"（郑众、卢植、服虔）驳回所请③，但他复祀了郑玄、范宁，实已为考证学风预留伏笔。

而清代末叶承乾、嘉余绪，从祀了毛亨（同治二年，1863）、许慎（光绪元年，1875）、刘德（光绪二年，1876）、赵歧（宣统二年，1910）。毛亨、赵歧各以对《诗经》《孟子》的训诂驰名，而许氏更以"《五经》无双许叔重"望重士林④，其获从祀本不足为奇。唯河间献王刘德因修学好古，实事求是，"首开献书之路"，对搜寻、保存古经有绝大奖掖之功。刘氏之获选从祀，应是时儒对其支持考证者有所感念而致。光绪四年（1878），朱门学者张伯行得以从祀，或亦基于相似原因⑤。

以上诸儒入祀孔庙无疑各具时代意涵，但就从祀制而言，雍正从祀引进了一个崭新的从祀范畴——'行道之儒'，对后世颇有影响。这个范畴的具体

---

① 顾炎武：《原抄本顾亭林日知录》，卷一八，页431。
② 顾炎武：《原抄本顾亭林日知录》，卷一八，页431—432。末句"其乱遵贞观之制乎"之"乱"字有误，取黄汝取《日知录集释》（台北，世界书局，1968），卷一四，页349。
③ 鄂尔泰监修：《大清世宗宪皇帝实录》，卷二〇，页20上。
④ 孙树义：《文庙续通考》，页1上—4上。
⑤ 孙树义：《文庙续通考》，页37上—64上。考证与社会制度的关系可参阅 Benjamin A. Elman. *From Philosophy to Philology*（Cambridge and London: Harvard University Press, 1984），chapters 3、5.

化身便是诸葛亮。依阎若璩的意见，诸葛亮之所以应从祀的理由，仍不脱朱学之余荫。原来《近思录》末卷所列十六位圣贤，除却诸葛氏之外，均曾从祀①。但是诸葛氏于此时此刻获祀孔庙，远非《近思录》所云"诸葛武侯有儒者气象"一语足以道尽②。

明季之乱迫使儒者重视治世之业。当时已有人提议从祀先儒必得"入而有得于道统之微，出而有裨于治统之实"，而"非独取专门著述，高谈性命者"③。于诸葛亮、陆贽、范仲淹等有事功的历史人物遂成从祀的热门人选。瞿九思亦主张"凡议从祀，只当论他是仁与不是仁，全不必论他讲学与不讲学"④，他抨击理学家：

不以天下国家为意，则曰纸上闲言，岂可以开物成务⑤？

瞿氏推许诸葛亮"庶几均国家之仁"，并及其他经世名臣⑥。

然而身为有明理学殿军的刘宗周，虽目睹时事之危，却依旧不为外物所动，坚持从祀之典："正主其学，而有功于吾道"，而"有功于吾道，则有功于天下万世"，切不可以"功能"为从祀之考虑⑦。刘氏高弟黄宗羲对其师的人品、学问无不佩服之至，唯独从祀一事却不敢苟同。

黄氏对理学家主张"从祀者辨之于心性之微，不在事为之迹"，深不以为然。他指陈儒者之业，"盖非刊注《四书》，衍辑《语录》，及建立书院，聚集生徒足以了事"⑧。黄氏力主诸葛亮，以及唐之陆贽、宋之韩琦、范仲淹、李纲、文天祥，明之方孝孺皆得从祀。他所持的理由为：

---

① 荀况、扬雄均曾入祀孔庙，后方遭罢祀。

② 朱熹编：《近思录》，卷一四，页332。

③ 黎景义：《文庙从祀议》，收入《广东文征》，卷一七，页149上。

④ 瞿九思：《孔庙礼乐考》，卷五，页22上—22下。

⑤ 瞿九思：《孔庙礼乐考》，卷五，页27下。

⑥ 瞿九思：《孔庙礼乐考》，卷五，页21上—22上。瞿氏并言："汉唐以来，凡定从祀，必须讲学者然后得与。虽世称韩、范、富、欧为五百年名世，文天祥精忠亮节，卓冠千古，亦以未曾立名讲学，不敢轻议。"

⑦ 刘宗周：《刘子全书》（台北，华文书局，无出版日期），卷九，页5上—5下。

⑧ 黄宗羲：《黄宗羲全集》（杭州，浙江古籍出版社.1985），第一册，页193。

此七公者，至公血诚，任天下之重，矻然砥柱于疾风狂涛之中，世界以之为轻重有无，此能行孔子之道者也①。

黄氏身受亡国之痛，有此议论，当可理解。康熙五十四年（1715），清廷以宋臣范仲淹从祀。始于道德、学问之外，兼取经济非常之才②。首开以"立功"从祀的实例。

本来雍正二年，廷议所上的从祀名册，诸葛亮之外，尚包括陆贽与韩琦，可是雍正皇帝受囿于传统以道学从祀的成见，予以剔除。雍正对陆、韩氏的从祀资格颇有疑问，他坚称：

至若唐之陆贽、宋之韩琦，勋业昭垂史册，自是千古名臣。然于孔孟心传，果有授受，而能表扬彰翼冀乎③？

然而，雍正只能一时，却不能永久阻止陆、韩二氏入祀孔庙。清代下半叶，内忧外患，战乱频繁，社会失序，清朝国势已岌岌可危，真可说是遭遇"两千年未有之变局"。国家亟求治世名臣以应世变，此一迫切心态见诸孔庙，便是陆贽（道光六年，1852）、李纲（咸丰元年，1851）、韩琦（咸丰二年，1852）之允获从祀，借以讽励非常之材。而国难频深，忠贞气节尤在褒奖之例，于是刘宗周（道光二年，1822）、黄道周（道光二十三年，1843）、陆秀夫（咸丰九年，1859）、方孝孺（同治二年，1863）诸殉难完节者均获登孔廷④。

但道光以下，一连串地从祀名臣，不意间造成国家祭祀系统的混淆。咸丰十年（1860），朝廷已发现，"近来每以忠臣、义士、循吏、名臣率请祔祀"，稍滋冒滥⑤。而这些受荐者常已享祀"昭忠祠""名宦乡贤祠"，至如李纲、文天祥更已配享京师的"历代帝王庙"⑥。所以为了厘清祭祀系统，朝廷

① 黄宗羲：《黄宗羲全集》，第一册，页193。
② 牛树海：《文庙通考》，卷四，页4下。
③ 鄂尔泰监修：《大清世宗宪皇帝实录》，卷二〇，页20上。
④ 庞锺璐：《文庙祀典考》，卷四九、五〇。
⑤ 庞锺璐：《文庙祀典考》，卷五〇，页11上。
⑥ 庞锺璐：《文庙祀典考》，卷五〇，页11上。

再三申命：

> 从祀文庙，应以阐明圣学，传授道统为断。……其余忠义激烈者，即入祀昭忠祠；言行端方者，入祀乡贤祠；以道事君，泽及民庶者入祀名宦祠。概不得滥请从祀文庙。其名宦贤辅已经配享历代帝王庙者，亦毋庸再请从祀文庙，以示区别①。

清廷并将此一决议纂入则例，永远遵行。既然清廷规定"立功"之臣不得从祀文庙，代之而起则是倡导经世之学的大儒。光绪三十四年（1908），清廷终于排除抗清的忌讳，把清初三大儒——王夫之、黄宗羲、顾炎武送入孔庙，以奖励经世有用之学②。

民国八年（1919），北洋政府复以讲求"六府""三事""三物"实用之学的颜元、李塨师徒从祀孔庙③。颜氏之学素以身教、行事为重，颇有"返本主义"的倾向。他对宋儒袖手谈心性的作风极端厌恶，甚谓："必破一分程、朱，始入一分孔、孟。"④他成学之后，悟到"夫子之道在夫子之身""学者学夫子之身"以淑世有为，而"夫子之学"反倒是细枝末节，无关宏旨。在《曲阜祭孔子文》中，颜氏勾勒了对孔子之道切身的体会，并百般嘲讽孔庙从祀诸儒。他言道：

> 群祝师圣……配哲在侧，七十云从，世又益之公羊，后苍以下至周、程、邵、朱、薛、陈、胡、王各派，绵连动百千计，吾子徒益众哉！注解讲读，立院建坛，家咿啊，人占毕，启口诗书，拈笔文墨，吾子之道孔明哉！某窃悲盈世尊夫子之名，而未尊夫子实；盈世号夫子之徒，而夫子未受一徒也；

---

① 庞锺璐：《文庙祀典考》，卷五〇，页11上—11下。
② 奕劻：《奏为遵议先儒从祀》，收入《光绪朝军机档案》（台北"故宫博物院"）。本来清廷对黄宗羲、王夫之反清言论仍有疑虑，后得旨一体从祀。
③ "六府"与"三事"出自《尚书·大禹谟》，谓即"水、火、金、木、土、谷"与"正德、利用、厚生"。"三物"则出自《周礼·大司徒》，谓"六德"：知、仁、圣、义、忠、和；"六行"：孝、友、睦、姻、任、恤；"六艺"：礼、乐、射、御、书、数。颜元以行事为重，谓："（宋儒）集汉晋释道之大成则可，谓是尧舜周孔之正派，则不可。"见颜元《颜元集》（北京，中华书局，1987），页427。
④ 颜元：《颜元集》，页774。

盈世明夫子之道，而夫子之道久亡也①。

但就在颜氏对"学"极尽讽刺之能事之后，他与学生李塨却以其"学"，而非以其"行"，在距今最近的一次从祀中获充入祀孔庙。这岂非历史的一大反讽！

## 六、结论

传统社会的儒生相信："从祀大典，乃乾坤第一大事。"② 直至清亡之前，这种意念仍然萦绕在读书人的脑海里。一位自号"梦醒子"的文人竟还说道：

人至没世而莫能分食一块冷肉于孔庙，则为虚生③。

可见从祀孔庙的象征意义深烙人心。

析言之，孔庙从祀制即是儒家道统的制度化。清梁廷枏说得好："道"本空虚无形之物，寄于圣贤之身，则有形。有形故曰"统"④。无可否认的，上古原无弟子从祀于师之礼，孔庙从祀较之他礼，实属后起。孔子之徒得以附祀，显然肇自"徒以师为贵"的道理。依传统的说法则是：

孔子有功万世，宜飨万世之祀；诸儒有功孔子，宜从孔子之祀⑤。

依此，弟子从祀实衍生自孔子之祀。

其次，后儒如何方算有功于孔子呢？明儒程敏政的解答颇为扼要，他说：

诸儒从祀于孔门者，非有功于斯道不可，然道非后学所易知也，要必取证于大儒之说，斯可以合人心之公⑥。

---

① 颜元：《颜元集》，页520。
② 瞿九思：《孔庙礼乐考》，卷五，页45下。
③ 刘大鹏：《晋祠志》（太原，山西人民出版社，1986），页201。
④ 梁廷枏：《正统道统论》，收入吴玉臣辑录《广东文征》，卷三一，页88。
⑤ 黄彰健校：《明神宗实录》，卷一五五，页4下。
⑥ 程敏政：《篁墩文集》，卷一〇，页12下—13上。

换言之，道本非易知，必须经过历代大儒不断地再阐释、再发扬，方能为后人所理解，也方能亘古常新、与时俱进。

然而人言纷纭，何取何从呢？统治阶层（人君与士大夫）恒求从祀制稳定可循，以便齐治教，定于一。乾隆皇帝就对孔庙从祀变动频繁，大感不耐。他批评道：

（从祀）率议更张，忽进忽退，忽东忽西，成何政体①！

他且认为：

两庑从祀诸人，累朝互有出入，盖书生习气，喜逞臆断而訾典章；就其一偏一曲之见，言人人殊②。

乾隆把从祀之变动看成是因儒生个人喜好所致，但事实上从祀亦多援"廷议"以汇集共识。明嘉靖十九年，礼部复薛瑄从祀议即指出"廷议"的功能：

古今祀典重事，必下廷议，集众思，斯于事体为得③。

大体而言，议祀本诸"众言折诸圣人，议礼本诸天子"的成规④。

雍正曾以文庙从祀，关系学术人心，典至慎重，致要臣下折衷尽善，"庶使万世遵守，永无异议"⑤。但事实上，儒生好以自己对"学"的理解当作圣人的意思，故即使"众言折诸圣人"，而圣人面貌人言言殊，因此，仅能求一代之同，而不能奢望万代皆同。然而，也正因儒生只能求一代之同，所以从祀制正可相当忠实地反映儒家主流思想的动态。从祀制复代表儒家整体意义的结构，常牵一发而动全身。大至从祀判准的更制，小至个别的进退往往导致从祀制不同的组合与调适，而新进的从祀经常返照旧有的序义。譬如颜

① 庞锺璐：《文庙祀典考》，卷一，页17下。
② 庞锺璐：《文庙祀典考》，卷一，页17上。
③ 秦蕙田：《五礼通考》，卷一二〇，页52下。
④ 秦蕙田：《五礼通考》，卷一二〇，页53下。
⑤ 鄂尔泰监修：《大清世宗宪皇帝实录》，卷二〇，页19下—20上。

元、李塨的附祀，不但丰富了儒家思想的资源，并且彰显了儒家"实学"的意义①。

此外，从祀一事原非"学术"单一面相足以涵盖。上至朝廷尊荣，下迄儒生利益无不牵涉其中。因朝廷好借从祀以示文治之隆，所以也常造成朝代之间的竞争。以薛瑄从祀为例，当时儒臣均以明儒未有从祀为虑。杨瞻的《从祀真儒以光圣治疏》即透露了此一忧虑，他除了称许薛氏为"本朝理学一人"，并言道：

> 宋有天下未及三百年，得入孔庭者凡一十三人。我国家兴道致治百七十年于兹矣，未有一人从祀者②。

杨瞻因此仰望皇上以"理学之主"自任。杨氏之言绝非孤例，当时唐顺之便同声附和道：

> 明兴且二百年，弦歌之化畅乎远近，竖子皆知诵法孔氏；而壁宫之侧，至今无一人得俎豆其间者，非所以鼓士气而彰圣朝棫朴之盛也③。

唐氏尚取元朝从祀许衡之例以相激，至言道：

> 元之世，且推其臣许衡而从祀焉。我明乃无一人之几于衡者，其不然矣④！

隆庆年间王世贞甚至以当时明儒独无从祀者为朝廷之过错⑤。

相对的，清廷则以从祀者众而自鸣得意⑥。清人虽是外来政权，却对儒家

---

① "实学"的涵义请参考冈田武彦《宋明的实学及其源流》，收入《唐君毅先生纪念论文集》（台北，台湾学生书局，1983）、页233—268。
② 杨瞻从祀疏收入《薛瑄全集》，下册，页1634。
③ 唐顺之：《荆川先生文集》，《外集》，卷一，页367上。
④ 唐顺之：《荆川先生文集》，卷一，页367上。
⑤ 王世贞：《弇州山人四部稿》，卷一一五，页5下。
⑥ 庞锺璐：《文庙祀典考》，卷五〇，页23上。

文化颇为娴熟。清初君主大肆提升孔庙礼仪，而清代末叶（从道光二年刘宗周从祀，迄宣统二年刘因从祀为止），在短短不到九十年之间，竟连下从祀诏达二十二次之多，为历史上所仅见，从祀者则有三十一位之众。整个清代从祀制通采"有则加勉"的政策，致无一人遭受贬祀。另一方面，清廷垄断孔庙礼仪却极为彻底，孔氏后裔孔继汾因整理孔氏家仪，所述礼议与《大清会典》不符，惨遭整肃，处境悲凉 ①。乾隆时，一位致仕居家的官员，妄为其父请祀孔庙，竟罹死罪，家产同遭籍没 ②。这充分显现人君掌控孔庙祀典的决心。

从祀者因具有儒道正统的地位，官学经遂经常取资于从祀者的著作，这便攸关学校教育、科考内容。南宋初年，杨时拟罢祀王安石，去新学，立刻引来久习新学诸生的围殴 ③。又南宋宁宗时，朝廷申严道学之禁，有人便借机投诉："三十年来，伪学显行，场屋之权，尽归其党。" ④ 这种指控在北宋五子入祀之后，便戛然而止。从祀恰似一道最好的护身符。官学与从祀的关系复如影随形，明代江门学者唐伯元，素恶阳明新学，他在所上的《石经疏》中将上述纠结，表达得淋漓尽致。他说：

> 《朱注》之失未远也，如其不为新学所夺也，臣固以无论也；新学之行未甚也，如其不为朝廷所与也，臣亦可以无忧也。今者守仁祀矣，赤帜立矣，人心士习从此分矣 ⑤。

因此，可以了解从祀一事为何是儒家必争之地。

作为政治教育与学术的一个交集，从祀制可视为近人津津乐道的"文化霸权"理论的古典例子，但这只能就政治、教育、学术三种力量汇合的情况而论。事实上，弱势学术团体常能忍受政治打压，获得伸展，这在孔庙从祀史上屡见不鲜，例如，洛学、朱学、王学在不同时代皆曾被冠以"伪学"之

---

① 孔德懋：《孔府内宅轶事》（天津，天津人民出版社，1982），页30—32。

② 《清代文字狱档》（台北，华文书局，1969），第六辑，《尹嘉铨为父请谥并从祀文庙案》。

③ 佚名：《靖康要录》，卷六，页11下。

④ 冯琦：《宋史纪事本末》，卷八〇，页874。

⑤ 唐伯元：《醉经楼集》（"中研院"史语所傅斯年图书馆收藏，朱丝栏抄本），《奏疏附刻》，页20下—21上。

名，迭受压制。日后凭借"学术说服力"，终能获得朝廷认可，荣登孔廷，蔚为"斯道正统"。足见学术仍有其自主性，不得一概而论。

总之，历代孔庙从祀制无疑均是一部钦定官修儒学史，十足体现历史上儒学的正统观。由于儒生强调"道统于一，祀典亦当定于一"[1]，使得历代从祀制与道统思想彼此对应，而不同时代的从祀制恰好代表不同的圣门系谱，其中包含了丰富多变的学术讯息，值得我们细心解读。

然而从祀资料的有效性，必得审慎界定，始能发挥最佳效益。由于每一从祀原则上必须符合"万世""天下"公论，是故先天上便不能反映"一时"、"一地"的特殊性。以明清之际的地方性学者唐甄为例，其思想固不乏时代意义，却难登大雅之堂。又朝廷绝难容忍存有颠覆性质的思想。是故，明末泰州学派流行虽广，且分布及于妇女、劳工阶层，但从官方的观点，何心隐、李贽永远是异端，与孔庙从祀渐行渐远。

最后，从祀制所依据的是道统的论述。像明末清初费经虞与费密父子以解构"道统"为务，他们的思考既与从祀的理据相矛盾，那么他们自然与从祀无缘[2]。

**附记** 拙文承蒙陈弱水、王汎森两位学兄订正，谨此致谢。

（原载《新史学》，第 5 卷，第 2 期，1994 年）

---

① 熊钰:《熊勿轩先生文集》，卷四，页 50。

② 费密:《弘道书》，《统典论》。

## 附录：孔庙从祀表（迄民国八年）

## 四配

### ［东配］

| 称　谓 | 时　代 | 从祀时间 |
|---|---|---|
| 复圣颜子（回） | 东周 | 至迟东汉 |
| 述圣子思子（孔伋） | 东周 | 宋大观二年（1235 年） |

### ［西配］

| 称　谓 | 时　代 | 从祀时间 |
|---|---|---|
| 宗圣曾子（参） | 东周 | 唐开元八年（720 年） |
| 亚圣孟子（轲） | 东周 | 宋元丰七年（1084 年） |

## 十二哲

### ［东哲］

| 称　谓 | 时　代 | 从祀时间 |
|---|---|---|
| 先贤闵子（损） | 东周 | 唐开元八年（720 年） |
| 先贤冉子（雍） | 东周 | 唐开元八年（720 年） |
| 先贤端木子（赐） | 东周 | 唐开元八年（720 年） |
| 先贤仲子（由） | 东周 | 唐开元八年（720 年） |
| 先贤卜子（商） | 东周 | 唐贞观二十一年（647 年） |
| 先贤有子（若） | 东周 | 唐开元二十七年（739 年） |

[西哲]

| 称　谓 | 时　代 | 从祀时间 |
|---|---|---|
| 先贤冉子（耕） | 东周 | 唐开元八年（720年） |
| 先贤宰子（予） | 东周 | 唐开元八年（720年） |
| 先贤冉子（求） | 东周 | 唐开元八年（720年） |
| 先贤言子（偃） | 东周 | 唐开元八年（720年） |
| 先贤颛孙子（师） | 东周 | 唐开元二十七年（739年） |
| 先贤朱子（熹） | 东周 | 宋淳祐元年（1241年） |

## 先贤、先儒

[东庑先贤] 共40人

| 称　谓 | 时　代 | 从祀时间 |
|---|---|---|
| 公孙侨 | 东周 | 清咸丰七年（1857年） |
| 林　放 | 东周 | 唐开元二十七年（739年） |
| 原　宪 | 东周 | 唐开元二十七年（739年） |
| 南宫适 | 东周 | 唐开元二十七年（739年） |
| 商　瞿 | 东周 | 唐开元二十七年（739年） |
| 漆雕开 | 东周 | 唐开元二十七年（739年） |
| 司马耕 | 东周 | 唐开元二十七年（739年） |
| 梁　鳣 | 东周 | 唐开元二十七年（739年） |
| 冉　孺 | 东周 | 唐开元二十七年（739年） |
| 伯　虔 | 东周 | 唐开元二十七年（739年） |
| 冉　季 | 东周 | 唐开元二十七年（739年） |
| 漆雕徒父 | 东周 | 唐开元二十七年（739年） |
| 漆雕哆 | 东周 | 唐开元二十七年（739年） |
| 公西赤 | 东周 | 唐开元二十七年（739年） |
| 任不齐 | 东周 | 唐开元二十七年（739年） |
| 良　孺 | 东周 | 唐开元二十七年（739年） |
| 公肩定 | 东周 | 唐开元二十七年（739年） |

续表

| 称　谓 | 时　代 | 从祀时间 |
|---|---|---|
| 鄡　单 | 东周 | 唐开元二十七年（739 年） |
| 罕父黑 | 东周 | 唐开元二十七年（739 年） |
| 荣　旂 | 东周 | 唐开元二十七年（739 年） |
| 左人郢 | 东周 | 唐开元二十七年（739 年） |
| 郑　国 | 东周 | 唐开元二十七年（739 年） |
| 原　亢 | 东周 | 唐开元二十七年（739 年） |
| 廉　洁 | 东周 | 唐开元二十七年（739 年） |
| 叔仲会 | 东周 | 唐开元二十七年（739 年） |
| 公西舆如 | 东周 | 唐开元二十七年（739 年） |
| 邦　巽 | 东周 | 唐开元二十七年（739 年） |
| 陈　亢 | 东周 | 唐开元二十七年（739 年） |
| 琴　张 | 东周 | 唐开元二十七年（739 年） |
| 步叔乘 | 东周 | 唐开元二十七年（739 年） |
| 秦　非 | 东周 | 唐开元二十七年（739 年） |
| 颜　哙 | 东周 | 唐开元二十七年（739 年） |
| 颜　何 | 东周 | 唐开元二十七年（739 年） |
| 县　亶 | 东周 | 清雍正二年（1724 年） |
| 牧　皮 | 东周 | 清雍正二年（1724 年） |
| 乐正克 | 东周 | 清雍正二年（1724 年） |
| 万　章 | 东周 | 清雍正二年（1724 年） |
| 周敦颐 | 宋 | 宋淳祐元年（1241 年） |
| 程　颢 | 宋 | 宋淳祐元年（1241 年） |
| 邵　雍 | 宋 | 宋咸淳三年（1267 年） |

［东庑先儒］共 39 人

| 称　谓 | 时　代 | 从祀时间 |
|---|---|---|
| 公羊高 | 东周 | 唐贞观二十一年（647 年） |
| 伏　胜 | 汉 | 唐贞观二十一年（647 年） |
| 毛　亨 | 汉 | 清同治二年（1863 年） |

续表

| 称　谓 | 时　代 | 从祀时间 |
|---|---|---|
| 孔安国 | 汉 | 唐贞观二十一年（647 年） |
| 毛　苌 | 汉 | 唐贞观二十一年（647 年） |
| 杜子春 | 汉 | 唐贞观二十一年（647 年） |
| 郑　玄 | 汉 | 唐贞观二十一年（647 年） |
| 诸葛亮 | 三国 | 清雍正二年（1724 年） |
| 王　通 | 隋 | 明嘉靖九年（1530 年） |
| 韩　愈 | 唐 | 宋元丰七年（1084 年） |
| 胡　瑗 | 宋 | 明嘉靖九年（1530 年） |
| 韩　琦 | 宋 | 清咸丰三年（1853 年） |
| 杨　时 | 宋 | 元至正十九年（1359 年） |
| 谢良佐 | 宋 | 清道光三年（1823 年） |
| 尹　焞 | 宋 | 清雍正二年（1724 年） |
| 胡安国 | 宋 | 元至正十九年（1359 年） |
| 李　侗 | 宋 | 元至正十九年（1359 年） |
| 吕祖谦 | 宋 | 宋景定二年（1261 年） |
| 袁　燮 | 宋 | 清同治七年（1868 年） |
| 黄　幹 | 宋 | 清雍正二年（1724 年） |
| 辅　广 | 宋 | 清光绪三年（1877 年） |
| 何　基 | 宋 | 清雍正二年（1724 年） |
| 文天祥 | 宋 | 清道光二十三年（1843 年） |
| 王　柏 | 宋 | 清雍正二年（1724 年） |
| 刘　因 | 元 | 清宣统二年（1910 年） |
| 陈　澔 | 元 | 清雍正二年（1724 年） |
| 方孝孺 | 明 | 清同治二年（1863 年） |
| 薛　瑄 | 明 | 明隆庆五年（1571 年） |
| 胡居仁 | 明 | 明万历十二年（1584 年） |
| 罗钦顺 | 明 | 清雍正二年（1724 年） |
| 吕　枏 | 明 | 清同治二年（1863 年） |
| 刘宗周 | 明 | 清道光二年（1822 年） |

| 称 谓 | 时 代 | 从祀时间 |
|---|---|---|
| 孙奇逢 | 明 | 清道光七年（1827 年） |
| 黄宗羲 | 明 | 清光绪三十四年（1908 年） |
| 张履祥 | 清 | 清同治十年（1871 年） |
| 陆陇其 | 清 | 清雍正二年（1724 年） |
| 张伯行 | 清 | 清光绪四年（1878 年） |
| 汤 斌 | 清 | 清道光三年（1823 年） |
| 颜 元 | 清 | 民国八年（1919 年） |

### ［西庑先贤］共 39 人

| 称 谓 | 时 代 | 从祀时间 |
|---|---|---|
| 蘧 瑗 | 东周 | 唐开元二十七年（739 年） |
| 澹台灭明 | 东周 | 唐开元二十七年（739 年） |
| 宓不齐 | 东周 | 唐开元二十七年（739 年） |
| 公冶长 | 东周 | 唐开元二十七年（739 年） |
| 公皙哀 | 东周 | 唐开元二十七年（739 年） |
| 高 柴 | 东周 | 唐开元二十七年（739 年） |
| 樊 须 | 东周 | 唐开元二十七年（739 年） |
| 商 泽 | 东周 | 唐开元二十七年（739 年） |
| 巫马施 | 东周 | 唐开元二十七年（739 年） |
| 颜 辛 | 东周 | 唐开元二十七年（739 年） |
| 曹 卹 | 东周 | 唐开元二十七年（739 年） |
| 公孙龙 | 东周 | 唐开元二十七年（739 年） |
| 秦 商 | 东周 | 唐开元二十七年（739 年） |
| 颜 高 | 东周 | 唐开元二十七年（739 年） |
| 壤驷赤 | 东周 | 唐开元二十七年（739 年） |
| 石作蜀 | 东周 | 唐开元二十七年（739 年） |
| 公夏首 | 东周 | 唐开元二十七年（739 年） |
| 后 处 | 东周 | 唐开元二十七年（739 年） |
| 奚容蒧 | 东周 | 唐开元二十七年（739 年） |

续表

| 称 谓 | 时 代 | 从祀时间 |
|---|---|---|
| 颜 祖 | 东周 | 唐开元二十七年（739 年） |
| 瞿井疆 | 东周 | 唐开元二十七年（739 年） |
| 秦 祖 | 东周 | 唐开元二十七年（739 年） |
| 县 成 | 东周 | 唐开元二十七年（739 年） |
| 公孙句兹 | 东周 | 唐开元二十七年（739 年） |
| 燕 伋 | 东周 | 唐开元二十七年（739 年） |
| 乐 欬 | 东周 | 唐开元二十七年（739 年） |
| 狄 黑 | 东周 | 唐开元二十七年（739 年） |
| 孔 忠 | 东周 | 唐开元二十七年（739 年） |
| 公西葴 | 东周 | 唐开元二十七年（739 年） |
| 颜之仆 | 东周 | 唐开元二十七年（739 年） |
| 施之常 | 东周 | 唐开元二十七年（739 年） |
| 申 枨 | 东周 | 唐开元二十七年（739 年） |
| 左丘明 | 东周 | 唐开元二十七年（739 年） |
| 秦 冉 | 东周 | 唐开元二十七年（739 年） |
| 公明仪 | 东周 | 清咸丰三年（1853 年） |
| 公都子 | 东周 | 清雍正二年（1724 年） |
| 公孙丑 | 东周 | 清雍正二年（1724 年） |
| 张 载 | 宋 | 宋淳祐元年（1241 年） |
| 程 颐 | 宋 | 宋淳祐元年（1241 年） |

[西庑先儒] 共 37 人

| 称 谓 | 时 代 | 从祀时间 |
|---|---|---|
| 谷梁赤 | 东周 | 唐贞观二十一年（647 年） |
| 高堂生 | 汉 | 唐贞观二十一年（647 年） |
| 董仲舒 | 汉 | 唐贞观二十一年（647 年） |
| 刘 德 | 汉 | 清光绪二年（1876 年） |
| 后 苍 | 汉 | 明嘉靖九年（1530 年） |
| 许 慎 | 汉 | 清光绪元年（1875 年） |

| 称　谓 | 时　代 | 从祀时间 |
|---|---|---|
| 赵　歧 | 汉 | 清宣统二年（1910 年） |
| 范　宁 | 晋 | 唐贞观二十一年（647 年） |
| 陆　贽 | 唐 | 清道光六年（1826 年） |
| 范仲俺 | 宋 | 清康熙五十四年（1715 年） |
| 司马光 | 宋 | 宋咸淳三年（1267 年） |
| 游　酢 | 宋 | 清光绪十八年（1892 年） |
| 吕大临 | 宋 | 清光绪二十一年（1895 年） |
| 罗从彦 | 宋 | 明万历四十一年（1613 年） |
| 李　纲 | 宋 | 清咸丰元年（1851 年） |
| 张　栻 | 宋 | 宋景定二年（1261 年） |
| 陆九渊 | 宋 | 明嘉靖九年（1530 年） |
| 陈　淳 | 宋 | 清雍正二年（1724 年） |
| 真德秀 | 宋 | 元至正十九年（1359 年） |
| 蔡　沈 | 宋 | 元至正十九年（1359 年） |
| 魏了翁 | 宋 | 清雍正二年（1724 年） |
| 赵　复 | 元 | 清雍正二年（1724 年） |
| 金履祥 | 元 | 清雍正二年（1724 年） |
| 陆秀夫 | 宋 | 清咸丰九年（1859 年） |
| 许　衡 | 元 | 元皇庆二年（1313 年） |
| 吴　澄 | 元 | 明正统八年（1443 年） |
| 许　谦 | 元 | 清雍正二年（1724 年） |
| 曹　端 | 明 | 清咸丰十年（1860 年） |
| 陈献章 | 明 | 明万历十二年（1584 年） |
| 蔡　清 | 明 | 清雍正二年（1724 年） |
| 王守仁 | 明 | 明万历十二年（1584 年） |
| 吕　坤 | 明 | 清道光六年（1826 年） |
| 黄道周 | 明 | 清道光五年（1825 年） |
| 王夫之 | 清 | 清光绪三十四年（1908 年） |
| 陆世仪 | 清 | 清光绪元年（1875 年） |

| 称　谓 | 时　代 | 从祀时间 |
|---|---|---|
| 顾炎武 | 清 | 清光绪三十四年（1908 年） |
| 李　塨 | 清 | 民国八年（1919 年） |

上表依据牛树海《文庙通考》（同治十一年）、孙树义《文庙续通考》（1934）与骆承烈、郭克煜的《孔子故里胜迹》（济南，齐鲁书社，1990，页94—101），修订而成。

# 十一　孔庙的解构与重组：转化传统文化所衍生的困境

## 寂寥的两岸孔庙

已故的名汉学家李文逊（Joseph R. Levenson）曾经提出一个耸动一时的看法，他认为近代中国知识分子其实在理智上已经跟"传统文化"疏离了，但感情上却仍旧依附着"中国的过去"。对这些人而言，"传统文化"顶多像博物馆的木乃伊，仅有美感价值，而毫无实际用途。

这样的观点，对文化保守主义者自然显得荒谬至极。但若以孔庙祭祀制度作为传统文化的例子，其际遇之悲惨，有逾于李氏之论点。不止知识分子，连社会大众，在理性与感情上咸加排斥，即使自命维护儒家思想不遗余力的当代新儒家，亦只敢高谈危微精一的"仁"，而不敢奢言文质彬彬的"礼"，岂非忘记孔子所谓"仁"，需"克己""复礼"互济，方能一日天下归仁？（《论语·颜渊》）古代儒家原本极具历史意识的，但今之儒家似乎甘愿划地自限，成为历史的一部分，以致难对现实世界起些微作用，更遑论经国济民了。

其实，在传统中国，或更精确地说，帝制时代，孔庙释奠礼无疑是国家祭典最重要的项目之一。论其施行之历史、遍布之地域，其他祭典或宗教礼仪，皆无法望其项背。

然而时至今日，无论海峡两岸，这个祭祀传统不是成为存古的装饰品（台湾），即沦为新兴市场经济的商品（大陆）。一位曾经任教南台湾高等学府的文科同事告诉我，十数年来，他虽与台南孔庙毗邻而居，却鼓不起一丝兴趣，踏进孔庙一步。这种冷漠感并非罕例。1992 年 9 月，个人前往曲阜考察阙里孔庙的见闻，亦可作为佐证。于此之前，先参观了杭州灵隐寺，那天并非特殊节日，然游客之多，绝对称得上人潮汹涌，寺内香烟袅绕，顶礼膜拜，令人动容。反观孔庙，游客稀落；大成殿设置的捐献箱，无情地反映了孔庙的商品价值。

有意思的是，孔墓（孔林里）之前，虽不乏来去匆匆的观光客，间或有拍照者，但绝无行礼之事。停留墓园近个把小时，唯一行礼的，只有笔者一人。居间，笔者的举动，还引起旁观者的骚动，导游友人甚至颇感尴尬，谓："一鞠躬可也，何至于三！"要之，"三鞠躬"已致如此，"三跪九叩"的古礼想必益发惹人哗然失笑。其实笔者对孔墓致敬纯粹出于对古代文明集大成者的景仰之情，别无他意。事后得知，"文革"期间即有人因向孔墓行礼，而遭罗织入罪，惨受批斗，闻之不觉悚然。

### 孔庙兴衰与政治宰制

倘若检视孔庙发展史，"政治"这股势力正是主导其兴衰的决定因素。即使以"新文化运动"著称的"五四"，其掺杂的政治考虑亦显而易见。"五四"针对袁氏复辟及效从者（若张勋等）滥用儒家文化象征，例如祭孔的憎恶，进而导致反对一切攸关孔庙的文化，这种连锁反应是可以理解的。而"政治"这个因素，适与孔庙之起伏相始相终，这无异提供了孟子所谓"赵孟能贵之，赵孟能贱之"的最佳历史见证。

传统上，孔庙本来即列为国家祀典的官庙系列。孔庙从汉初由家庙、祠堂的性质，转为官庙开始，统治者的政治力量即不断介入其中。在历史宗教之中，孔庙作为儒家官方的祭祀系统，有两点特别引人注意：（一）维持"万世一系"的奉祀者长达两千多年，历代爵称不一，但名目上就是孔子的嫡裔子孙。（二）孔庙遍布各州县，其释奠主祭者按例由地方长官出任。除阙里孔庙之外，京师孔庙更具有独特的政治宣示作用。

由于原初的孔庙（阙里）拥有家庙兼官庙的双重性格，是故，奉祀者必得与孔子具有血缘关系。根据史书的记载，汉末，奉祀孔裔已国绝失传，然而后来的人君，为了维持此一传统，不得不透过"访求"或"议立"的方式，刻意塑造"万世一系"的圣裔，以维持祭孔的正当性。

迄东汉之末，孔庙祭祀仅局限于孔子故乡——阙里一隅。但意外地，北方，包括曲阜沦入胡人之手，为了祀孔，南方王朝只得在京师另起炉灶，从此开启孔庙向外地拓殖的契机。经过南、北政权竞立孔庙，驯至大唐帝国统一全国之后的贞观四年（630），太宗下诏州、县学皆作孔子庙。这是官方由上至下推行孔庙祭祀制度最彻底的举动。明代时，有人曾统计过孔庙竟达一千五百六十余处，这尚不包括域外之地，例如朝鲜、越南等。正由于挟帝国的力量，使得孔庙分布既深且广，此一优势使孔庙的普遍性凌驾于民俗庙宇之上（例如"妈祖庙"仅分布于东南沿海）。

统治者极力推行孔庙祭祀制度，当然因为孔子之教有益于安邦定国之计。这一点清朝的雍正皇帝有极切要的体认，他说：

> 若无孔子之教，则人将忽于天秩、天叙之经，昧于民彝物则之理；势必以小加大，以少陵长，以贱妨贵，尊卑倒置上下无等，干名犯分越礼悖义，所谓君不君，臣不臣，父不父，子不子。虽有粟，吾得而食诸？其为世道人心之害，尚可胜言哉？（庞钟璐《文庙祀典考》，卷一，页 12 上—12 下）

为了巩固有效的统治，"礼达而分定"的社会是必得加以肯定的。这适是儒教所能提供统治者最大的用处。是故，雍正毫不讳言：孔子之教"在君上尤受其益"。

而从现实政治的观点出发，一部孔庙发展史恰是统治者与儒生相互为用的写照。元代曹元用在《遣官祭阙里庙碑》将二者依存的关系，叙述得十分扼要，他说：

> 孔子之教，非帝王之政不能及远；帝王之政，非孔子之教不能善俗。教不能及远，无损于道；政不能善俗，必危其国。（孔贞丛《阙里志》，卷十，页 40 下）

"教不能及远，无损于道"想必是儒臣自贵之辞。曹氏之语最关键的在于点出"政不能善俗，必危其国"，从而肯定孔子之教对统治者的重要性，以及二者相辅相成之处。

始自汉代，孔庙领有官庙地位之后，其政治性格便一步一步地深化。这从分析参与祭祀者的成员立可清楚地反映出来；唐宋以后，孔庙主祭者无论上自天子、孔家圣裔，下至朝廷命官、地方首长，一律享有官方身份。即使是官学的儒生，亦只是参与典礼的陪祭者而已。普通老百姓，甚至闲杂人士，更不得随意参拜。所以孔庙对一般老百姓便显得"尊而不亲"了。

宋代有位儒臣，因辟雍甫成，请开学殿，使都人士女纵观，却大为士论所贬（脱脱《宋史》，卷三五一，页 301），可见孔庙的封闭性。又元朝有道诏令适足以说明孔庙独特的境况。这道诏令攸关曲阜庙学的复立，并特别指示有司"益加明洁、屏游观、严泛扫，以称创立之美，敬而毋亵神明之道"（袁桷《清容居士集》，卷三五，页 516）。足见"游观"孔庙均在禁止之列，遑论随意参拜了。明末朱国桢恭谒孔庙，亦云："入庙，清肃庄严，远非佛宫可拟。"（朱国桢《涌幢小品》，卷一九，页 3 上）朱氏的观感透露了孔庙的特质与普通庙宇颇有违异之处。这不禁提醒我们一桩趣事：明末散文家张岱，其进阙里孔庙，原来竟是"贿门者，引以入"（张岱《陶庵梦忆》，卷二，页 90）。可见进孔庙诚非大易事也。

## 孔庙冷落车马稀

关于孔庙与普通民众的距离，鲁迅有一段颇为传神的叙述。他说：

种种的权势者使用种种的白粉给他（孔子）来化妆，一直抬到吓人的高度。但比起后来输入释迦牟尼来，却实在可怜得很。诚然，每一县固然都有圣庙即文庙，可是一般的庶民，是决不去参拜的，要去，则是佛寺，或者是神庙。若向老百姓们问孔夫子是什么人，他们自然回答是圣人，然而这不过是权势者的留声机。（鲁迅《鲁迅全书》，《且介亭杂文二集》，页 316）

鲁迅之所以说权势者一直把孔子抬到吓人的高度，是着眼历史上的王朝往往以儒家思想作为治国的依据，统治者即使私有所好，譬如明朝嘉靖帝之于道教、清朝雍正帝之于喇嘛教，也只得行诸内廷，而非公诸天下。所以儒家作为经国济民的义理基础甚少动摇。职是之故，孔子形象不断升高，孔庙祀典亦循着水涨船高之理，历代迭有增益。

至于鲁迅言及人们少去孔庙参拜，衡诸眼前的事实，语必非假。个中原委极可能是孔子思想既缺乏"形而上"趣味，也找不到超越的"人格神"，又无"彼世"的宗教泊地。这种理性的人文主义或许可以满足儒生与统治阶层的集体意识，但就芸芸众生的心理需求而言，儒家思想在解释个人切身的苦难时，显得无能为力。因此一有困惑，只会想到求神问佛，也就是鲁迅所说，只会去佛寺、神庙，而不会去参拜孔庙。事实上，鲁迅所处的时代已是民国，孔庙早开放给民众参观，但人们依然沿袭旧社会的祭拜习俗，敬孔庙而远之，罕于涉足其间。

此外，在传统社会，与孔庙同属文庙系统的"梓潼祠""文昌庙"香火鼎盛，本无足为奇，但相形之下孔庙反见冷落，则甚值留意。梁启超在清末就慨然指出当时的学塾：

> 吾粤则文昌、魁星专席夺食，而祀孔子者殆绝矣！（梁启超《饮冰室文集》，《变法通议》，页 49）

梁氏又感叹道：

> 入学之始，（文昌、魁星）奉为神明，而反于垂世立教至圣之孔子，薪火绝续，俎豆萧条，生卒月日几无知者。（梁启超《饮冰室文集》，《变法通议》，页 49）

文昌、魁星向来认为是司命、司禄之神，与百姓有切身的关系；相较之下，孔子神格则显得遥远而漠糊。二者重要的差别可能在于，孔庙作为官方祀典，基本上是国家的宗教，而非个人的宗教。

"祭孔"如同"祭天"，是统治者的专利。在特别时期，是皇朝改朔易色或新王登基必行的象征仪式；在平时，则为国家春秋定期举行的常典。换言之，祭孔已成为帝国运行不可分割的一环，并非百姓得以"觊觎"。

随着清朝政权的崩溃，士人阶层瓦解，孔庙祭祀制度顿时失去体制的凭依，只得从原本政教一体的帝制分解出来，重新在现代社会寻求立足点。但回顾民国以来的历史，孔庙制度饱经冲击，迟迟难以定位；因此只得以"妾身未明"的状态，居处于社会的灰色地带。每年两岸只有在孔子诞辰举行祭孔典礼时，才稍稍唤起人们的记忆；节日一过，又在脑后。原因无他，孔庙在现代中国人的生活里已边缘化了，不再是新社会的政教核心。

### "去政治化"是再生的必要的程序

孔庙今日的境遇，表面上似乎可以"儒门淡泊，收拾不住"一语带过，但另一层原因可能出于长久凝塑的政治象征一时难以厘清，是故必得经过"去政治化"（de-politicizing）的程序，使得"政治归政治，文化归文化"，如此孔庙方能恢复本初的面目，以求在当今社会重新觅得文化定位。

要之，孔庙绝非仅是封建文化的残余物，以致在今日社会格格不入。只要放眼邻近的日本、韩国，仍视孔庙为重要的文化资源，因此并无上述尴尬的处境。所以孔庙如能经过政治净化的程序，甚至转成民间团体，必能重获定位，以融入现时的社会之中。

然而孔庙重获社会肯定，只是恢复文化运作的外缘要件而已。孔庙祭祀制度能否全面恢复，或必须加以局部改造，则是另一件必须思考的问题。例如，昔时孔庙礼典例由官吏主祭，在今日社会里，是否应由民间团体主其事，并鼓励民众多加参与，而成为具有文化意义的民间活动。这就关系儒家思想能否发挥往昔"大训生民，师范百王，仪轨千载"的作用。否则孔庙文化徒流于形式，不具有任何实质的社会意义。

此外，孔庙礼制的核心部分——"从祀制"，在旧时代，象征道统之赓续，官方因此奖掖右文，希望名儒辈出，进而身后入祀孔庙，增辉圣朝。但衡诸当前"道术为天下裂"，儒家思想是否稳居主流意识，不无疑问。更重要的是，目前文化趋势讲究的是多元发展，并尊重个体的歧异性。纵使退而求其次，儒家内部欲求得"至当归一，精义无二"的共识，亦非易事。问题的症结即出于，帝制时代里，重视的是正统思想的齐一性，孔庙从祀人选概由儒臣廷议，最终由最高政治权威——皇帝裁决。其过程审慎而漫长。从祀诸儒因"议久难定"，拖上数十年之久、历经数主方告底定，大有人在。然而处于当前，由谁来决定"道统"的性质或儒学的时代精神？又有谁足负社会的重托以审核或变动从祀人选？这的确费人心思。

另一方面，必须指出的是，孔庙实借着"从祀制"的运作以期与当代的儒学思想与时俱进，历久弥新。距今最近一次的从祀更动是民国八年颜元、李塨增祀孔庙，其意义在于反映当时讲求实学的思潮。但若就此维持祀制不变，则不啻认定民国八年的孔庙更置是儒学的"最终审判"，而得以亘古不变。然而孔庙从祀制却可能从此僵化，而欠缺时代意涵。举个例子来说，孔子明言："学而不思则罔，思而不学则殆。"（《论语·为政》）孔门本"学""思"并重，孟子、荀子各有所承。西汉以来，荀子之学兼具传经与传道之功，而明代中叶，缘心性之学盛行，荀子竟遭黜祀。以今日的观点度之，极为不妥。是故，荀子倘若得以复祀孔庙，即可代表时下的学风，而孔庙立可获得另一番新鲜活泼的意涵。

理论上，孔庙从祀诸儒的进退目的在于反映各个时代儒家主流思想的动态。就文化设计的立场，孔庙从祀制深具历史意识，因此若少却从祀制的运作，孔庙本身就隐没于历史之中，成为过去历史的记录。

套句莎士比亚《哈姆雷特》的语式，"举行或不举行孔庙从祀制，兹事体大"。毫无疑问，孔庙从祀制的恢复与否，对当代中国人在文化与心灵层面，都将是莫大的难题与考验；就在这里，我们亟待所谓真正"创造性的转化"出现。

最后，我想以主观式的随感，作为本文的结语。每回过目清代孔家七十三代衍圣公——孔庆镕的墨迹"守口不谈天下事，知心难得二三人"，总觉得其落寞之情溢于言表，实难想象这副对联出自一位享尽人间荣华富贵，且贵为"天下第一家"的主人之手。然而，今日我们重提孔庙的问题，并非为孔氏一家一姓着想，重要的是，我们如何面对传统文化及其所衍生的困境。

**附记**　拙文感谢沈松侨学兄的赐教。

（原载《当代》，第 86 期，1993 年）

## 参考书目

黄进兴：《权力与信仰：孔庙祭祀制度的形成》，《大陆杂志》，1993 年 5 月号。

黄进兴：《学术与信仰：论孔庙从祀制与儒家道统意识》，《新史学》，

1994 年 6 月号。

陈独秀:《独秀文存》，上海亚东图书馆。

鲁迅:《鲁迅全集》第六卷，北京，人民文学出版社，1989 年。

翟志成:《七十年代大陆"批孔运动"再评价》，收入氏著《当代新儒学史论》，台北，允晨文化公司，1993 年。

Tse-tsung Chow, "The Anti-Confucian Movement in Early Republican China," in Arthur F. Wright ed., *The Confucian Persuasion*, Stanford Uni-versity Press, 1960.

Joseph R. Levenson, *Confucian China and Its Modern Fate*,University of California Press, 1965.

Kam Louie, *Critiques of Confucius in Contemporary China*, Chinese University Press, Hong Kong, 1980.

# 三  理学、考据学与政治

## 十二  "朱陆异同"：一个哲学诠释（池胜昌译）

1175 年，朱熹（1130—1200）应吕祖谦之邀前往鹅湖会见陆九龄（1132—1180）、九渊（象山，1139—1192）兄弟。此行的目的在于调解双方分歧许久的哲学见解，结果引发一场辩论，辩论的主题成为理学思想史上的一个重要论题，而辩论本身对与会的学者和理学后学都饶富意义，颇值深入分析。

陆氏昆仲行前曾预先交换意见以求共识，结果长兄陆九龄赞同象山的见解，他还写了一首诗表达自己的观点：

孩提知爱长知钦，古圣相传只此心。
大抵有基方筑室，未闻无址忽成岑。
留情传注翻蓁塞，着意精微转陆沉。
珍重友朋相切琢，须知至乐在于今①。

然而象山对其兄诗中第二句"古圣相传只此心"略有不满，而在前往鹅湖的旅途上，象山也作了一首以为应答：

墟墓兴哀宗庙钦，斯人千古不磨心。
涓流滴到沧溟水，拳石崇成泰华岑。
易简工夫终久大，支离事业竟浮沉。

---

① 陆九渊：《陆象山先生文集》（李绂评点，金溪槐堂书屋刊本，1823），卷三四，页 49 上。

欲知自下升高处，真伪先须辨只今①。

陆氏兄弟见到朱熹时，轮番与之辩论，并提出这两首诗。据说朱熹闻之为之"失色"，但他仍与陆氏兄弟论列自己的观点。

当时，双方如何进行详细的论证，由于今日资料极为有限，已不能细究。但从日后朱、陆（尤其是象山）相互批评的情形看来，此会本欲达成思想交流的目的并未见成功。朱熹时时批评象山之学是禅学，或深染禅学色彩的儒学②；象山则反唇相讥，称朱熹的哲学是受道家影响的异端③。在宋代，所谓醇儒的主要职责就在于分辨儒学真义和佛道二氏的差别，朱陆的批评都意在羞辱对方，自居儒学卫道者的形象。

朱亨道目睹这场辩论，他回忆说："鹅湖之会，论及教人。元晦之意欲人泛观博览，而后归之约。二陆之意欲先发明人之本心，而后使之博览。朱以陆之教人为太简，陆以朱之教人为支离，此颇不合。"④这段陈述一直被视为了解朱陆异同的标准典范，它虽未免失之太简，但过去的八百余年，无数的学者沿用此一模式，认为朱熹学术主要是"道问学"，而陆象山则着重"尊德性"，例如当代学者徐复观所了解的朱陆异同虽较以前的学者细致，亦不过再提出一套传统典范的现代版本罢了。他用道德与知识的二分法，批评朱熹混淆了道德和知识两层次的问题⑤。然而，即使象山本人都自觉此说不足以服朱熹⑥，遑论那些执持康德哲学（Kantian Philosophy）以后才有的实然／应然严格二分的论证了。且让我们重建朱陆双方的原始论证，再回头探讨这些评论。

---

① 陆九渊:《陆象山先生文集》，卷三四，页49下。第二句"斯人千古不磨心"，其他版本中有作"斯人千载最重心"者，参看盛如梓《庶斋老学丛谈》（上海，商务印书馆，1941），页26。

② 黎靖德编:《朱子语类》（台北，正中书局影印明成化九年江西藩司复刊宋咸淳六年导江黎氏本，1962），卷一一六，页4460—4461；朱熹:《朱子文集》（四部备要本，上海，中华书局，1930，原题《朱子大全》），卷三五，页22上。

③ 陆九渊:《陆象山先生文集》，卷一五，页3下—5上。

④ 陆九渊:《陆象山先生文集》，卷三六，页18上。

⑤ 徐复观:《中国思想史论集》（台北，学生书局，1975），页37。徐复观先生晚年回顾他对朱熹的看法时，自承过于肤浅。这与许多事例显示他是一位很能自省的学人。参看《无惭尺布裹头归：徐复观最后日记》（台北，允晨文化实业股份有限公司，1987），页184。

⑥ 陆九渊:《陆象山先生文集》，卷三四，页37上。

　　首先，我要指明朱、陆的基本分别是在对于"心"的存有论地位持有根本不同的看法，其他的分别都从这个不同的看法衍生出来。

　　其实，朱熹对人心的了解，深受其宇宙论，尤其是"气"的观念的影响[①]，所以先讨论朱熹的宇宙论，才能全面地了解其以心为主的人性论。

　　朱熹曾论及天地的起源云：

　　天地初间只是阴阳之气。这一个气运行，磨来磨去磨得急了，便拶出许多渣滓。里面无处出，便结出个地在中央。气之清者，便为天、为日、为星辰，只在外常周环运转；地便只在中央不动，不是在下[②]。

他又说：

　　天地之间有理、有气也者，形而上之道也，生物之本也；气也者，形而下之器也，生物之具也，是以人物之生必禀此理，然后有性；必禀此气，然后有形[③]。

从以上引文可归结出四点：首先，气是构成宇宙万物的基本材质。第二，地虽然与日、月、星辰一样由气所构成，却不如它们那么纯粹。如果我们承认"清"是理学内部极有意义的规范标准，就得也承认天与其他星辰较地有更高的价值。第三，人与地上的万物亦是由气所构成。最后，理规范气的运作。但理并非独立存在的实体，它存在于气中，若无气，则理无所依附。朱熹认为"天下未有无理之气，未有无气之理"[④]。

　　朱熹为配合气的整体观念，称天地万物之理的总称为"太极"，与使之生生不息的历程具有无限可能的"无极"。"无极"的观念招致陆象山猛烈的抨击，象山不但质疑这个观念是否必要，更主张阴阳即为"形而上"，一如太极

---

① 在英语里，"气"常被译成 material force 或 vital force，甚至于 substance，都无法全然地表达气在中国哲学中的意义。木石由气所构成，而鬼神也是某种形式的气，因此气兼具精神与物理的特性。

② 黎靖德编：《朱子语类》，卷一，页 8。

③ 朱熹：《朱子文集》，卷五八，页 4 下。

④ 黎靖德编：《朱子语类》，卷一，页 2。

即为形而上者。象山认为"无极"具有浓厚的道家色彩，无法为真正的儒家宇宙论所容①。朱熹不顾反对，坚称"无极"在宇宙论上具有理论的必要性，而且阴阳属于"形而下"的范畴。朱熹并援引周敦颐（1017—1073）的《太极图说》支持自己的观念②。

而且，朱熹对理的性质的看法，极受佛教华严宗的影响，认为宇宙中的一切事物均具有一太极，而且有如"月映万川"一般，万物的理完全相同③。所以在理的层次中，吾人更能感受天地、生物和万物之为一体的和谐，只在气禀的层次上，万物方有种种的差异可言；换言之，就理而言，万物皆无不同，只缘气的禀受的不同，万物之间才有分别。在万物之中，人得"气之清"者，所以较能完全地体现天理，鸟兽由于气禀较浊，较难体现天理。所以鸟雀不知孝为何物，猪羊牲畜只能够充作祭祀的牺牲，牛仅会犁田，而狗仅能用于守卫。朱熹解释说：

> 以其理而言之，则万物一原，固无人物贵贱之殊。以其气而言之，则得其正者、通者为人，得其偏且塞者为物。是以或贵或贱而有不能齐者，盖以此也④。

由此观之，宇宙生物之中，人为最灵慧者，但个人之间仍然有禀赋的差异。气质的清浊不同，圣贤禀气最清，痴愚者最浊，芸芸众生则介乎两者之间⑤。为了解人何以有别于其他生物，我们还得讨论朱熹所理解的"心"的观念。

心是一身之主，它使人有别于其他生物，是"气之精爽"与"气之灵"⑥，虚灵为心之本体⑦。这些性质使心得以包含众理，应接万物。心是理与气的组合，它既然是气的体现，难免受气之渣滓的牵制，唯有圣人的禀气最清，其

---

① 陆九渊：《陆象山先生文集》，卷二，页 10 下—14 上。

② 朱熹：《朱子文集》，卷三六，页 7 下—10 下。

③ 黎靖德编：《朱子语类》，卷一八，页 640。并参看冯友兰《中国哲学史》（翻印本，无出版资料），页 902—903；侯外庐等《中国思想通史》（北京，人民出版社，1960），第四卷下，页 601。

④ 黎靖德编：《朱子语类》，卷四，页 94。

⑤ 李侗：《李延平集》（台北，台湾商务印书馆，丛书集成初编本），卷二，页 30。

⑥ 黎靖德编：《朱子语类》，卷五，页 138。

⑦ 黎靖德编：《朱子语类》，卷五，页 140。

心才与理为一①。凡夫俗子则不然。虽则常人之心亦有理，却不知此理自在心中，故须"功夫"与"涵养"以唤起理内在此心的觉识。要了解这点，我们须涉及朱熹毕生最复杂的思想变化，此变化又与他重建的"心""性""情"三方的关系息息相关。

朱熹对这三个基本概念的了解，经历绝大的变化。他在二十四岁时，曾拜访继承二程学说的学者李延平（1088—1163），向李氏问学。朱熹在拜见延平以前，甚受禅宗的影响。初次相会使朱熹颇为气馁，因为李延平并不欣赏他对禅宗的体悟，反倒劝朱熹阅读儒学经典，这平实的建议让朱熹怀疑李延平"理会此未得"②。但此后朱熹渐为经典的研究所吸引，而投向李延平的教法，然而他对李延平涵养的方法"默坐澄心"仍甚感未安于心，因为它与禅宗有些雷同③。直到朱熹三十一岁为止，他都未正式接受延平的学术，而李延平则在朱熹三十四岁时去世。

钱穆认为，作为朱熹的启蒙导师，李延平影响朱熹者有三：首先，他把朱熹的关怀引向人事；其二，李延平为朱熹指出研习经典的重要；最后则是理一分殊的观念④。朱熹自承在见李延平之前曾醉心浮华的空谈，直到受到李延平的影响后，才知道在分殊中见理一是何等的困难；他并认为这种察觉在分辨儒学与异端时十分关键⑤。这也说明何以朱熹的思想倾向于精细地研究种种问题。朱熹回忆说："李先生教人大抵会于静中体认大本。未发时气象分明，即处事应物自然中节。此乃龟山（杨时，1053—1135）门下相传指诀，然当时亲炙之时，贪听讲论，又方窃好章句训诂之习，不得尽心于此……辜负教育之意，每一念此，未尝不愧汗沾衣也。"⑥

其实，朱熹一直为心的体用关系应如何确定的问题，或者用墨子刻（Thomas A. Metzger）的用语言之，形而上界与经验世界应如何联系的问题所

---

① 黎靖德编：《朱子语类》，卷二七，页1098。

② 李侗：《李延平集》，卷三，页49。

③ 李侗：《李延平集》，卷三，页39。

④ 钱穆：《朱子新学案》（台北，三民书局，1971），第三册，页34—35。王懋竑：《朱子年谱》（台北，台湾商务印书馆，1971），页7—22。

⑤ 黎靖德编：《朱子语类》，卷一一七，页4498。

⑥ 朱熹：《朱子文集》，卷四〇，页8上。

困扰不已 ①。李延平去世后，朱熹仍未整理出一套思想轮廓以稳固地统整心的体与用的状态。

朱熹为达成上述目的，三十八岁时曾拜访当日湖湘学派的领袖张南轩（栻，1133—1180）②，几经切磋，张南轩"未发是性，已发是心"的说法说服了朱熹，他进一步在所谓"中和旧说"的论学书信中阐释这个观念，在此理论中朱熹暗示"察识"应先于"涵养"。

朱熹四十岁时，他的思想发生决定性的变化，在前一年他编修二程（程颢，1032—1085；程颐，1033—1107）的文集。据朱熹自言，此一戏剧性的转变就是阅读二程遗书的结果。在《与湖南诸公论中和第一书》里，朱熹说：

> 向来讲论思索，直以心为已发，而日用工夫亦止以察识端倪为最初下手处，以故阙却平日涵养一段工夫，使人胸中扰扰，无深潜纯一之味；而其发之言语、事为之间，亦常急迫浮露，无复雍容深厚之风。……程子所谓"凡言心者，皆指已发而言"，此乃指赤子之心而言，而谓"凡言心者"则其为说之误，故又自以为未当而复正之 ③。

朱熹后来采取张载（1022—1077）的观点，认为：性为心未发的状态，情则为心已发的状态。张载谓："心统性情。"④ 所以朱熹从此一直主张"性即理"与"性是人之所受"⑤，而情是心的具体呈现。由于心的构成中有浊而不清的部分，它显得骚乱不安，这样的心绝不同于陆象山以心为理的"心"。在朱熹的理论中，唯有未发之性才是与理合一的纯然至善。鹅湖之会，朱熹时年四十六，他早已摸索出这个新的见解。

因此，在朱熹看来，陆象山所谓"心即理"，无疑显示他无视于人由气所构成，而有气质之性的事实 ⑥。根据朱熹的说法，气质之性的观念是由张载和二程所提出的，对弥补孟子和荀子人性论的罅隙，有重大的贡献。由气所

---

① Thomas A.Metzger: Escape From Predicament（New York: Columbia University Press,1977）,pp.70–79.

② 湖湘学派是由张南轩的老师胡五峰（1100—1155）所创。

③ 朱熹:《朱子文集》，卷六四，页29上下。

④ 黎靖德编:《朱子语类》，卷六〇，页2258。

⑤ 黎靖德编:《朱子语类》，卷五，页134、133。

⑥ 黎靖德编:《朱子语类》，卷一二四，页4768。

形成的"气质之性"绝对不同于"天命之性"或"义理之性"，亦即理。孟子（前372—前289）说人性本善时，实指此"天命之性"；荀子谓人性本恶时，他只关注于"气质之性"。所以只要同时考虑性、气，即能全盘地了解人性①。朱熹含蓄地批评陆象山"心即理"之说，性无疑至善，但若不察觉气之作用，则不能了解何以世间会有种种相异，乃至不好的事物出现。反之亦然，如果仅执着于变化多端的现象，则不能明了在纷然万绪的现象后，有一共同之性，而且它是善的根源。因此，朱熹所谓的"性即理"实指"天命之性"而言，非"气质之性"。在这方面，朱熹极其明确地揭示其思想中的二元论成分，他在人性论中所显现二元论的倾向，远较其宇宙论中的二元论色彩来得浓厚。

朱熹既然坚信"心之理是太极"②，所以若说他的人性论是以心的理论为中心，应不为过。他又说："性是理；心是包含、该载、敷施、发用底。"③仅仅就理论言，这句话并不错，但唯有禀气特殊的圣人才能生而知之，心与理纯然为一；一般人则受浊而不清的气所困，不能立即体现天理于心。然而，常人之心仍不失为禀赋中最纯粹的部分，赋有察知天理的能力；换言之，人心所未觉知的天理，需由格物来获致。但这并不意味如此而得的理外在于人心，相反的，天理内在于人心，而且与外在事物之理绝无不同④。其实朱熹从来不怀疑宇宙中的万事万理之理全然相同，因为他相信"心之理是太极"⑤，而且"人人有一太极，物物有一太极"⑥。

朱熹认为寻求天理的最佳途径是研习以圣人言行作为基础的经典。圣人之心即是天理，学习经典的理由是因为我们心的气禀不同于圣人之心⑦。

鹅湖辩论之际，陆象山本要直率地追问朱熹："尧舜之前何书可读？"⑧但为九龄所阻。几年后，朱熹论及此云："未有文字之时，学者固无书可读，而中人以上固有不待读书而自得者。但自圣贤有作，道之载于经者详矣，虽孔

---

① 黎靖德编：《朱子语类》，卷五九，页2204—2205。

② 朱熹：《朱子文集》，卷七七，页6上。

③ 黎靖德编：《朱子语类》，卷五，页143。

④ 黎靖德编：《朱子语类》，卷一二，页613。

⑤ 黎靖德编：《朱子语类》，卷五，页137。

⑥ 黎靖德编：《朱子语类》，卷九四，页3765。

⑦ 朱熹：《朱子文集》，卷四二，页21上。

⑧ 陆九渊：《陆象山先生文集》，卷三四，页49下。

子之圣，不能离是以为学也。"① 朱熹的观点具有强烈的历史文化的含义，他认为孔子伊始，"学"，尤其是经典的研习，一直是求道的主要途径。但朱熹并非一味以古为是，他在回答学生的读书问题时说："固是要读书，然书上有底，便可就书理会；若书上无底，便着就事上理会。若古时无底，便就而今理会。"② 在处理古代典籍时，朱熹也素以怀疑精神著称，只是他恐怕若将这种精神推衍到极端，所有的重要经典都会被他说倒③。

陆象山所循的途径则大不相同。虽然经典的研习在象山的寻求天理的策略里，并非粉饰门面的手段而已，但个人的实践与体验却更加关键。他曾大胆断言："学苟知本，《六经》皆我注脚。"④ 他极为反对巨细靡遗的经典研习，认为许多学者由于过度强调经典的琐碎支离的研读，终究反为经典所束缚。象山还说："学者疲精神于此，是以担子越重，到某这里，只是与他减担。"⑤

有趣的是，朱熹与陆象山都在非常年轻时立志要成为圣人，两者皆有十分早熟的求知欲。朱熹自称五六岁时，就开始追问天以上为何物的宇宙论问题⑥。陆象山的早年也不时出现类似的问题，据说在他四岁时，就一再思考天地何所穷际，甚至于废寝忘食的地步⑦。然而他们的宇宙论和人性论却在往后的思想与人格的发展中，走向分歧的道路。

如前所述，朱熹承受了周敦颐、邵雍、张载等人的影响，综合他们的学说，建构一极具思想分析风格的庞大宇宙论，这种风格的宇宙论很能表现朱熹学术方法的特色，并且在他对认知的明确清晰，特别是语言表达的明确的关注上，尤为明显⑧。他回复陆九龄诗中的末四句亦甚能表达这种关怀：

旧学商量加邃密，新知培养转深沉，
却愁说到无言处，不信人间有古今⑨。

---

① 朱熹：《朱子文集》，卷四三，页 7 上。
② 黎靖德编：《朱子语类》，卷一四，页 423。
③ 钱穆：《朱子新学案》，第一册，页 181—182。
④ 陆九渊：《陆象山先生文集》，卷三四，页 1 上。
⑤ 陆九渊：《陆象山先生文集》，卷三五，页 15 上。
⑥ 王懋竑：《朱子年谱》，页 2。
⑦ 陆九渊：《陆象山先生文集》，卷三六，页 5 下。
⑧ 参较 Thomas Metzger,.*Escape From Predicament*（New York, 1977），pp.63–68.
⑨ 朱熹：《朱子文集》，卷四，页 10 上。

朱熹相信经由讨论与商榷，必能从种种的意见里得出正确的结论。

陆象山却循不同的道路来解决他所关切的问题。与朱熹的进路相较，陆象山显得极具整体体验（experientia holistic）的风格。某日他在书中读到"宇宙"二字，很为批注中的"上下四方谓之宇，古往今来谓之宙"所感动，因而写道："宇宙内事，乃己分内事；己分内事，乃宇宙内事。"[1] 他瞬即领悟天、地、人与万物均同处无垠之中。

陆象山不像朱熹运用许多气、太极、理等的观念，来处理宇宙根源的问题，他不用思想理解的方式处理宇宙根源的问题，而直接诉诸直觉与体验达到天人合一的境界。象山回答学生关于心、材、情等有何不同的问题时道：

> 如吾友此言，又是枝叶。虽然，此非吾友之过，盖举世之过。今之学者读书，只是解字，更不求血脉，且如情、性、心、材，都只是一般事物，言偶不同耳……不须得说，说着便不是，将来只是腾口说，为人不由己。若理会得自家实处，他日自明[2]。

陆象山整体体验的进路在这里发生作用。陆象山不十分信任语言的功用，他比较强调知识体验的一面，有位弟子曾要求象山传授孝悌忠信，竟遭象山斥责[3]。他认为讨论道德问题皆是虚说空谈，对那些潜心于浮夸理论的学者都深致怀疑，因为语言在这些情况下为人滥用败坏，终究与事实和实践了无相涉。他常常用"虚说""时文之见"批评这些学者[4]，甚至认为那些追求物欲的人，反而较沉迷于冠冕堂皇学说的人，更能够了解他的教法[5]。由于不断强调语言和知识的体验面，象山认为"虽千言万语，只是觉得他底，在我不曾添一些"[6]。无怪乎朱熹对思想论辩、典籍整理与注疏的高度兴趣，使他怀疑朱熹学术的起点就有误，因为朱熹可能陷于支离而不知根本的境地。象

---

① 陆九渊：《陆象山先生文集》，卷三六，页5下—6上。

② 陆九渊：《陆象山先生文集》，卷三五，页20上下。

③ 陆九渊：《陆象山先生文集》，卷三四，页22下。

④ 陆九渊：《陆象山先生文集》，卷三三，页6上、8上—10下；黎靖德编：《朱子语类》，卷一二四，页4756—4757。

⑤ 陆九渊：《陆象山先生文集》，卷三四，页6上。

⑥ 陆九渊：《陆象山先生文集》，卷三四，页9上。

山非常重视学问的"端绪"，若为学端绪有误，终究偏离正道、迷失于异端之林。

就此而言，朱熹的学说足为异端①。某次象山与弟子在月下散步，忽然喟然而叹："朱元晦（熹）泰山乔岳，可惜学不见道，枉费精神，遂自担阁，奈何？"②相对之下，象山对自己理解的道信心十足，声称"宇宙便是吾心，吾心即是宇宙"③。就此意义而言，心成为人与天地宇宙合一的焦点。因此，陆象山所持心的观念颇值加以审视，以期能理解朱、陆所理解的心到底差异何在。

陆象山的弟子虽曾经道出象山不喜欢谈论"性"的观念，然终究难免不只一次为人询及这个观念，象山只简捷地说："在天者为性，在人者为心。"④这证明陆象山如何一心致力于"心即理"之说，因为此说保证天之性与人之心等同的可能性。陆象山将人心与天性合而言之，不外是因为他认为："人心至灵，此理至明，人皆有是心，心皆具是理。"⑤人若不具此理于心，只因为人欲所困使然。就这点来说，朱熹指陆象山漠视气的作用，并不公允，其实象山并非不知浊气的负面作用，然而他认为浊气不能构成道德修为的重大障碍⑥。一如他所谓："义理之在人心，实天之所与，而不可泯灭者也。彼其受蔽于物而至于悖理违义，盖亦弗思焉耳。"⑦但是陆象山却从未明确地说明人欲到底从何而来。对他而言，恢复本心只需不时反省即可，理论并不重要。

朱熹却认为自省仅是迈向道德完善的第一步而已，"格物"是随后必要的下一步工作。在此朱熹抨击陆象山把握天理的方法过度主观，并且低估了浊而不清之气的负面作用；此浊而不清之气有如与生俱来的罪恶，需要以毕生的努力来克服或澄清，正心不但需要立志，更要不屈不挠的努力，迈向成圣的道路十分崎岖。朱熹回忆说，阅读《孟子》让他相信成圣不难，但不久

---

① 陆九渊：《陆象山先生文集》，卷三四，页11上。
② 陆九渊：《陆象山先生文集》，卷三四，页28下。
③ 陆九渊：《陆象山先生文集》，卷二二，页9上下。
④ 黎靖德编：《朱子语类》，卷一四二，页4762；陆九渊：《陆象山先生文集》，卷三五，页206。
⑤ 陆九渊：《陆象山先生文集》，卷二二，页10上。
⑥ 陆九渊：《陆象山先生文集》，卷一三，页1上—2下。
⑦ 陆九渊：《陆象山先生文集》，卷三二，页7上。

他就觉得并不容易<sup>①</sup>，他相信"這理固本有，用知方发得出来"<sup>②</sup>。可见，气的观念一直贯穿朱熹的宇宙论和心灵哲学，在其思想系统中扮演非常关键的角色。

相较之下，气就未在陆象山的思想里有那么大的分量。象山认为，心是道德发展的独特泉源，它与天理一致，所以在道德修为上，心是自足的。他给予心一个朱熹所不容许的转化力量，不像朱熹所谓的理在心中，心的自身就是天理。人所以变成邪恶腐化，只是因为丧失其本然的良知，所以唯一的要务就是立志"恢复"（朱熹或许会用"发觉"一词）原初的道德意识，如此即可以成圣。陆象山所谓的心是绝对的，而且始终如一。他宣称："心只是一个心，某之心，吾友之心，上而千百载圣贤之心，下而千百载复有一圣贤，其心亦只如此。"<sup>③</sup>这也说明何以他对陆九龄诗中的"古圣相传只此心"颇感不安，在这句诗里，圣人成为传心之介。

朱熹一如意料所及，在这方面与陆象山相持不下。从朱熹的观点看来，陆象山所传只是一己之心，非圣人之心；只是一己之见，非圣人之见<sup>④</sup>。朱熹认为应该追溯圣人立教的意图，进而从圣人的意图里，了解天理。职是之故，经典既是圣人言行的记录，就构成朱熹"格物"最重要的泉源。

陆象山虽未将读书从其寻求天理的途径里剔除<sup>⑤</sup>，但个人对于实事的理解体验却占更重要的地位。有人问他为何不著书立论，他回答说："《六经》注我，我注《六经》。"<sup>⑥</sup>对于象山，读书只是用以验证个人体验的手段而已。在这方面陆象山似乎是一较为独立的思想家。他勇于向子贡与子夏所传的"文"的传统提出挑战，因为它使学者分心于支节，而忽略孔子学说"一以贯之"的本义<sup>⑦</sup>。甚至，象山若发觉自己的体验与经书或圣人之言冲突，他会进而质疑经典和圣人的话，他说："自得、自成、自道，不倚师友载籍。"<sup>⑧</sup>道

---

① 王懋竑：《朱子年谱》，页 2。

② 黎靖德编：《朱子语类》，卷一七，页 613。

③ 陆九渊：《陆象山先生文集》，卷三五，页 19 下—20 上。

④ 朱熹：《朱子文集》，卷七〇，页 22 上下。此处朱熹批评他人的话，其实亦可通用于陆象山。参看钱穆《朱子新学案》，第三册，页 300—301。

⑤ 陆九渊：《陆象山先生文集》，卷三四，页 7 下。

⑥ 陆九渊：《陆象山先生文集》，卷三四，页 7 下。

⑦ 陆九渊：《陆象山先生文集》，卷三四，页 10 上下、20 下。

⑧ 陆九渊：《陆象山先生文集》，卷三五，页 43 上。

德的至善取决于立志为圣与自身真切地面对日用生活的世界，即使一字不识，仍可成为大丈夫[①]。

但是，客观与确实的顾虑却时时萦扰着朱熹。朱熹承认，如果他所体会的天理与经典不合，那么他绝不能安心[②]，寻求一个系统井然的程序，与以引导人们在心中发现天理，同时又能确定此天理为客观与确实，正是朱熹思想工作的当务之急。而此天理是否真实，则有待读书或格物，甚或双管齐下的验证了。

当然，陆象山也谈论这些问题。在回答格物问题时他仅引用孟子"万物皆备于我"[③]简略地说。这里所谓的"物"颇值深究一番。由于这句话没有很明确的上下文脉络，无法确知他是认为"物"的存有论基础根植于人心，或意指在知识论的意义下，心能够了解心中的物理。这笼统的话头若与朱熹所谓的"物"一相比较，其意涵就比较显豁了。在朱熹这方面，心涵具与外物之理完全相同的理；外物因有气之禀赋，故自有其存有论的实体基础。然而，许多学者倾向认为陆象山极有可能从认识论的基础转向存有论的基础，以使其心的自足圆满获得更有力的支持。然而，这与象山素来关怀的问题并不相符。固然在存有论的问题方面，他无法同意朱熹对"阴阳"地位的见解，但两人的人性论都共有宇宙论的基础，他们都预设在由阴阳之气所构成的天地和人物之间具有连续性，而孟子所谓"尽其心者，知其性也，知其性则知天矣"[④]是理所当然的。对两者而言，天均是外在于人心，理应为人所了解并引以为规范的最高实体。因此，这里所谈的心，并不仅只是一个别的心，对象山而言，无论一物所具的存有论实体基础为何，一旦面对普遍的心或个别的心，它就具有某种程序的实在可言；所以毫无疑问，陆象山确实察觉了外物为客观的存在。

其实，陆象山简捷地认为天理即是此心，而且学源于心，因为此心能够把天理扩充到万事万物。他说："万物森然于方寸之间，满心而发，充塞宇宙，无非此理。"[⑤]

① 陆九渊：《陆象山先生文集》，卷三五，页 24 上。
② 朱熹：《朱子文集》，卷四二，页 20 上下。
③ 陆九渊：《陆象山先生文集》，卷三五，页 14 上。
④ 朱熹：《四书集注·孟子》（台北，学海出版社，1982），页 187。
⑤ 陆九渊：《陆象山先生文集》，卷三四，页 43 上。

陆象山与弟子李伯敏论格物的一段对话，亦可间接地证明这一个看法。李伯敏说："天下万物不胜其繁，如何尽研究得？"象山回答道："万物皆备于我，只要明理。"[①]这若非表示人能在心中发现万物之理，即意味人具有足以体会外在万物之理的认知能力。如果考虑陆象山学术一贯的内向进路，第一个解释似乎比较合理。朱氏的一位学生即指出，陆氏不取伊川格物之说。若以为随事讨论，则精神易弊，不若但求之心，心明则无所不照[②]。对象山而言，朱熹的错误就在于求天理于外物，而不反求之于心。

如此可见朱、陆的宇宙论歧见也延伸到他们的人性论上。陆象山坚持阴阳与太极皆是"形而上"，这样"心即理"的学说就更具有存有论上的力量。由于心由"阴阳"构成，而理就是太极，故心与理皆是形而上者，并且两者完全相同，所以朱熹用以沟通"心"与"理"距离的"性"，陆象山就认为是多余的观念，莫怪乎象山的弟子会说象山不喜言性[③]。相较之下，朱熹必须强调阴阳属于"形而下"，方能支持其"性即理"的学说。根据他的说法，心与性分属形而下与形而上的范畴，绝不是如陆象山所谓的是完全相同的概念。

我们强调朱熹的人性论深受其宇宙论的影响时，尤其是受其气的观念的影响时，并不意味陆象山对于宇宙论就了无兴趣。我们只是认为朱、陆间的宇宙论歧异，或许揭示其各自的独特哲学类型风格：一方强调思想分析，另一方则重视整体的体验。

此外，陆象山所给予心的内容和力量超越了朱熹所能容许的范围，所以，他们所持的心的观念，亦在存有论上有所分别。冯友兰认为朱、陆所理解的心完全相同，显然是个误解[④]。象山所谓的心，不论就其禀赋或潜能而言，都是超越时空且普遍的心。他宣称："东海有圣人出焉，此心同也，此理同也。西海有圣人出焉，此心同也，此理同也。南海、北海有圣人出焉，此心同也，此理同也。千百世之上至千百世之下，有圣人出焉，此心此理，亦莫不同也。"[⑤]他所理解的心缺乏朱熹理解的心所具有的历史与文化的要素。

---

① 陆九渊:《陆象山先生文集》，卷三五，页 14 上。

② 黎靖德编:《朱子语类》，卷一八。

③ 黎靖德编:《朱子语类》，卷一二二，页 4762。并参看《宋元学案》（台北，河洛出版社，1975），卷六九，页 73。

④ 冯友兰:《中国哲学史》，页 94○。

⑤ 陆九渊:《陆象山先生文集》，卷三六，页 5 下—6 上。

朱熹素来被视为集北宋五子学术之大成的学者，他的学术包袱远比陆象山来得沉重 ①。朱熹必须涉足其思想前驱所触及的种种领域，并将所有的课题首尾一贯、互相呼应地涵盖在自己的体系中。大体来说，朱熹确实完成了这个艰巨的任务，气的观念贯串其宇宙论与人性论而无矛盾扞格。陆象山的情况则相反，一切都从自学而得。他很自负地说孟子以后，只有自己使天道重现天日 ②，而所学乃读《孟子》自得之，连朱熹都坦承不知陆象山的师承为何 ③。

在结束本文前，我想简短地评论学者对于"朱陆异同"的看法。徐复观等指责朱熹混淆道德和知识的领域，其实是一误解。对朱熹而言，自然、天地或者宇宙皆是由气之清者所构成，在道德规范上，他们值得我们去效法学习。既然理一而分殊，事物纵使微如草芥，依然含具理于其中。基本上，穷理须研究宇宙中的万物，所以朱熹认为人必须了解天地之理，甚至草木虫鱼之名 ④。他所主张的理，本质上是规范性意义的理，并非现代经验论意义下的描述性之理。换言之，真正的理贯串了自然和人文的世界，无所谓实然和应然的分别。

此外，立志追求道德的至善的努力既已起始，道德意识与格物穷理即构成一辩证的关系，任一方的功夫都加强另一方的力量，并将这个关系提升到新的境界。所以，格物的质与量皆是为了加强提高道德的理解。这个观念在朱熹的《大学补传》中表达得十分清晰：

大学始教，必使学者即凡天下之物，莫不因其已知之理而益穷之，以求至乎其极。至于用力之久，而一旦豁然贯通焉，则众物之表里精粗无不到，而吾心之全体大用无不明矣 ⑤。

① 参见：Wing-tsit Chan, "Chu Hsi's Completion of Neo-Confucianism," in Francois Aubin ed., *Sung Studies*, 2nd ser.I (1973), pp.59—90. 但我对陈荣捷先生所谓朱熹把新儒学的方向确定为理学之说，则有所保留。

② 陆九渊：《陆象山先生文集》，卷一〇，页7上。

③ 黎靖德编：《朱子语类》，卷一二四，页4754。

④ 黎靖德编：《朱子语类》，卷一一九，页4583。虽然天下万物万化都不能出于此理，却是圣人体会出这些道理的。黎靖德编：《朱子语类》，卷六五，页2554。

⑤ 朱熹：《四书集注·大学》，页6。

朱熹曾以学问之道在格物，而格物的精义在研读经书的看法劝诫宋孝宗[1]。理论上，宇宙中的一切事物都涵此理，但天理的精义却已完美地呈现在圣人的经典中。如果我们能接受朱熹所谓读经替成圣铺下最迅捷的道路的说法，那么从格物跳到读经就甚具意义了。他明确地表示："经之有解，所以通经，经既通，自无事于解，借经以通乎理耳，理得则无俟乎经。"[2] 就此而言，经典是寻求天理的必要手段，因此经典的研究绝非与道德修为不相干，或是不重要。

现代学者常用实然／应然或超越／自然的二分法，分析朱陆异同的问题，这些二分法有意识或无意识地受到西洋康德以后的哲学的影响[3]。当我们热切地应用西洋哲学的范畴在中国哲学的研究时，委实应该留心切记其是否适切。牟宗三，当代陆王学派的健将，受到康德哲学的触发，运用其颇具个人风格特色的康德观念架构，分疏朱陆哲学的异同，唯其结论令人失望。他罔顾康德原典的上下文意，恣意地摘取其中的一二观念，并将这些观念强行加诸朱陆所关怀的课题上，他的分析也未能推演得论理无碍。我们真能称朱熹的道德观为"经验的"，而陆象山的则是"先验的"？我们果有理由下结论说朱熹的理、心关系是"横摄"与静态的，而在象山则为"纵贯"与动态的？陆象

---

[1] 朱熹：《朱子文集》，卷一四，页 11 上。

[2] 黎靖德编：《朱子语类》，卷一一，页 305。

[3] 例如张君劢就用"超越的"和"自然的"等概念去了解朱陆的异同；参看 Carsun Chang, *The Development of Neo-Confucian Thought*（New Haven, College & University Press, 1963），pp.270–275. 此外，我只能有保留地同意他对陆象山方法论所受禅宗影响的讨论。他说：

我认为仅仅在方法论的层面，陆象山才可被称为一个禅学信徒。象山身处在禅学鼎盛的时代，而禅宗视读书、博闻与思想的追索为不急之务，只专心一致于内在自我的实现与顿悟合道。象山不由自主地受到这些观念的影响，他舍弃禅宗否定人生的态度，并保留其寻求本心的方法。在方法论上，采用禅宗"见心成性"的方法，以配合儒家道德至善的学说。就这点而言，我倒相信朱熹所谓象山是禅信徒的看法。然而，象山所运用的心灵净化的方法，却与一般的佛教，或禅宗都没有关系。（页 303）

但是，由于心是朱陆双方论述的主要课题，无法将它贬抑成技术上或无关紧要的问题。与佛、道信徒辩论心的性质问题时，朱陆都将他们的人性论建立在自己重新解释的"心"的基础上。沈曾植（1851—1922）读《月爱老人客话》时曾说："佛家析心为六、七、八三识，道家析心为精、气、神，儒家止以一心写括之。"提出了儒家不似佛、道那么喜用一个以上的概念去分析心，它往往只用一个概念来涵盖心的意涵。参看沈曾植《海日楼札丛》（上海，中华书局，1962），页 151。

山的道德哲学具有道德自主性的性格，而朱熹所论则无[①]？简而言之，牟宗三既不能从适当的角度了解朱陆之间的争论，亦未能引导我们去注意朱陆思想冲突的真正基础。

著名的当代新儒家唐君毅则从另一观点处理朱陆异同的问题，意图贬低两者的歧异。他认为朱陆在基本的问题如道德的关怀上，意见是一致的，仅在德性功夫的问题上才有歧异[②]。

然而，朱熹与陆象山的分别，一直为许多儒家学者视作极其实在与尖锐的对立。章学诚，一位熟谙传统儒学的清代学者，就曾说：

> 宋儒有朱陆，千古不可合之同异，亦千古不可无之同异也；末流无识，争相诟詈，与夫勉为解纷，调停两可，皆多事也[③]。

在这个关节上，我完全同意章学诚的意见。

（"Chu Hsi versus Lu Hsiang-shan: A Philosophical Interpretation"原宣读于 1982 年夏威夷"国际朱子会议"，后刊行于 *Journal of Chinese Philosophy* 14（1987），pp. 179-208）

# 十三　理学、考据学与政治：以《大学》改本的发展为例证

拙文有两项构想：（一）企图以惯例来检查"理学"与"考据学"的关系。近年来，学界对清初考据学兴起的讨论，极为热烈。本文试以北宋至清初，

---

① 牟宗三：《心体与性体》（台北，正中书局，1968），第一册，综论。并参看氏著《从陆象山到刘蕺山》（台北，学生书局，1979），第一、二章。一段康德的《实践理性批判》即可证明牟宗三的理解有误：这正是促使所有哲学家对最高的道德原则产生混淆的原因：他们想要寻找意志的目的，以使意志变成有形的实体及一切道德律则的基础……其实他们应该转而追寻一直接先验地决定意志的法则，然后才去找其适合的目的。无论他们或把此目的置于快乐、幸福或是完美，道德情感或甚至于上帝的意旨，以传达此最高的善的观念，其基本的原则总是他律的，而且必然步入经验的环境中寻找道德律"。

参看 Immanuel Kant: *Critique of Practical Reason*, trans. by Lewis White Beck（New York, 1956），p.66. 对于"道德自主性"运用在中国思想的解释上较全面的批判，参看拙作《所谓"道德自主性"》，《食货》，第 14 卷，第 7、8 期，1984 年 11 月，页 77—78。

② 唐君毅：《中国哲学原论》（香港，新亚研究所，1968），《原性篇》，页 531 以下。

③ 章学诚：《文史通义》（上海，中华书局，1930，四部备要本），卷三，页 15 上。

《大学》改本的发展为例证，以抽丝剥茧的方式追溯"理学"与"考据学"的渊源，居中并尝试剖析不同理学背景与考证学的关系。（二）拙文亦试图呈现在力求"政教合一"的文化里，"理学"与"考据学"终因《大学》悬为科考定本之故，难以摆脱政治的意涵和瓜葛。

在儒家经典中，《大学》一书对宋明理学的发展至为关键，亦独多争议。是故，从剖析宋明理学家对《大学》一书的观点，最能彰显他们基本的哲学歧见。

北宋以降，《大学》改本绵延不绝，而改本之产生正是理学与考据学相互配合的结果。换言之，各形各色的改本正是理学与考据学做不同结合的产物。而整个改本史的发展，适足以反映理学与考据学"由分而合"至"由合而分"的两大过程。

理学原为参究道德性命之源，考据本为文献核实之作，二者皆因《大学》悬为科考定本，卷入政治斗争的风暴。拙文试图借着对《大学》改本的检讨，厘清理学、考据学与政治三者错综复杂的关系，并从中勾勒出一个原是单纯的学术论争，终因争夺经典的诠释权，酿成政治上的冲突。

《大学》原为《小戴礼记》的一篇，据说北宋司马光（1019—1086）始将之独立刊行[①]。但衡诸天圣八年（1030）宋仁宗业以《大学》赐新第王拱辰等[②]，《大学》单行别出恐早于司马光之所为。

宋明儒学之振兴，韩愈（768—824）、李翱（770？—846？）实开其先河。而《大学》一文首见重于韩、李之文[③]，成为日后理学发展的典据。韩愈在其影响深远的《原道》一文中，即援引《大学》，倚之弘扬儒家"淑世有

---

[①] 朱彝尊：《经义考》（京都，中文出版社，1978），卷一五六，页1上。然毛西河谓《大学》，在汉、唐已单行，与《孟子》《论吾》《中庸》《孝经》并称为"小经"。见毛西河《大学证文》（台北，台湾商务印书馆，文渊阁《四库全书》本），卷一，页5下—6上。全祖望驳毛氏"伪造典故以欺人"。见全氏《鲒埼亭集》（台北，华世出版社，1977），《外编》，卷一二，页826。故毛说不足采信。

[②] 王应麟：《玉海》（台北，台湾商务印书馆，文渊阁《四库全书》本），卷五五，页46下，"天圣赐进士中庸大学"条谓："五年四月辛卯，赐新第王尧臣以下《中庸》。八年四月丙戌赐王拱辰以下《大学》，后登第者必赐《儒行》及《中庸》《大学》以为常。"

[③] 真德秀：《大学衍义》（台北，台湾商务印书馆，文渊阁《四库全书》本），《序》，页1下。

为”的义理①。

李翱在其《复性书》中，亦借《大学》的“格物”说来判儒、释之别②。在北宋中期，司马光亦较早于理学家，就“格物”新解来剖析德性陷落之源③。由此视之，《大学》一文能从儒家诸多典籍中脱颖而出，成为宋明理学发展的泉源，并不意外。

自韩愈而下，《大学》固然渐受重视，但直迄二程与朱熹反复阐发之后，《大学》一书的地位才屹立不摇。例如，韩愈虽援引《礼记·大学》，但止称之为“传”而已。程颢（1032～1085）则直言：

> 《大学》乃孔氏遗书，须从此学则不差④。

程颐（1033—1107）亦主张“修身当学《大学》之序”⑤，又说：

> 入德之门，无如《大学》。今之学者，赖有此一篇书存，其他莫如《论》《孟》⑥。

朱熹更综述上述二程的概念，于《大学章句》开宗明义地说：

> 子程子曰“《大学》，孔氏之遗书，而初学入德之门也”。于今可见古人为

---

① 韩愈在《原道》中引《大学》说：“传曰：‘古之欲明明德于天下者，先治其国；欲治其国者，先齐其家；欲齐其家者，先修其身；欲修其身者，先正其心；欲正其心者，先诚其意。’然则古之所谓正心而诚意者，将以有为也。”见韩愈著，马其昶校《韩昌黎文集校注》（台北，世界书局，1960），卷一，页9—10。

② 李翱：《李文公集》，卷二，页6上。《复性书中》谓：“《大学》曰：‘致知在格物’……敢问：‘致知在格物何谓也？’曰：‘物者，万物也。格者，来也，至也。物至之时，其心昭昭然明辨焉，而不应于物者，是致知也，是知之至也。知至故意诚，意诚故心正，心正故身修，身修而家齐，家齐而国理，国理而天下平。此所以能参天地者也。’”

③ 司马光：《司马温公文集》（丛书集成初编），卷一三，页298—299。司马光写道：“《大学》曰：‘致知在格物。’格，犹扞也，御也。能御外物，然后能知至道矣。郑氏以格为来，或者犹未尽古人之意乎？”

④ 程颢、程颐：《二程集》（台北，里仁书局，1982），卷二上，页18。

⑤ 程颢、程颐：《二程集》，卷二四，页311。

⑥ 程颢、程颐：《二程集》，卷二二，页277。

学次第者，独赖此篇之存，而《论》《孟》次之，学者必由是而学焉，则庶乎其不差矣[①]。

朱熹认为就"教人之法"，《大学》"外有以极其规模之大，而内有以尽其节目之详"[②]，所以《大学》适可作为儒者"为学纲目"[③]。他之主张"学问须以《大学》为先"即是由此理解而产生的[④]。

《大学》在朱熹心目中的重要性可由朱熹的言行获知：朱熹曾自谓，平生精力尽在此书[⑤]。他生前屡屡改订《大学》，亟求文义融贯。临卒前三日，犹改《大学·诚意章》[⑥]。此事为后世所称述，可见朱熹对《大学》一书的关注非比寻常。

《大学》既经二程着意表彰，又逢朱熹大肆弘扬，列于《四书》之首，其地位之崇高可想而知。然而二程于阐发《大学》义理之余，感于《大学》文义失序，疑简编散脱，因此各有订本，理正篇次[⑦]，从此启动改订《大学》的风气。其实就宋代学风而言，二程之所为并非唐突，诚如清末皮锡瑞所言"宋人不信注疏，驯至疑经；疑经不已，遂至改经、删经、移易经文，以就己说"[⑧]。此实当时流风所致。

二程既立下改订《大学》的先例，后儒则更无顾忌，继起仿效，纷陈己说。可以推测的是，在二程与朱熹之间，定然有不少改本于今散佚[⑨]。然而在诸改本之中，《今本大学》（朱子改本）因朱熹分经别传，章句井然，理据似较圆熟，时人多予遵从，因而影响最为深远。唯值得一提的是，近日发

① 朱熹：《四书章句集注》（台北，台湾中华书局，1983），页3。

② 朱熹：《晦庵先生朱文公文集》（台北，台湾中华书局，1970），卷七六，页20下。

③ 黎靖德编：《朱子语类》（北京，中华书局，1986），卷一四，页252。朱熹谓："《大学》是为学纲目。先通《大学》，立定纲领，其他经皆杂说在里许。"

④ 黎靖德编：《朱子语类》，卷一四，页249。

⑤ 黎靖德编：《朱子语类》，卷一四，页258。

⑥ 王懋竑：《朱子年谱》（台北，台湾商务印书馆，1982），卷四下，页226。

⑦ 程颢、程颐"订本"各见《二程集》，卷五，页1126—1129、1129—1132。

⑧ 皮锡瑞：《经学历史》（台北，鸣宇出版社，1980），页270。

⑨ 例如：《陆九渊集》即载有"公（陆九皋）壮年以吕氏次序《大学》章句犹有未安，于是自为次序。今远方学者传录浸广，言家犹亡其藳"。见陆九渊《陆九渊集》（台北，里仁书局，1981），卷二八，页333。

现的《林之奇改本》，似可充为二程迄朱熹改本发展之线索①。原来二程虽疑《古本大学》错简，却未提出"分经厘传"的概念，而在朱子改本中，则"经""传"两分，枝叶分明。朱熹在《大学章句》断之曰：

（右）经一章，盖孔子之言，而曾子述之。其传十章，则曾子之意而门人记之也。旧本颇有错简，今因程子所定，而更考经文，别为序次（如左）②。

朱熹明定"明明德""亲民""止于至善"为《大学》"三纲领"，唯从程颐改"亲民"为"新民"③。又确立"格物""致知""诚意""正心""修身""齐家""治国""平天下"为"八条目"④。于是朱子改本"经传两分、纲目对举"的形式便有了确切的依据。昔日学者咸谓上述改变为"超然独见"⑤，今因有《林之奇改本》可供参较，则朱子之"新义"确有"旧迹"可循⑥。然最引起后人争议的，仍是改本中，朱熹所添加的《格致补传》。事实上，早于朱熹，即有人怀疑《格致》一节有阙文，例如林之奇（1112—1176）即曾指出：

《大学》之书，前纲而后目，如诚意、正心、修身、齐家、治国、平天下，既提其纲于前矣，其下文各有解释，以至明明德、新民、止于至善，亦皆有解。惟致知在格物，物格而后知至，未尝解出，此甚可疑⑦。

鉴于此，林之奇所做的仅是将"知止而后有定，定而后能静，静而后能安，

① 叶国奇：《介绍宋儒林之奇的大学改本》，《幼狮学志》，第 18 卷，第 4 期（1985），页 1—11。

② 朱熹：《四书章句集注》，页 4。又参见《晦庵先生朱文公文集》，《记大学后》，卷八一，页 8 下—9 上。

③ 朱熹：《四书章句集注》，页 3。

④ 朱熹：《四书章句集注》，页 4。

⑤ 明人刘斯原即说："《大学定本》始于程子而成于朱子者也。分经厘传，正误补缺，可谓超然独见。"刘斯原《大学今本通考》（中国子学名著集成），卷一，页 5 上。日本人大槻信良亦谓"朱子新义"。大槻信良：《朱子四书集注典据考》（台北，学生书局，1976），页 589。

⑥ 例如：林之奇谓"纲"，朱熹则谓"经"；林之奇谓"目"，朱熹则谓"传"。林之奇：《拙斋文集》（台北，台湾商务印书馆，文渊阁《四库全书》本），卷二，页 2 下。

⑦ 林之奇：《拙斋文集》，卷二，页 2 下。

安而后能虑，虑而后能得"移为"致知格物之序"①。相反的，朱熹在《大学章句》中却是将自己的文字作为《格致补传》，此举虽大大违逆注疏常规，在哲学上却极具创意。朱熹写道：

> 所谓致知在格物者，言欲致吾之知，在即物而穷其理也。盖人心之灵莫不有知，而天下之物莫不有理，惟于理有未穷，故其知有不尽也。是以《大学》始教，必使学者即凡天下之物，莫不因其已知之理而益穷之，以求至乎其极。至于用力之久，而一旦豁然贯通焉，则众物之表里精粗无不到，而吾心之全体大用无不明矣。此谓物格，此谓知之至也②。

在《格致补传》中，朱熹很明显继承了二程"格物穷理"的思想③，而且倚之为己身哲学的核心。在《大学或问》中，他更阐释"格物""致知"在儒学系统中的重要性。朱熹说：

> 故致知之道，在乎即事观理以格乎物。格者，极至之谓，如"格于文祖"之"格"，言穷之而至其极也。此《大学》之条目，圣贤相传所以教人为学之次第，至为纤悉。然汉魏以来，诸儒之论未闻有及之者；至唐韩子乃能援以为说而见于《原道》之篇，则庶几其有闻矣。然其言极于正心诚意，而无曰致知格物云者，则是不探其端，而骤语其次。亦未免于择焉不精，语焉不详之病矣④。

由上述引言可知朱熹虽然推崇韩愈的《原道》，然以《原道》仅止于称引"正

---

① 林之奇：《拙斋文集》，卷一，页20下—21下；卷二，页2下。唯他处林之奇却谓："《大学》不解致知、格物，惟论意诚、心正、齐家、治国、平天下，只是一理；此便是致知、格物，盖合内外之道，无二理也。"同书，卷二，页9上。

② 朱熹：《四书章句集注》，页6—7。朱熹明言"闲尝窃取程子之意以补之"，然大槻信良却谓"朱子新义"，不知是否即指"补传"之举，否则难以成说。朱熹详细的阐释见朱熹《大学或问》（京都，中文出版社，和刻影印近世汉籍丛刊），页16下—24下。比较大槻信良《朱子四书集注典据考》，页596。

③ 程颢、程颐：《二程集》，卷二上，页21；卷一五，页157；又见朱熹《大学或问》，页16下—19上。

④ 朱熹：《大学或问》，页7下。

心诚意"，而不及"格物致知"，深以为憾。朱熹主张在"为学次第"中，"格物""致知"有其优先性，"诚意""正心"绝不可躐等。他认为"人人德处，全在致知、格物"[1]，而二者正是源头上的工夫。他曾界定"格物""致知"为"知之始"，"诚意"为"行之始"[2]。值得注意的，在朱熹的概念里，"知"是先于"行"的[3]。所以毫无疑义"格致"工夫必得在"诚意"工夫之前。朱熹相信唯有透过"格物""致知"的步骤，方能获得"真知"，亦方能辨识"天理"与"人欲"之别。所以他这样说：

> 知苟未至，虽欲诚意，固不得其门而入矣。惟其胸中了然，知得路径如此，知善之当好，恶之当恶，然后自然意不得不诚，心不得不正[4]。

由此可推知，"物格则理明，理明则诚一而心自正"恰是朱熹思想的特色[5]。他之主张"格致"先于"诚正"，基本上是顺着程颐的思路发展下来。程颐就曾说："未致知，便欲诚意，是躐等也。"[6]但朱熹进一步将"格致"的重要性与"圣贤心法"相比拟。于孝宗即位的《壬午应诏封事》一文内，他即推尊"格物"为"精一"之旨[7]。而且以他之见，佛、老异端之学所以陷于"悬空穷理"，其故即缘无格物工夫[8]。

　　总之，朱熹所改订的《今本大学》（即《大学章句》）实与其义理系统相互配合。他的考订固然"持之有故，言之成理"，基本上仍以考据为义理做服务的。有趣的是，朱熹的论敌——陆九渊（1139—1192）虽然对朱子改本颇

---

① 黎靖德编：《朱子语类》，卷一五，页304。
② 黎靖德编：《朱子语类》，卷一五，页305。
③ 黎靖德编：《朱子语类》，卷九，页148。
④ 黎靖德编：《朱子语类》，卷一五，页302。
⑤ 黎靖德编：《朱子语类》，卷一八，页392。
⑥ 程颢、程颐：《二程集》，卷一八，页187。另见朱熹《大学或问》，页16上—19上。
⑦ 朱熹：《晦庵先生朱文公文集》，卷一一，页3下。
⑧ 黎靖德编：《朱子语类》，卷一五，页302；卷一四，页257。由此可以理解，何以朱熹认为"穷理"二字不若格物切要。他说："格物，不说穷理，却言格物。盖言理，则无可捉摸，物有时而离；言物，则理自在，自是离不得。"同上，卷一五，页289。所以朱熹解释道：《大学》不说穷理，只说个格物，便是要人就事物上理会，如此方见得实体。"同上，卷一五，页288。

致微词，并未提出可替代的"订本"①。而真正开始修正（朱子改本）反是南宋末年的朱门学者。

原来《大学》之改订始自二程疑有错简，迄朱熹为之分经别传，更订文序。但在朱熹讲求"经传对称"的架构里，却独佚"格致传"，是故朱熹不得不有"格致补传"之作。如前所述，此举虽使《大学》首尾该贯，文义整然，但却违逆训诂传统，徒招后儒非议；况且《朱子改本》，又衍生其他始料未及的问题，譬如《大学章句》中既然增了原来所无的《本末传》，却又欠缺《始终传》，真所谓治丝益棼了②。

鉴于此，某些南宋朱门学者固然服膺朱熹学说，对《朱子改本》却有所保留。他们认为《格致传》乃杂于经传之中并未亡佚，因此"补传"实为多余之举。这些学者修订的方式通常是"移物有本末一节，继以知止能得，又继以听讼吾犹人一节而结之曰：此谓知本，此谓知之至也"。以此释"格物致知"之义③。王柏甚至誉此一发现为"洞照千古"之错简④。这类改本虽微有差异，基本上仍维持"三纲八目，以传承经"的形式，因此只能算是对《朱子改本》的修正。个中学者以董槐（？—1262）、车若水（1210—1275）、王柏（1197—1274）最具代表性⑤。而王柏的《大学沿革论》《大学沿革后论》阐释修订缘由极为详悉，足以作为此一发展方向的指标⑥。

---

① 《朱子语类》即载有："陆先生（陆象山），不取伊川格物之说。"见是书，卷一八，页393。而朱熹基本上却是发挥伊川格物之说的。此外，陆象山在《语录》里的言语不时与朱熹的《大学章句》针锋相对。见《陆九渊集》，卷三四，页395—396。陆氏抨击"天理""人欲"观念之不当，而此二观念却见诸朱熹《大学章句》首注之中。陆氏又说："'所谓诚其意者，无自欺也'一段，总是修身、齐家、治国、平天下之要，故反复言之……"显然与《朱子改本》相左。见《陆九渊集》，卷三四，页418。诸如此类，《语录》不一而足。

② 朱彝尊：《经义考》，卷一五六，页4上。

③ 朱彝尊：《经义考》，卷一五六，页3下—4上。

④ 王柏：《鲁斋集》（台北，台湾商务印书馆，丛书集成初编），卷七，页139—140。原文为"蒙赐谕《大学·致知章》不亡，尤见洞照千古，错简纠纷不能逃焉"。

⑤ 董槐的《改本》见黄震《黄氏日钞》，卷二八，页26上—26下、43下—50上。王柏的《改本》见毛奇龄《大学证文》（台北，台湾商务印书馆，文渊阁《四库全书》本），卷四，页19下—20上。但王柏《改本》似即为车若水的《改本》，见王柏《鲁斋集》，卷二，页16。董槐、王柏、车若水三者与"大学改本"的相互关系可参阅程元敏《王柏之生平与学术》（台北，1975），上册，页469—473。

⑥ 王柏：《鲁斋集》，卷二，页15—18、18—21。朱彝尊则误认为《大学沿革论》为车若水之作，见朱彝尊《经义考》，卷一五七，页3上。朱氏谓："车若水，《大学沿革论》一卷，未见。"

细究之，王柏所恃以改订的理由主要是以"文体""文气"的字句斟酌为据，倘有涉及"文义"则总取证朱子之学说，因此一时并不造成义理层面的冲突①。然而，纵使王氏如此刻意调停回护，并不能免除其他朱门学者的抨击。为此，王柏感叹道：

> 一日闻《大学·格致章》不亡，不特车玉峰有是言也，自董矩堂以来，已有是言矣。考亭后学一时尊师道之严，不察是否，一切禁止之②。

王柏将朱门学者反对的理由以"尊师道之严"一语含糊带过，但从稍后吴澄（1249—1333）的评论却可略知梗概。吴澄讥评道：

> 经一章浑然如玉……今乃拆破经之第二节、第三节以补致知格物之传，岂不识经传文体之不同乎？而此两节欲强解作致知格物之义亦且不通，徒见有一物字，有一知字而欲以为格物致知之传，无乃不识文义之甚乎？且经文中除了此两节，岂复成文？如一玉盘打破而去其一角，但存其二角，岂得为浑全之器哉③？

"玉盘无缺而反毁之"正是吴澄持以反对"退经补传"的理由。南宋以来，历代皆有学者抨击此种补法，明代的金贲亨（1483—1564）即以"割衣补裳"相讥④；但无可否认地，历代亦不乏支持的学者⑤，诚如王柏所预言"此言既出，

---

① 王柏：《鲁斋集》，卷二，页17—18、19—20。卷二，页10，王柏即云："……以朱子之语，参互较之，则固以为《格致传》矣。然勇于补而不勇于移，何也？以诚意一章观之，至易簀前数日，改犹未了，假以岁月，焉知其不遂移也邪？"

② 王柏：《鲁斋集》，卷二，页18。

③ 吴澄：《吴文正公集》（台北，新文丰出版公司，元人文集珍本丛刊），卷三，页3上—4上。吴澄于此批评的是《王巽卿改本》，《王巽卿改本》亦源自董槐，除了"听讼"一节以外，《格致传》移文与王柏所述是一致的，故可视为对上述《改本》的评断。吴澄谓："徒见有一物字，有一知字而欲以为格物致知之传，无乃不识文义之甚乎？"则与王柏所谓"古人不区区于字义，只说大意，而字义在其中，况此既有知字、物字，自然为格致之一传"针锋相对。

④ 刘斯原：《大学古今本通考》，卷九，页6上—6下。

⑤ 朱彝尊：《经义考》，卷一五六，页3下—4下；卷一五七，页3上—3下；卷一五八，页5—下6下。

流传渐广，终不可泯"①。

然而真正撼动朱子《大学章句》地位的并非来自上述的"格致"改本，反竟是旧存的《大学古本》。明代中叶，王守仁（1472—1529）因对朱学不满，逐渐开展出自己的哲理系统，并且赋予《大学古本》崭新的义理解释，令后者能与《大学章句》相颉颃②。

朱熹生前遭"伪学"之禁；身后，学禁渐弛。南宋末年，朱学盛行，朱注《大学》《论语》《孟子》《中庸》并立于学官③。元仁宗皇庆二年（1313），朱注《四书》正式悬为功令科目，遂为士子所诵习④。明永乐十五年（1417），颁《四书大全》，去取一以朱说为准则而诸家之说尽废⑤。朱子积平生之力所为注释，原本为昌明圣学，至是沦为弋取功名富贵之资。纪昀（1724—1805）就说道：

至明永乐中，《大全》出而捷径开，八比盛而俗学炽。科举之文，名为发挥经义，实则发挥注意，不问经义何如也。且所谓注意者，又不甚究其理而惟揣测其虚字、语气，以备临文之摹临，并不问注意何如也。盖自高头讲章一行，非惟孔、曾、思、孟之本旨亡，并朱子之《四书》亦亡矣⑥！

以此视之，顾炎武（1613—1682）谓"自八股文行而古学弃，《大全》出而经

---

① 王柏：《鲁斋集》，卷二，页18。

② 王守仁对"朱学"的回应，请参阅拙著 "Wang Yang-ming's Response to Chu Hsi's Learning: A Developmental View", Conference Paper Presented for the Fifth International Congress of Chinese Philosophy, San Diego, in 1987.

③ 脱脱：《宋史》，卷一八八，页12767—12769。"朱学"确立的政治因素可参见刘子健《宋末所谓道统的成立》，收入是氏《两宋史研究汇编》（台北，联经出版社，1987），页277—282。

④ 宋濂：《元史》，卷八一，页2018。

⑤ 黄彰健校：《明实录》，《明太宗实录》，卷一五八，页2上；卷一六八，页2下—4上。另见黄虞稷《千顷堂书目》（台北，台湾商务印书馆，文渊阁《四库全书》本），卷三，页27上。除了《四书大全》，另颁有《五经大全》《性理大全》。顾炎武谓《五经大全》，除了《春秋大全》《诗经大全》外，"其三经后人皆不见旧书"，恐值商榷。按察明人藏书目录，例如晁瑮《晁氏宝文堂书目》、徐㶿《徐氏红雨楼书目》、叶盛《绿竹堂书目》，甚或焦竑《国史经籍志》皆有著录；清人朱彝尊《经义考》和《四库全书总目》亦有著录，唯后者评价与顾氏微有出入。顾氏之见，见是氏《原抄本顾亭林日知录》（台北，文史哲出版社，1979），卷二〇，页525。

⑥ 纪昀：《四库全书总目提要》（台北，台湾商务印书馆），卷三六，页39上—39下。

说亡"盖为得当之论[①]。

然而《大全》定本的颁行，又意外造成一个"鸠占鹊巢"的奇特景观：原来《五经大全》中的《礼记大全》缘朱注已有《章句》故，特删《大学》与《中庸》两篇，致使一般士子误以《朱子改本》为定本或古本[②]。吴肃公在《孔门大学述》的《自序》中即道出此一现象：

> 自朱子《章句》行而郑注、孔疏并废，《戴记》中遂削原文，所幸存者旧《十三经》郑注耳，号称《古本》。废置弗道，偶或信从，不以为好异，辄曰："反古。"……于是《大学》永为朱子之书，而孔门之《大学》蒇矣[③]！

清初毛奇龄（1623—1716）亦言：

> 明嘉靖间，王文成公刻《古本大学》；当时文士在官者，自中及外，称明代极盛之际，尚相顾眙眄，并不信复有此本，可为浩叹[④]！

甚至到了清初，指控阳明"叙《古本大学》则倒置经文"的学者，竟还大有人在[⑤]。这便说明了即使身为阳明高弟的徐爱（1488—1518），初听王氏"格物"新解，以《旧本》为正，何以"始闻而骇，既而疑，已而殚精竭思"了[⑥]。

事实上，王守仁早年治学亦是从"朱学"入手。王氏始谒朱门学者娄谅（1422—1491），语宋儒格物之学，谓圣人可学而至。王氏大概深信不疑，日后方有"格竹子"之举[⑦]。而后王守仁历经许多困挫，逐渐发展出有别于朱熹的哲理，而其下手处，即恢复《古本大学》，立"格物"新解。是故，朱、王

---

① 顾炎武：《原抄本顾亭林日知录》，卷二〇，页526。

② 胡广等：《礼记大全》（台北，台湾商务印书馆，文渊阁《四库全书》本），卷二五，页25上；《中庸》第三十一，只印"朱子章句"，卷二九，页19下；《大学》第四十二，只印"朱子章句"。

③ 转引自朱彝尊：《经义考》，卷一六一，页8上—8下。

④ 毛西河：《大学证文》，卷一，页7上。

⑤ 张夏：《洛闽源流录》（康熙二十一年），卷一五，页9下。

⑥ 陈荣捷：《王阳明传习录详注集评》（台北，学生书局，1983），页25。原文为："先生（阳明）于大学格物诸说，悉以旧本为正，盖先儒所谓误本者也。爱始闻而骇，既而疑，已而殚精竭思。"

⑦ 王守仁：《王阳明全集》（台北，河洛图书出版社.1978），《年谱》，页611。

二氏对《大学》领会之分歧，最能显示他们之间的哲学歧见。

王氏在《大学古本序》开宗明义即言："大学之要，诚意而已矣。"① 诚意之功，方是格物。他认为"诚意"之说自是圣门教人用功第一义，但近世学者乃作第二义看，故得稍与提掇②。他倡言《大学》当以"诚意"为主，虽与朱熹颇有出入③，却和唐人孔颖达〔574—648〕为《大学》篇目所作的疏解："《大学》）本明德所由，先从诚意为始。"④ 若合符节。王氏所以如此看重"诚意"，其故即在于他认为"君子"与"小人"之分，只在于"诚意"与否，所以《大学》特倡"诚意"以示修身之要⑤。语及《大学》何以必得"去分章而复旧本"，他解释道：

（是故）不务于诚意，而徒以格物者，谓之支；不事于格物，而徒以诚意者，谓之虚；不本于致知，而徒以格物、诚意者，谓之妄。支与虚与妄，其于至善也远矣。合之以敬而益缀，补之以传而益离，吾惧学之日远于至善也⑥。

"合之以敬而益缀"则是讥刺朱熹视《大学》为为学纲目，而以"敬"字收敛身心，不免有叠床架构之嫌；"补之以传而益离"则是针对朱熹"格物补传"之举而发。由此可知阳明复《旧本》真正的用意是不满朱学的支离破碎。

不止于此，王氏援孟子"格君心之非"为例，解"格物"之"格"为"正"，意谓"去其心之不正，以全其本体之正"。又解"格物"之"物"为"事"，而此"事"却是从心上说⑦。据此他方能下此一断语："惟以诚意为主，而用格物之工，故不须添一敬字。"⑧ 其实王氏与朱熹根本的差异，可从他们对《大学》最终的目标——"止至善"理解的分歧而略知梗概：于朱熹而言，

① 王守仁：《王阳明全集》，卷七，页58。
② 陈荣捷：《王阳明传习录详注集评》，页164。
③ 譬如朱熹即曾说："此一书（《大学》），要紧只在'格物'两字，认得这里看，则许多说自是闲了。"黎靖德编：《朱子语类》，卷一四，页255。
④ 《礼记注疏》（台北，台湾商务印书馆，文渊阁《四库全书》本），页22上。
⑤ 王守仁：《大学古本傍释》（百陵学山），页1下—2上。
⑥ 王守仁：《王阳明全集》，卷七，页58。
⑦ 陈荣捷：《王阳明传习录详注集评》，页37—39。
⑧ 王守仁：《大学古本傍释》，页2上。

"至善"意谓"事理当然之极"①；而王氏独谓之"心之本体"。王氏相信，唯知"至善"之在于吾心，而不假于外求，而志有定向，而无支离决裂、错杂纷纭之患②。至于王氏释"致知"存乎心悟，则与朱氏之解南辕北辙，更格格不入了③。

王氏的同时人，程朱大儒罗钦顺（1455—1547）与白沙高弟湛若水（1466—1569）皆不约而同地指出，王氏的"格物"新说并不符合《大学》文义④。但重要的是，王氏不仅挟恢复《古本大学》之名，而且发展出己身的哲理系统来与朱学抗衡，因此其义理上的是非断非文字考订所能涵盖。评阳明"四句教"最力的顾宪成（1550—1612）最能道出此中真意，他说：

朱子之格物，阳明之致知俱可别立宗；若论《大学》本指，尚未尽合，要之亦正不必其尽合也⑤。

稍后，刘宗周（1578—1645）亦确切地指出：王氏之"释诚意而格致在其中"，凡在"迁就其知行合一之说而已"⑥。他说道：

阳明之良知，本以救晚近之支离，姑借《大学》以明之，未必尽《大学》之旨也。而后人专以言《大学》，使《大学》之旨晦⑦。

要知道刘氏本为晚明王学后进，其言论显得益为持允。

---

① 朱熹：《四书章句集注》，页3。
② 王守仁：《大学古本傍释》，页1上。
③ 王守仁：《王阳明全集》，卷七，页58。
④ 设若撇开义理的争执，单就《大学》文句解读而言，倘依王氏"格物"解，则不免与"正心"、"诚意"之目重复；若依王氏"致知"解（吾心之良知即所谓天理也。致吾心良知之天理于事事物物，则事事物物皆得其理矣。致吾心之良知者，致知也；事事物物各得其理者，格物也。）则"格物"反在"致知"。罗钦顺的批评见《与王阳明书》二函。罗钦顺《困知记》（台北，中国子学名著集成），《附录》，页1上—8下。湛若水之评大致相同，但值得注意的，湛若水虽同是支持《古本大学》的，意见却与王氏相左。参见黄宗羲《明儒学案》（北京，中华书局，1986），页886—888；湛若水《湛文简公甘泉集》（广东文献初集），页17下、22上—23上。
⑤ 顾宪成：《小心斋札记》（台北，广文书局，1975），卷一四，页8上。
⑥ 刘宗周：《刘子全书》（台湾，华文书局，中华文史丛书第七辑），卷三八，页2下。
⑦ 刘宗周：《刘子全书》，卷六，页14上。

正因王守仁懂得借重《古本大学》，并济之己身创发之哲理，终能撼动朱学的地位。清初朱学学者张烈（1622—1685）即愤愤不平地说：阳明惧人攻己，遂援《古本大学》以为据，行"挟天子令诸侯之智"，"其心术险谲而技穷可知"①。张氏的愤慨之词当然是发出宗派意识，但以此可以反证，王氏双管齐下的策略果然奏效。其实，王氏新学之取得主导优势，可从两方面窥知：一为政治上的认可，另一则为学术上的流行。

王氏生前功业彪炳，但其学术因与当时代表官学的朱学抵牾，时受政敌诋诬②。反观万历十二年（1584），朝廷议决王氏从祀孔庙时，有江门学者唐伯元（万历二年进士）上疏谓"守仁言良知新学，惑世诬民"，不宜从祀。竟遭言官劾其"诋毁先儒"左迁贬官③。时风易势，不可同日而语。王氏新学既能鼓动海内，而《大学章句》本为朱学重要的一环，经其质疑，则不免摇动而致异说丛起，于是恢复古本《大学》的呼声此起彼落，蔚成风潮。《明史·儒林传》谓："嘉（靖）、隆（庆）而后，笃信程、朱，不迁异说者，无复几人矣。"④实有见于此。

循理说，王氏所推尊的《礼记》中的《大学古本》，渊源已久，学者应无异议才对，事实则不然。明中叶一位著名的藏书家王文禄（1503—1586），虽然对王学深表同情，却不得不说，"十三经注疏已乱于唐，况补传、分章又创于宋"，可知"(《大学古文》)经文'未之有也'下接'此谓知本'二句，文气太急，必有缺文"⑤。又谓："阳明老先生深悯支离，急欲复古，姑取《注疏》（按《礼记》注疏本）中《大学》耳。使获睹石经而表章之，则尤大有功于孔门。"⑥职是之故，王文禄转而支持（伪）《石经大学》，以为据此可祛王学"致知""诚意"两歧之疑⑦。阳明嫡传王艮（1483—1541）亦依己身独创的"淮

---

① 张烈：《王学质疑》（福州正谊书院），《附录》，页 12 上。

② 王守仁：《王阳明全集》，《年谱》，页 652—653。

③ 黄宗羲：《明儒学案》，卷四二，页 1005；又张廷玉：《明史》，卷二八二，页 7256。

④ 张廷玉：《明史》，卷二八二，页 7222。

⑤ 王守仁：《大学古本问》（百陵学山），王文禄之《跋》，页 9 下。

⑥ 王守仁：《大学古本问》，页 9 下。

⑦ 王文禄：《大学石经古本傍释》（百陵学山），《序引》及《申释》。王文禄谓："阳明公见《戴记·大学》经文后接诚意，故以诚意为要，又以格物为功，致知为则，宁免两歧之疑邪？"依王文禄之见，"盖（阳明）未见正和《石经大学》甚明也。"

南格物"，以自理《大学》改本①。明末王学殿军刘宗周认为："大学"之教不明，只为"意"字解错，非干"格致"之辨。阳明错认"意"为"心之所发"（如同朱熹），致"意"成善念、恶念耳。如此一来，"正心"工夫反在"诚意"之前，不符《大学》本文②。故他以"意"为"心之所存"，力持"慎独乃格物第一义"③。于《大学》改本，别有所是④。刘氏身为王门健将尚且如此，遑论他人了。

总之，自从阳明提出"格物"新解，呼吁恢复《大学古本》以来，朱熹的《大学章句》即受到极大的挑战，而《大学古本》却又无法圆满解决内部文句的疑难，因此在阳明之后，各种《大学》改本便如雨后春笋般涌现。其义理上的争执，不外乎对《大学》本旨看法的分歧，尤其是对"格物"一词的疏解更是众说纷纭，刘宗周谓"格物之说，古今聚讼有七十二家"⑤殆非虚词。

就《大学》订本而言，除了尊信《戴记·大学》不分经传的学者之外，诸儒大略依下列三种方式考订《大学》：

（一）主张《大学》语义自足，文字毋庸调动，而只需分章者。例如早在

---

① 王艮：《王心斋文集》（京都，中文出版社，和刻本），卷三，页1下—5上。王艮谓："格物之物，即物有本末之物，其本乱而末治者否矣。其所厚者薄，而其所薄者厚，未之有也。此格物也。故即继之曰此谓'此谓知本，此谓知之至也'。不用增一字解释，本义自足。"王艮又解"止至善"为"安身"。其"淮南格物"深受刘宗周赏识，至誉"后儒格物之说当以淮南为正"。见《刘子全书》，卷一二，页13下。其《大学》改法亦影响及刘宗周的改本，见《刘子全书》，卷三八，页3下。"淮南格物"之解可上溯至南宋黎立武，见黎氏著《大学本旨》（台北，台湾商务印书馆，文渊阁《四库全书》本），页5上—6下。又见朱彝尊《经义考》，卷一五七，页2下—3上。唯毛西河谓本之黎氏之《大学发微》则不确。参较毛西河《大学证文》，卷一，页9上—10下。

② 刘宗周：《刘子全书》，卷一一，页14上—16下；卷二五，页1上—1下。阳明之见，参阅《传习录》，页368—369。刘氏之评，另见氏著《阳明传信录》，卷三，页34上—35上。收入《刘子全书及遗编》（京都，中文出版社），下册。

③ 刘宗周：《刘子全书》，卷一一，页6下；卷三八，页18下。

④ 黄宗羲在《子刘子行状》中谓："先生（刘氏）于新建之学凡三变：始而疑，中而信，终而辨难不遗余力，而新建之旨复显。"黄宗羲：《黄宗羲全集》（杭州，浙江古籍出版社，1985），第一册，页254。刘氏于《大学》改本，最初从高攀龙，后受《石经大学》影响，自有订本。见《刘子全书》，卷三六、三七；另卷四〇，《年谱》，页6上、40下。

⑤ 刘宗周：《刘子全书》，卷三八，页15上。

南宋即有钱时①,明代则有湛若水②、许孚远( 1535—1604 )③、管窥等④,清初则有毛奇龄⑤、李光地（1642—1718 ）⑥、谢某蕖等⑦。其章节之厘订并不尽相同。

（二）主张《大学》有错简,文字甚或章节必得更动者。例如,最早的有大程子,在明代则有李材（1519—1595）⑧、葛寅亮（万历二十九年进士）⑨、崔铣（1478—1541 ）⑩、刘宗周等。即使专就"格致传"错简而言,南宋以降,固有董槐诸儒,有明一代更不乏其人⑪。

（三）主张《大学》既有错简,且有衍文或阙文者。《朱子改本》之后,有蔡清（1453—1508 ）⑫、季本（1485—1563 ）⑬等,而王道（1476—1532 ）删文独多⑭。《朱子改本》之后,以明丰坊（嘉靖二年进士）的伪《石经大学》最为著名⑮。

---

① 钱时:《融堂四书管见》(台北,台湾商务印书馆,文渊阁《四库全书》本),卷一二。

② 湛甘泉:《湛文简公甘泉集》(广东文献初集),《古本大学讲章》,卷五,页 22 上——23 上。由此文可知湛氏之《大学》必有章节之分。据王守仁之《传习录》,湛氏似受王氏影响才改信《大学古本》。见《传习录》,页 2820。湛氏为了替《大学古本》护法,竟然抬出明太祖的"祖训",可见当时《朱子改本》之势力。湛甘泉:《格物通》(台北,台湾商务印书馆,文渊阁《四库全书》本),《序》,页 2 上。

③ 许孚远:《大学述》(中国子学名著集成),页 1 上——23 下。

④ 管窥:《大学古本》,收入刘斯原《大学古今本通考》,卷六,页 4 下——5 上。

⑤ 毛西河在:《大学问》中谓:"《大学》不分经传,不分篇章,而但有节次。"见氏著《西河全集》,《大学问》,页 4 下。然而在《大学证文》中却谓:"《大学》一书自为首尾,并无节次。"见《大学证文》,卷一,页 8 下。按《大学问》成于《大学证文》之后,姑取后说。

⑥ 李光地:《榕村全书》(道光九年),《大学古本说》,页 1 上——17 上。又见是氏著《大学旧本私记》,收入《大学汇函》,章节相同,疏解微有差异,页 503—528。

⑦ 谢某蕖《医匪古本注》,收入谢济世《大学校议》(朱丝栏钞本),"中研院"历史语言研究所,傅斯年图书馆收藏。

⑧ 李见罗:《大学古义》,收入刘斯原《大学古今本通考》,卷一〇,页 1 上——9 下。又见谢济世《大学校议》。

⑨ 葛氏改本收入毛奇龄《大学证文》,卷四,页 22 上——22 下。

⑩ 崔氏改本见胡渭《大学翼真》,卷三,页 11 下——14 上。

⑪ 参见王文禄:《大学石经古本傍释》,《序引》,页 1 下——2 上;朱彝尊《经义考》,卷一五八。

⑫ 蔡清:《四书蒙引》(台北,台湾商务印书馆,文渊阁《四库全书》本),卷一,页 59 上——61 下。

⑬ 季氏改本见毛奇龄《大学证文》,卷四,页 20 下——21 上。

⑭ 王道改本收入刘斯原《大学古今本通考》,卷八,页 1 上——1 下。

⑮ 丰坊的《石经大学》见王文禄《大学石经古本傍释》,又见郑晓《古言》(盐邑志林),卷下,页 1 上——1 下。

《石经大学》的出现在《大学》改本史上是极引人注意的现象。其实《石经大学》造伪之迹显而易见[①]，然而当时的名公硕儒，例如郑晓（1499—1566）[②]、管志道（1537～1608）[③]、顾宪成、顾允成（1554～1607）昆仲等皆推崇备至，深信不疑[④]。《石经大学》之风靡一时，可从朱彝尊所著录的《大学》版本见得梗概。在《经义考》里边，弘治、正德以后，号称"古本"者甚多，大率皆伪《石经本》，而非《戴记》原本[⑤]。要之，阳明以来，学者"（恢）复古（本）"心切，众人咸信"心诚求之，虽不中，亦不远"。例如，高攀龙竟致祈求已逝的李材，在梦中指正崔氏的《大学》改本。这种渴望寻求《大学》定本的心态已迥乎常情之上。于是在这种集体的预期心理之下，加上丰坊言之凿凿的"传授源流"，便提供了《石经本》流行的最佳温床。是故，清儒纯以"学识浅陋"讥讽明人"贻笑儒林"[⑥]，并不足以解释此中真情。清初陆陇其（1630—1692）即言：

> 淡泉（郑晓）、泾阳（顾宪成）何可当也？其学问之渊深，虽时与朱子相左，亦岂俗学可及。未可以其信《石经》之误，而尽没其学。谓其反不如今人也[⑦]。

这番话发自一位朱门卫道者口中，尤显其公允。以刘宗周为例：刘氏原本深受《石经大学》影响，他于晚年得知《石经本》实属赝作，仍不禁说道：

---

① 丰氏为人诙谐，谓《石经大学》刻于魏政和年间。按，"魏"者，伪也，而"魏"更无"政和"年号，可见纯为"子虚乌有"之事。当时已有人质疑，例如陈笔山，见刘斯原《大学古今本通考》，卷三，页6下—7上；又朱彝尊《经义考》，卷一六〇，页1上—1下。丰氏小传，参见黄宗羲《南雷文定》（台北，文海出版社，明清史料汇编），三集，卷二，页6下—8下。

② 郑晓：《古言》，卷下，页1上—3上。

③ 朱彝尊：《经义考》，卷一六〇，页4下—6上。

④ 朱彝尊：《经义考》，卷一六〇，页6上—7上。

⑤ 例如周从龙的：《大学遵古编》、吴炯的《大学古本解》等，又参见谢济世《大学校议》。

⑥ 毛西河：《大学证文》，卷二；又全祖望《鲒埼亭集》，《外编》，卷一七，页884。高氏之语见《高子未刻稿》（"中研院"傅斯年图书馆微卷，原藏国立北平图书馆），页72下。《告李见罗先生文》："先生有灵，质之（崔本）先圣于我梦寐。"

⑦ 陆陇其：《三鱼堂文集》（台北，台湾商务印书馆，文渊阁《四库全书》本），卷一，页24上—24下。

"（《石经大学》）虽或出于后人也何病，况其足为古文羽翼乎？"① 其不忍割舍之情溢于言表。

简而言之，《大学》改本一般染有鲜明的义理色彩。即使以南宋钱时的《改本》为例，钱氏分《大学》旧文为六章，于注解中，屡与"先儒"错简之见相左。《四库提要》说："（钱）时之学出于杨简，简之学出于陆九渊，门户迥殊，故不用程朱之本。"② 阳明之后，这种义理动机尤其显著。刘宗周在答复门生张履祥（1611—1674）质疑《石经本》时，说道：

> 《石经》授受未明，似不当过于主张，阙疑之见良是。但愚意《大学》之教，总归知本，知本归之知止。已经景逸诸公拈出，却不知诚意一关，正是所止之地。静定安虑总向此中讨消息。初经仆看出，因读《石经》，不觉跃然。颇谓：断非蔡中郎所能勘定，况丰南禺先生乎？学者得其意可也③。

刘氏后来在为自己所是的《改本》辩护时，更毫无掩饰地表达己身的哲理立场，他批评道：

> 惟于"意"字不明，故并于"独"字不明，遂使格致诚正俱无着落，修齐治平递失原委。诸儒补之以传而反离，缀之以敬而益赘，主之良知之说而近凿，合之以止修而近支；总之无得于慎独之说故也④。

上述引文诸儒"补之以传而反离，缀之以敬而益赘"指的显然是朱熹，"主之良知之说而近凿"评的即是阳明，"合之以止修而近支"则涉李材的学说与改本。最后所述及的"慎独之说"则为刘氏自创的哲理了。

纵就《石经本》而言，《石经大学》诚属伪作，然而丰坊并未忘记借机抒发一下自个儿的义理见解。譬如，他在《大学》引《诗》曰"穆穆文王，于缉熙敬止"时，下旁注即言："指出'敬'字乃圣学之要。有曰：'合之以敬而

---

① 刘宗周：《刘子全书》，卷三六，页1下。
② 纪昀：《四库全书总目提要》，卷三三，页14下。
③ 张履祥：《张杨园先生全集》（江苏书局，1871），卷二，页5上。
④ 刘宗周：《刘子全书》，卷二五，页1下。

益缀'岂其然乎？"①丰氏于此显然意有所指（参前引王守仁《大学古本序》）。

因此欲了解《大学》改本的发展，考证必脱离不了义理层面的纠结，而后者更有其主导性。而这项牵连有愈演愈烈的趋势，终于延伸为政教宰制权之争。嘉靖二十八年（1549），程朱学者林希元（正德十二年进士），素不喜良知新说，上《大学经传定本》，曰：

> 如果是书可全，臣言不谬，乞敕礼部改正颁行两京国子监及天下司府州县，使学官以是造士科举，以是命题②。

而林氏所谓的《定本》其实就是南宋以来，程朱学者董槐等的"格物错简"改本（详见前述），所以林希元的举动仅可视为对阳明恢复《大学古本》不得已的反击。又江门学者唐伯元（1540—1598），亦恶新学横流，谓《古本》错简显然，贻误先儒，因而进《石经大学》。唐氏受湛若水《圣学格物通》启发，遂援引明太祖论《大学》语③，为《石经大学》张本，至谓以高皇之言证之《石经》益确④。而他真正所挂心的却仍是门派的消长，这从他所上《石经疏》可以充分地显现出来，他说：

> 《朱注》之失未远也，如其不为新学所夺也，臣固可以无论也；新学之行未甚也，如其不为朝廷所与也，臣亦可以无忧也。今者守仁祀矣，赤帜立矣，人心士习从此分矣⑤。

---

① 王文禄：《大学石经古本傍释》，页7上。

② 林希元：《林次崖先生文书》（乾隆十七年，陈鸿亭重订），卷四，页42下—43上。

③ 唐伯元：《醉经楼集》（"中研院"史语所傅斯年图书馆收藏，朱丝栏钞本），《奏疏附刻》，页20下—21上。湛若水之语见《格物通》（台北，台湾商务印书馆，文渊阁《四库全书》本），《序》，页2上。湛氏谓："伏睹我太祖高皇帝谕侍臣曰：'《大学》一书其要在修身。'而《大学古本》以修身释格格至……则圣祖盖深契夫《古本大学》之要矣乎。"按湛氏推衍《古本大学》，实治道之要，著《格物通》，备帝王之教；湛氏特意抬出太祖，颇有与南宋真德秀之《大学衍义》和有明丘濬《大学衍义补》相抗衡的意味。真、丘二氏皆朱门学者，主《大学章句》。有关《大学衍义》和《大学衍义补》的问题，请参阅我的同事朱鸿林兄的《理论型的经世之学》，《食货月刊》，第15卷，第3、4期，1985年9月，页16—27。

④ 唐伯元：《醉经楼集》，《石经疏》，页22上—22下。

⑤ 唐伯元：《醉经楼集》，《石经疏》，页23上。

　　唐伯元的《石经疏》事实上已透露阳明所倡《大学古本》，从者渐众。万历二十年（1592），四川佥事张世则（万历二年进士）① 上疏，自谓读《大学古本》而有悟，知朱学务博，不能诚意，坏宋一代之风俗。遂进所著《大学古本初义》，欲施行天下，一改《章句》之旧 ②。迄清初，程朱学派再兴，却仍有陆王学者谢济世（1689—1756）进《（古本）大学注》，暗讽明太祖与朱熹，兼同乡同姓之谊，难免有所偏袒。清主则尽可不必"拘泥周程张朱" ③。

　　这些图取《朱本》而代之者，其遭遇分别是：林希元削籍落官 ④；唐伯元立遭贬斥 ⑤；张世则之奏，旋因高攀龙（1562～1626）抗疏不得行 ⑥；谢济世得旨严饬，所注经书"悉行焚毁" ⑦。其实，早在永乐二年（1404），即有鄱阳人朱季友，上所著书，专毁濂洛关闽，结果所著文字悉毁，且杖之一百 ⑧。张世则等对朱季友案谅非不知情，其再接再厉献书，除了显现"任道之勇"，盖亦时风有以趋之。

　　另一方面，朝廷处置"异端"的立场，则始终相当一致，所以他们的下场并不难预料。高攀龙的《崇正学辟异说疏》是"得旨允行"的，因此其立论足以作为朝廷观点的表率。高氏说：

　　自昔儒者说经不能无异同，而是非不容有乖谬。是非乖谬，则万事谬矣。以程朱大贤，谓其学曰："不能诚意。"谓其教曰："误人之甚。"是耶？非耶？议之于私家，犹为一人之偏颇，而于圣贤无损；鸣之于大廷，则遂足以乱天下之观听，而于世教有害。至有不容己于言者矣 ⑨。

此处"臣有不容己于言者矣"的"臣"改为"朝廷"，就成了官方正统的立场

---

① 萧彦：《披垣人鉴》（台北，文海出版社，1970），页 875。

② 高攀龙：《高子遗书》（台北，台湾商务印书馆，文渊阁《四库全书》本），卷七，页 1 上—1 下。

③ 谢济世：《梅庄杂著》（道光五年新镌），《进学庸注疏奏》，卷一，页 12 下—13 上。

④ 蔡献臣：《林次崖先生传》，收入《林次崖先生文集》，页 2 下。

⑤ 黄宗羲：《明儒学案》，卷四二，页 1005。

⑥ 高攀龙：《高子遗书》，卷七，页 1 上。

⑦ 文献馆编：《清代文字狱档》（台湾，华文书局），第一辑，页 1 上—2 上。

⑧ 参见黄彰健校：《明实录》，《明太宗实录》，卷三三，页 4；陈建：《学薛通辨》（京都，中文出版社，1977），卷下，页 1 下—2 上。

⑨ 高攀龙：《高子遗书》，卷七，页 1 下—2 上。

了。此外，值得一提的，除了作为科举定本之外，《大学》自南宋以来，已成为帝王经筵教育的一环[1]，因此其与政教之关联既深且巨，可毋庸多言。是故倘有人持与官方相异的看法，则难免心存疑惧，吴肃公在清初说道："(《古本大学》) 偶或信从，不以为好异，辄曰：'反古。' 功令绳之，灾且及身。"[2] 这种切身的压迫感，是笃信程朱、不迁异说的人无法感受得到的。

有了以上政教纷争的背景，就可以领略明中叶，湛若水"官""私"两分教学法的底蕴。湛若水在一篇攸关书院规训的文章中，建议道：

> 诸生读书，须读文公《章句》应试；至于切己用功，须读《古本大学》。《古本》好处全在以修身[3]。

这种"官""私"两分的教学法，出现在一位以成己成人之德的理学家口中，委实令人讶异。但衡诸"政教合一"的官方意识形态，为了缓冲官私直接的冲突，湛氏的教学法仍不失为"倡道"的权宜之计。是故，就在"习举业者有成规，讲道学者无厉禁"的口号之下[4]，《大学》改本得以在私家著述之中蓬勃发展着。

明中以来，受王学激荡，《大学》改本特多，然终无法取代《大学章句》作为科考定本的地位。虽说如此，诸多改本的出现实已透露朱学难以独擅思想的讯息。在应举中，至有以阳明心学作答而获取者[5]。顾炎武即言：

> 正德末，异说者起，以利诱后生，使从其学，毁儒先，诋传注，殆不肯弁髦矣[6]。

迄崇祯之末，竟有宜兴蒋炜星以丰坊塑造的传经源流——"虞松改经议"出

---

[1] 《古今图书集成》，卷二九三，页755。

[2] 转引自朱彝尊：《经义考》，卷一六一，页8下。

[3] 湛若水：《湛文简公甘泉集》，卷五，页17下。

[4] 谢济世：《梅庄杂著》，卷一，页12下。

[5] 顾炎武：《原抄本顾亭林日知录》，卷二〇，页530—532、539，陈建：《学蔀通辨》（丛书集成初编），卷三，页25；吕留良：《吕用晦文集》（国粹丛书，1908），卷五，页176。

[6] 顾炎武：《原抄本顾亭林日知录》，卷二〇，页531。又参较王夫之《姜斋诗话笺注》（北京，人民文学出版社，1981），页214—215。

题试士①。可见各种怪论奇说不只深入人心，而且源远流长。毋怪明人王世贞（1526—1590）说道："今世之学者偶有所窥，则欲尽废先儒之说，而出其上。"②王氏自有《大学》改本，他的话拿来形容当时《大学》改本"百家争鸣"的热况最为允当。但"百家争鸣"的结果经常造成"众说纷纭，莫衷一是"的困局，刘宗周在晚年所发的一番感触可以反映上述推论，刘氏说：

> 《大学》之为疑案也久矣。《古本》《石本》，皆疑案也，《程本》《朱本》《高本》，皆疑案也，而其为格致之完与缺，疏格致之纷然异同种种，皆疑案也。呜呼！斯道何繇而明乎？宗周读书至晚年，终不能释然于《大学》也③。

与刘氏大约同时的傅山（1677—1684）亦深有同感，他说："可惜一本好《大学》拆得乱腾腾地。"④由此视之，高攀龙之感叹：

> 《大学》未经表章，反觉洁净，今日人人自为《大学》，执此病彼，气象局促耳⑤。

确为由衷之言。

若说高氏于《大学》纷争的反应仅止于"扬汤止沸"，那么陈确（1604—1677）一了百了的方式则是"釜底抽薪"了。陈氏本为刘宗周弟子，他倡言"《大学》废则圣道自明"，坚信《大学》断非孔、曾之书，"知止之教"必为禅学无疑⑥。陈氏有此激烈的看法，自然和他理解《大学》与宋明理学的发展密切相关。他说：

> （故）程子之言主敬也，阳明之言致良知也，山阴先生之言慎独也，一也，皆圣人之道也，无勿合也；而以之说《大学》则断断不可合。欲合之而不可

---

① 毛西河：《大学证文》，卷二，页6下。

② 王世贞：《弇州山人四部稿》（台北，伟文图书出版公司，1976），卷一一四，页26上。

③ 刘宗周：《刘子全书》，卷三六，页1下。

④ 傅山：《霜红龛集》（国初山右四家文钞），卷二五，页2下。

⑤ 高攀龙：《高子遗书》，卷一〇，页46下—47上。

⑥ 陈确：《陈确集》（台北，汉京文化公司，1984），《别集》，卷一四，页557—558。

合，则不得不各变其说。各变其说，而于《大学》之解愈不可合[1]。

是故，陈确对阳明"知行合一"之教虽然拳拳服膺，唯略有余憾。他说：

> 每恨以阳明子之贤圣，知行合一之说，决可与孟子道性善同功无疑者，奈何不直辨《大学》之非圣经，而徒与朱子争格致之解！朱子之解格致，本未尝错。错在《大学》，不在朱子。夫不务清其源，而惟欲清其流，流安可得清耶[2]！

原来《大学》固明言先后，而阳明却谓知行无先后，如此一来，朱子反得凭《大学》之势以凌驾阳明。为此，陈确耿耿于怀[3]。是故，陈氏为了出学人于重围之内，只得宣称"《大学》废则圣道自明，《大学》行则圣道不明"。他坚信唯有以《大学》还《戴记》，并删性理之支言，方能达成"琢磨程、朱，光复孔、孟"的最终目的[4]。

细度之，陈确敢言《大学》非圣经"实基于他所谓"迹""理"之说。在"迹"方面，他认为从未有文献证据可确认《大学》为孔、曾之书。在"理"方面，《大学》驳杂近禅，失义理之纯正。由此，可以获悉他所谓"迹"指的显是文献考据，"理"则为概念判准。陈确曾说《大学》"以迹则显然非圣经，以理则纯乎背圣经"[5]。表面上，似乎"迹"（考证）、"理"（哲学）双重考量使得他可以大胆断言《大学》非圣经"。事实则不然。陈氏在《答吴仲木书》中透露道：

> 弟所訾于《大学》者，正以其绝无义理故也[6]。

于另封《答张考夫书》中，他把此一意向，表达得更为清楚，他道：

---

① 陈确：《陈确集》，《别集》，卷一四，页556。
② 陈确：《陈确集》，《别集》，卷一五，页569。
③ 陈确：《陈确集》，《别集》，卷一四，页555。
④ 陈确：《陈确集》，《别集》，卷一四，页559。
⑤ 陈确：《陈确集》，《别集》，卷一四，页562。
⑥ 陈确：《陈确集》，《别集》，卷一五，页570。

> 虽然，苟迹非而理是，虽弟亦是之矣。今弟之所争者理也，非迹也①。

而陈确所代表的正是"重理轻迹"的极致，意即"考据理学化"。此意谓着在核定文献真伪的过程中，"考据"仅为形式，"义理"方为裁决的最后依据。这种态度与清考据学者所标榜的"故训明则义理明"显迥异其趣②。

清中叶，考据学代言者之一——钱大昕（1728—1804）就曾把理学与考据学在解经过程中所涉的优先顺序，定位得十分清楚。他说："有文字而后有诂训，有诂训而后有义理。训诂者，义理之所由出，非别有义理出乎训诂之外者也。"③ 拿钱氏的话与陈确两相比照，则立知陈确所代表的进路，对而后考据学的发展，充其量只是条"死胡同"。

无可讳言的，"考据理学化"在其时仅是较为极端的例子，并非主流。另一方面，陈氏治学的特征亦非绝无仅有，例如王世贞前即主张《大学》"前亦非圣经，后亦非贤传"，语及《大学》一书作者，则臆断为子思，其凭据仅止于"它门人必不能也"罢了④。因此，陈确的思路既非主流，亦非孤例。可是陈氏对《大学》所下的几点论断，仍忠实反映了清初《大学》研究的主要趋势。

首先，陈氏质疑《大学》为孔、曾之作。陈氏在《大学辨》中以"理"断《大学》和孔、曾思想不契，故谅非后者之作。而后，陈氏又有《辨迹补》之举，企图从"迹"来补充己说。虽然陈氏对"考据"的使用仅止于"形式"点缀，但已表示他难以忽略"考据"在证成己说的重要性。尤其他的具体论点——《大学》非孔、曾之作在其时已颇有同调。例如，维护朱学不遗余力的阎若璩（1636—1704）和胡渭（1634—1714）亦缘文献不足征，只得存疑《大学》一书的作者。所不同的是，阎氏和胡氏的立论是基于文献证据的考

---

① 陈确：《陈确集》，《别集》，卷一六，页 588。
② 这句话节取自清考据学代表人物戴震（1723—1777）的《题惠定宇先生授经图》。戴氏原谓："夫所谓理义，苟可以舍经而空凭胸臆，将人人凿空得之，奚有于经学之云乎哉！惟空凭胸臆之卒无当于贤人圣人之理义，然后求之古经。求之古经而遗文垂绝，今古县隔也，然后求之故训。故训明则古经明，古经明则贤人圣人之理义明，而我心之所同然者，乃因之而明。"见《戴震集》（台北，里仁书局，1980），《上编》，卷一一，页 214。至于戴震与清代考据学风的关系则请参阅余教授《论戴震与章学诚》（台北，华世出版社，1977），第六章。
③ 钱大昕：《潜研堂文集》，卷二四，页 13 上—13 下。
④ 王世贞：《读书后》（台北，台湾商务印书馆，文渊阁《四库全书》本），卷四，页 20 上—20 下。

虑①。视之往后的演变，阎、胡二氏的取径显拥有较广泛的回响。尤其到了汪中（1744—1794）、崔述（1740—1816）、俞正燮（1775—1840）的时代，他们对《大学》作者的观点虽与陈确相近，但论证方式则迥然不同②。此别无他故，只因陈确仍受理学余波荡漾的感染，而汪、俞等却身处考据当令的境地。其论点之相似，顶多只能谓为"貌合"罢了。

其次，陈氏主《大学古本》，并力持返归《戴记》。于前半部分的主张，渐为多数学者所接受，并超越程朱、陆王两派的藩篱。例如，清初朱学代表李光地、陆王健将李绂（1673—1750）均无二致。而这并非表示他们义理立场已汇归为一，相反地，他们的哲理歧见仍旧泾渭分明。李光地在《大学古本说》的《旧序》中，对陆王之徒假借《古本》助长声势，即颇为介意，他说：

> 闲考郑氏《注本》，寻逐经意，窃疑旧贯之仍，文从理得。况知本、诚身二义尤为作《大学》者枢要所存，似不应使溷于众目中，而致为陆王之徒得以攘抉扼掔，自托于据经注传，以售其私也③。

李氏固然对朱子《今本》心有未安，而另主《古本》，但对程朱哲理却百般维护，毫无回转的余地，他说：

> 《大学》不区经传，通贯读之，则《旧本》完成，无所谓缺乱者。若大义一惟程朱是据④。

"若大义一惟程朱是据"则是李氏明确表白他的义理立场了。

陆王学派在清初虽说隐微，但作为陆王信徒的李绂却毫不妥协。李绂终

---

① 胡渭：《大学翼真》，卷三，页1上—4下。
② 参见汪中：《述学》（成都志古堂），卷四，页18下—20上。俞正燮：《癸巳存稿》（台北，台湾商务印书馆，人人文库），卷二，页56。崔述：《崔东壁遗书》（上海，上海古籍出版社，1983），页373—374。
③ 李光地：《榕村全书》，《大学古本说旧序》，页1上—1下。
④ 李光地：《榕村全书》，《大学古本序》，页1下。

其一生抨击朱熹不遗余力[①]。李光地转向《古本》更不会逃过他的耳目[②]。他讥评朱熹道：

> 如谓《大学》出于《戴记》，非孔子之书，不足崇信则已；如谓《大学》实为孔氏之书，即当信而好之，不可更改[③]。

李绂指责朱熹于《大学》所作所为，实为"变古"，而非"复古"[④]。他以《大学古本》为依据，来阐发自己的"格物解"，并证成己说[⑤]。是故，降至清初，即使程朱、陆王之徒于《大学》定本的看法虽逐趋一致，但义理上仍是"各尊所闻"的局面。因此谓清初考据学带有浓厚的义理动机，盖为确切之论[⑥]。

陈确的后半部分主张——将《大学》返诸《戴记》，直迄乾、嘉考据学风行，方才尘埃落定，形成共识。其背后之根由则为学术观点的转化，清人考据首重"复古"，力诋"改经"非是，俞正燮直斥道：

> 《戴记》有《中庸》、《大学》二篇，元、明人不录其文，乃为之辞曰："程朱已拔出之。"其不逊如此[⑦]。

前此吴肃公已云：

> 夫释经可也，改经不可也。儒者各鸣所见，纵刺谬于圣人，指而驳之，经

---

① 全祖望：《鲒埼亭集》，卷一八，页219。
② 谢济世：《大学校议》。该书经李绂补编，并参有李绂的按语。在《李文贞公光地古本》后，李绂有此一结语："吾师一生确守朱学，其持异议者独此编耳。读者且玩味之。"按李光地为李绂的座师。
③ 李绂：《穆堂初稿》（道光十一年），卷一九，页34上。
④ 李绂：《穆堂初稿》，卷一九，页34上。
⑤ 李绂：《穆堂初稿》，卷一八，页10上—15上。
⑥ 参较余先生《历史与思想》（台北，联经出版事业有限公司，1977），页87—156。余师论点的确切含义应就清初"考据学"的义理层面来理解，而非所有的"考据问题"皆与"理学"有关。
⑦ 俞正燮：《癸巳存稿》，页55。

文固自若也。改之，则经非其经矣。汉儒之释经也，不敢增损，即错简仍之 [1]。

吴氏陈述了汉学规矩之后，接着把矛头指向朱熹本人，他指陈道：

（朱子）于《大学》乃身自蹈之。分经、分传为曾子、为门人，析之、释之；为错简、为衍、为阙、移之、补之。使经文果有错简，若衍、若阙而不可通，当听之无可如何。况本自明备，而断以己意，仍不免其衍且阙，何以改为哉？所以然者，解经而不得其解故也。不得其解，因蹈改经之失，窜以己意而支离不免焉。噫！盍亦反诸孔门之旧乎 [2]？

柴绍炳更规诫曰："程朱改《大学》、《孝经》，此等事姑听先儒自为之，勿可效也。" [3] 在清儒心目中，程、朱为《大学》改本启动者，故首当其冲成为批判的对象，实可预料。这透露了学术风气的转变，也说明何以步入有清一代，《大学》改本不只盛况难再，而且渐次凋零了。

简而言之，试以《大学》改本的发展史来看，从一开端，理学与考据学即密切配合，至朱子集其大成，而有《章句》之作。南宋末年，虽有若干朱学门人持有异见，但并未构成义理上的冲突。降至阳明重提《古本》，并另创哲理，始打破朱学独尊的局面，促成《大学》改本"百家争鸣"的特况。而明正德之后，《大学》改本独多，即是明证 [4]。

析言之，《大学》改本之不同实源自互异的哲理见解，尤以"格物"一词最为歧出。盖"格物"在上古文献仅一见于《大学》之中，语意饶富而含混（fruitful ambiguity），难免臆测多端 [5]。又经阳明发动，愈发不可收拾。顾宪成即指证说：

---

[1] 转引自朱彝尊：《经义考》，卷一六一，页8下。

[2] 转引自朱彝尊：《经义考》，卷一六一，页8下。

[3] 转引自朱彝尊：《经义考》，卷一五六，页1下。

[4] 拙文草成，得见李纪祥先生硕士论文，该文对《大学》改本搜罗颇称完备，值得参考。文中亦指出明正德、嘉靖、万历年间为改本史的高潮，可资互证。见李纪祥《两宋以来大学改本之研究》，东海大学历史研究所，硕士论文，1982，页179。陈锦忠学长代为借阅，一并致谢。

[5] 胡渭即说："按格物二字仅见于《大学》，而传中绝不道及，他书亦未之见。秦汉以来，训诂又缺，遂令千年聚讼，至今未定。"胡渭：《大学翼真》，卷四，页31上。

世之说《大学》多矣！其旨亦无以相远，而独格物一义几成讼府。何也？始于传之不明也。于是人各就其见窜之，此以此之说为格物，彼以彼之说为格物，而《大学》之格物，转就湮晦不可得而寻矣①。

由于《大学》改本相互竟出，积以时日，自然产生一类学术考订之作，专门论述各种改本，并参较得失。在有明一代著名的即有刘斯原《大学古今本通考》、顾宪成《大学通考》、吴秋圃《大学通考》等；清代考据学盛行，此类作品更为繁复而精审，举其例则有毛西河《大学证文》、胡渭《大学翼真》、谢济世《大学校议》、边廷英《大学改本考》，等等。

此一单纯的学术论争，因《大学》自元代成为科考定本，终演变成政治上的斗争。朝廷受"治教合一"观点的影响，不得不压迫异说；另一方面，却又默许私家论述的流布，造成"官""私"两分、各行其是的情况。这显示统治阶层的实际施政远比抽象的意识形态来得复杂，意即私人对经典阐释（文化解释权），容或有异，但只要不妨碍有效的统治或避免向官方立场公然挑战，朝廷均可包容。

在《大学》改本出现之前，理学与考据学原本泾渭分明，各自发展。程颐即明确地说：

古之学者一，今之学者三，异端不与焉。一曰文章之学，二曰训诂之学，三曰儒者之学。欲趋道，舍儒者之学不可②。

程氏谓"古今学者一，今之学者三"，显见其时学术已有分化。他特意凸显"儒者之学"，意在标榜新出炉的"理学"。程氏又说：

今之学者有三弊：一溺于文章，二牵于训诂，三惑于异端。苟无此三者，则将何归？必趋于道矣③。

"必趋于道"当然只有"儒者之学"（理学）一途。程氏以"文章""训诂"和

---

① 转引自朱彝尊：《经义考》，卷一六〇，页6上。
② 程颢、程颐：《二程集》，卷一八，页187。
③ 程颢、程颐：《二程集》，卷一八，页187。

"异端"并举，可见在他心目中，"训诂之学"和"理学"并非志同道合。可是此一对立，却因《大学》改本的缘故，竟成互相提携的局面。朱熹的《大学章句》可以说是二者"由分而合"的里程碑①。毋庸讳言的，考据学在此一阶段只是服务于理学的性质。南宋以下，理学大放光彩，考据学因而隐而不彰。直至阳明恢复《大学古本》，激发《大学》定本的讨论，考据学的重要始日形显著，其应用范围亦与时俱增②。明中叶以下，理学与考据学进入相互激荡的阶段，而且有愈演愈烈的趋势。其中虽出现诸如陈确"考据理学化"的现象，究属少数逆流，无可抵挡学术总归向。

陆王学派素来标榜"读书为第二义"。清初，李绂却以博闻强记、饱读群书著称。一方面，他讥斥"考证是末流"③；另一方面，又难舍此一利器，以攻击他的程朱论敌。要解开此一矛盾，就必得明了李绂已濒临"考据挂帅"的时代。即使骨子里轻蔑"考证"的陆王，李绂亦不得不披上"考据的外衣"，以说服他的读者④。

黄宗羲（1610—1695）曾谓："有明文章事功，皆下及前代，独于理学，前代之所不及也，牛毛茧丝，无不辨析，真能发先儒之未发。"⑤如众所周知，黄氏的《明儒学案》《宋元学案》一般公认为对理学成就的总结。他的见解可信度极高。从上述的赞语，可以得知，有明一代已将北宋以来的理学发挥殆尽。换言之，从知识内部的空间而言，余义无多。加上，清初以来，陆王沦为明亡口实（间或包括程朱），真达万夫所指、百口莫辩的境地⑥。居间虽有程朱再兴，朝廷尊崇有加，然乏新意。是故，在里外不是之下，理学之式微终是注定的事实。

清代考据学的兴起，学术典范的交替，"通经服古"成为首义。稍前述及朱学大儒李光地改信《大学古本》的事实，不仅没有逃过陆王论敌的耳目，

---

① 朱子：《改本》之前，诚然有二程《改本》，但除本文外，二程并无说明《改本》缘由。二程之后，以朱子《改本》影响最深远，故谓此。

② 考据学在宋迄明的发展参见皮锡瑞《经学历史》，第八、第九章；又刘师培《汉宋学术异同论》，收入《刘申叔先生遗书》（1936）。

③ 李绂：《朱子晚年全论》（序于1732年，芝加哥大学所制微卷），卷六，页187上—188上。

④ 拙作：《李绂与清初考据学的兴起》将有较详细的论述。

⑤ 黄宗羲：《明儒学案》，《发凡》，页17。

⑥ 例如，顾炎武《日知录》，卷二〇，页539；王夫之《船山遗书全集》（中华文化丛书，1972），《张子正蒙注》，卷九，页12上；颜元《颜元集》，《年谱》，卷上，页726。可为代表。

亦难躲考据家的注意。所不同的是，后者援此指证"尊经崇古"乃必然趋势。钱大昕即说：

> 盖《大学》一篇无可补，亦无可移。先儒之说与经文有不安者，信先儒不如信经之愈也。余姚王氏、安溪李氏皆尊古本者也。安溪笃信朱学，非余姚之比，而于此篇亦不能强同。尊经崇古之心，所由高人一等矣①。

是故，阳明学派纵有推尊《古本》之举，考据学家仍需和他们划分界限。刘醇骥就说："姚江之徒所以必复《古本》者，实欲引托始知本，不言格物之义，以阴助良知，非尽为尊经也。"②刘氏的评语中，除了重复程朱学者惯常攻讦阳明的说辞之外③，已点出新时代的意向——"尊经"的重要性。

其实，理学家并非全然不"尊经"，但精神则截然有别。程颐素主张"由经穷理"④，但只要稍稍探究一下解读步骤，则不难看出二者之区别。程颐说：

> 古之学者，先由经以识义理。盖始学时，尽是传授。后之学者，却先须识义理，方始看得经⑤。

程氏虽然承认"古之学者"以经识理。但"今之学者"，却缘儒道失而复得（缘理学之故）。故须先识义理，方始读得经。程氏更谓：

> 解义理，若一向靠书册，何由得居之安，资之深？不惟自失，兼亦误人⑥。

这样"读经"的方法若与清代考据学家相较，其差异甚为显著。以清中叶

---

① 钱大昕：《潜研堂文集》，卷一七，页15下—16上。
② 纪昀：《四库全书总目提要》，卷三七，页57上。
③ 例如，张履祥就曾说："复《古本》是姚江一种私意大指，只是排黜程朱，以伸己说耳。"然而张氏仍主《今本大学》，他接着说："今试虚心熟玩《大学》之书，谓'文无阙'，终不可也；谓'简无错'，终不可也；谓'经传辞气无异'，终不可也；则知《章句》之为功不小矣。"参见张履祥《张杨园先生全集》，卷二，页5下。
④ 程颢、程颐：《二程集》，卷一五，页158。
⑤ 程颢、程颐：《二程集》，卷一五，页164。
⑥ 程颢、程颐：《二程集》，卷一五，页165。

考据学者王鸣盛（1722—1797）为例。王氏论及"读经"之法，则再三告诫"治经断不可驳经"，他说：

> 治经岂特不敢驳经而已，经文艰奥难通，若于古传注，凭己意择取融贯，犹未免于僭越，但当墨守汉人家法，定从一师而不敢佗徒①。

所以王氏主张：经以明道，而求道者不必空执义理以求。但当正文字、辨音读、释训诂、通传注，则义理自见，而道在其中②。

这类"复古"论调弥漫其时学界，致使各种《大学》改本顿失其义，无所傍依。改本于是大为减少。而此一阶段象征了理学与考据学"由合而分"的崩解过程。朴学大师惠士奇（1671—1741）曾手书"六经尊服（虔）、郑（玄）、百行法程朱"作为楹帖③。以"六经"与"百行"、"服郑"与"程朱"对比，正是预示了此一趋势的先兆。自此，考据学寻求独立自足的园地。段玉裁（1735—1815）敢言："考核者，学问之全体；学者所以学为人也。"则可目为考据学已从方法、技术的层面，提升至哲理的意境，恰足与宋明理学

---

① 王鸣盛：《十七史商榷》（艺文印书馆，百部丛书集成），《序》，页 2 上。
② 王鸣盛：《十七史商榷》，《序》，页 1 下。这种观点可远溯清代考据学的开山始祖顾炎武。顾氏曾云："读九经自考文始，考文自知音始。"见顾炎武《顾亭林诗集》（台北，汉京文化公司，1984），卷四，页 73。
③ 惠氏楹帖见江藩《国朝汉学师承记》，《附录·国朝宋学渊源记》，页 154。按惠氏于《大学》版本及解释上，皆不从程朱，而自有说辞。其主张大列如下：（一）《大学》改本大致从朱子，唯不分经传并不取"补传"，以示存疑。（二）不改"亲民"为"新民"，意谓尊经。（三）"格物"解不取"朱注"，而取"物有本末"，之义。"格物"犹"洁矩"。"本末"解亦不以"朱注"（君为本，民为末）为然。故惠氏何以称得上"百行法程朱"呢？可见"六经"（考证训诂）与"百行"（言行事为）实各有所指，不能混而为一。惠氏对《大学》的看法见惠士奇《礼说》（嘉庆三年刊），《附录》，《大学说》。

相互抗衡①。段氏老师戴震（1723—1777）不亦曾明言："然舍夫道问学，则恶可命之尊德性乎？"②戴氏的"道问学"所指的正是"经解"的学问。这些在在显示考据作为学问之典范已趋于圆熟自信。至于钱大昕所谓"训诂之外，别有义理，非吾儒之学也"则是揭开未来汉学、宋学两相对垒的序幕了③。

　　**附记**　拙文承余教授、黄彰健先生评阅；在史语所讲论会，又承张以仁、毛汉光、朱鸿林诸位先生评论，提出许多宝贵的意见，于此一并致谢。

（原载《历史语言研究所集刊》，第60本，第4分，1989年）

## 十四　"学案"体裁产生的思想背景：从李绂的《陆子学谱》谈起

　　在中国史学里，黄宗羲的《明儒学案》一向被视为一种新史学体例的诞生，许多前贤，例如梁启超、钱穆、金毓黻，甚或晚近的学者如阮芝生都曾多方阐发此一论点④。因此，本文暂拟搁置有关"学案"体裁的形式问题，而把重点放在发掘"学案"体例产生之思想渊源，希望借此显豁其原有的历史

① 段玉裁：《段玉裁遗书》（台北，大化书局，1977），《经韵楼集》，卷八，页12上。段氏老师戴震曾言："有义理之学，有文章之学，有考核之学。义理者，文章、考核之源也，熟乎义理，而后能考核，能文章。"段氏在《戴东原集序》引述了这段话，随即补充说："玉裁窃以谓义理、文章，未有不由考核而得者。"他推许戴氏真正之所得"盖由考核以通乎性与天道，既通乎性与天道矣，而考核益精，文章益盛，用则施政利民，舍则垂世立教而无弊。"见《戴震集》，《附录》，页452。按戴氏对"义理"、"考核"、"文章"三者关系的看法前后有所改变。段氏《戴东原先生年谱》中载有：先生初谓："天下有义理之源，有考核之源，有文章之源，吾于三者皆庶得其源。"后数年，又曰："义理即考核、文章二者之源也。义理又何源哉？吾前言过矣。"见《戴震集》，《附录》，页486。于此点，就正文引语，段氏似与其师略有歧见。余教授另有别解，值得参考。请参阅余著《论戴震与章学诚》，页112—117。

② 戴震：《戴震集》，《文集》，卷九，页184。

③ 节取自钱大昕：《潜研堂文集》，卷一四，页11下。此语在方东树的《汉学商兑》特别受到瞩目，成为批驳的对象。方东树：《汉学商兑》（台北，台湾商务印书馆，人人文库），页79。按方氏在汉、宋之争中，代表宋学立场。

④ 梁启超：《中国近三百年学术史》（台北，无出版时间），页77—88；《清代学术概论》（东京，1946），页30；钱穆：《中国史学名著》（台北，1973），页285—317；金毓黻：《中国史学史》（香港，无出版时间），页202—204；阮芝生《学案体裁源流初探》，原载《史原》第2期（台北，1976），收入杜维运、黄进兴编《中国史学史论文选集》，第一册，页574—596。

意义。为了达到此一目的，本文以分析李绂的《陆子学谱》为始点，再进一步对黄宗羲制作《明儒学案》和《宋元学案》的思想背景试加疏解。

李绂（1675—1750）的《陆子学谱序》作于雍正壬子（1732）①。李绂为清代陆王学派的代表人物，他编撰《陆子学谱》的动机可从两方面来理解：一为当时陆王及程朱学者之间的冲突；二为长远以来，程朱学派施与陆王学者的压力。李绂显然欲借编撰《陆子学谱》的机会来建立陆王一系的传承，从而与当时的程朱显学相颉颃。清代陆王一派势孤力弱，李绂所承受程朱学派的压力必甚真切，这一点可以从南宋以来程朱学派兴起的事实获得印证。因此简略地回顾朱学的发展，必有助于我们了解程朱与陆王二派在历史上的兴衰起伏。

朱熹生前已经是著名的学者，但他不仅没有获得朝廷的殊遇，晚年且屡遭政治迫害，甚至他的学说也被斥为"伪学"。由于执政者的干预，朱熹的丧礼甚为寥落②。但是他的学说列为"伪学"，正可反证当时朱熹学说广泛的影响力。因此在朱熹死后不久，由于政治与内在思想因素的凑合终导致朱学的再兴。

---

① 李绂：《穆堂初稿》（1831），卷三二，页2a。

② 朱熹学说被列为"伪学"见脱脱《宋史》（中华书局，1977），卷四二九，页12768。据毕沅编《续资治通鉴》，关于朱熹之葬礼有这么一段话："（熹）将葬，右正言施康年言：'四方伪徒，欲送伪师朱熹之葬。……今熹已殁，其徒画像以事之，设位以祭之，会聚之间，非妄谈世人之短长，则谬议时政之得失，望令守臣约束。'从之。于是门生故旧不敢送葬，惟李燔等数人视窆，不少怵。"见《续资治通鉴》（中华书局，1964），卷一五五，页4176。而《朱子年谱》却载"会葬者几千人"，衡诸当时前后情况，似不可信。见王懋竑纂订《朱子年谱》（台北，1971），卷四下，页230。王氏本诸年谱及行状，采信"会葬者几千人"之说，见《朱子年谱考异》，收入《朱子年谱》，卷四，页344。行状所谓"而讣告所至，从游之士，与夫闻风慕义者，莫不相与为位而聚哭焉。禁锢虽严，有所不避也"。见《朱子年谱》，卷四下，页227。但行状所述正是引发施康年上疏的背景，况且设位而哭与亲临送葬非为一事。王懋竑又疑《续通鉴》中施康年疏的出处。按《续通鉴》所载施康年上疏的内容可能取自《庆元党禁》一书，是书署名沧洲樵叟所著，序于淳祐乙巳年（1245），今收入《四库全书珍本》别辑，施康年之言，见是书页30a—30b。当时党禁的严厉由该书的一段记载可略知一斑："范念德为铸钱司主管官，淞樵检视坑场，便道会葬；归未至鄱阳，有旨镌官罢任。盖台谏劾其离次会葬云。"（见《庆元党禁》，页30b—30a）《宋史·辛弃疾传》又有如是的记载："熹殁，伪学禁方严，门生故旧至无送葬者。弃疾为文往哭之曰：'所不朽者，垂万世名。孰谓公死，凛凛犹生！'"（脱脱《宋史》，卷四〇一，页12165—12166）。"门生故旧至无送葬者"不免为过实之言，例如朱熹的弟子范念德，即曾参加会葬而致夺官。但上述《宋史》的记载的确透露了其时葬礼之寥落。

先是宋宁宗嘉定五年（1212），朱熹之《论语》《孟子》被立为官学。史弥远（1164—1233）在激烈的政治斗争之后，于嘉定四年（1211）复起为相，即积极地拉拢朱门学者，用以弥补他在权力斗争中所造成的不良形象。朱熹受到褒扬，同时朱门学者的政治及社会利益受到照顾。宝庆六年（1233），郑清之继史弥远为相，朱门学者如真德秀、魏了翁皆位居高位①。

而后又值蒙古人大举进攻金人，使宋朝间接受到很大的压力；尤其1233年，蒙古人采用耶律楚材（1190—1244）的建议，修建孔庙，无论蒙古人真正的动机何在，对南宋的政权而言，此意味着蒙古人不仅欲在武力上和宋人争胜负，同时欲在文化上争取正统地位②。为了抵制蒙古人的双重挑战，宋朝政府感到急需执行一套文化意识形态来团结域内以抵抗蒙古人的侵略。于是在理宗宝庆三年（1227），将朱子的《四书集注》全部列为官学；于淳祐元年（1241），理宗下诏将朱熹与北宋五子奉祀孔庙③。当然南宋并不因其文化策略而免于最后灭亡的厄运——在1279年蒙古人终究灭了南宋。但这里要点出的是，当时"国际"政治的折冲竟无意中助长了朱学的拓展，尤其元仁宗皇庆二年（1313）将朱注《四书》列为科举取材的范围，此一规定一直为后来明、清政府所遵循④。因此，在元初以后，朱学便成为科举必考的内容。

朱学的兴起或朱门的建立固然有外缘的政治因素，但唯有掌握了朱学本身有利的竞争质素，才可能解答为什么在诸多学说之中，朱学能够脱颖而出，甚至被选为官学。有关朱熹学说的优势，首先值得注意的是朱熹一生所完成大量的经典著作。这些注释不仅与朱熹自身的学说互相呼应，而且成为后人研习经典必经的楼阶。也就是说，朱熹一方面借着诠释经典的方式来支持自

---

① 脱脱：《宋史》，卷四一，页799；卷四一四，页12416—12421。

② 宋濂：《元史》（中华书局，1976），卷一四六，页3459；卷二，页32。

③ 李心传：《道命录》（《丛书集成初编》），卷一〇，页117。关于朱学兴起的"国际"政治因素可参阅 James T.C.Liu, "How did a neo - Confucian school become the state orthodoxy？" *Philosophy East and West*，1973.vol.XXII，No.4.pp.485—505.《朱子年谱》的记载可更旁证朱熹或朱学因受外族注意，才受到朝廷的重视。光宗绍熙四年冬十二月，朱熹除知潭州荆湖南路安抚使，《朱子年谱》有如是的记载："或传：是冬使人自房中回，房问南朝来先生安在？答以见已擢用。归自庙堂，遂有是除先生。"（见《朱子年谱》，卷四上，页189—190）《朱子年谱》又载有《语录》言："过甲寅年，见先生闻朋辈说，昨岁房人问使人云：南朝朱先生出处如何？归自庙堂，所以得帅长沙之命。"（见《朱子年谱》，卷四，页191）

④ 邓嗣禹：《中国考试制度史》（台北，1976），页214—215、245。

己学说的立足点，另一方面他的注释又成为后人了解经典的重要依据。我虽一再强调朱子在注解工作中的巨大贡献，但这并不是抹煞朱子思想的独创性。更确切地说，朱子很巧妙把他的学说与注经工作相辅为用，从而强调读书对修身的重要性，使研习朱学的人很容易"有迹可循"①。

相形之下，陆学在这方面显得十分不利，因为陆象山自称其学"因读《孟子》而自得之"②，本人又不喜文字著作，主张"学苟知本，六经皆我注脚"③。他的影响主要建立在个人的人格上，因此在他逝世之后，再传弟子即无法领受他的精神感召。这项因素可以在相当程度上解释陆学何以兴盛于陆氏生前而衰微于其身后。

总之，程朱学派的兴盛是和朱熹的经典注释分不开的，这一点连反对朱学的李绂都不得不承认，他说：

> 盖世止有摘陆王之疵者，未闻有摘朱子之疵者；非陆王之多疵而朱子独无疵也，势也。自有明以来注取士，应科举者共守一家之言，为富贵利达之资④。

他又说：

> 流俗之人妄谓功令尊朱，辄訾陆子，用以希世而取宠。不思朱陆从祀，功令未尝偏有去取；惟场屋之文有理遵朱注之说，则陆子以六经为注脚，未尝别有笺疏耳。假令有之，亦必并行⑤。

李绂的抱怨证实了士人之逢迎朱学与科举甚有关联。但李绂不免忽视了以下的历史事实：早在南宋淳祐元年（1241），朱熹已入祀孔庙，然而陆象山则迟

---

① 有关此点可参阅拙文 "Chu Hsi versus Lu Hsiang-shan（Chu-Luit'ung）: a Philosophical Interpretation"（《"朱陆异同"：一个哲学诠释》），*Journal of Chinse Philosophy*（1987），14, pp.179—208.

② 陆九渊：《陆九渊集》（中华书局，1980），卷三五，页471。

③ 陆九渊：《陆九渊集》，卷三四，页395。

④ 李绂：《穆堂初稿》（1831），卷四三，页l2a—12b.

⑤ 李绂：《穆堂初稿》（1740），卷四一，页13a—13b.

至明代嘉靖九年（1530）因阳明门人薛侃之请才得从祀孔庙[1]，其间的差距近乎三百年之久。

这种时间的差距是很有意义的，对儒者而言，身后从祀孔庙是他们想象中最高的荣耀。此一殊荣代表了后世学人和统治者在仪式及制度上承认他们对延续道统的贡献，他们的思想及著作亦将成为道统的一部分。试以明神宗万历十二年（1584）对阳明应否入祀孔庙的论辩为例，当争议变得激烈化的时候，浙人陶大临劝陆树声说："朝廷不难以伯爵予之，何况庙祀？"[2]陆树声回答："伯爵一代之典，从祀万代之典。"[3]当时人都认为陆树声的答辩极具见地。我们由此例可以了解从祀孔庙在儒者心目中的象征意义。陆象山比朱熹迟入孔庙近三百年确实反映了陆学之晦与朱学之盛。

康熙五十一年（1712），朱熹进而奉祀在"十哲"之列，此一措施代表朱学之再次跃进与胜利。据说本来康熙帝尊崇朱子太过，原拟提升朱子于"四配"之列，因李光地的劝止，方才作罢[4]。即使如此，朱子之位跻"十哲"之列，已象征当时统治者与大多数学者肯定朱子思想凌越汉、宋诸儒，而直承孔门正学。反视陆象山与王阳明则分列孔庙东庑、西庑，名列"先儒"，而位次"先贤"之下，远无法与"十哲"相比[5]。孔庙的阶层在道统上具有明确的意义，朱子与陆、王序列之差距可作为当时思想风尚拥朱的指标。

总之，无论是否政治或思想因素的作用，从南宋末年以降，程朱学派的兴盛以及其传承的连续性，都是一项事实。章学诚谓朱学"一传而为勉斋、九峰，再传而为西山、鹤山、东发、厚斋，三传而为仁山、白云，四传而为潜溪、义乌，五传而为宁人、百诗"，虽然简略，却是可信[6]。即使在明代中叶王学鼎盛的时期，程朱学派并没有从历史舞台消失。那时候的阳明学派固然开创了一个新的思想意向，但还没有到笼罩整个思想领域的地步。罗钦顺（1465—1547）以及稍后东林诸贤对王学积极的反应，即是很好的证明[7]。

---

[1]　张廷玉：《明史》（中华书局，1974），卷五〇，页1300。

[2]　孙承泽：《春明梦余录》（香港，1965），卷二一，页36b；又见其《天府广记》（北京，北京出版社，1962），卷九，页89。

[3]　孙承泽：《春明梦余录》，卷二一，页36b；又见其《天府广记》，卷九，页89。

[4]　李光地：《榕村全书》，《文成公年谱》（1829），B，页50a—50b。

[5]　庞锺璐：《文庙祀典考》（台北，1977），卷一，页19b—20a。

[6]　章学诚：《文史通义》（台北，1980），页56。

[7]　参阅容肇祖：《明代思想史》（台北，1962），第六、第九章。

在李绂的时代，由于顺承明末对王学的反动，加上清初程朱学者的鼓吹和康熙皇帝的支持，程朱学进入了一个新高峰；而在李绂稍前，阎若璩（1636—1704）已提议将象山和阳明迁出孔庙，因为二者的学说"异端害道"[1]。这件事显示当时陆王学的衰微。在这种情况下，身为陆王学者的李绂，其处境之艰难可想而知。尤有甚者，李绂一项私人的情谊更加深他处境的复杂性。李光地不但是程朱学的在朝领袖，而且还是李绂京试的座师。李绂深得李光地的赏识与提拔[2]，因此李绂抨击其他程朱学者甚烈，而独无一语及于李光地。这并不是李绂对程朱学派有所保留，而是由于李绂对光地私人感恩所致。作为一个笃信陆王的学者，李绂内心必然深感矛盾。由这种矛盾而产生的心理压力在他的文字中显露无遗[3]。

然而在学术层面，李绂却没有放弃攻朱守陆的立场。他采取了三种途径来回应程朱学派的挑战：其一，从哲学上来为陆王学辩护[4]；其二，以考证方法维护陆王，批评程朱[5]；其三，建立陆王学统以便与程朱学派抗衡。第一点与第二点并非本文之重点所在，暂时存而不论。

李绂建立陆王学派的传承显然欲与程朱学派抗衡，他之所以如此实基于以下的认识：历史上，程朱学派的连续性固然属实，但倘若拨开这项事实的浮面，则可发现士子群趋程朱学说的根由免不了功名利禄的因素为多；反之，陆王学说因毫无涉及世俗利益，因此学者之欣赏或认同陆王学说仅能就陆王学说内在的优越性来解说。在《陆子学谱》的序中，李绂即以自身的经验为例证，他自谓早岁即向往陆学，然牵于"俗学"，玩物而丧志历三十余年，才尽弃宿昔所习，沉潜反复于陆学。换句话说，依李绂的想法，程朱学只是功名利禄的荟萃，它的兴盛仅是倏逝的表象，陆王思想的精粹终能发扬光大，使人信道弥坚。是故恢复历史上的陆王学派在此点上有其独特的意义。

为了达到建立陆王传承的目标，李绂编纂了两本书，一是《陆子学谱》，另一是《阳明学录》。《阳明学录》假设是讨论王学传承的问题，在时间上应

---

[1] 阎若璩：《尚书古文疏证》（1867），卷八，页67a—71a。

[2] 李绂：《穆堂初稿》（1831），页6a；《穆堂别稿》（1831），序，页1a。李光地《榕村全书》，《文成公年谱》，B，页59b。

[3] 李绂：《穆堂初稿》（1831），卷四三，页12a—12b；又《陆子学谱》，卷一八，页1a。

[4] 参阅 Chin-shing Huang, "The Lu-Wang Shool in the Ch'ing Period," unpublished dissertation, Harvard Univevsity, 1983, Chapter 5.

[5] Chin-shing Huang, "The Lu-Wang Shool in the Ch'ing Period," Chapter 6（1）.

是接着《陆子学谱》发展下来。今不得见，因此只能就《陆子学谱》来讨论。

据《陆子学谱》的序，李绂编纂此书的范本却是朱熹与吕祖谦合编的《近思录》和朱熹为了阐明自己思想来源的《伊洛渊源录》①。前书记载周敦颐、二程、张载的思想，后者则为行状。以李绂之见，朱熹不免把"言""行"二分，有失孔孟之教的真义。在他自己的著作中，则欲将言、行合而为一，以弥补朱著的缺失②。

在《陆子学谱》开端，李绂陈述了象山的思想并及陆氏之家学。对李绂而言，陆氏家学是象山发展自己思想的重要泉源。李绂对陆氏家族于象山影响的重视，使他能扩充前人所修的《陆子年谱》③。但在追溯陆氏思想之来源方面，李绂并无能为力，因为陆象山直截宣称他的学问是读《孟子》自得之。又如前文所述象山学说的基础主要以"身教"为主，他那独特的道德感召力（moral charisma）并无法直接传递给他的弟子，加上他的学说环绕着"本心"而发，与禅宗的"心学"只有毫厘之差，连他的嫡传弟子都很难分辨其中的精微之处，日后他的几个弟子如傅子渊、颜子圣、杨简等倾向释学并非偶然④。

陆学的衰微及中断，使塑造陆氏学派的传承显得格外的困难，李绂在叙述完陆氏第一代的弟子之后，只好援用"私淑"这个观念来指称那些无法直接承受陆氏教导，却又奉行陆学的学者。有关"私淑"这个观念，李绂自称启发自孟子的例子，因后者虽不曾受教于孔子，却自诩为孔子的"私淑"弟子⑤。借着"私淑"这个概念，李绂则可填补陆子与其后世仰慕者之间思想联系的问题。

第一位被李绂用来作为"私淑"陆子的学者为宋末元初之际的吴澄（1249—1333）。李绂选择吴澄大约基于以下几点考虑：首先，吴澄的学术生涯，始于朱学而终于陆学，因此，陆学之优越不言而喻。其次，吴澄与李绂

① 李绂：《穆堂初稿》（1831），卷三二，页1a。
② 李绂：《穆堂初稿》，卷三二，页1a.
③ 李绂：《穆堂初稿》，卷三二，页7a—7b。
④ 李绂：《穆堂初稿》，卷一八，页20a—20b；又陈建《学蔀通辨》（丛书集成初编），卷六，页73。
⑤ 李绂：《陆子学谱》，序于1732年，卷一八，页20a。但衡诸孟子原意，并不指私淑孔子。孟子曰："予未得为孔子徒也，予私淑诸人也。"此处的"私淑诸人"或谓子思或子思之徒。参较朱熹《四书集注》，《孟子》（台北，无出版时间），页117、202；焦循《孟子正义》（中华书局，1962），页340。

同属江西临川人。李绂素以临川人为傲，于他而言，临川为世代人文荟萃之区，他对临川的浓厚感情在文集里随处可见①。最后，吴澄的政治遭遇与李绂有类似之处，他们都是汉人而仕宦于异族王朝。

吴澄生于宋淳祐九年（1249），二十岁时举乡荐，春试不第，后五年南宋即亡于蒙古人。思想上，吴澄主张读书必须能裨益心性涵养，否则即沦为语言训释之末。他认为"朱子于道问学之功居多，而陆子以尊德性为主"②，思调和朱、陆二家之说。客观上，他拓展了当时思想的视野（vision），他不满一些眼光短浅的朱门学者，例如许衡（1209—1281），将原来丰富的文化传统狭窄化了。据说许衡在国子监以传授朱子的《小学》为主③。

明宣宗宣德十年（1435），吴澄从祀孔庙④，但在世宗嘉靖九年（1530）罢祀⑤。论者以其"荣处中国而居然夷狄，忘君亲而不耻仇虏，以为未合于圣贤之进退"⑥。

李绂则力为吴澄辩护，他认为吴澄并非热衷名利之徒。纵使处于南宋，亦在祖父催促之下，才出去应举，更不可能会在另一个朝代追求功名。况且吴澄虽曾举乡荐，却从未在南宋担任官职，因此他与宋朝并无君臣之义⑦。他之仕宦元朝实为当时特殊的政治环境所促成，这在维系汉文化方面实功不可没。即令如此，吴澄亦是在一再推托之后，才勉强就任教职。

另一方面，李绂援用《春秋公羊传》的"内诸夏而外四裔"来辩解种族的区分并非是政治合法性的依据⑧。他将"内""外""诸夏""四裔"解释为地理上的远近，别具弦外之音。倘若将他为吴澄的辩词与上述引言相对照，则李绂意图为清代政权与汉人服侍异族王朝做辩解的动机则变得十分明显。例如他说：

---

① 李绂：《穆堂初稿》（1831），序，页8；卷九，页12a—13b；卷一九，页39a—4lb。

② 黄宗羲等撰：《宋元学案》，卷九二，页5。

③ 李绂：《陆子学谱》，卷一八，页2a、2b；宋濂《元史》，卷一五八，页3727—3728。

④ 张廷玉：《明史》，卷五〇，页1297。

⑤ 张廷玉：《明史》，卷五〇，页1299—1300。

⑥ 李绂：《穆堂初稿》（1831），卷二四，页9b。此论原先发自谢铎，后为张璁所用。又见张廷玉《明史》，卷一六三，页4432；卷五〇，页1298—1300。

⑦ 李绂：《穆堂初稿》（1831），卷二四，页10b。

⑧ 李绂：《穆堂初稿》（1831），卷二四，页11b。

公（吴澄）之左宋也，虽膺乡荐，未沾一命，犹韦布士耳。身无文谢之官，不得责以夷齐之节。至于天下归元已久，率土皆臣……其于进退夫复何憾①。

他发挥"内诸夏而外四裔"的文义为：

谓居中抚外不得不有亲疏远迩之殊，若既为中国之共主，即中国矣。舜，东夷之人；文王，西夷之人；得志行乎中国，不闻以此贬圣。元既抚有中国，践其土、食其毛者必推其从出之地，绌而外之，去将焉往；圣人素位之学岂如是哉②？

这与当时雍正颁布《大义觉迷录》以合法化清人政权是上下呼应的③。

照传统的说法，舜是东夷，文王是西夷，二者在入主中国之后，却都带来历史上的盛世，以后的儒者亦从未因舜及文王来自蛮夷之邦而加以非议。作为儒家的成员，李绂是很熟悉这套象征系统的意义的，他巧妙地援用舜及文王的例子来为吴澄辩解。元代固然并非盛世，但基本上已经维持相当稳定的政治秩序，如果在吴澄的时代，硬要将蒙古人驱逐，不免要大伤民命，何况蒙古人已逐渐接受汉文化。李绂的说辞，令人联想到他自身的处境，他之同情吴澄实基于二者经验之雷同：既同为少数的陆王学者，又仕宦于异族王朝。乾隆二年（1737），吴澄终于复祀孔庙，李绂的呼吁也是部分的原因④。

有趣的是另一位陆王学者，又同时为李绂密友的全祖望（1705—1755），对吴澄思想的论断则与李绂有相当的差距。全祖望在《宋元学案》的《草庐学案》之前有如此的按语：

草庐（吴澄）出于双峰，固朱学也。其后亦兼主陆学，盖草庐又师程氏绍开，程氏常筑道一书院，思和会两家；然草庐之著书，则终近乎朱。⑤

① 李绂：《穆堂初稿》，卷二四，页 10b。
② 李绂：《穆堂初稿》，卷二四，页 11b。原来《公羊传》的用字本为"内诸夏而外夷狄"，见《春秋公羊传》（口华书局，四部备要），卷一八，页 5b。
③ 比较雍正：《大义觉迷录》（台北，文海出版社），卷一。
④ 庞锺璐：《文庙祀典考》，卷一，页 14b。吴澄复祀为从兵部尚书甘汝来之请。甘汝来上疏的内容极可能采自李绂之文，卷四九，页 9b、10b。
⑤ 黄宗羲等：《宋元学案》，卷九二，页 5。

全祖望之论定吴澄之著书则"终近乎朱"，他和李绂对吴澄评价的出入反映了两件事情：在个例上涉及他们对吴澄思想理解的不同；在整体上，则隐含了对何者为陆学学者的基本判准的差异。全祖望曾指出《陆子学谱》一书中所列名的某些学者如蔡幼学、吴祖俭、项安世、戴公溪等，无论如何不能算是陆门学者或象山弟子[①]。以全祖望之见，李绂若只虑及人数的多寡，而不精审陆学学者，则不免"谱系紊而宗传混，适所以为陆学之累"[②]。而或终将如《考亭渊源录》著者之失，将"凡系朱子同时讲学之人，行辈稍次，辄称为弟子，其意以夸其门墙之盛，而不知诸儒所不受，亦朱子所不敢居也"[③]。

全祖望对李绂《陆子学谱》的批评的确一针见血，点出了李绂内心想和程朱学派抗衡的动机。李绂确实是想以陆学门人的多寡作为朱陆颉颃的一环，在《陆子弟子》这个章节的前言，李绂把此一企图表现得淋漓尽致：

> 孔门弟子三千，身通六艺者七十二人。见于《史记》列传者，多五人而已。陆子倡道南宋，弟子亦以数千计，今考其姓名，卓然见于史册地志者，亦七十余人，其论议姓字，见于陆子文集而门阀官阶无可考者，尚不下百人。……可谓盛矣[④]。

全谢山于李绂的批评正可证明塑造陆学传承之困难。以同为陆学的拥护者全、李意见尚且分歧至此，更遑论说服外人了。

实际上，陆学历史的间断性远较连续性为显著。而李绂《陆子学谱》最大的意义即在于反映那个时代的学术风尚，即以历史编纂的形式来建立思想宗派的传承。在这方面，程朱与陆皆无例外。树立"学承"的风尚主要导源于阳明学派的兴起，陆学在阳明的时代十分式微。这从阳明因感叹朱学"既已若日星之章明于天下，而象山独蒙无实之诬，于今且四百年，莫有为之一洗者"，至于他决心"欲冒天下之讥，以为象山一暴其说，虽以此得罪无恨"

---

① 全祖望：《鲒埼亭集》（台北，1977），《外编》，卷四四，页1322—1323。
② 全祖望：《鲒埼亭集》，《外编》，卷四四，页1323。
③ 全祖望：《鲒埼亭集》，《外编》，卷四四，页1323.
④ 李绂：《陆子学谱》，卷六，页6a。

之仗义执言，可以获知①。本来王学与陆学的发展并无内在的关联，但由于阳明力为象山申辩，加上二者学说的相似性大于他们的共同敌人——朱学，导致后人把陆、王联想在一起。因此，王学的发展也就被解释为陆学的再兴，朱陆之争也就演变成程朱与陆王之争了。

程朱与陆王之争是在各个层面上进行的，除了哲学上的争辩，亦涉及政治与社会实质利益的冲突。陈建②、顾炎武③、吕留良④等都注意到两派思想上的论辩甚至成为科举的试题与答案，例如于"朱陆异同"的解释，依不同学派则有不同的看法，考官往往因其哲学立场或时下风尚来取舍考生的试卷，结果不免影响程朱与陆王学派在政治舞台势力的消长。顾炎武等的抗议可以反映其时宗派斗争影响之所及⑤。

由于科名之获得与个人富贵息息相关，己身所持之"道"又系乎宗派之认同，这些利害冲突之汇聚，使双方皆意识到维持己方思想合法及纯正的必要。在此脉络之中，清楚交代己方"思想渊源"变得非常切要，双方也因此亟于树立自己的学承。

这种以"思想传承"来争取正统地位，有可能间受佛教宗派传承的启示。佛教门徒借修史来争取正统地位，自有其长远的历史⑥，宋代的《景德传灯录》、明代的《水月斋指月录》皆是禅宗塑立传承的作品。即使就构成儒家传授渊源的核心观念的"道统"而言，陈寅恪亦曾旁证乃因禅宗"教外别传"之说所造成⑦。佢对明代中叶儒家内部之争执而言，佛教宗派之传承只是间接的启示。虽然儒者不免借用佛教传承的用语（例如：下文即将引用黄昌衢的"传灯"观念或黄宗羲对儒家学派和佛门"分宗别派"的比附），佢他

① 王阳明：《王阳明全书》（台北，1978），卷二一，页395。

② 陈建：《学蔀通辨》，卷三，页25。

③ 顾炎武：《原抄本顾亭林日知录》（台北，1979），卷二〇，页530—532、539。

④ 吕留良：《吕用晦文集》（国粹丛书，1908），卷五，页176。

⑤ 同注②、③、④。

⑥ 这种以"思想传承"来争取正统地位，可能亦间受佛教宗派传承的启示。关于佛教宗派借修史来争取正统地位，可参阅曹仕邦的《论佛祖统纪对纪传体载的运用》，《新亚学报》，第9卷，第1期，页121—180；《论释门正统对纪传体裁的运用》，《新亚学报》，第11卷，第1期，页149—198。另外，宋代的《景德传灯录》、明代的《水月斋指月录》皆是佛教塑立传承的作品。清初的佛教教派斗争，则请参阅陈垣《清初僧诤记》（1944）。

⑦ 陈寅恪：《陈寅恪先生文史论集》（香港，1972），上卷，页9—11。

们论辩的问题却是衍发自程朱与陆王之争。而且儒、释二家的"宗传"观念产生的时代远较明代中期为早，却未为儒者重视而加以系统性的应用。就史实而言，程朱与陆王学派用建立宗传的方式来争取正统地位又略早于明末禅门宗派之论，一如黄宗羲所说，在万历之前，佛门正处于"宗风衰息"的状态[1]。但万历之后，儒、释二家建立宗传的风气，却有相互激荡的可能。

然而树立"宗传""学承"只是程朱与陆王学者斗争的一个层面，另一层面即试图破除及消解对方所宣称的传承。康熙二十一年（1682），当时的一位程朱学者黄昌衢即把彼此的交锋表达得最为透彻，他说：

> 窃闻之孔孟之道至濂洛而复著，而伊洛之学至南渡后而渐畸，或抨其外、或窜其中……我朱子录伊洛渊源以正之，何其谨严也。自此以后，黄、蔡亲承之，真、魏续肩之，迨由宋入元而王、何、金、许递衍之，于是洛闽一灯显于明初，号为统一。冂曾未百载而异学繁兴，侈然欲悉祧宋儒而直称孔子，即曾、孟亦若在所不屑，既而理穷辞递，则又歧程朱而二之，曰：朱失程意。且歧二程而二之，曰：伊川戾于明道不及远甚。噫！竟判闽于洛而绝洛闽于洙泗矣[2]。

"判闽于洛而绝洛闽于洙泗"是陆王学派分化程朱学以达到摧毁程朱权威的目的。黄昌衢的抗议透露了陆王学者对程朱学派的剖析实源于彼此思想冲突的深刻化。长期的争辩，使程朱与陆王皆企图分离对方的思想源流，以解消对方所宣称的正统地位。

王学的兴起与朱学之反击，把原来的朱陆之争，扩大为程朱与陆王之争，此实为"学承"建立的导火线。我们可以发现在阳明的时代之后，诸如《陆子学谱》的著作如雨后春笋般出现。举例而言，程朱学派方面，有谢铎（1435—1510）的《伊洛渊源续录》[3]，有程瞳序于1508年的《新安学系录》[4]，二者皆是阳明（1472—1529）的同时人。稍后有宋端宜的《考亭渊源录》[5]。在

---

[1] 黄宗羲：《黄梨洲文集》（中华书局，1959），页287。

[2] 黄昌衢的序则于张夏的《洛闽渊源录》（1682），页2a—2b。

[3] 谢铎：《伊洛渊源续录》（台北，台湾"中央"图书馆胶卷）。

[4] 程瞳：《新安学系录》，《安徽丛书》第一辑，序于1508年，页3a。

[5] 宋瑞宜：《考亭渊源录》（台北，"中央"图书馆胶卷，存六卷）。徐阶序于1569年。

李绂的时代，程朱学派方面亦有张夏的《洛闽源流录》①、熊锡履的《学统》②、张伯行的《道统录》③、朱衡的《道南源委》④和李清馥的《闽中理学渊源考》⑤，其中李绂曾特别批评《考亭渊源录》和《洛闽源流录》，这表示他对这方面的著作是相当熟悉的⑥。

而在《陆子学谱》之前，陆王学派方面有金贲亨的《台学源流》⑦、周汝登的《圣学宗传》及孙奇逢的《理学宗传》⑧。以上所述仅是举其大要，必然有更多的著作现已佚失，或为笔者所未见⑨。

以上所列名的著作，在体裁上与李绂的《陆子学谱》大同小异，形式上包括有：总序，章节序文，案主，选文或语录节要，间或加按语。总序叙述全书要旨与宗派源流，章节序文则交代各个纲目以发挥连结学术传承的功能。案主则包括其生平历史与思想论断。其中当然详略有异。

在这些著作之中都预设着两个基本的指导理念，即"道的发现"与"道的传承"⑩。朱熹的《伊洛渊源录》可以说是这些著作的共同灵感，但朱熹强调的是"儒道"的再发现，这种过程是"跳跃的"，而非"持续的"。在北宋的时候，周、程固然曾经将湮没一千多年的"道"重新显现，而后因不得正传，"儒道"瞬即隐晦了。在追悼张南轩时，朱熹有如此的感慨：

自孔孟之云远，圣学绝而莫继，得周翁与程子，道乃抗而不坠，然微言之辍响，今未及乎百岁，士各私其所闻，已不胜其乖异⑪。

---

① 张夏：《洛闽源流录》（彝叙堂），序于 1682 年。

② 熊赐履：《学统》（序于 1685 年），丛书集成初编, 1708。

③ 张伯行：《道统录》（1708），丛书集成初编，1708。

④ 朱衡：《道南源委》，由张伯行续成，序于 1709 年。

⑤ 李清馥：《闽中理学渊源考》，《四库全书》珍本二集，序于 1749 年，但从 1728 年开始编纂。

⑥ 李绂：《陆子学谱》，卷一，页 22a—22b、59b；《穆堂初稿》（1740），卷四五，页 16a—17b。

⑦ 仅见诸《四库全书总目提要》（商务），页 1346。

⑧ 周汝登：《圣学宗传》，序于 1605 年。孙奇逢：《理学宗传》（台北，艺文印书馆），序于 1666 年。

⑨ 李清馥在《闽中理学渊源考》的序可以支持我的揣测，页 1a—5b。此外另有窦克勤的《理学正宗》，序于 1687 年，属于程朱系。范鄗鼎的《广理学备考》，序于 1684 年，偏向陆王系。

⑩ 狄百瑞教授在不同的脉络中亦曾讨论了这两个观念。请参考 Wm. Theodore de Bary. *Neo-Confucian Orthodoxy and the Learning of the Mind and Heart*（New York,1981），pp.9—13.

⑪ 朱熹：《晦庵先生朱文公文集》，《四部备要》，改名为《朱子大全》，卷八七，页 9b。

当然，于朱熹而言，周、程之后，只有南轩和他又进窥儒道之正途。而对朱熹之门人而言，他们主要的任务却是将朱熹所再发现的"儒道"善为保存以传诸后人。朱熹的大弟子黄勉斋（1152—1221）表达以上的看法。他说：

> 道之在天下未尝亡也，而统之相传，苟非其人，则不得而与。自孟子没，千有余年，而后周程张子出焉；历时未久，寖失其真，及先生出，而后合濂洛之正传，绍邹鲁之坠绪，前圣后贤之道，该偏全备，其亦可谓盛矣①。

这种"道之正统待人而后传"的观念，实为"学承"著作的原则②。在此要求之下，交代己方学术或思想的来龙去脉变得格外重要。

"道的传承"即意味着"道统"的建立。唐代韩愈已提出这个观念的雏形，但在1189年，朱熹才于《中庸章句序》正式论及"道统"这个观念③，甚至稍早在1170年，朱门学者李元纲已在其《圣门事业图》以图表显示道之传承，始自尧舜，终及二程④。至元代初叶，又有赵复制作"传道图"与"师友图"⑤。"师友图"将朱门弟子视为同一门派或团体，此与"学承"体裁有理论上的关联，因为必须先产生"门派"或"学派"的概念，"学谱"式的著作方有可能。

李绂等的"学谱"或"渊源录"式的著作显然受各自哲学立场的约制，但其风格与元代赵复的"传道图"有很大的差别。李绂等的著作并非简单的图式，它们不仅具有历史著作的形式，而且富有实质内容。其组织原则又和宋代理学家的作品不同，例如朱熹的《伊洛渊源录》强调的是"道"的再发现，"道的传承"则非他的着眼点，"学谱"则反之。

然而即因为"学谱"等带有极强烈的宗派色彩，不免因宣扬己方的哲学观点或强立门户过甚，而损及历史的客观性。黄宗羲即宣称他的"学案"是针对上述的缺失而制作，他在《明儒学案》的"凡例"中说得很清楚：

---

① 见诸王懋竑：《朱子年谱》，卷四下，页240。
② 王懋竑：《朱子年谱》，卷四，页235。
③ 朱熹：《晦庵先生朱文公文集》，卷七六，页2la—23a。
④ 李元纲：《圣门事业图》，收在《百川学海》（台北），页999—1001。
⑤ 宋濂：《元史》，卷一八九，页4314。

　　从来理学之书，前有周海门（汝登）《圣学宗传》，近有孙锺元（奇逢）《理学宗传》，诸儒之说颇备；……（且）各家自有宗旨，而海门主张禅学，扰金银铜铁为一器，是海门一人之宗旨，非各家之宗旨也。锺元杂收，不复甄别，其批注所及，未必得其要领，而其闻见亦犹之海门也。学者观羲是书，而后知两家之疏略①。

如果我们把《明儒学案》和《理学宗传》《圣学宗传》做一比较，在著作体例上并无显著的差别，是故可以知晓黄宗羲所谓"学者观羲是书，而后知两家之疏略"主要意指"内容方面"，其间除了材料收集、征辨之外，更重要的是著作的精神。

　　黄宗羲认为有明一代文章、事功皆不及前代，唯独理学为前代所不及②。他希望摒除宗派观念，以客观的原则来铺陈各家学说，以勾勒有明一代的理学。他处理宗派源流的问题，是本着实事求是的原则，并不为之强立门户，他强调：

　　儒者之学，不同释氏之五宗，必要贯串到青源、南岳；夫子既焉不学，濂溪无待而兴，象山不闻所受，然其间程子之至何、王、金、许，数百年之后，犹用高曾之规矩，非如释氏之附会源流而已③。

他又主张宗派意识固然不可长，但讲学贵有宗旨，方有得力处④。是故他将有所授受的学者，分为各案，其特起者则总列诸儒之案，也因此《明儒学案》所列"有一偏之见，有相反之论"⑤。此外值得一提的，他经常刻意把他的评语和他所讨论的学者的意见明确地分开来，以免读者将二者混而为一，这未尝不是"学案"意图客观化的明证。

　　黄宗羲在《明儒学案》的序中，曾特别阐述"学案"制作的哲学基础，

---

① 黄宗羲:《明儒学案》（台北，1974），凡例，页 1。
② 黄宗羲:《明儒学案》，凡例，页 1。
③ 黄宗羲:《明儒学案》，凡例，页 1—2。
④ 黄宗羲:《明儒学案》，凡例，页 1。
⑤ 黄宗羲:《明儒学案》，凡例，页 2。

他认为"盈天地皆心也，变化不测，不能不万殊"①，而"学术之不同，正以见道体之无尽"②。他感叹那些处处以宗派为依归的儒者，谓：

> 奈何今之君子，必欲出于一途，剿其成说，以衡量古今，稍有异同，即诋为离经畔道，时风众势，不免为黄茅白苇之归耳③。

儒门宗派争执的演变，难免产生偏颇的弊端，当时人已有"儒、释宗传，可付一笑"之讥④。黄宗羲制作"学案"即针对此一弊端而发，他立意厘清学脉以呈现有明一代学术之特色。他期许自己的《明儒学案》能做到条理分明、议论公平、无所偏祖的要求，正如他所述：

> 羲为《明儒学案》，上下诸先生，深浅各得，醇疵互见，要皆功力所至，竭其心之万殊者而后成家，未尝以懵懂精神，冒人糟粕，于是为之分源别派，使其宗旨历然。由是而之焉，固圣人之耳目也。间有发明，一本之所在（或录为"先师"），非敢有所增损其间⑤。

"学案"的撰述固然是黄宗羲首发先河，但黄氏并非第一个意图以客观的态度，来整理儒门宗派的学者。影响黄氏甚深的高攀龙（1562—1626）即曾提出如是的看法。《明儒学案》中录有高氏的一段问答，大略谓：自古以来，圣贤成就俱有一个脉络，濂溪、明道与颜子一脉，阳明、象山与孟子一脉，横渠、伊川、朱子与曾子一派，白沙、康节与曾点一脉，敬斋、康斋与尹和靖、子夏一脉⑥。此种见解不仅反映了高氏辨识不同思想形貌的能力，同时又显示了他对历史上学者之间思想联系的掌握。因此，当有人问他，罗整庵和王阳明俱是儒者，何以议论相反？他回答："学问俱有一个脉络，宋之朱、陆

---

① 黄宗羲：《明儒学案》，自序，页1。
② 黄宗羲：《黄梨洲文集》，页380。
③ 黄宗羲：《黄梨洲文集》，页380。
④ 锺始声：《宗论》，转节引自陈垣《清初僧诤记》，页12b。
⑤ 黄宗羲：《明儒学案》，自序，页1。此处文义略有出入，据《明儒学案》所附之序为"一本之所在"；据《黄梨洲文集》则记为"一本之先师"，页380。
⑥ 黄宗羲：《明儒学案》，卷五八，页94。

亦然。"① 也就是说，在承认追求"儒学真理"的大前提下，问道方式的多样性并不妨碍"汇归为一"的终极目标。这种厘清学脉和承认学问多元取向的观念则为黄宗羲所承继，而落实到"学案"的著作。是故，谓黄宗羲的《明儒学案》为衍发自其师刘宗周的《皇明道统录》的说法是必须保留的，因为《皇明道统录》仍旧强调"道统"的维系和传承，基本上和周海门的《圣学宗传》与孙锺元的《理学宗传》在著作精神上并无显著的差别②。

在《明儒学案》中，黄宗羲确实相当注意不同学派的发展，亦尽可能做到面面兼顾，而少加以好、恶直接的评断，以免影响材料的取舍和铺陈。因此，明初的程朱学者固然受到应有的重视，明中叶王学分化后的各个流派亦不因为黄氏本身的哲学立场而遭到忽略。

"公正""客观""详备"诚然是黄宗羲自我期许的目标，但黄氏的哲学观点不免影响他对不同学派或个别学者的评估。他对"学脉"一词之应用有时与"道统"混而为一，例如他于称颂阳明之贡献时，不禁说道："（故）无姚江则古来之学脉绝矣。"③ 这在程朱学者听来，简直是耸人听闻。因此清代的一位程朱学者反讥他的《明儒学案》"祖护师说，主张姚江门户，揽金银铜铁为一器，犹夫海门、夏峰也。"④ 尤有甚者，唐鉴在他的《国朝学案小识》中更进一步于黄宗羲加以道德的贬抑，唐谓：

（黄氏）辑有《宋儒学案》《元儒学案》《明儒学案》，数百年来醇者、驳者、是者、非者、正者、偏者合并于此三编中。学者喜其采之广而言之辨，以为天下之虚无怪诞无非是学，而不知千古学术之统纪由是而乱，后世人心

---

① 黄宗羲：《明儒学案》，卷五八，页94。

② 姚名达认为黄宗羲之撰述《明儒学案》实源于刘宗周的《皇明道统录》而加以扩充之。见姚名达《刘蕺山先生年谱》（上海，1934），页125。黄宗羲把"师说"冠于《明儒学案》卷首，究其用意仅在尊崇其师，非以"师说"为全书编纂之指引。此可参较陈荣捷教授的《论明儒学案之师说》，刊于《幼狮月刊》，第48卷，第1期，页6—8。按"师说"与《学案》中之评断多有不合之处。譬如，"师说"论陈白沙为"识趣近濂溪，而穷理不逮，学术类康节，而受用太早，质之圣门，难免欲速见小之疾者也。似禅非禅，不论矣"（见《明儒学案》，页4）。黄宗羲则谓"有明之学至白沙始入精微"（见《明儒学案》，页47）。其相异之处，显而易见。

③ 黄宗羲：《明儒学案》，卷一○，页53。

④ 见沈维鐈序：《国朝学案小识》（四部备要本），页1b。

之害陷，由是而益深也①。

"千古学术之统纪由是而乱"是唐鉴站在程朱派立场而发的，他对宗羲的贬词，固然表示了程朱学者的愤慨和不满，却又无意中透露出黄氏学案兼容并蓄的实情。至于黄宗羲偏祖王学的论断，连李慈铭在称赞《明儒学案》为"儒林渊鉴"之余，都不免说：

> （然）阳明功业文章，自足照耀千古……要成其为一家之言则可，标以为千圣之的则不可②。

另一方面，即使在王学阵容里，黄氏亦依自己的师承和观点加以评断，例如，他认为"姚江之学，惟江右得其传"③，而"天台之派（楚中王门）虽盛，反多破坏良知学脉"④。黄氏之否认左派王学为阳明的嫡系终导致他获得如下的结论：阳明之学"有泰州（王艮）、龙溪（王畿）而风行天下，亦因泰州、龙溪而渐失其传"⑤。

黄氏这种门户的执着，连对他推崇备至的全祖望都不免要疵议他党人习气未尽，门户之见深入不可猝去，非无我之学；又说他患文人之习，以正谊明道之余技，犹流连于枝叶之末⑥。全祖望的批评为从黄宗羲学问的整体着眼，其中并无殊指。而纪昀在《四库全书总目提要》中对《明儒学案》的评语，则可充为全祖望评断的一个例证。纪昀谓：

> 宗羲生于姚江，欲抑王（阳明）尊薛（瑄）则不甘，欲抑薛尊王则不敢，故于薛之徒阳为引重，而阴致微词，于王之徒外示击排，而中存调护。夫二家之学，各有得失，及其末流之弊，议论多而是非起，是非起而朋党立，恩仇轇轕，毁誉纠纷，正（德）、嘉（靖）以还，贤者不免。宗羲此书，犹胜国

---

① 沈维鐈序：《国朝学案小识》，卷一二，页1a—1b。
② 李慈铭：《越缦堂读书记》（台北，1961），页53。
③ 黄宗羲：《明儒学案》，卷一六，页52。
④ 黄宗羲：《明儒学案》，卷二八，页1。
⑤ 黄宗羲：《明儒学案》，卷三二，页62。
⑥ 全祖望：《鲒埼亭集》，《外编》，卷四四，页1331。

门户之余风，非专为讲学设也 ①。

是故，黄宗羲本身哲学立场影响及《明儒学案》之处实显而易见。评估《明儒学案》的客观成就诚然极具意义，但与本文主旨直接相关的却是黄氏如何利用现成的"学谱"体裁，转化出"学案"的史学体例。我们必须强调的是，又不能仅因为形式体裁的雷同，即把"学案"和"学谱""学统"的著作混为一谈。至少在意识层面，黄宗羲所希冀完成的目标与李绂是很不相同的，后者关心的毋宁是"传承"或"学统"的建立。换言之，历史编纂的形式不过是表达哲学观点的手段而已，"学谱"式的著作并非意在描述各个学派在历史上的演化，"树立宗派""标榜立场"才是他们真正的用心所在。

讨论"学案"体裁的产生，当以黄宗羲的《明儒学案》为最直接的材料，但是黄氏在《学案》的凡例里，开宗明义即贬抑周海门的《圣学宗传》和孙锺元的《理学宗传》，难免令人以为《学案》的制作为"崭新史学体例的诞生"，究其实则不然。衡诸史实，黄宗羲的《学案》在著作原则及精神上，固属创举，但在体例上却是承袭"学谱"式的史著而来。因为黄氏本身为了矫正宗派意识，反而对制作《学案》的思想语焉不详，导致后人忽略其中的思想纠结。是故，我们只得借用李绂的《陆子学谱》来彰显原有的历史意义，从而烘托黄氏制作《学案》的思想渊源。

李绂《陆子学谱》的刊行固然晚于《明儒学案》约四十年 ②，但二者体例的雷同，可由全祖望弟子董秉纯径称《陆子学谱》为《陆氏学案》获得佐证 ③。而继黄宗羲续修《宋元学案》的全祖望亦称许《陆子学谱》"其中搜罗潜逸，较姚江黄征君学案数倍过之，后世追原道脉者，可以无憾" ④。由于李绂强烈鲜明的宗派意识，便于追溯"学案"体裁产生的缘由，因此对《陆子学谱》剖析的过程反而易于呈现一件久被遗忘的历史事实：建立"学统"实为王学兴起以后，程朱与陆王学者对抗的一环，此种风气在清代仍然十分盛行，"学案体裁"则是顺应此一需要逐渐发展下来。依著作原则及精神来区

---

① 纪昀：《四库全书总目提要》，卷五八，页1286。

② 黄宗羲于康熙十五年（1676）完成《明儒学案》，康熙二十一年（1682）始完全刊行，序则作于次年（1693）。见《黄梨洲先生年谱》，收入《梨洲遗著汇刊》，首卷，页35b、40b。

③ 董秉纯编：《年谱》，见《鲒埼亭集》，页5。

④ 全祖望：《鲒琦亭集》，《外编》，卷四四，页1322。

分，则可大致分为黄宗羲的"学案"和李绂的"学谱"两类。

李绂为清初的陆王健将，其涉及朱、陆门户之争，可以理解，甚至高明如章学诚都不免塑造"浙东学派"的史学传统，以和戴震为代表的浙西经学研究相抗衡。究其实，建立"浙东学派"的困难并不下于李绂建立"陆王一系"的传承。章学诚之认为塑造"浙东学派"的缘由，实源于章氏对抗戴震的心理症结。而在当时学术风尚影响之下，章氏选择树立学派的路子是可以理解的。

诚然，树立学派并不是理学家的专利品。当清代考据学家要起来反抗理学的思潮，他们毫不迟疑"以子之矛攻子之盾"。他们一方面攻击理学家"道丧千载"之说，以之贬抑宋明理学，又推崇与他们志趣相投的汉、唐经师，认为他们去古未远，护经有功，"道未尝亡"①。他们之抨击《理学宗传》《学案》《学统》诸书实属意料中事②。另一方面，他们并效仿理学家的"宗派"观念，建立起自己的汉学传统和学派，以之和理学对抗，陈遇夫的《正学续》和江藩的《汉学师承记》即是很好的例子③。

若仅论及"学案"体裁的问题，大致可以断定是依着朱熹《伊洛渊源录》逐渐演变下来，而形成于阳明时代之后。在诸多《学谱》《学统》《渊源录》的序或凡例中，几乎都明言奉朱著为圭臬。虽然它们内容详略有别，体例各有损益，不能全然一式，但以朱著为范本的痕迹实不可掩。李绂自谓其《陆子学谱》融合《伊洛渊源录》和《近思录》为一，即是很好的例证④。而黄宗羲的《学案》即是借着同样体例转化而来，它的特征毋宁是著作的原则及目标，因此与"学承"式著作之间最大区别实为内容的处理，而非体裁，因为在形式上，二者并无显著的差别。

"学案"的出现并没有完全取代李绂"学谱"式的著作，因为只要"宗派"观念还活跃在人们心中，"学谱"的制作都有其服务的对象。即使到 20 世纪，仍可发现以环绕宗派为中心的史著，譬如 1908 年出版的《道学渊源

---

① 陈遇夫：《正学续》（丛书集成初编），页 1—4、7。

② 陈遇夫：《正学续》，页 8。

③ 陈遇夫：《正学续》作于 1710 年之后，成于 1718 年之前，见《正学续》，页 2、8。江藩的《汉学师承记》，成书于 1811 年前，见《汉学师承记》，江钧的《经师经义目录跋》（丛书集成初编），页 148。

④ 李绂：《穆堂初稿》（1831），卷三二，页 la。

录》和 1920 年出版的《王学渊源录》①。可是从史学的观点而言，"学案"历经黄宗羲、全祖望等的努力，由于它的著作原则及精神接近现代的"学术史"或"思想史"，其发展的潜力与所获得的评价应远在"学承"著作之上②。事过境迁，传统意义下的宗派争执，已难引起现代学者的共鸣；又由于时间的距离，使得客观的理解变得比较可行，对欲全盘了解传统思想在历史上的演变，"学案"至少能够提供更多而且更可靠的信息。反之，"学谱"只能作为宗派意识成长过程的主体印证。

**附记** 本文初稿承蒙余师与陈荣捷教授评阅，又承黄宽重、陈弱水兄提供宝贵意见，谨此致谢。

（原载《汉学研究》，第 2 卷，第 1 期，1984 年）

---

① 邵希贤《王学渊源录》(1920)，黄嗣东《道学渊源录》(1908)。

② 参较梁启超：《中国近三百年学术史》(台北，1970)，页 47—49。钱穆：《中国史学名著》，页 286。

# 十五 "学案"体裁补论

拙著《"学案"体裁产生的思想背景》对黄宗羲《明儒学案》的思想牵连略有疏解，但未尝语及"学案"一词的来源，因稍加补论[①]。

按前于黄宗羲的《明儒学案》，"学案"一词曾见于刘宗周的《论语学案》与刘元卿的《诸儒学案》。兹分别论述如下。

## 一、刘宗周

刘宗周生于明万历六年（1578），卒于弘光元年（1645）。为黄宗羲的业师，其关系之密切自不待言。万历四十五年（1617），刘宗周撰成《论语学案》。据其子刘汋所编的《年谱》云：该书为"先生与诸生讲《论语》，日书其大旨，久而成编，至是乃出示学者"[②]。但据宗周门人董玚于编次《刘子全书》中云：《论语学案》向有私抄同底本。""底本"后加有按语"写自门人"[③]。因此《论语学案》究竟是否宗周亲笔所撰，仍有待考订。可是"学案"一词见用于宗周，则为事实。

《论语学案》至今尚存，收入《刘子全书》卷二八至卷三十一。黄宗羲于《明儒学案》之中亦曾节录[④]，然细按其体裁与《明儒学案》十分不类。《论语学案》摘章逐句阐释《论语》文义，乃刘氏借以阐发己身躬行实践之心得。刘汋说：

> 读《论语学案》而知（先生）当时进修之敦笃，居身之谨严，有宁卑毋高，宁峻勿夷之意，居然孔子下学法门[⑤]。

盖为确论。是故，就该书的体裁与内容而言，皆非黄宗羲撰述《明儒学案》的典范。

---

① 参阅拙著：《"学案"体裁产生的思想背景》。
② 见刘宗周：《刘子全书及遗编》（京都，中文出版社，1981），卷四〇，页18下。
③ 刘宗周：《刘子全书及遗编》，卷首，页3。
④ 黄宗羲：《明儒学案》（北京，中华书局，1986），页1591—1598。
⑤ 刘宗周：《刘子全书及遗编》，卷四〇，页18下。

　　然而在《明儒学案》本文之前，置有《师说》一篇。考诸刘汋《年谱》所征引的《皇明道统录》若合符节。依《年谱》，刘宗周于天启七年（1627）完成《皇明道统录》七卷，"仿朱子《名臣言行录》，首纪平生行履，次语录，末附断论。大儒特书，余各以类见。去取一准孔孟，有假途异端以逞邪说，托宿乡原以取世资者，摈弗录。即所录者，褒贬俱出独见，如薛敬轩、陈白沙、罗整庵、王龙溪世推为大儒而先生皆有贬辞。方逊志以节义著，吴康斋人竞非毁之，而先生推许不置。通录中无闲辞者，自逊志、康斋外，又有曹月川、胡敬斋、陈克庵、蔡虚斋、王阳明、吕泾野六先生"①。以此考诸《师说》完全相符。又《年谱》中节引"方逊志""吴康斋"二条与《师说》文字雷同②。是故，《师说》取材自《皇明道统录》殆无疑问。

　　但若如姚名达所云"黄宗羲撰《明儒学案》，当有所感发于此书而扩充之"③，则有待商榷。

　　《皇明道统录》今虽不传，然依《年谱》所言，《皇明道统录》为仿朱子《名臣言行录》而成编，在体裁上可能近似《渊源录》《学统》之类的作品，因此形式上与《明儒学案》之间的差异并不显著。可是就内容拣择而言，因其"去取一准孔孟"，以"道统"（宗派意识）为依归，不免与《明儒学案》大相径庭。黄宗羲在《明儒学案》的《序》中明言：

　　学术之不同，正以见道体之无尽也。奈何今之君子，必欲出于一途，剿

① 刘宗周：《刘子全书及遗编》，卷四〇，页 28 下—29 上。又黄宗羲的《子刘子行状》亦载云："有明学术庞杂，先生依《名臣言行录》例，以次诸儒，有特书者，有附见者，不以成论为然。薛敬轩、陈白沙、罗整庵、王龙溪皆有贬辞，而方正学、吴康斋人所不属者，先生以正传归之。又常谓羲，阳明之后不失其传者，邹东廓、罗念庵耳。作《有明道统录》。"见黄宗羲《黄宗羲全集》（杭州，浙江古籍出版社，1985），第一册，页 256。

② 刘宗周：《刘子全书及遗编》，卷四〇，页 29 上。论《方逊志》云："先生禀世之姿，慨然以斯文自任。直欲开二帝而见三王，又推其余以淑来裸，伊、周、孔、孟合为一人，将旦暮遇之，此非学而有以则性分之大全不能也。既而时命不偶，遂以九死完天下万世之责。其扶持世教与孔、孟同，而事业反驾伊、周而上之，信乎不愧千秋正学也。"论《吴康斋》云："先生之学，大要在涵养性情，而以克己安贫为实地。此正孔、颜寻向上工夫，故不事著述而独契道真。言动之间，悉归平淡。充其所指，庶几'依乎中庸，遁世不见知而不悔'气象。"又曰"薛文清多困于流俗，陈白沙犹激于声名，惟康斋醇乎醇"云。参较《明儒学案·师说》中"方正学"舆"吴康斋"二条。

③ 姚名达：《刘宗周年谱》（上海，商务印书馆，1934），页 125。

其成说，以衡量古今，稍有异同，即诋之为离经畔道，时风众势，不免为黄茅白苇之归耳①。

黄氏又在《明儒学案》的《凡例》中，再次肯定上述的观点，谓：

> 学问之道，以各人自用得著者为真。凡倚门傍户，依样葫芦者，非流俗之士，则经生之业也。此编所列，有一偏之见，有相反之论，学者于其不同处，正宜着眼理会，所谓一本万殊也②。

是故，莫晋称许《明儒学案》的记载"是非互见，得失两存"，谅非虚誉③。以此视之，《皇明道统录》与《明儒学案》的撰述原则实不相俟。

其次，《皇明道统录》论述明儒偏重言行，《明儒学案》则特重学术宗旨与源流，显有不同。而《皇明道统录》见诸《师说》的评语与《明儒学案》亦间有出入。例如《师说》论陈白沙云：

> 盖先生识趣近濂溪而穷理不逮，学术类康节而受用太早，质之圣门，难免欲速见小之病者也。似禅非禅，不必论矣④。

《明儒学案》则明辩白沙非禅，更许之曰"有明之学，至白沙始入精微"⑤。又《师说》论罗钦顺云：

> 呜呼！如先生者，真所谓困以格物一段工夫，不特在入门，且在终身者也。不然，以先生之质，早得向上而进之，宜优入圣域，而惜也仅止于是。虽其始之易悟者，不免有毫厘之差，而终以苦难一生，扰扰到底者，几乎千里之谬。盖至是而程、朱之学亦弊矣。由其说，将使学者终其身无入道之日，困之以二三十年工夫而后得，而得已无几，视圣学几为绝德，此阳明氏所以

---

① 黄宗羲：《明儒学案》，页 7。
② 黄宗羲：《明儒学案》，页 18。
③ 黄宗羲：《明儒学案》，页 15。
④ 黄宗羲：《明儒学案》，《师说》，页 5。
⑤ 黄宗羲：《明儒学案》，卷五，页 78。

作也①。

而黄宗羲则特许罗钦顺"论理气最为精确，谓通天地，亘古今，无非一气而已"②。又引高攀龙之言论：

> 先生于禅学尤极探讨，发其所以不同之故，自唐以来，排斥佛氏，未有若是之明且悉者。呜呼，先生之功伟矣③！

刘、黄师徒意见之歧于此若霄壤之别。又刘氏谓"关学世有渊源，皆以躬行礼教为本，而泾野先生实集其大成。观其出处言动，无一不规于道，极之心术隐微，无毫发可疑"。观此刘氏于吕柟（泾野）实可谓称道备至④。然而，黄宗羲却讥讽泾野"非惟不知阳明，并不知圣人矣"⑤。反之，黄氏于王畿虽略有微词，仍称许王氏"亲承阳明末命，其微言往往而在"，而于"文成之学，固多所发明"⑥。刘宗周独讥斥王畿学道八十年沿门持钵，未有归宿，"孤负一生，无处根基"⑦。是故，师生二人抵触之处，所在多有。

另一值得玩味的是《明儒学案》的《序》《原序》《凡例》皆未尝语及《皇明道统录》，唯独评及周海门的《圣学宗传》与孙锺元的《理学宗传》时，或有为贤者讳之嫌。盖刘氏与孙、周二氏的撰作精神大概近似。陈荣捷教授揣测黄宗羲置《师说》于本文之前，恐只是"尊师"之举，而非以《皇明道统录》为仿本，其说盖是⑧。

不过，《皇明道统录》虽非《明儒学案》直接取法的对象，仍有两点值得我们留意：首先，《皇明道统录》虽作于明未亡之时（明天启七年），但却以断代为时限，在此类作品之中并不常见。这与黄宗羲以有明一代来叙述理学演变或许有所关联。其次，黄宗羲仍有可能自《皇明道统录》或宗周其他著

---

① 黄宗羲：《明儒学案》，《师说》，页10—11。
② 黄宗羲：《明儒学案》，卷四七，页1109。
③ 黄宗羲：《明儒学案》，卷四七，页1110。
④ 黄宗羲：《明儒学案》，《师说》，页11。
⑤ 黄宗羲：《明儒学案》，卷八，页138。
⑥ 黄宗羲：《明儒学案》，卷一二，页240。
⑦ 黄宗羲：《明儒学案》，《师说》，页819。
⑧ 参阅陈荣捷：《论明儒学案之师说》，《幼狮月刊》，第48卷，第1期，页6—8。

作中找寻编撰《明儒学案》的材料。例如，《明儒学案》中的《姚江学案》绝大部分节录自宗周"拟合入《道统录》"的《阳明传信录》，其中对宗周的按语照录不误①，使得黄氏弟子仇兆鳌，误以宗周之见为黄氏之见，谓黄氏"独于阳明先生不敢少有微词，盖生于其乡者，多推尊前辈，理固然也"②（王阳明与黄宗羲皆浙江余姚人）。总之，即使《明儒学案》有取材宗周著作之处，仍无损于黄氏独特的贡献，因其力求摆脱独门宗旨的影响，而以客观铺陈学术源流为鹄的。

## 二、刘元卿

刘元卿，生于嘉靖二十三年（1544），卒于万历三十七年（1609）③。吉之安福人。师同邑刘阳，刘阳为王守仁弟子。其后从游于兰溪徐鲁源与黄安耿天台，闻天台"生生不容已"之旨，欣然有自信。平生恶释氏，即于所最信服之天台，亦不轻相附和。《明儒学案》置之《江右王门》④。

刘元卿著述繁多，中有《诸儒学案》八卷，《明史·艺文志》有著录，今佚⑤。据《四库全书总目提要》云：

> 是书辑周子、二程子、张子、邵子、谢良佐、杨时、罗从彦、李侗、朱子、陆九渊、杨简、金履祥、许谦、薛瑄、胡居仁、陈献章、罗钦顺、王守仁、王艮、邹守益、王畿、欧阳德、罗洪先、胡直、罗汝芳二十六家语录。而益以耿定向之说。元卿，定向弟子也。其学本出姚江，程朱一派特择其近于陆氏者存之耳⑥。

观此，《诸儒学案》实染有浓厚的"宗派"意识。其著作旨意与《道统录》相近，而与《明儒学案》不相类。

但刘元卿的《诸儒学案》极可能在黄氏制作《明儒学案》的过程中有所

---

① 试比较《明儒学案》的《姚江学案》与《刘子全书及遗编》中的《阳明传信录》卷一与卷三。

② 黄宗羲：《明儒学案》，页5—6。

③ 刘元卿的生平请参阅焦竑《国朝献征录》（台北，学生书局，中国史学丛书），卷三五，页1464—1465；张廷玉《明史》，卷二八三，页7292—7293。

④ 黄宗羲：《明儒学案》，卷二一，页498—501。

⑤ 张廷玉：《明史》，卷九八，页2430。

⑥ 纪昀：《四库全书总目提要》（台北，台湾商务印书馆，1971），页1984。

启示。其证据则有：（一）刘元卿见诸《明儒学案》，表示黄氏对前者的思想与著作必甚熟悉；（二）《诸儒学案》一词直接见用于《明儒学案》卷四三至卷五七，泛称方孝孺、曹月川、罗钦顺、王廷相、孙锺元等诸儒。依《明儒学案》的《凡例》，列《诸儒学案》的标准为"有所授受者，分为备案；其特起者，后之学者，不甚著者，总列诸儒之案"[1]。

在《明儒学案·凡例》的开端，黄宗羲评及周海门（1547—1629）的《圣学宗传》与孙锺元（1585—1675）的《理学宗传》，而独不及刘元卿的《诸儒学案》。其原由大概是周、孙之编晚出，犹为近著；其次，恐与刘著有某种渊源，不忍多加苛责。

总之，黄氏的"学案"体裁固对旧作有所承继，而"学案"一词更非其首创；然此毫不贬损《明儒学案》在中国史学史之中承先启后的枢纽地位。即因黄氏将新的著作原则与精神注入既有的体裁，糅合成近代学术史的"新体例"。

（原载《食货月刊》，第 16 卷，第 9、10 期，1987 年）

**后记**　池胜昌先生在他的硕士论文中指出，耿定向（1524—1596），刘元卿的老师，在为陆象山与杨简所写的传记中已使用《陆杨学案》为名，这是过去在谈"学案"一词起源时，学者未曾注意到的事实（池著《耿定向与泰州学派》，师范大学历史所硕士论文，1990 年，页 30）。

1994 年 4 月补志

---

[1]　黄宗羲：《明儒学案》，页 18。

# 附录 1　研究儒教的反思——作为儒教圣域的孔庙 *

## 黄进兴

　　曾经有个故事：有位醉汉在别处掉了家里的钥匙，却老是在街灯之下，寻寻觅觅，一无所获；别人好奇问他为何不去他处寻找呢？他回答说："这里比较亮呀！"[①]

——Abraham Kaplan

　　顾颉刚（1893—1980）在《古史辨自序》（1926）中曾记述了一件陈年往事，他说：

　　有友人过我，见案头文庙典礼之书，叱嗟曰："乌用此，是与人生无关系者，而前代学者斤斤然奉之以为大宝，不可解甚也！"予谓不然。[②]

　　文中，顾氏虽未详细交代他何以有如此的判断，但他的回应实得我心之同然。

---

\* 该文初刊于「東アジア文化交渉研究：東アジア文化交渉學の新しい展望」（大阪）别册 8（2012.2）：27—40；复收入《从理学到伦理学：清末民初道德意识的转化》（台北：允晨文化公司，2013；北京：中华书局，2014），允晨版页 234—264，中华版页 207—235。

[①] Abraham Kaplan, *The Conduct of Inquiry: Methodology for Behavioral Science* ( San Francisco: Chandler Publishing Company, 1964 ), p. 11.

[②] 顾颉刚：《古史辨》（台北：明伦出版社据朴社 1926 年初版影印，1970），第 1 册，《自序》，页 31。

### 一、方法论的省思

个人研究儒教，因偶阅清人所撰的《文庙祀典考》，[①] 而取儒教的圣域（holy ground）——孔庙（文庙）作为着眼点。此一进路聚焦神圣空间（sacred space）与信仰者的互动，而具有人类学的面相，却和前贤撷取教义（doctrines）与经典文本作为探索的重心，略有出入。纯粹概念的讨论，易流于凌空立论，而不符历史的实情。尤其与其他历史宗教比较，作为儒教圣典的《论语》，其宗教性显得有些迂回而力有未逮。

简之，迥异于以经典教义为依据的宗教，[②] 儒教却自辟蹊径，以祭祀仪式空间突显了它的宗教特质。权且搁此不论，一般探讨宗教的进路，不外涂尔干（Émile Durkheim, 1858—1917）或韦伯（Max Weber, 1864—1920）两种方式。[③] 他们二位均是标杆性的学者，不仅在宗教学领域取得丰硕的成果，并且具有极清晰严谨的方法论意识。

涂尔干明白，传统以西方基督教为范式所下的定义，在研究其他社会的宗教时有所缺陷，因此他不断予以修订；另一方面他却坚持宗教的探讨，必须以清晰的界义作为前提。涂尔干研究澳洲土著的宗教时，即是遵循此一进路，[④] 否则便可能搞混了研究的对象，以致前功尽弃。又，宗教心理学家詹姆士（William James, 1842—1920）固然对执一不变的宗教定义感到不满，认为：

"宗教"（religion）一词，与其代表任何单一的原则（principle）或本质（essence），毋宁是一集合的名称。[⑤]

---

① 庞锺璐:《文庙祀典考》（台北：中国礼乐学会，据光绪四年刊本影印，1977）。

② 例如，《圣经》（the Bible）之于基督教，《可兰经》（the Koran）之于回教，《吠陀》（the Vedas）之于印度教。

③ 参见 Bryan S. Turner, *Religion and Social Theory*（London: Sage Publications, 1991），pp. 15—16.

④ Émile Durkheim *The Elementary Forms of Religious Life*, trans. Karen E. Fields（New York: The Free Press, 1995），chap. 1.

⑤ William James, *The Varieties of Religious Experience*（New York: Penguin Books, 1982），p. 26.

但他的研究策略却是与涂尔干站在同一阵线。①

相对的，韦伯的取径截然有异。他不认为在研究的开端，便能知晓宗教的定义；相反的，唯有在研究完成之际，宗教的定义方能显现。甚至，韦伯认为宗教的本质并不是我们所关切的，最重要的，乃探讨某种社会行为的条件和效果。这诚然与他注重个人宗教行为的意义攸关。对韦伯而言，受宗教因素所激发最基本的行为模式，系面对"此世"（this world）的。②

约言之，韦伯对"定义"的认知，其实与他的方法论的观点息息相关。他主张：

> 方法论只能帮助我们把研究中证明具有价值的方法，从思考的了解提升至明显的意识层面。它并非有效的智力工作的先决条件，就如解剖知识不是"正确"步行的先决条件一样。③

按，"定义"即归属方法的先行步骤。基本上，韦伯认为科学的建立与方法的拓展，端赖实质问题（substantial problems）的解决，而非依靠知识论或方法论的省思。韦伯的进路倾向历史的探索，在方法上采取且战且走的策略。④ 晚近的人类学家亦倾向拒斥有所谓普世性的宗教定义，盖宗教定义的质素及构成关系，均具有历史的独特性，况且定义本身即是论述过程的历史产物。⑤

以上两种典范性的研究方式，各有所长。而我自己过去的研究取径较接

---

① 詹姆士一方面认为所有宗教定义为徒然，另一方面即界定他所探讨的宗教心理源于"个人宗教"（personal religion）的范畴，而非"制度性的宗教"（institutional religion）。William James, *The Varieties of Religious Experience*, pp. 27—29. 类似的研究策略在晚近探讨宗教现象的著作中，依旧相当普遍。例如，泰勒（Charles Taylor, *b.* 1931）于其巨著《俗世的世纪》里，明白知晓界定"宗教"（religion）的困难，另一方面，则权挪"超越／内涵"（transcendent/ immanent）的分辨，以剖析其所拟定的议题。Charles Taylor, *A Secular Age*（Cambridge, Mass.: Belknap Press of Harvard University Press, 2007）, p. 15.

② Max Weber, *The Sociology of Religion*, trans. Ephraim Fischoff（Boston: Beacon Press, 1964）, p. 1.

③ Max Weber, *The Methodology of the Social Sciences*, trans. & ed. Edward A. Shils and Henry A. Finch（Taipei: Rainbow-Bridge Book Co., 1971）, p. 115.

④ Max Weber, *The Methodology of the Social Sciences*, p. 116.

⑤ Talal Asad, *Genealogies of Religion: Discipline and Reasons of Power in Christianity and Islam*（Baltimore: Johns Hopkins University Press, 1993）, p. 29.

近韦伯，其实却是受维特根斯坦（Ludwig Wittgenstein, 1889—1951）晚期哲学的启发。[1] 维特根斯坦以 "家族类似性"（family resemblance）的概念，取代 "本质性定义"（essentialism），令我茅塞顿开，眼界焕然一新，不止跳脱蔽固定义的无谓纠缠，[2] 并且得以直捣问题的核心，径探儒教的宗教性格。[3]

维特根斯坦的 "家族类似性"，精神上系与尼采（Friedrich Wilhelm Nietzsche, 1844—1900）相契。[4] 尼采反复阐释：历史过程的复杂性令抽离时空的定义难以捉摸，他明言："唯有非历史的概念（concepts），方得予以定义。"[5] 而 "宗教" 一词恰恰是历史文化的产物。

在 19 世纪的西方，有关 "宗教"（religion）一词，观念论者（idealists）业已玩尽了 "字源学的把戏"（etymological tricks）；[6] 但在古老的中国，却犹不能忘情于这出戏法。在中国，无论支持或反对 "儒教为宗教" 的人，与其说寻找历史真正的根源，毋宁说在浩瀚的经典里各取所需，证成己说。

首先，正、反双方均喜援引儒家经典为己用，以主观性（美其称则谓 "创造性"）的解释支持自身的立场。他们动辄诉诸训诂，以阐字义。例如，陈焕章（1880—1933）取《中庸》的 "修道之谓教" 以证成 "孔教"；[7] 陈独

---

[1]　Ludwig Wittgenstein, *Philosophical Investigations*, trans. G. E. M. Anscombe（New York: Macmillan Publishing Co., 1968）, p. 32.

[2]　例如《作为宗教的儒教：一个比较宗教的初步探讨》一文。初载《亚洲研究》（香港）23（1997）：184—223；后收入拙著《圣贤与圣徒：历史与宗教论文集》（台北：允晨文化公司，2001、2004；北京：北京大学出版社，2005），允晨版页 49—87，北大版页 117—143。另收入游子安编《中国宗教信仰——中国文化中心讲座系列》（香港：香港城市大学，2006）；以及陈明编《儒教新论》（贵阳：贵州人民出版社，2010），页 43—63。日译本《宗教としての儒教——比較宗教による初步的檢討——》，奥崎裕司、石汉椿编，《宗教としての儒教》（东京：汲古书院，2011），页 74—110。

[3]　例如《圣贤与圣徒》一文。初载于《"中研院" 历史语言研究所集刊》71.3（2000.9）：509—561；后收入拙著《圣贤与圣徒》，允晨版页 89—179，北大版页 144—204。

[4]　参见 Aydan Turanli, "Nietzsche and the Later Wittgenstein: An Offense to the Quest for Another World," *The Journal of Nietzsche Studies* 26（Autumn 2003）: 55–63.

[5]　Friedrich Nietzsche, *On the Genealogy of Morals*, trans. Walter Kaufmann and R. J. Hollingdale（New York: Vintage Books, 1967）, p. 80.

[6]　例如唯物论者恩格斯（Engels）对观念论者费尔巴哈（Feurbach）的批评。参见 Frederick Engels, *Ludwig Feurbach and the End of Classical German Philosophy*（London: ElecBook, 1886）, pp. 32–33.

[7]　陈焕章：《孔教论》（收入《民国丛书》〔上海：上海书店据孔教会 1913 年版影印，1992〕，第 4 编第 2 册，页 2—3, 93。

秀（1879—1942）却认为"教"者，意谓"教化"，非谓"宗教"；<sup>①</sup> 蔡元培（1867—1940）进而质疑"孔教"殊不成名词。<sup>②</sup> 双方于字义各遂己意，针锋相对，最终只供出了一个道理：阐释字义并无法解决概念的冲突。

究其实，经典或字义的争执仅是表象，真正的底蕴却是双方皆执"基督教"作为宗教的基型，以此裁度儒教。所不同的是，他们深受致用观念的影响，因此对基督教在西方历史的不同评价，直接左右了他们以儒教作为宗教的立场。以康有为（1858—1927）为例，他认为欧美所以强盛，不徒在政治与物质方面，更根本的是基督教的教化。<sup>③</sup> 相反地，梁启超（1873—1929）、陈独秀诸人却认为基督教在近代文明乃属陈旧势力，亟须加以革除。<sup>④</sup>

梁氏以《论语》曾记载孔子曰"未能事人，焉能事鬼""未知生，焉知死"以及"子不语，怪力乱神"，遂定位孔子为"哲学家、经世家、教育家"而非"宗教家"。<sup>⑤</sup> 而此一论点遂成此后儒教非宗教的基调。他又说："西人常以孔子与梭格拉底并称，而不以之与释迦、耶稣、摩诃末并称，诚得其真。"<sup>⑥</sup> 梁氏等的看法，适见证孔子意象的蜕化，正逐步迈向其师——康有为所极力挞伐的"谬论"：

> 近人（遂）妄称孔子为哲学、政治、教育家，妄言诞称，皆缘是起，遂令中国诞育大教主而失之。<sup>⑦</sup>

唯观诸日后的发展，梁氏的说辞"孔教者，教育之教，非宗教之教"，<sup>⑧</sup>

---

① 陈独秀：《驳康有为致总统总理书》（1916.10.01），《独秀文存》（合肥：安徽人民出版社据1922年上海亚东图书馆本重版，1987），卷一，页69。

② 蔡元培：《在信教自由会之演说》（1917年1月北京），孙常炜编，《蔡元培先生全集》（台北：台湾商务印书馆，1977），页724—725。蔡氏甚至说"国教"亦不成一名词。

③ 康有为：《孔教会序二》（1912.10.07），汤志钧编，《康有为政论集》（北京：中华书局，1981），下册，卷三，页735—736。

④ 梁启超：《保教非所以尊孔论》（1902），《饮冰室文集》（台北：台湾中华书局，1970），第2册，"文集之九"，页53；陈独秀，〈驳康有为致总统总理书〉（1916.10.01），页69—70。

⑤ 梁启超：《保教非所以尊孔论》，《饮冰室文集》第2册，"文集之九"，页52。

⑥ 梁启超：《保教非所以尊孔论》，《饮冰室文集》第2册，"文集之九"，页52。

⑦ 康有为：《请尊孔圣为国教立教部教会以孔子纪年而废淫祀折》（1898.06.19），汤志钧编，《康有为政论集》上册，卷一，页282。

⑧ 梁启超：《论佛教与群治的关系》（1902），《饮冰室文集》第2册，"文集之十"，页45。

反而占了绝对的优势。

要言之,梁氏不意启动了清末民初"儒教去宗教化"的按钮,从此"儒教非宗教之说"一发不可收拾,成为日后的主流论述;而今日绝大多数华人并不认同"儒教为宗教",便是此一趋势的结果。[①]

概言之,清末以降的智识界,之所以视"儒教非为宗教",原因大致有三:其一,遵循"界义式的进路"(definitional approach),取当时的基督教作为一切宗教的基型(archetype),以衡量儒教的宗教属性。[②] 必须点出的是,基督教在历史上自有不同的样态;[③] 而清末民初中国对基督教的认识,主要是传教士所引进的。该时各个基督教派毋宁以个人灵魂的救赎为主旨,而呈现私人宗教(private religion)的特征。此一特征与该时"追寻一己之福"的释、道二教相契,却与儒教在帝制中国所显现的公共宗教(public religion)的形态格格不入。这且说明了儒教的宗教性,在清末屡屡受到质疑,然而释、道二教的宗教地位却安然如故。

其二,清末民初的知识分子,陷于"教义"的论辩,而忽略了帝制时期(Imperial China)儒教所曾发挥的宗教角色与功能。[④] 前述,梁启超即撷取《论语》,反证儒家非为宗教。究其实,经典的诠释与"教义"的真谛,大多为精英分子的兴趣,普通的信众则以"效益"与"灵验"为依归。[⑤]

最终,则涉及价值判断,盖其时"宗教"一词已沦为贬义,希冀儒教非

---

① 详细的论证,请参阅拙作《清末民初儒教的去宗教化》,《古今论衡》22(2011.6):33—60;又收入香港中大哲学系中国哲学与文化研究中心、刘笑敢主编《中国哲学与文化》(桂林:漓江出版社,2012),第 10 辑,页 177—202;复收入《从理学到伦理学》,允晨版页 265—313,中华版页 236—281。

② 请参阅拙作《作为宗教的儒教》。

③ 基督教在历史上有繁复的面貌。简略的基督教发展史可参阅 Jaroslav Pelican, "Christianity," in *The Encyclopedia of Religion*, ed. Mircea Eliade(New York: Simon & Schuster Macmillan, 1995), vol. 3, pp. 348–362.

④ 请参阅拙作《解开孔庙祭典的符码——兼论其宗教性》,田浩编《文化与历史的追索——余英时教授八秩寿庆论文集》(台北:联经出版公司,2009),页 535—558。日译本:《伝統中国における孔子廟の祭典とその宗教性》(林雅清訳),吾妻重二、二阶堂善弘编,《東アジアの儀礼と宗教》(东京:雄松堂出版,2008),页 139—165。

⑤ 揆诸事实,世上的芸芸众生有多少人是研读了宗教经典(例如佛藏、道藏的文本)之后,才去参拜庙门的? 答案恐甚少。这只要在古刹名寺门前,拦住信众一问究竟,则知不无根据。

为宗教，或予以改造为非宗教。①

有幸的是，由于偶然的机缘，个人在重建历史上孔庙祭祀制度的过程中，逐渐发现儒教的宗教现象及其独特的性质。业已隐微的儒教宗教特质，终得再次朗现。

## 二、历史上的儒教

反讽的是，无须繁复的论证，最便捷的方式，竟是直接寻绎传统社会对儒教信仰的认知。例如，明人冯梦龙（1574—1646）的《古今小说》对儒教忝列"三教"之一，便辑有一段极生动的记载：

> 从来混沌初判，便立下了三教：太上老君立了道教、释迦祖师立了佛教、孔夫子立了儒教。儒教中出圣贤，佛教中出佛菩萨，道教中出神仙。那三教中，儒教忒平常，佛教忒清苦，只有道教学成长生不死，变化无端，最为洒落。②

上段引文一望即知，作者于道教别有偏爱；但无意中道出三教虽有不同，但儒教的成德者——"圣贤"，与释教的"佛菩萨"、道教的"神仙"却均为信仰的典范（exemplars）。这些圣者咸得从祀立教者，其中尤以儒教的孔庙法度最为森然，其位阶素为中华帝国所一体奉行。③

民初陈焕章说得肯綮："凡宗教必有教堂。"④唯他又汲汲辩道："不能谓惟佛寺、道院、清真寺、福音堂等始可谓之教堂，而夫子之庙堂，独不可谓之教堂。"⑤他归结："孔教之教堂，则学校是矣，或曰文庙、或曰圣庙、或曰学宫。"⑥陈氏之有是言，着眼正是传统的"庙学制"，孔庙与学校联结一体，

---

① 请参阅拙作《清末民初儒教的去宗教化》。

② 冯梦龙辑：《古今小说》（收入《古本小说丛刊》〔北京：中华书局，1990〕，第 31 辑第 1—4 册），卷一三，《张道陵七试赵升》，页 1a（总页 553）。

③ 请参见拙作《学术与信仰：论孔庙从祀制与儒家道统意识》，《新史学》5.2（1994.6）：1—82。后收入《优入圣域：权力、信仰与正当性》（台北：允晨文化公司，1994、2003；北京：中华书局，2010），允晨版页 217—311，中华版页 185—260。

④ 陈焕章：《孔教论》，页 27。

⑤ 陈焕章：《孔教论》，页 27。

⑥ 陈焕章：《孔教论》，页 27。

有学必有庙。而"孔庙"正是儒教的教堂，儒教的圣地。①

其实不劳陈氏多费口舌，传统的士人对此自有定论。举其例：明弘治二年（1489）所撰的《重建清真寺记》便明确表达此一观点。它如是记载：

愚惟三教，各有殿宇，尊崇其主。在儒则有"大成殿"，尊崇孔子。在释则有"圣容殿"，尊崇尼牟（照原碑）。在道则有"玉皇殿"，尊崇三清。在清真，则有"一赐乐业殿"，尊崇皇天。②

唯需注意的，此处言及的"清真寺"并非伊斯兰教（Islam）的聚会所，乃意指犹太会堂（synagogue）。③ 观此，虽然四教属性有别，但儒教的孔庙同其他宗教的圣域（holy ground）竟毫无轩轾。

不但如此，儒教甚至可与基督教及回教并驾齐驱。以元宪宗（蒙哥汗）与道士的对话为例，他说：

今先生言道门最高，秀才人言儒门第一；迭屑人奉弥失诃，言得生天；达失蛮叫空，谢天赐与，细思根本皆难与佛齐。④

以上引言牵连甚广，有细绎之必要。首先，"先生"即道士的尊称，"秀

① 关于孔庙与学校环环相扣的历史演进，请参阅拙作《权力与信仰：孔庙祭祀制度的形成》，《大陆杂志》86.5（1993.5）：8—34，后收入《优入圣域》，允晨版页201—203，中华版页171—172。陈焕章以"孔林"为儒教的"圣地"，其实"孔庙"亦是"圣地"，特为点出。民初一位中国通庄士敦（Reginald F. Johnston, 1874—1938）虽认为儒学非宗教，但见到国家祭孔典礼时，却很难不将这看作与基督教相对应的异教的仪式和教堂。Reginald F. Johnston, *Confucianism and Modern China: The Lewis Fry Memorial Lectures 1934—35, Delivered at Bristol University* ( New York: D. Appleton-Century Company, 1935 ), p. 77. 中译本：庄士敦著，潘崇和崔萌译，《儒学与近代中国》（天津：天津人民出版社，2010），页60。

② 转引自：陈垣，《开封一赐乐业教考》，吴泽主编，《陈垣史学论著选》（上海：上海人民出版社，1981），页67—68。另见：徐珂编撰《清稗类钞》（台北：台湾商务印书馆，1966），第15册，"宗教类（稗37）"，"青回回教"，页40。

③ 杨永昌：《中国清真寺名称的由来及其沿革》，氏著，《漫谈清真寺》（银川：宁夏人民出版社，1981），页1。陈垣，《开封一赐乐业教考》："一赐乐业，或翻以色列，犹太民族也。"（页77）

④ 祥迈：《辩伪录》（收入《大正新修大藏经》〔台北：新文丰出版公司，1983〕，第52册），卷三，页770c。

才"望文即知为儒生。"迭屑"与"弥失诃"均为外语音译，意指基督徒与耶稣。"达失蛮"乃元代对伊斯兰教教士的通称。[1] 此二引言显然旨在宣示宪宗以释教为依归。但从我们关注的脉络，却看出儒教可与其他宗教并排齐观的事实。这种认知，下抵清代末叶犹未曾改变。有位自号"浮邱士"的读书人便言：

> 三代而上其教一，周秦以降其教三，暨乎今也其教五。所谓其教一，儒教是已。所谓其教三，儒教而外，赘以道教、释教是已。所谓其教五，三教而外，赘以天主教是已。[2]

显见在帝制中国，儒教系与他教尚属同一范畴，直迄晚清，此一态势方始不保。

职是之故，一旦我们稍加浏览历代残存的孔庙碑文、地方志，以及大量私人文集中所录的"学记""庙学记""祭孔文"，甚或地方官循例所撰的"告先圣文""告先师文"等文类，则信仰者或祭祀者心目中的"儒教"的宗教意象，立即跃然纸上。这些为数众多的文本，在在晓示儒教的宗教性质乃属官方的公共宗教（public religion），[3] 换言之，也就是一般通称的"国家宗教"（state religion），而非今人较为熟稔的"私人宗教"（private religion）。

以下，则略为拣择若干文本，以佐证上述断言。

孔庙或孔子庙，顾名思义，系祭祀孔子以及历代杰出的先贤、先儒的儒教圣域，乃道统之所系。清圣祖（1654—1722）于康熙二十三年（1684）进

---

① 参见蔡美彪主编，中国历史大辞典辽夏金元史卷编纂委员会编，《中国历史大辞典·辽夏金元史卷》（上海：上海辞书出版社，1986），页314"迭屑"条；页334"弥失诃"条；与页478"答失蛮"条。又，"达失蛮"一作"答失蛮"。

② 汤鹏：《浮邱子》（长沙：岳麓书社，1987），卷一一，《原教上》，页337。

③ José Casanova, "Public Religion Revisited," in *Religion: Beyond a Concept*, ed. Hent de Vries（New York: Fordham University Press, 2008），pp. 101—119. 传统的公共宗教与晚近的公共宗教有所不同，后者着眼介于"国家"与"个人"之间的社会空间。20世纪80年代，西方兴起的公共宗教则请参阅：José Casanova, *Public Religions in the Modern World*（Chicago: University of Chicago Press, 1994）.

谒阙里孔庙，敬题"万世师表"，悬于大成殿内。① 这四个大字适透露孔庙主要的信仰者，不出统治者与士人阶级。

之所以致此，正是帝制时期，儒教与政治文化发展的积淀。按，自汉初以来，孔子从一介书生，逐渐演变成汉代政权的创制者。例如，现存最古之孔庙碑文见于"孔庙置守庙百石孔龢碑"，该碑立于东汉桓帝永兴元年（153），文中即明白宣示：

> 孔子大圣，即象乾坤，为汉制作。②

稍后，立于东汉桓帝永寿二年（156）《鲁相韩敕造孔庙礼器碑》亦称道：

> 孔子近圣，为汉定道。③

更迟，立于东汉灵帝建宁二年（169）的《鲁相史晨祠孔庙奏铭》，也称颂孔子"主为汉制，道审可行"。④

观上，孔子竟然神乎其神，能为数百年后的王朝定制，可见他已俨然成为"为汉立制"的先知。此例一开，后来的王朝则争相仿效，祭孔遂成"创业垂统、皇朝受命"的政教象征。举其例，魏文帝（187—226）履位之初，即访求孔氏圣裔，行祭孔之礼，并定调孔子"可谓命世大圣，亿载之师表"。⑤

原先缘孔子能"模范百王，仁极天下"，因此"后世愿治之主，莫不宗

---

① 清圣祖：《康熙二十三年（1684）御题万世师表刻石》，骆承烈汇编，《石头上的儒家文献——曲阜碑录》（济南：齐鲁书社，2001），下册，页 800。按，该书虽较为系统整理孔庙碑文，但仅止于曲阜一隅。地方上尚有为数众多的碑文，可资参考。举其例：韩愈的《处州孔子庙碑》，参见韩愈著，马其昶校注，《韩昌黎文集校注》（台北：华正书局，1975），页 283—284；柳宗元的《道州文宣王庙碑》《柳州文宣王新修庙碑》，《柳宗元集》（台北：汉京文化事业有限公司，1982），页 120—126。

② 洪适：《隶释》（北京：中华书局据洪氏晦木斋刻本影印，1985），卷一，《孔庙置守庙百石孔龢碑》，页 15a—b。

③ 洪适：《隶释》卷一，《鲁相韩敕造孔庙礼器碑》，页 18a。

④ 洪适：《隶释》卷一，《鲁相史晨祠孔庙奏铭》，页 26b。

⑤ 魏文帝：《黄初元年鲁孔子庙碑》，骆承烈汇编，《石头上的儒家文献》上册，页 62—64。陈寿的《三国志》则系于黄初二年（221），参见陈寿，《三国志》（台北：鼎文书局，1983），卷二，页 77—78。

之"，①日后则进而演变成规范性的成规，"有国家者所当崇奉"。②元代的曹元用（1268—1330）把其中奥妙，讲得极为透彻。他说：

孔子之教，非帝王之政不能及远；帝王之政，非孔子之教不能善俗。教不能及远，无损于道；政不能善俗，必危其国。③

"教不能及远，无损于道"，显然为儒生自贵之词罢了。重要的是，曹氏道出统治者与祭孔之间互相为用的实情。

明代的创业之君——朱元璋（1328—1398），在与孔家圣裔对话时，则更露骨地表白：

你祖宗留下三纲五常，垂宪万世的好法度，你家里不读书，是不守你祖先法度。④

清代的雍正（1678—1735）于其上谕，也坦承：

孔子之教在明伦纪、辨名分、正人心、端风俗，亦知伦纪既明，名分既辨，人心既正，风俗既端，而受其益者之尤在君上也。⑤

"在君上尤受儒教之益"，雍正无疑道出尊孔的底蕴。

盖历代统治集团祈求孔子"护国脉，安民生""文教昌明，举国蒙庆"，

---

① 元成宗：《大德五年（1301）重建至圣文宣王庙碑》，骆承烈汇编，《石头上的儒家文献》上册，页248。

② 元仁宗：《至大四年（1311）保护颜庙禁约榜碑》，骆承烈汇编，《石头上的儒家文献》上册："孔子之道，垂宪万世，有国家者所当崇奉。"（页258）

③ 元文宗：《遣官祭阙里庙碑》（天历二年〔1329〕），孔贞丛，《阙里志》（明万历年间刊本，台北："中研院"历史语言研究所藏），卷一〇，页40b。

④ 明太祖：《洪武元年（1368）朱元璋与孔克坚孔希学对话碑》，骆承烈汇编，《石头上的儒家文献》上册，页349。

⑤ 转引自庞锺璐：《文庙祀典考》卷一，雍正五年"雍正谕礼部"，页12b。

屡见不鲜。① 明成祖（1360—1424）即祈求孔圣道：

> 作我士类，世有才贤。佐我大明，于斯万年。②

而元武宗（1281—1311）在加封孔圣"大成至圣文宣王"的谥号时，尚祈孔夫子"尚资神化，祚我皇元"，③ 均是此一心态的具体表征。而这正是传统公共宗教的特色，而为今人所忽视。

因此，祭孔一事不止泽及孔家子孙，明武宗（1491—1521）便敕告孔氏家人：

> 兹惟我国家之盛举，非独尔一家之荣也。④

其实，不止于孔家的殊荣，连儒生都与有荣焉；朝廷命官咸额手称庆：

> 岂惟孔氏子孙有光，实天下儒服之士举有光也。⑤

唯必须提示的是，并非所有统治者均对孔庙祭祀优崇有加，例如，明太祖曾一度停止天下通祀孔子；明世宗则借孔庙"毁像"、减杀祭孔礼仪，压制

---

① 明神宗：《万历四十七年（1619）吕维基修孔庙疏碣》，骆承烈汇编，《石头上的儒家文献》下册，页 681。地方官甚至怀疑，"近来荒灾异常，未必非文庙失修所致，修理一节，决难迟缓"。

② 叶盛著，魏中平点校：《水东日记》（北京：中华书局，1980），卷一九，"太宗文皇帝御制重修孔庙碑文"（永乐十五年九月十九日立石），页 191。并比较明孝宗《弘治十六年（1503）重立永乐十五年（1417）御制重修孔子庙碑》，骆承烈汇编，《石头上的儒家文献》上册："……作我士类，世有才贤。左我六明，于斯万年。"（页 443）又，成祖庙号原为"太宗"，至世宗嘉靖十七年方改为"成祖"。

③ 元武宗：《大德十一年（1307）加封制诏碑》，骆承烈汇编，《石头上的儒家文献》上册，页 250。另，《石头上的儒家文献》将此事误植为成宗所为。查元成宗于大德十一年春正月崩，大德十一年五月武宗即位，七月武宗加封"至圣文宣王"为"大成至圣文宣王"，来年（1308）方改年号为至大。见宋濂等《元史》（北京：中华书局，1976），卷二二，页 484。

④ 孔继汾：《阙里文献考》（清乾隆二十七年刊本），卷九，页 6 下。

⑤ 元惠宗：《后至元五年（1339）御赐尚醴释奠碑》，骆承烈汇编，《石头上的儒家文献》上册，页 290。

士大夫集团。① 唯终究无法抹灭孔庙作为儒教圣域的事实。

按，孔庙乃"道统之所系"，本系儒生精神的原乡，因此晋谒孔庙遂成文人雅士朝圣之旅，特别是参访阙里孔庙，意义尤为非凡，致有"幸遂平生愿，今日获登龙"之叹。② 以曾为地方官的理学大儒朱熹（1130—1200）为例，举凡任官、辞官，均撰有"告先圣文""谒先圣文""辞先圣文"，以虔告先圣之灵，无一非以阐扬斯文为己任，使天下学者知所依归。③

### 三、儒教的宗教性格

要之，迥异于"私人宗教"，儒教的祭孔主要为"昭一代文明之治"的集体要求（collective appeals），④ 而非邀个人的福祉。诚如传统对三教的分疏：儒教旨在"治世"，而佛教、道教却在个人的"修心"与"养生"上面。⑤

同时，孔庙祭典只允许官员与儒生参加。即使下迄清代末叶，孔庙照旧是"非寻常祠宇可比，可以任人入内游观"。⑥

就社会成员而言，士农工商，唯有士的阶级允予参与，而具有强烈的排他性与垄断性。是故，与一般百姓的关系，自然就相当隔阂。清初的礼学名家秦蕙田（1702—1764）一语点出百姓对孔子"尊而不亲"的情结，⑦ 不啻道破此中的底蕴。清末的严复（1854—1921）复见证庶民百姓"无有祈祷孔子

---

① 请参见拙作《道统与治统之间：从明嘉靖九年（1530）孔庙改制论皇权与祭祀礼仪》，《中央研究院历史语言研究所集刊》61.4（1990.12）：917—941；后收入拙著《优入圣域》，允晨版页 125—163，中华版页 107—137。英译本见 "The Cultural Politics of Autocracy: The Confucius Temple and Ming Despotism, 1368–1530," trans. Curtis Dean Smith and Thomas Wilson, in *On Sacred Grounds: Culture, Society, Politics, and the Formation of the Cult of Confucius*, ed. Thomas A. Wilson（Cambridge, Mass.: Harvard University Press, 2002），pp. 267–296.

② 明思宗：《崇祯十三年（1640）王浃仁谒圣八咏诗碣·第一首"朔蚕谒圣庙"》，骆承烈汇编，《石头上的儒家文献——曲阜碑文录》下册，页 705。

③ 参阅朱熹著，陈俊民校编：《朱子文集》（台北：财团法人德富文教基金会，2000），卷八六。

④ 参见明宪宗：《成化十二年（1476）褒崇先圣礼乐记碑》，骆承烈汇编，《石头上的儒家文献》上册，页 409。另，《石头上的儒家文献》误植此文标题为成化十年。

⑤ 志盘：《佛祖统纪》（收入《大正新修大藏经》第 49 册），卷四七，宋孝宗谓："以佛修心，以道养生，以儒治世。"（页 430a）

⑥ 见光绪二十四年四月初十日《申报》9022（1898.05.29），第 1 版《阅报纪毁圣讹言一则率书其后》，云："文庙……非寻常祠宇可比，可以任人入内游观。"

⑦ 秦蕙田著，卢文弨、姚鼐等校：《五礼通考》（桃园：圣环图书公司据味经窝初刻试本影印，1994），卷一一七，页 1b。

者"，① 他说：

> 今之妇女孺子，则天堂、地狱、菩萨、阎王之说，无不知之，而问以颜
> 渊、子路、子游、子张为何如人，则不知矣。②

他又观察道：中国之穷乡僻壤，苟有人迹，则必有佛寺尼庵，岁时伏腊，
匍匐呼吁，则必在是，而无有祈祷孔子者。③ 连当时保教甚力的康有为亦不
得不坦承："吾教自有司朔望行香，而士庶遍礼百神，乃无拜孔子者。"④ 这
无疑是着眼信仰者的行为而发。

冯友兰（1895—1990）在他的回忆录《三松堂自序》中，刊载了这么一
段孔庙的趣谈：

> 有个笑话说：关帝庙、财神庙的香火很旺盛，有很多人去烧香。孔子的
> 庙前很冷落，很少人去烧香。孔子有点牢骚。有个聪明人问孔子：你有关公
> 的大刀吗？孔子说：没有。又问：你有财神爷的钱吗？孔子说：也没有。那
> 个人就说：你既然没有关公的大刀，又没有财神爷的钱，那当然没有人理你，
> 你何必发牢骚呢！

冯氏在登录了这个笑话之后，复加了如是的按语："这虽然是个笑话，但
说的也是社会上的实际情况。"⑤

然而"儒门淡薄，收拾不住"，并不止于此。在传统民间社会，与孔庙同
属文庙系统的"梓潼庙""文昌庙"反而香火鼎盛，甚至达到"梓潼，则靡士
而勿祀"的光景，⑥ 而相形之下孔庙则见冷落，此一奇特的现象殊堪留意。譬
如：在帝制时代，孔夫子所传的儒教经典原为科考最终的依据，然而考生却

---

① 严复：《保教余义》（1898.6.7—8），林载爵编，《严复文集编年（一）》（收入《严复合集》〔台北：
　　辜公亮文教基金会，1998〕，第 1 册），页 157。

② 严复：《保教余义》，林载爵编，《严复文集编年（一）》，页 157。

③ 严复：《保教余义》，林载爵编，《严复文集编年（一）》，页 157。

④ 康有为：《两粤广仁善堂圣学会缘起》（1897.5.17），姜义华、吴根梁等编校，《康有为全集》（上
　　海：上海古籍出版社，1990），第 2 集，页 621。

⑤ 冯友兰：《三松堂自序》（收入《三松堂全集》〔郑州：河南人民出版社，1985〕，第 1 卷），页 44。

⑥ 陈确：《陈确集》（台北：燕京文化出版公司，1984），卷七，《圣庙议》，页 190。

是向文昌、魁星祈求功名，而非向孔子本人，其亲疏于此尽见。这种情况，即使在今日的台湾依旧如此，台北的文昌宫每逢考试季节，七千盏光明灯不歇时销售一空；反观去孔庙祈求加持考运的考生，却寥寥无几。

其实，在太平天国起义前夕，传播福音的梁发（1789—1855）就指出：

（儒教）所以把文昌、魁星二像，立之为神而敬之，欲求其保庇睿智广开、快进才能、考试联捷高中之意。然中国之人，大率为儒教读书者，亦必立此二像奉拜之，各人亦都求其保佑中举、中进士、点翰林出身做官治民矣。①

梁启超在清末亦供出当时的学塾：

吾粤则文昌、魁星，专席夺食，而祀孔子者殆绝矣！②

梁氏又感叹道：

入学之始，（文昌、魁星）奉为神明，而反于垂世立教大成至圣之孔子，薪火绝续，俎豆萧条，生卒月日，几无知者。③

按，孔圣诞辰向来官民殊少措意，原是历史的事实。迟迄雍正五年（1727），孔子诞辰甫由异族统治者——清世宗定为斋日。④但其继承者乾隆旋另持异议，认为"诞辰之说，出于二氏，经传不载。……士不通经，所宜摈斥"。⑤其实，孔诞非但无法与释、老二氏相比，竟连民俗神祇若观音、关帝、鲁班、罗祖均无法比拟。⑥而文昌、魁星，民间一向认为是司命、司禄之神，与百姓有切身的关系，相较之下，孔子神格则显得模糊而遥远。

---

① 梁发：《劝世良言》（台北：台湾学生书局影印美国哈佛大学藏本，1965），卷一，《论世人迷惑于各神佛菩萨之类》，页 5a—5b。
② 梁启超：《变法通议》（1896），《饮冰室文集》第 1 册，"文集之一"，页 49。
③ 梁启超：《变法通议》，《饮冰室文集》第 1 册，"文集之一"，页 49。
④ 参阅庞锺璐：《文庙祀典考》卷一，"雍正五年春二月谕内阁"，页 11b—12a。
⑤ 转引自陈垣：《孔子诞感言》，陈智超编，《陈垣全集》（合肥：安徽大学出版社，2009），第 1 册，页 49。
⑥ 陈垣：《孔子诞感言》，陈智超编，《陈垣全集》第 1 册，页 49。

又，孔庙拒庶民于"万仞宫墙"之外，而文昌宫、梓潼庙则是大门敞开，欢迎四方信众。[①] 二者重要的差别可能在于：孔庙作为官方祀典，基本上是国家的宗教，而非个人的宗教（personal religion），而文昌、梓潼却是地道的民俗信仰。

## 四、尾语

此外，孔庙祭典的宗教意义之所以受到忽略，与近代的思潮亦息息相关。析言之，清末以来，传统礼制备受攻击，因此有心阐发儒家义理者，恒舍"礼"而就"仁"，谭嗣同（1865—1898）的《仁学》便是最经典的代表。[②] 自此以往，蔚为风潮。民国以来，自诩为新儒家者，从第一代至第三代，几乎无一例外。因此，"仁学"被奉为近代儒学的圭臬思想。清朝溃亡之后，中华帝国体制遂随之崩解，作为传统社会支柱的儒家礼教，更遭受全面的抨击。礼崩乐坏之后，梁漱溟（1893—1988）说得得当："礼乐是孔教惟一重要的作法，礼乐一亡，就没有孔教了。"[③] 既无外显的形体（礼），毋怪后起的新儒家只得高扬"心性之学"，朝"仁"的超越层面，寻求内在心灵的寄托，以致当代新儒家只敢高谈危微精一的"仁"，而不敢奢言文质彬彬的"礼"；岂非忘记孔子所谓"仁"，需'克己''复礼'互济，方能一日天下归仁。[④] 换言之，徒有精神层面的"仁"，而无有践形的"礼"，儒家难免成为无所挂搭的游魂，与现实社会两不相涉。职是，晚近的新儒家复受西方启示，[⑤] 只顾抉发形而上层面的"宗教性""精神性"，顾此失彼，其前景委实令人堪忧。

唯一例外的是，西方哲学家芬格列（Herbert Fingarette, b. 1921—）孤鸣独发，在 1972 年发表《孔子：即凡作圣》（*Confucius: the Secular as Sacred*），论证"礼"在孔子原始思想的枢纽地位。芬氏鉴于中外的儒学专家往往受近代西方哲学心理主义的影响，过度解释《论语》的内在主体（主观）思想。他受奥斯汀（John Langshaw Austin, 1911—1960）"展演言语"（performative

---

① 试比较陶希圣：《梓潼文昌神之社会史的解说》，《食货月刊》复刊2.8（1972.11）：1—9。

② 谭嗣同：《仁学》（收入《谭嗣同全集》〔北京：中华书局，1981〕，下册），页289—374。

③ 梁漱溟：《东西文化及其哲学》（香港：自由学人社，1960），第4章，页140—141。

④ 参见朱熹：《论语集注》（收入《四书章句集注》〔北京：中华书局，1983〕），卷六，"颜渊第十二"："颜渊问仁。子曰：'克己复礼为仁。一日克己复礼，天下归仁焉。为仁由己，而由人乎哉？'"（页131）

⑤ Peter van der Veer, "Spirituality in Modern Society," in *Religion: Beyond a Concept*, pp. 789–797.

utterance）概念的启示，刻意彰显"礼"的行为意义，论证"仁""礼"乃一体两面，缺了"礼"，则"仁"无所指。[1] 这一提出，在西方汉学界造成极大的论战，但在东方则寂然罕闻。

毋论芬氏的说辞是否周延无误，却也无意中平衡了往昔只向"仁"一端倾斜的儒学。可是新儒家与芬氏固然在义理上有所出入，二者仍然只就儒家经典上"做文章"，却殊少留意传统儒教信仰者的实践层面：这包括了制度面的孔庙祭礼以及信仰者主观的认知。职是之故，探讨"孔庙"作为儒教的祭祀制度，于当前显得特别迫切。因为作为儒教礼制核心的孔庙，民初以来同受到极大的破坏与蔑视，造成原有的宗教意涵暗暗不明、隐而未发。

归结地说，个人探究儒教进路，若有任何特点的话，首先系受西哲维特根斯坦的启发，得以摆脱宗教定义的纠缠。[2] 这项转向毋乃是祛除观念障碍的工作，属于"破"的成分居多。而所"立"的，则是径取孔庙作为圣域，以剖析儒教的宗教性格。也就是说，聚焦儒教的空间实践，而暂拟搁置经义的争执，希冀孔庙圣域的探讨可充作一把钥匙，适时解开儒教的宗教之谜。

---

[1] Herbert Fingarette, *Confucius: The Secular as Sacred*（New York: Harper & Row, 1972）. 奥斯汀的语言分析哲学，则见：J. L. Austin, *How to Do Things with Words*（Cambridge, Mass.: Harvard University Press, 1962）. 文本根据为 1955 年奥氏在哈佛大学系列的讲稿。

[2] 《正义论》（*A Theory of Justice*）的作者劳尔思（John Rawls, 1921—2002）亦曾自道，他之所以能逐渐发展自己的"公平理论"的原因之一，在于放弃以往分析哲学的讨论方式，避免为"字义"的"厘清"纠缠不休。参见 John Rawls, *A Theory of Justice*（Cambridge, Mass.: Belknap Press of Harvard University Press, 1971）, p. xi.

# 附录 2　象征的扩张——孔庙祀典与帝国礼制 *

## 黄进兴

孔子之道，垂宪万世。有国家者，所当崇奉。——元成宗 [1]
孔子之道，垂范古今。朕愿学之志，时切于怀。——清圣祖 [2]

上述两段引言，特意取自异族之君；无论系个人的倾慕之词，或着眼治理的方便，均可彰显孔子之教与治国密不可分。职是，亘古以来，孔庙祭典即镶嵌在中华帝国的礼制之中，并且变成帝国运作的要件，自可理解。拙文则旨在探讨孔庙祭典如何变成帝国礼制的元素及其所扮演的角色。

孔子庙，简称孔庙，顾名思义，为祭祀儒学宗师孔子所设。原先只是家庙或祠堂的性质，但在后世则蜕化成官庙而具有强烈的公共性格。唯有在后一阶段，孔庙祭典方与帝国礼制产生关联。

---

* 该文初刊于《"中研院"历史语言研究所集刊》86.3（2015.9）：471—511。

[1] 佚名著，王颋点校：《庙学典礼》（杭州：浙江古籍出版社，1986），卷四，页85。

[2] 清圣祖：《御制重修阙里孔子庙碑》，骆承烈汇编，《石头上的儒家文献：曲阜碑文录》（济南：齐鲁书社，2001），下册，页795。编者误系该碑为康熙二十二年（癸亥）二月，实误。碑中已提到康熙三十年（辛未）、三十一年（壬申）修缮之事，断不可能为二十二年。复查，康熙三十二年（癸酉）十月丙子日之圣祖实录，载有庙碑全文，故此碑当立于康熙三十二年（1693）；参见马齐、张廷玉等奉敕修，《大清圣祖仁（康熙）皇帝实录》（台北：新文丰出版公司，1978），卷一六〇，页17下—19下。拙文《权力与信仰：孔庙祭祀制度的形成》前将此碑误系为清世宗，于此一并订正；收入拙著《优入圣域：权力、信仰与正当性》（台北：允晨文化公司，2003；北京：中华书局，2010），允晨版页167及页168注16，中华版页143及该页注3。

## 一、从家庙到官庙

为了方便与后世官庙化的孔庙比对，让我们先行简略考察孔庙原初家庙的状况。根据《左传》所述，鲁哀公十六年（前479），夏四月己丑，孔子卒，哀公为之诔，以"尼父"称之，却遭到子贡"生不能用，死又诔之"的"非礼"之议。[①] 至于孔子立庙，《左传》记述简要，对孔子身后并无着墨。但千载之后，孔家后裔在南宋所编的《东家杂记》或于金代所撰的《孔氏祖庭广记》中却径言"鲁哀公十七年，立庙于旧宅，守陵庙百户"，衡诸史实，该说颇值存疑。[②]

按，孔子殁世为弟子所葬，盖孔子生鲤（伯鱼），年五十（哀公十二年），先孔子而逝，其孙孔伋（子思）尚属年幼。[③] 职是之故，清初孔继汾（1721—1786）虽为孔子六十九代孙，远较晚出，却能独排众议，其记述反为信实。他说：

> 先圣之没也，弟子葬于鲁城北泗上。既葬，后世子孙即所居之堂为庙，世世祀之。然茔不过百亩，封不过三版，祠宇不过三间。[④]

因此孔子为弟子所葬，而庙堂则为后世子孙所立，以祭祀孔子，不无道理。距离孔子逝世三百余年的司马迁（前145—前89?）曾经历鲁，目睹仲尼庙堂车服礼器，他对孔子身后事有番记载。他写道：

---

① 洪亮吉：《春秋左传诂》（北京：中华书局，1987），卷二〇，页882—883。

② 孔传：《东家杂记》（收入《景印文渊阁四库全书》〔台北：台湾商务印书馆，1983〕，第446册），卷上，页6下。此说颇为流行，值得检讨。例如，南宋魏了翁（1178—1237）在《泸州重修学记》中即接受此一说法；另外金代孔元措（1048—1125）在《孔氏祖庭广记》中亦沿袭上述之说。参见魏了翁《鹤山集》（收入《景印文渊阁四库全书》第1172—1173册），卷四五，页8下；又孔元措《孔氏祖庭广记》（收入《丛书集成初编》〔上海：商务印书馆，1936〕，第3316册，据琳琅秘室丛书本排印），卷三，页21，"鲁哀公十七年"条。详论则请参见拙文《权力与信仰》，《优入圣域》，允晨版页168—171，中华版143—146。

③ 司马迁：《史记》（北京：中华书局，1982），卷四七，页1946。胡仔：《孔子编年》（收入《景印文渊阁四库全书》第446册），卷三，页19下。

④ 孔继汾：《阙里文献考》〔收入《儒藏》（成都：四川大学出版社，2005），史部第2册．孔孟史志二，据清乾隆二十七年刻本影印〕，卷一一，页1上（474上）。

孔子葬鲁城北泗上。……弟子及鲁人往从冢而家者百有余室，因命曰"孔里"。鲁世世相传以岁时奉祠孔子冢，而诸儒亦讲礼乡饮大射于孔子冢。孔子冢大一顷。故所居堂弟子内，后世因庙藏孔子衣冠琴车书，至于汉二百余年不绝。[①]

据此，可以获悉瞻仰孔子之处有二：一为"孔子冢"，一为"孔子故宅"；但"冢"不可复制移植，真正影响后世的乃是立于孔子故宅的"庙"。值得注意的是，该时所谓的"庙"应是"家庙"，或后世所称"祠堂"之属，与今之"孔庙"性质迥异。

司马迁另有番陈述，涉及孔子祭礼，必得一提。他记述道："（汉）高皇帝过鲁，以太牢祠焉。诸侯卿相至，常先谒然后从政。"[②] 析言之，迄秦汉之际，孔门声势定然不容忽视，否则素以贱儒见称的高祖，[③] 必不至于过鲁，以"太牢"重祀孔子。于此之前，生当战国末季的韩非就说："世之显学，儒、墨也。儒之所至，孔丘也。"[④]《吕氏春秋》亦记载道："（孔、墨）皆死久矣。从属弥众，弟子弥丰，充满天下。"又云："王公大人从而显之，有爱子弟者随而学焉，无时乏绝。"[⑤] 毋怪秦始皇坑杀诸生时，长子扶苏以"诸生皆诵法孔子，今上皆重法绳之，臣恐天下不安"谏之。[⑥] 可见孔子后学不可胜数，高祖初定天下，必不致看轻此股力量。至于他过鲁之后，"诸侯卿相至，常先谒然后从政"，则只能说是上行下效之情，毋足为奇。但之后却形成施政之初，地方祭孔的先行惯例。

驯至汉代，由于获得朝廷的支持，孔庙祭典进行一连串的改造，由家庙蜕化为官庙。首先，孔子奉祀后裔取得官方袭封的地位。在秦之前，鲁人岁时奉祀孔子，其主鬯之人、圭田之制弗可得考。迄汉高祖过鲁，封孔子九代孙——孔腾为——"奉嗣君"，立下孔家奉祀后裔领有官方身份的先例。元帝时，复有封户；平帝时，又有国邑。自是孔子后裔世世封爵，尊贵与日

① 司马迁：《史记》卷四七，页 1945。

② 司马迁：《史记》卷四七，页 1945—1946。

③《史记》卷九七中即记载："沛公（刘邦）不好儒，诸客冠儒冠来者，沛公辄解其冠，溲溺其中。与人言，常大骂。未可以儒生说也。"（页 2692）

④ 韩非著，陈奇猷校注：《韩非子集释》（台北：河洛图书出版社，1974），卷一九，页 1080。

⑤ 吕不韦著，陈奇猷校注：《吕氏春秋校释》（台北：华正书局，1985），卷二，页 96。

⑥ 司马迁：《史记》卷六，页 258。

俱增。①

要之，孔子之所以获得汉代人君的祭祀，除了先前所述孔门在战国末期已形成颇大的声势，汉代的儒生尤推波助澜，将孔子化身为有汉一代的预言者与守护之神。西汉今文大儒董仲舒（前179—前104），力持"独尊儒术，罢黜百家"，以"有德无位"的"素王"尊称孔子；② 这是先秦以降前所未有的称誉。董氏说：

> （孔子）西狩获麟，受命之符是也。然后托乎《春秋》正不正之间，而明改制之义。一统乎天子，而加忧于天下之忧也，务除天下所患，而欲以上通五帝、下极三王，以通百王之道。③

既然是"通百王之道"，就非为一家一姓所设。这种普遍意涵，为其门生司马迁所承继，司马氏于《太史公自序》中说道：

> 仲尼悼礼废乐崩，追修经术，以达王道，匡乱世反之于正，见其文辞，为天下制仪法，垂《六蓺》之统纪于后世。④

但上述对孔子之道普遍的阐释与推衍，却为后起的谶纬所现实化、在地化，孔子遂变成专为汉廷制法张目了。⑤ 东汉王充（27—97?）的立论，即是一个绝佳的证言。他道：

---

① 孔传：《东家杂记》卷上，页33下。孔贞丛《阙里志》（明万历年间刊本，台北：中央研究院历史语言研究所藏，首有明弘治十八年李东阳序，明万历三十七年黄克缵序，孔贞丛撰新志纪因）卷二：九代孙孔腾，"汉高帝过鲁，封为奉嗣君，以奉孔子祀后。……按，封孔子后裔奉祀始此"（页19上）；十三代孙孔霸，元帝"赐爵关内侯，食邑八百户，号褒成君"（页19下）；十六代孙孔均，"平帝元始元年改封褒成侯，食邑二千户。……按，自汉高以来，虽以圣裔宠异之，犹未袭封也。至十三代孔霸封关内侯，传十四代福、十五代房俱嗣侯，虽袭封矣，犹称关内侯，是为尊帝师而封也。至平帝始改封，均为褒成侯，则专为奉先圣而封矣。自是封爵，世世不绝云。"（页19下—20上）
② 班固：《汉书》（台北：鼎文书局，1987），卷五六，页2508—2522。
③ 董仲舒：《春秋繁露》（台北：世界书局，1975），卷六，《符瑞第十六》，页126—127。
④ 司马迁：《史记》卷一三〇，页3310。
⑤ 请参见拙文《权力与信仰》，《优入圣域》，允晨版页184—195，中华版页157—165。

夫五经亦汉家之所立，儒生善政大义皆出其中。董仲舒表《春秋》之义，稽合于律，无乖异者。然则《春秋》，汉之经；孔子制作，垂遗于汉。[1]

三幢立于东汉末年的孔庙碑文，在在透露了此些讯息。立于东汉桓帝永兴元年（153）的《孔庙置守庙百石孔龢碑》，为今存最古攸关孔庙的碑文，它即称颂：

孔子大圣，则象乾坤，为汉制作。[2]

稍后所立的《鲁相韩敕造孔庙礼器碑》[建于桓帝永寿二年（156）]另言道：

孔子近圣，为汉定道。自天王以下，至于初学，莫不驷思，叹仰师镜。[3]

孔子距汉数百年之遥，竟得未卜先知，为汉预定制法，未免神乎其神。又，该碑碑阴及两边碑侧所登录的捐赍名单，从山东至河南、浙江地区，其地理分布之广，恰又反映各地官僚及士大夫对阙里孔庙预置礼器的支持热况，[4] 足证孔子于其时备受拥戴。

立碑更迟的《鲁相史晨祠孔庙奏铭》[灵帝建宁二年（169）]，[5] 除开重复上述之主题，谓"孔子乾坤所挺，西狩获麟，为汉制作"；[6] 该碑且透露了一则孔子之祭的转圻：原来，在此之前，京城的"辟雍礼"并未行祀"先圣师"；而孔庙的侍祠者仅孔子子孙，四时来祠，事已即去。故，前鲁相乙瑛特请置守后"百石卒史"，因而在永兴元年（153）立下《孔庙置守庙百石

---

[1] 王充著，刘盼遂集解：《论衡集解》（台北：世界书局，1990），卷一二，页249。

[2] 洪适：《隶释》（北京：中华书局，1985，据洪氏晦木斋刻本影印），卷一，页15上—15下。

[3] 洪适：《隶释》卷一，页18上。

[4] 韩敕：《鲁相韩敕造孔庙礼器碑》，骆承烈，《石头上的儒家文献》上册，页19—26。

[5] 按，立于东汉灵帝建宁二年的《鲁相史晨祠孔庙奏铭》，又名《鲁相史晨祀孔子奏疏》《鲁相史晨祀孔子庙碑》《史晨孔子庙碑》，此块碑石的阴、阳两面均有刻字，《奏铭》位于碑石的阳面。

[6] 洪适：《隶释》卷一，《鲁相史晨祠孔庙奏铭》，页25下。

孔龢碑》。① 乙瑛所况完全符合历史实情，按东汉明帝于永平二年（59），虽令祀圣师周公、孔子，然仅行于郡、县、道的地方学校，"牲以犬"，祭祀等级尚低，并不及辟雍。②

之后十数年，孔子的后裔虽世享褒成之封，但仍是四时来祭、毕即归国。而京师的辟雍，却缘"尊先师重教化"之故，已开始择日祀孔子以太牢，长吏备爵，诚为孔子祭典的一大跃进。然而，孔子本国旧居，复礼之日却仍"阙而不祀"。鲁相史晨兹是奏请"依社稷，出王家谷，春秋行礼，以共烟祀，余胙赐先生、执事"。③ 依社稷之礼，意谓祭孔名目有可比附，盖系提升之举。另外，值得点出的是，史晨无意间觉察至该时辟雍祀孔礼重、阙里祀孔礼轻的窘境，令朝廷祭祀孔子的政治目的，呼之欲出。

此外，与《鲁相史晨祠孔庙奏铭》同块碑石的阴面，则刻有《史晨飨孔庙后碑》（灵帝建宁二年）④，保存了鲁相史晨所举行的春飨礼，从中可以获悉该时祀孔的盛况：史晨以建宁元年四月十一日到官，乃以令日，拜谒孔子。复因春飨，依社稷品制，述修辟雍礼，与会者包括各级地方官吏与孔家代表；其中守庙百石孔赞显为永兴元年议立典守孔庙之职，秩禄虽仅止"百石"，但参与盛典者涵盖地方长官、国县员冗，吏无大小，并畔官文学先生、执事诸弟子，合九百七人，雅歌吹笙，奉爵称寿，相乐终日。而作为地方长官的鲁相"乃以令日，拜谒孔子"，无非遵循汉高祖所立的先例，显见孔庙已彻底地官庙化了。⑤

---

① 按，立于东汉桓帝永兴元年的《孔庙置守庙百石孔龢碑》，又名《汉鲁相乙瑛请置孔庙百石卒史碑》《孔庙置守庙百石卒史碑》《孔庙置百石孔龢碑》《孔庙百石卒史碑》《乙瑛碑》等。

② 范晔：《后汉书》（台北：鼎文书局，1983），卷一四，页3108。又，孔继汾（1721—1786）的《阙里文献考》据此条，谓东汉明帝永平二年冬十月，令郡县道行乡饮酒礼于学校，皆祀周公、孔子，牲以犬，"此国学郡县祀孔子之始"云云，盖不确，既不符该时东汉碑文，亦为杜佑《通典》所不取。唐代的许敬宗更直言："秦、汉释奠，无文可检。"秦蕙田的《五礼通考》亦表示仅及地方学校。参较孔继汾，《阙里文献考》卷一四，页484下；杜佑著，王文锦等点校，《通典》（北京：中华书局，1988），卷五三，页1472；刘昫等，《旧唐书》（台北：鼎文书局，1981），卷二四，页917，贞观二十一年许敬宗等上奏条；秦蕙田著，卢文弨、姚鼐等校，《五礼通考》（桃园：圣环图书公司，1994，据味经窝初刻试本影印），卷一一七，页9上。

③ 洪适：《隶释》卷一，《鲁相史晨祠孔庙奏铭》，页25下—26上。

④ 按，《史晨飨孔庙后碑》，又名《鲁相史晨飨孔庙碑》《鲁相史晨祀孔庙碑》。

⑤ 洪适：《隶释》卷一，《史晨飨孔庙后碑》，页27下—28上。

### 二、释奠礼的确立

虽说如此，至东汉末年，孔子之祭仍无法入列国家常祀祭典的范畴。《礼记》虽规范：凡始立学，必先释奠于先圣、先师，及行事，必以币；[①] 唯史书载："汉世虽立学，斯礼无闻。"[②] 析言之，后世国家常祀祭典所明定的"大祀""中祀"及"小祀"的等级礼制，[③] 原是本诸先秦礼书《周礼》所谓："立大祀，用玉、帛、牲牷；立次祀，用牲、币；立小祀，用牲。"东汉的经师郑众（?—83）即注云："大祀，天地。次祀，日月星辰。小祀，司命以下。"东汉末年的经解大儒郑玄（127—200）复指称："大祀又有宗庙，次祀又有社稷、五祀、五岳，小祀又有司中、风师、雨师、山川、百物。"[④] 要知二郑均举祭祀对象以代解，无异反映了汉代官方祭祀的情况，但毋论"大祀""次祀""小祀"的名目等级，孔子之祭仍无缘列入。[⑤]

唯见东汉光武帝幸鲁，使大司空祀孔子。[⑥] 尤具意义的是，其继承者明帝曾幸孔子宅（阙里孔庙），祀仲尼及七十二弟子，亲御讲堂，命皇太子、诸王说经。[⑦] 其子章帝东巡狩，过鲁，亦幸阙里，以太牢祀孔子及七十二弟子，作六代之乐，大会孔氏男子，命儒者讲《论语》。[⑧] 此渐次形成成规，或开后世人君讲经毕、祀孔子的先例。下迄魏晋南北朝则频频出现舍远求近的情况，于宫廷讲经毕，皇帝或其代表（皇太子、太常）行"释奠礼"。举其例，《三国志》载有：

---

① 孙希旦著，沈啸寰、三星贤点校：《礼记集解》（北京：中华书局，1989），卷二〇，页 560。

② 房玄龄等：《晋书》（台北：鼎文书局，1987），卷一九，页 599。

③ 萧嵩等奉敕撰：《大唐开元礼》（收入《景印文渊阁四库全书》第 646 册），卷一："凡国有大祀、中祀、小祀。"（页 1 上）

④ 出自《周礼》的《春官宗伯第三·肆师》。孙诒让著，王文锦、陈玉霞点校，《周礼正义》（北京：中华书局，1987），卷三七，页 1465。

⑤ 虽说"大祀""次祀""小祀"的名目等级，在隋代礼制方告确立。参见高明士，《隋代的制礼作乐——隋代立国政策研究之二》，黄约瑟、刘健明编，《隋唐史论集》（香港：香港大学亚洲研究中心，1993），页 19—20。

⑥ 范晔：《后汉书》卷一上，页 40。

⑦ 范晔：《后汉书》卷二，页 118。明帝于永平十五年（72）三月临幸阙里孔庙。

⑧ 范晔：《后汉书》卷七九上，页 2562。章帝于元和二年（85）春临幸阙里孔庙。其后，安帝于延光三年（124）亦曾祀孔子及七十二弟子于阙里，规模且有扩大的趋势，见同书卷五："自鲁相、令、丞、尉，及孔氏亲属，妇女、诸生悉会，赐褒成侯以下帛各有差。"（页 238）

（魏齐王正始）二年（241）春二月，帝初通《论语》，使太常以太牢祭孔子于辟雍，以颜渊配。……（正始五年）五月（244）癸巳，讲《尚书经》通，使太常以太牢祀孔子于辟雍，以颜渊配。……（正始七年，246）冬十二月，讲《礼记》通，使太常以太牢祀孔子于辟雍，以颜渊配。①

但《三国志》此段引言，转至唐人所修的《晋书》，则明白将行祀辟雍与"释奠礼"联结在一起。《晋书》如此说道：

魏齐王正始二年（241）二月，帝讲《论语》通；五年五月，讲《尚书》通；七年（246）十二月，讲《礼记》通，并使太常释奠，以太牢祠孔子于辟雍，以颜回配。②

又说：

（西晋）武帝泰始七年（271），皇太子讲《孝经》通；咸宁三年（277），讲《诗》通；太康三年（282），讲《礼记》通。惠帝元康三年（293），皇太子讲《论语》通。（东晋）元帝太兴二年（319），皇太子讲《论语》通，太子并亲释奠，以太牢祠孔子，以颜回配。成帝咸康元年（335），帝讲《诗》通。穆帝升平元年（357）三月，帝讲《孝经》通。孝武宁康三年（375）七月，帝讲《孝经》通。并释奠如故事。③

"释奠如故事"不啻意谓祭孔已为成规。但上述的释奠礼均举行于京城的辟雍或太学，而非遥处阙里专祀孔子的"庙"。

① 陈寿：《三国志》（台北：鼎文书局，1983），卷四，页119—121。
② 房玄龄等：《晋书》卷一九，页599。
③ 房玄龄等：《晋书》卷一九，页599。更多的事例则见杜佑，《通典》卷五三，页1472—1474。另，余嘉锡曾以"晋辟雍碑"指证泰始年间非关释奠礼。请参较余嘉锡，《晋辟雍碑考证》，《余嘉锡论学杂着》（北京：中华书局，2007），页133—173。唯据东汉灵帝建宁二年《鲁相史晨祠孔庙奏铭》，行辟雍礼时，已"祠孔子以太牢"，见洪适，《隶释》卷一，页26上。况且《三国志·魏书》载有齐王芳屡缘讲经通，使太常祀孔子于辟雍，见注37。故时人有言"汉旧立孔子庙，褒成侯岁时奉祠，辟雍行礼，必祭先师"之辞，见陈寿，《三国志》卷二四，页681。想该时行辟雍礼与释奠礼，应可融通。

然而，此段时期，祭孔有三件要事，值得大笔特书：其一，孔庙与学校密切的结合；其二，访求圣裔；末了、孔庙的外地化。

首先，探讨孔庙衍生的教育功能。黄初二年（221），魏文帝履位之初，"访求"孔氏后裔，得孔氏二十一代孙孔羡，拜议郎。魏文帝除了诏封孔羡为"宗圣侯"，复令鲁郡修葺旧庙，置"百石吏卒"以资守卫，于其外又广为室屋以居学者；形成庙、学相倚的格局，这已初具后世"庙学制"的雏形。[①]继而，北齐文宣帝天保元年（550），下诏"郡学于坊内立孔颜庙"；[②] 唐贞观四年（630），太宗进而下诏州、县学皆立孔庙，[③] 使得"庙学制"由阙里孔庙"依庙立学"的先例，跃入地方普遍"依学立庙"的荣景。从此，孔庙与学校（不论中央或地方）环环相扣。

另外，必须一提的是，在汉平帝王莽秉政时，祭孔大有进展。朝廷封孔子后裔孔均为"褒成侯"，专奉其祀；复追谥孔子为"褒成宣尼公"，甫开后世崇封孔子的先例。[④] 及王莽败亡，孔裔失国。建武十三年（37），光武帝复封孔子后"褒成侯"，世世相传，直迄献帝初，缘汉代政权溃亡，遂国绝失传。[⑤]

然而，刘氏王朝在历史上固然一去不返，孔氏圣裔却必须仿佛千年火凤凰，得应时重现。承战乱之余，三国甫一统，魏文帝及后代人君所以必得汲汲于"访求圣裔"，其着眼点无非为了祭孔的正当性。因为，原先的孔庙系家庙的性质，由孔子后裔主祭乃理所当然之事；尔后，虽渐次蜕化为官方的公庙，但犹不脱血缘性格，因此阙里祖庙固需仰仗孔子圣裔主祭，日后人主于京师互相竞立孔庙，尤需孔子圣裔助祭；是故，维持万世一系的孔子嫡裔，

---

① 陈寿：《三国志》卷二，页 78。《三国志》记"置百户吏卒"，据《魏修孔子庙碑》改正为"置百石吏卒"，见洪适，《隶释》卷一九，页 12 下。洪适据碑文谓"黄初元年"，非"黄初二年"，不确。参较施蛰存，《水经注碑录》（天津：天津古籍出版社，1987），卷六，页 260—261。又，清代朱彝尊（1629—1709）精于金石考证，则作"百石卒史"。见氏著《曝书亭集》（台北：世界书局，1964），卷四七，页 564。

② 潘相纂修：《曲阜县志》（台北：台湾学生书局，1968，据清乾隆三十九年刊本影印），卷二一，页 11 下。

③ 欧阳修、宋祁：《新唐书》（台北：鼎文书局，1981），卷一五，页 373。

④ 班固：《汉书》卷一二，页 351。

⑤ 范晔：《后汉书》卷七九上，页 2563。另载《建武十四年光武帝复封孔子后为褒成侯》，见同书，卷一上，页 63。

实有其必要。①

其次，先是永嘉之乱，曲阜所属的豫州阖境没入胡人石勒手中。② 阙里孔庙一时化为烟尘。太元十一年（386），东晋孝武帝诏封孔靖之为"奉圣亭侯"，奉宣尼祀，③ 并于南方京畿首立宣尼庙，专供祀孔之所，④ 自此开启南北王朝于都城竞立孔庙的风气，⑤ 譬如，南齐武帝于永明七年（489）兴学，立孔庙于京畿（建康）；同年（太和十三年，489），北魏孝文帝亦于京师（平城）立孔庙，此可能为对应之举。却不意打破孔庙不出阙里的陈规，并且促成孔庙向外拓殖的契机。

但祭孔的礼仪，立成亟待解决的问题。譬如，孝武帝时，即为了祭孔的礼制举行过论辩，当时的礼学名臣"陆纳、车胤谓宣尼庙宜依亭侯之爵；范宁欲依周公之庙，用王者仪；范宣谓当其为师则不臣之，释奠日，备帝王礼乐"，等等。⑥ 唯从时人研议宣尼庙宜"依亭侯之爵"或"依古周公之庙，备王者仪"莫衷一是的情状度之，其时孔庙祀典仍混沌未明，尚待定位。⑦

事过境迁，逢南齐武帝永明三年（485）正月因诏下立学，复面临如何释奠先圣先师的情境。当时的尚书令王俭（452—489）回溯晋朝时的议礼，便以为"车（胤）、陆（纳）（论礼）失于过轻，二范（范宁、范宣）伤于太重"，又说："中朝以来，释菜礼废，今之所行，释奠而已。金石俎豆，皆无明文。方之七庙则轻，比之五礼则重。"⑧ 这种摸索过程直至南齐永明三年秋，因朝廷论定"皇朝屈尊弘教，待以师资，引同上公，即事惟允"，依此，孔庙释奠礼"设轩县之乐，六佾之舞，牲牢器用，悉依上公"，方暂告段落。⑨

但孔庙祭典犹俟有唐一朝，方克底定规模。初起，孔子之祭尚需与周公

---

① 参见拙文《权力与信仰》，《优入圣域》，允晨版页195—198，中华版页165—168。

② 房玄龄等：《晋书》卷一四，页442。其时，曲阜属鲁县，为豫州辖下。

③ 房玄龄等：《晋书》卷九，页235。

④ 许嵩：《建康实录》（北京：中华书局，1986），卷九，页283。《晋书》不载立宣尼庙。

⑤ 萧子显：《南齐书》（台北：鼎文书局，1980），卷三，页56；魏收：《魏书》（台北：鼎文书局，1980），卷七下，页165。

⑥ 萧子显：《南齐书》卷九，页144。

⑦ 萧子显：《南齐书》卷九，页143—144。

⑧ 萧子显：《南齐书》卷九，页144。

⑨ 萧子显：《南齐书》卷九，页144。南齐武帝永明三年，"其冬，皇太子讲《孝经》，亲临释奠，车驾幸听"。

之祭缠斗不休，致迭有胜负；而后，复需与后起的太公之祀相互较劲。

原先《礼记》云："凡始立学者，必先释奠于先圣、先师。"东汉的经师郑玄谓："先圣，周公若孔子。"① 不意此却埋下后世释奠礼竞逐祀主的伏笔。唐初，释奠礼起伏不定，领享正位的对象屡有更动，导致周公、孔子互有更替，恰是反映此一错综情结。

武德二年（619），高祖令国子学立周公、孔子庙各一所，四时致祭。② 细绎诏书所持祭祀周公的理据如下：

爰始姬旦，匡翊周邦，创设礼经，尤明典宪。启生人之耳目，穷法度之本源，化起《二南》，业隆八百，丰功茂德，冠于终古。③

高祖为开国君主，其祭周公似取后者创业之功，并溯治道之源。唯周公与孔子时称"二圣"，并无轩轾之意。④ 武德七年（624），高祖幸国子学，亲临释奠，以周公为先圣，孔子配。复引道士、沙门有学业者，与博士杂相驳难，久之乃罢。⑤ 可见儒学于唐初仍未稳居朝廷的主导意识，孔子一时屈居下风。

贞观二年（628），太宗反其道罢祀周公，升孔子为先圣，以颜回配。⑥ 盖取左仆射房玄龄（579—648）、博士朱子奢（?—641）之建言。他们二者道出：

武德中，诏释奠于太学，以周公为先圣，孔子配享。臣以周公、尼父俱称圣人，庠序置奠，本缘夫子。故晋、宋、梁、陈，及隋大业故事，皆以孔子为先圣，颜回为先师，历代所行，古人通允。⑦

此中的要点是：（一）释奠于学，本为孔子之故；（二）大业之前，皆孔子为先圣，颜回为先师。按诸史实，房、朱二氏所言不差。周公历史上固称

---

① 孙希旦：《礼记集解》卷二〇，页 560。唐时人解为"若周公、孔子也"，见王溥《唐会要》（北京：中华书局据上海商务印书馆 1935 年国学基本丛书本影印，1955），卷三五，页 636。

② 潘相：《曲阜县志》卷四，页 7 上。

③ 刘昫等：《旧唐书》卷一八九上，页 4940。

④ 刘昫等：《旧唐书》卷一八九上，页 4940。

⑤ 刘昫等：《旧唐书》卷二四，页 916。

⑥ 欧阳修、宋祁：《新唐书》卷一五，页 373。

⑦ 王溥：《唐会要》卷三五，页 635—636。

"上圣""至圣"，实政治意涵居多，[①]故魏晋以降，释奠于学，皆以孔子为尊。故太宗诏从之，遂有以上之更动。贞观四年（630），太宗进而下诏州、县学皆作孔子庙。[②]这是官方由上至下推行孔庙祭祀最彻底的举动。

然而，高宗永徽中（650—655），又徒生波折，周公扳回一城复为"先圣"，孔子则降为"先师"。[③]按，孔庙祭祀，礼有等差，"配享"犹停正殿，"从祀"则退居两庑。汉魏以来，"圣"则非周（公）即孔（子），"师"则偏善一经；高下之分，昭然若判。依此，"永徽令"意在贬抑孔子，至为显然。后代的经师动辄将此一变动，归罪汉代的古文学家刘歆（前50—23）。例如，清代的今文家廖平（1852—1932）说："（刘歆）牵引周公以敌孔子，古文家说以经皆出周公是也。后人习闻其说，遂以周公、孔子同祀学官，一为先圣，一为先师，此其误也。"[④]皮锡瑞（1850—1908）亦云："太史公谓'言六艺者折衷于孔子，可谓至圣。'……后汉以降，始有异议，不尽以经为孔子作。《易》则以为文王作《卦辞》，周公作《爻辞》；《春秋》则以《凡例》为出周公；《周礼》《仪礼》皆以为周公手定。……唐时，乃尊周公为先圣，降孔子为先师。配享、从祀与汉韩敕、史晨诸碑所言大异。"[⑤]

所幸，显庆二年（657），太尉长孙无忌（594—659）、礼部尚书许敬宗（592—672）等挺而进言，指出永徽与贞观之制有所违异。[⑥]

长孙无忌、许敬宗所力争的，即是"改令（永徽）从诏（贞观）"。他们

① 周公称"圣"，意指居摄事迹居多。例如，班固《汉书》卷七七称周公为"上圣"（页3262）。范晔《后汉书》卷四〇上称"先圣"（页1330—1331）；卷二九称"至圣"（页1012）。房玄龄等《晋书》卷四七称"圣人"（页1325）；卷九九称"大圣"（页2586）。沈约《宋书》（台北：鼎文书局，1980），卷六八称"上圣"（页1796）。

② 欧阳修、宋祁《新唐书》卷一五："武德二年，始诏国子学立周公、孔子庙；……贞观二年，左仆射房玄龄、博士朱子奢建言：'周公、尼父俱圣人，然释奠于学，以夫子也。大业以前，皆孔丘为先圣，颜回为先师。'乃罢周公，升孔子为先圣，以颜回配。四年，诏州、县学皆作孔子庙。"（页373）

③ 欧阳修、宋祁：《新唐书》卷一五，页374。

④ 廖平：《古学考》（台北：台湾开明书店，1969），页30。

⑤ 皮锡瑞：《经学通论》（收入《续修四库全书》〔上海：上海古籍出版社，1995〕，第180册，据清光绪三十三年思贤书局刻本影印），《自序》，页1上—1下。

⑥《旧唐书》《通典》以礼部尚书许敬宗领名，《新唐书》《唐会要》则以太尉长孙无忌领名。参见刘昫等《旧唐书》卷二四，页918；杜佑《通典》卷五三，页1481；欧阳修、宋祁《新唐书》卷一五，页374；王溥《唐会要》卷三五，页636。

以"进"孔子，"出"周公的策略，达成厘清文庙祭统的性质。他们辩称："成王幼年，周公践极，制礼作乐，功比帝王，所以禹、汤、文、武、成王、周公为六君子。"[1] 是故，论其鸿业，周公合同王者祀。长孙氏对周公绩业的陈述，清楚地反映了儒者对"治""道"之分疏。

盖汉明帝时，虽有周公、孔子并为"圣师"之祀；三国以下、唐之前，则文庙祀统独不见"先圣"周公踪影。[2] 显庆二年（657），长孙氏的建言终获得人君的首肯。于是孔子复升"先圣"，周公乃依别礼，归王者之统，配享武王。[3] 治统、道统至渭分明，周公不纳入道统祭祀，成为共识。至此，孔子稳居文庙享主之首的地位，明列国家祀典之中，未曾动摇。

魏晋南北朝之际，朝廷时有措意释奠礼，但执行上间断间续。直迄北齐，则"新立学，必释奠礼先圣先师；每岁春秋二仲，常行其礼"；[4] 郡学则于坊内立孔、颜庙。此制为隋朝所承继，惟增为四时行祀。[5] 孔庙间亦溢出释奠仪的名目，例如，北齐时，国家每逢水旱疠疫有事，必祈祷者有九处，孔、颜庙亦在中。[6] 但在后代则罕有是举，或是祭祀功能分化所致。无论如何，祭孔迄隋代仍未进入"三祀"的常秩范围。[7] 直俟唐初，孔子之祭方有改观，堂堂纳入国家"三祀"的等级制度。[8]

唐玄宗时，官修的《唐六典》明列国家祀典有四：一曰祀天神，二曰祭

---

[1] 王溥：《唐会要》卷三王，页 636。

[2] 魏晋南北朝中的北周太祖素以"黜魏、晋之制度，复姬旦之茂典"为标榜，其后代子孙亦以提升孔庙为己任，遑论仕人。参见令狐德棻等《周书》（台北：鼎文书局，1980），卷七，页 123；卷四五，页 806。

[3] 王溥：《唐会要》卷三五："今请改令从诏，于义为允。其周公仍依别礼配享武王。从之。"（页 637）。

[4] 魏征等：《隋书》（台北：鼎文书局，1980），卷九，页 180—181。

[5] 魏征等：《隋书》卷九，页 181—182。

[6] 魏征等：《隋书》卷七"后齐……祈祷者有九焉：一曰雩，二曰南郊，三曰尧庙，四曰孔、颜庙，五曰社稷，六曰五岳，七曰四渎，八曰滏口，九曰豹祠。水旱疠疫，皆有事焉。"（页 127）又参阅雷闻《郊庙之外：隋唐国家祭祀与宗教》（北京：三联书店，2009），页 68—74。

[7] 参较魏征等：《隋书》卷六，页 117。

[8] 参阅金子修一，《唐代の大祀.中祀.小祀について》，《高知大学学术研究报告（人文社会学编）》25.2（1976）：13—19。朱溢，《唐至北宋时期的大祀、中祀和小祀》，《清华学报》（新竹）新 39.2（2009）：287—324。高明士对金子氏论文之若干内容，有不同的意见。参阅高明士，《中国传统政治与教育》（台北：文津出版社，2003），页 248—251。

地祇，三曰享人鬼，四曰释奠于先圣、先师。[①] 末项的"释奠"礼，细分则包括孔宣父与齐太公之祀；此在《唐六典》《大唐开元礼》的礼仪阶序上皆并列"中祀"，州县释奠则列"小祀"；形式上虽无差异，实质上颇有先后、轻重之别。[②]

考诸史籍，古并无恒祭太公之文，贞观中，始于磻溪置祠。[③] 玄宗开元十九年（731），令两京与天下诸州各置"太公尚父庙"，以汉留侯张良配飨。[④] 从此释奠礼兼及齐太公。初时，象征武人之神的"太公庙"，以仿效代表文庙的孔庙为主。例如，开元二十七年（739），孔子追谥为"文宣王"；肃宗上元元年（760），随追赠太公望为"武成王"，飨祭之典，一同"文宣王"。[⑤]"太公庙"又仿照孔庙从祀制，以张良为"亚圣"，复选历代良将为"十哲"。一时文、武两庙亦步亦趋，无分轩轾。

然唐初以下，士人文化兴起，包括科举制度的落实，终使得孔子庙凌驾太公庙。[⑥] 其间太公庙虽偶因兵革之兴，受到重视，但难挽大势所趋。[⑦] 其实，肃宗时代此一差别已见端倪：肃宗一度因岁旱罢中、小祀，太公庙遂不祭，而文宣之祭，至仲秋犹祀之于太学。[⑧] 其轻重之分，判然有别。在祭祀范围，诚如韩愈（768—824）所云"自天子至郡邑守长通得祀而遍天下者，唯社稷与孔子为然"，[⑨] 反之，"太公庙"非天下通祀，主祭者至高仅为上将军；然而祭孔者可上抵天子至尊，其祭祀范围域内无远弗届，绝非太公祭祀可比。

---

① 李林甫等：《唐六典》（北京：中华书局，1992），卷四，页120。王泾的《大唐郊祀录》撰于孔宣父、齐太公追谥为"王"之后，因此其称呼略有微异。王氏曰："凡祭祀之礼，天神曰祀，地祇曰祭，人鬼曰享，文宣王、武成王曰释奠。"见王泾《大唐郊祀录》[（收入《百部丛书集成·指海丛书第7函》（台北：艺文印书馆，1966），据清道光钱熙祚校刊、子培让培杰续刊本影印]，卷一，页2上—2下。

② 李林甫等：《唐六典》卷四，页120。其曰："凡祭祀之名有四……其差有三：若昊天上帝、五方帝、皇地祇、神州、宗庙为大祀，日、月、星、辰、社稷、先代帝王、岳、镇、海、渎、帝社、先蚕、孔宣父、齐太公、诸太子庙为中祀，司中、司命、风师、雨师、众星、山林、川泽、五龙祠等及州县社稷、释奠为小祀。"另见萧嵩等，《大唐开元礼》卷一，页1上—1下。

③ 王泾：《大唐郊祀录》卷一〇，页14上。

④ 刘昫等：《旧唐书》卷八，页196—197。

⑤ 杜佑：《通典》卷五三，页1484。

⑥ 可略参较金净：《科举制度与中国文化》（上海：上海人民出版社，1990）。

⑦ 欧阳修、宋祁：《新唐书》卷一五，页380。

⑧ 欧阳修、宋祁：《新唐书》卷一五，页376—377。

⑨ 韩愈著，马其昶校注：《韩昌黎文集校注》（台北：华正书局，1975），卷七，页283。

唐德宗贞元四年（788）兵部侍郎李纾以"武成王庙"（前"太公庙"）崇敬过礼，上疏朝廷祈求改正，其中有段奏辞最能代表士人意识。李氏言道：

> 文宣垂训，百代宗师，五常三纲，非其训不明，有国有家，非其制不立，故孟轲称，有生人以来，一人而已。由是正素王之法，加先圣之名，乐用宫悬，献差太尉，尊师崇道，雅合正经。且太公述作，止于《六韬》，勋业形于一代，岂可拟其盛德，均其殊礼哉！[①]

当时朝臣大半附和李氏之见，激进者甚而主张去"武成"追封及王位。时因兵兴，仅依李纾之请。[②] 但李氏之议事实上预示了"武成王庙"难以挽回的命运；洪武二十年（1387）明太祖终究以吕尚人臣"称王不当"，废"武成王庙"祭祀。[③] 至此，"释奠"礼复回归为一。

### 三、人君与孔庙祭典

总之，有唐一代底定了祀孔的格局，无论配享、从祀均臻完备，在国家祭典里备位"中祀"，复为统治集团所独厚，得通祀天下。此后，祭孔均在此一轨道运作无碍，且有步步高升的态势。在南宋一度曾晋升"大祀"（1140）、[④] 西夏且尊孔子为"文宣帝"（1146）。[⑤] 由于世代迫近，或有朝代竞逐之势。前此，北宋神宗熙宁七年（1074），判国子监常秩等请追尊孔子以帝号，下两制礼官详定，以为非是而止。[⑥] 徽宗崇宁三年（1104），诏辟雍文宣王殿以

---

① 杜佑：《通典》卷五三，页 1484。

② 此一论争各方文字，收入王泾《大唐郊祀录》卷一〇，页 17 上—23 下。

③ 董伦、李景隆、姚广孝等修纂：《明太祖实录》（收入黄彰健校勘，《明实录》〔台北："中央研究院"历史语言研究所，1966）〕，卷一八三，页 3 上。详细讨论见拙文《武庙的崛起与衰微（七迄十四世纪）：一个政治文化的考察》，拙著，《圣贤与圣徒：历史与宗教论文集》（台北：允晨文化公司，2001），页 181—227。

④ 脱脱等：《宋史》（台北：鼎文书局，1978），卷二九，页 546。南宋高宗绍兴十年（1140），以释奠文宣王为大祀。宁宗庆元元年（1195），又降为中祀。另见孔继汾，《阙里文献考》卷一四，页 491 上。

⑤ 唯止行于西夏。西夏仁宗人庆三年（1146，南宋高宗绍兴十六年），尊孔子为文宣帝。脱脱等：《宋史》卷四八六，页 14024—14025。

⑥ 脱脱等：《宋史》卷一〇五，页 2548。

"大成"为名，并增文宣王冕十有二旒，[①] 此为宣圣用天子冕旒之始。[②] 大致而言，迄元代为止，孔庙间逢战乱，容有停祀或破坏，祭祀礼仪却是日增月益，尊崇有加。即使在异族王朝亦少有例外，譬如大定十四年（1174），金世宗加宣圣像冠十二旒、服十二章。[③] 元武宗即位（1307），加封"至圣文宣王"为"大成至圣文宣王"。

可是，孔庙祭典也非全然一帆风顺，每逢烽火连天，孔庙即遭大厄。首先是庙学制的变化。宋承五代兵燹之乱，唐以来"庙、学相倚"的格局，学校遭到极大的破坏，但"庙"由于释奠之礼，着以令，故常得保存。如欧阳修（1007—1072）所云：

> 隋唐之际，天下州县皆立学，置学官生员。而释奠之礼遂以着令，其后州县学废，而释奠之礼，吏以其着令，故得不废。学废矣，无所从祭，则皆庙而祭之。[④]

是故，王安石（1021—1086）在其《繁昌县学记》中遂也有以下的观察：

> 事先师先圣于学而无庙，古也。近世之法，庙事孔子而无学。[⑤]

王氏所谓的"古"，便是指汉迄南北朝；"近世"则指战乱频仍的五代迄宋初，该时致有废学为庙，以祀孔子的窘境。[⑥] 直如马端临（1254—1323）

---

① 脱脱等：《宋史》卷一〇五，页2549—2550。唯宋末孔传所记孔子始服王者之冕为大观元年（1107），见孔传，《东家杂记》卷上，页28下。又，金朝孔元措的《孔氏祖庭广记》则作崇宁四年（1105），且误记始服王者之"服"。盖孔子之服仅九章，盖"公服"，非"王服"也。因此金大定年间方有加"十二章"之举。孔元措之见，见《孔氏祖庭广记》卷三，"崇宁四年八月"条，页28。

② 孔传：《东家杂记》卷上，页28下。

③ 不着撰人：《大金集礼》（收入《景印文渊阁四库全书》第648册），卷三六，页2上—2下。

④ 欧阳修，"襄州谷城县夫子庙记"，《居士集》（收入《欧阳修全集》〔台北：华正书局，1975〕，上册），页108。

⑤ 王安石：《繁昌县学记》，《临川先生文集》（台北：华正书局，1975），卷八二，页863。

⑥ 王安石：《慈溪县学记》，《临川先生文集》卷八三，页870。又袁征，"从孔庙制度看宋代儒学的变化"，邓广铭、王云海等主编，《宋史研究论文集》（开封：河南大学出版社，1993），页490—509。庆历前后，"庙记"与"学记"文类的交替，是个有趣的观察。

所述："自唐以来，州县莫不有学，则凡学莫不有先圣之庙矣。……盖衰乱之后，荒陋之邦，往往庠序颓圮，教养废弛而文庙独存。"① 故北宋朝廷便曾于庆历四年（1044）下诏"立学州县"，② 此不啻与唐贞观四年的诏下"州县学立庙"，形成强烈的对比。

复如前述，孔庙祭祀在异族王朝时有进展，反倒在汉人主其事的大明王朝，首挫于太祖，再挫于明世宗。兹分述如下。

洪武元年（1368）二月，明太祖朱元璋循开国之君惯例，以太牢祀先师孔子于国学，并遣使诣曲阜致祭。为此，他说道：

> 仲尼之道，广大悠久与天地相并，故后世有天下者，莫不致敬尽礼，修其祀事。朕今为天下主，期在明教化，以行先圣之道。③

太祖的措辞充分显示：他深悉，对创业之君而言，"祭孔"作为强化"继统"的象征意义实不可或缺。之前，在初入江淮府，明太祖首谒孔子庙，即是明证。④

然而元明更迭之际，因朱氏与曲阜孔家圣裔交涉不顺，心生嫌隙；⑤ 洪武二年（1369），太祖的态度急转直下，骤然下令孔庙春秋释奠止行于曲阜，

---

① 马端临：《文献通考》（北京：中华书局据上海商务印书馆 1936 年万有文库十通本影印，1986），卷四三，考 411。对重"学"远逾于"庙"的马氏，委实痛心。

② 脱脱等《宋史》卷一五七："庆历四年，……建学兴善，以尊子大夫之行；更制革敝，以尽学者之才。……其令州若县皆立学，本道使者选部属官为教授，……由是州郡奉诏兴学。"（页 3658—3659）徐松辑《宋会要辑稿》（北平：国立北平图书馆，1936），第 54 册，卷二一九五五，"崇儒二"云："（庆历）四年三月诏，诸路州府军监，除旧有学外，余并各令立学。如学者二百人以上，许更置县；若州县未能顿备，即且就文宣王庙或系官屋宇。"（页"崇儒二之四"至"崇儒二之五"）

③ 董伦等纂：《明太祖实录》卷三〇，页 5 下—6 上。

④ 张廷玉等：《明史》（台北：鼎文书局，1979），卷五〇，页 1296。

⑤ 详论请参阅拙作《道统与治统之间：从明嘉靖九年（1530）孔庙改制论皇权与祭祀礼仪》，拙著，《优入圣域》，允晨版页 148—155，中华版页 107—131。亦可参阅宋濂《洪武三十年衍圣公孔克坚神道碑》，骆承烈，《石头上的儒家文献》上册，页 365—368。

天下不必通祀。① 此一举措委实耐人寻味，时值开国之际，百废待举，太祖屡诏儒臣大修礼事。② 同年即诏天下普祀城隍，而孔子反不得通祀。太祖所持的理由是：

> 自汉之下，以神（孔子）通祀海内，朕代前王统率庶民，目书检点，忽睹神之训言："非其鬼而祭之，谄也；敬鬼神而远之，祭之以礼。"此非圣贤明言，他何能道。故不敢通祀，暴殄天物，以累神之圣德。③

观上，太祖明白历代统治者皆通祀孔子于天下，却反其道而行，适见其专横独断，旨在伸张专制王权。又，洪武五年（1372），太祖因览《孟子》，至"君之视臣如土芥，则臣视君如寇雠"，谓非臣子所宜言，乃罢孟子配享，且诏有谏者劾大不敬。钱唐（1314—1394）抗疏入谏曰："臣为孟轲死，死有余荣。"史书载"帝鉴其诚恳，不之罪"。④ 其实钱唐所体现的殉道行为，代表了政治权威与文化信仰正面的冲突，而其代价正是一个专制统治者所难以承担的。洪武六年（1373），太祖旋复孟子配享。⑤ 惟迟至洪武十五年（1382），方诏天下通祀孔子。《上谕》中但曰：

> 孔子明帝王之道，以教后世，使君君、臣臣、父父、子子，纲常以正，彝伦攸序，其功参于天地。⑥

---

① 《明史》之《太祖本纪》或《礼志》皆不载洪武二年，孔庙停天下通祀。《明实录》亦然。盖后世史臣为太祖隐讳。此一资料唯见于张廷玉等，《明史》卷一三九，《钱唐传》，页3981。秦蕙田更误引王圻的《续文献通考》，误置洪武二年夏四月丙戌为诏天下通祀之日，其实应为洪武十五年夏四月丙戌。见董伦等纂《明太祖实录》卷一四四，页2上。请参较秦蕙田《五礼通考》卷一二〇，页1上；王圻《续文献通考》（明万历三十一年刊本，台北："中研院"历史语言研究所藏），卷五七，页7下—8上。

② 董伦等纂：《明太祖实录》卷三〇，页1上—4下；卷三八，页1上—10上。

③ 徐一夔：《大明集礼》（收入《景印文渊阁四库全书》第649—650册），卷一六，页20上。《大明集礼》成于洪武三年九月，故载有洪武二年《致祭曲阜孔子御制祝文》。

④ 张廷玉等：《明史》卷一三九，页3982。

⑤ 王圻：《续文献通考》卷五七，页11下。又孙承泽，《春明梦余录》（香港：龙门书局，1965），卷二一，页36下。

⑥ 董伦等纂：《明太祖实录》卷一四四，页2上。明太祖，《祭孔希学文》，姚士观等编校，《明太祖文集》（收入《景印文渊阁四库全书》第1223册），卷一八，页14上。

他复刻意援引后周太祖（郭威，904—954）谓"孔子百世帝王之师，敢不拜乎"的故事以自况、自重，[①] 其着眼于统治理理，昭然若揭。

之后，又有世宗缘大礼议，对儒生集团心生怨怼，竟致迁怒祭孔一事，遂于嘉靖九年（1530）对儒学宗师的祭典大加砍杀。概括而言，计有下列四项：

（一）谥号："孔子不称王"。

（二）毁塑像，厘木主；去章服，祭器减杀。

（三）更定从祀制：削爵称、进退诸儒。

（四）"大成殿"改称"孔子庙"，内增设"启圣祠"。[②]

约言之，嘉靖帝的举措一反唐宋以降孔庙祭典日趋峥嵘之势。

首先，唐开元二十七年（739），孔子受册赠为"文宣王"，以表尊崇；从祀诸儒则赠"公"（若颜子赠衮国公）、赠"侯"（若卜子夏赠魏侯）、赠"伯"（若曾参赠郕伯），封爵不一。[③] 此一制度为历代王朝所承袭，北宋一代致议封"帝"，未得施行，竟行之于蛮夷之邦的西夏。

又，唐朝显庆之前，国家祭典虽有大祀、中祀、小祀的等级，但其祭祀礼器品项却相当凌乱：先农、先蚕，俱为中祀；笾、豆之数，或六或四，理不可通。遂更定大祀同为十二，中祀同为十，小祀同为八，而释奠既准中祀，则为十。[④] 但历代实际行礼，溢出中祀名目之均，却不在少数。[⑤] 例如，唐开元二十七年（739），业允孔子塑像坐于南面，着"王者衮冕之服"，乐用"宫悬"天子之乐。[⑥] 而永泰二年（766）兵兴之际，连宰相、常参官、六军军将皆毕集就国子学听讲。其时虽郊庙大祭，只有登歌乐，而庙庭犹具"宫

---

① 周太祖郭威的故事，参见薛居正等《旧五代史》（台北：鼎文书局，1980），《周书》卷一一二，页1482。明太祖的援引，参见庞锺璐《文庙祀典考》（台北：中国礼乐学会，1977，据清光绪四年刊本影印），卷匹，页4下。

② 详见拙作《道统与治统之间》，《优入圣域》，允晨版页138—139，中华版页117—118。

③ 杜佑：《通典》卷五三，页1481—1483。此为孔子封王，弟子封公侯之始。丘濬，《大学衍义补》（收入《景印文渊阁四库全书》第712—713册），卷六五，页14下。

④ 刘昫等：《旧唐书》卷二一，页825；卷二四，页911。

⑤ 按，"三祀"的祭品虽有一定的规格，但衡诸孔庙祭祀的历史，却常有溢出其祭祀的等级。综观，相应的祭祀仪式与祭品，唯有"斋戒"最能体现三级制的等级。参阅朱溢《唐至北宋时期的大祀、中祀和小祀》，页292。

⑥ 刘昫等：《旧唐书》卷二四，页921。

悬"之乐于讲堂前。[1] 朝代之间虽有变化起伏，但明宪宗成化十二年（1476），虽未能如祭酒周洪谟（1421—1492）所奏请加孔子"帝号"，但复增乐舞为八佾，笾、豆各十二；孝宗弘治九年（1496）更增乐舞为七十二人，如天子之制。[2] 到明嘉靖九年之前，祭孔已全用"祀天仪""天子之礼"，职是不能见容于心系专制皇权的世宗。[3]

原本皇明开国之初（1370），太祖诏革诸神封号，谓此举"庶几神人之际，名正言顺，于礼为当"，[4] 唯独对孔庙诸贤网开一面。[5] 可是孔庙爵封终究难逃其子孙——世宗——之手。明初，太祖只允"乐舞用六佾，笾豆为十"，比起前代若干君主，未免略显寒酸，但世宗却谓："可谓尊崇孔子，极其至矣，无以加矣！"[6] 他甚至大言不惭道："我太祖高皇帝，虽道用孔子之道，而圣仁神智武功文德，宜与尧舜并矣，恐有非孔子所可拟也"，[7] 遂以孔子"人臣封王"为僭礼，横行削免孔子以下诸贤的爵称。然而日后，却为异族之君清世宗所讥斥，清世宗道出"三代以上之王号，即后世之帝称，非诸侯王之谓"，[8] 刻意突显嘉靖议礼君臣的不学无文。[9] 按雍正深切知晓其父皇康熙

---

[1] 刘昫等：《旧唐书》卷二四，页 923。

[2] 张廷玉等：《明史》卷五〇，页 1298。

[3] 张廷玉等：《明史》卷五〇，页 1298。

[4] 董伦等纂：《明太祖实录》卷五三，页 1 下—2 上。

[5] 董伦等纂：《明太祖实录》卷五三，页 1 下，洪武三年（1370）六月癸亥，"惟孔子善明先王之要道，为天下师，以济后世，非有功于一方一时者可比，所有封爵，宜仍其旧。"另，因太祖定都的应天府（今南京）并无武成王之祀，以致洪武三年"武成王"当亦保有爵封，然稍后即废。洪武二十年（1387）秋七月，明太祖否决礼部奏请立武学、用武举、祀太公、建武成王庙，并下令"太公之祀，止宜从祀帝王庙，遂命去王号，罢其旧庙"，故武成王因而失去爵封。《明太祖实录》卷一八三，页 3 上。

[6] 明世宗：《御制孔子祀典说》，李之藻，《泮宫礼乐疏》（收入《景印文渊阁四库全书》第 651 册），卷一，页 55 上。

[7] 明世宗：《御制孔子祀典说》，页 55 下—56 上。

[8] 清世宗著，鄂尔泰等奉敕编：《雍正朱批谕旨》（台北：文海出版社，1965），页 4120。

[9] 清世宗：《雍正八年重建先师孔子庙碑》，骆承烈，《石头上的儒家文献》下册："至明嘉靖时，议礼诸臣进退从祀，贬损礼仪，盖感于匹夫不敢干天子礼乐之说，是以逞其鄙私臆断，夫吾夫子以万世为上，春秋笔削已撰二百四十二年，南面之权安在，无土不王，曲学陋儒，何从涯量高深。……我皇上……以天子尊天子之师，用天子之制，然后典礼崇重，万世无以复加。"（页 863—864）

奖掖孔庙祭典"汉唐莫及"，继志述事，故对孔子祭典优礼有加。[①] 雍正元年（1723），遂追封孔子五代王爵，[②] 径与嘉靖九年削夺孔子王封，形成强烈的对比。有趣的是，雍正持论与嘉靖全然相反，所以他虽未直接复孔子王封，却行之乃祖，未尝不寓深意。

又乾隆莅临阙里，次数之多为历代人君之冠。清光绪三十二年（1906），孔庙升格为"大祀"，与天地、宗庙同，至此无以复加。[③] 究其实，异族人君崇奉孔教，正由于他们明白"帝王之政，非孔子之教，不能善俗"，而"改不能善俗，必危其国"。上述引语见诸元代曹元用（1268—1330）所撰《遣官祭阙里庙碑》之内，[④] 适透露了人君尊崇孔庙的真意。

外族入侵，一时难以领略孔庙祭典的意义，例如金人侵凌中国，焚掠殆尽，曲阜遂亦堕为烟尘。[⑤] 但一旦需治理中土，即能理解祭孔为治国不可或缺，若金熙宗者，不只立孔子庙于上京，并亲祭孔子，北面再拜；[⑥] 金章宗明昌二年（1191），孔子庙门则置"下马碑"。[⑦] 元朝，武宗则下诏（1307），加号先圣曰"大成至圣文宣王"。[⑧] 晚明文人张岱（1597—1689）晋诣曲阜孔庙，便发觉庙里所藏历代帝王碑记，"独元碑高大"，而"庙中凡明朝封号，俱置

---

① 清世宗：《雍正八年御制重修阙里圣庙碑》，骆承烈，《石头上的儒家文献》下册："康熙甲子东巡狩，临幸阙里。谒奠庙林，殷礼隆仪，汉唐莫及。"（页 861—862）

② 雍正元年六月十二日，册封孔子五代为肇圣王、裕圣王、诒圣王、昌圣王、启圣王。见清世宗：《雍正元年册封至圣先师五代王碑》，骆承烈，《石头上的儒家文献》下册，页 850—853。

③ 赵尔巽等著，启功等点校：《清史稿》（北京：中华书局，1994），卷八四，页 2537—2538；卷二四：光绪三十二年十一月"戊申，诏升孔子为大祀，所司议典礼以闻"。（页 957）

④ 孔贞丛：《阙里志》卷一〇，页 40 下。

⑤ 毁庙之举，见庄绰著，萧鲁阳点校：《鸡肋编》（北京：中华书局，1983），卷中，页 76。

⑥ 庞锺璐：《文庙祀典考》卷三，页 14 下。金熙宗天会十五年（1137）立孔子庙于上京。脱脱等，《金史》（台北：鼎文书局，1980），卷四，页 76—77，熙宗遂言："朕幼年游侠，不知志学，岁月逾迈，深以为悔。孔子虽无位，其道可尊，使万世景仰。大凡为善，不可不勉。"

⑦ 吕元善：《圣门志》（收入《丛书集成初编》〔上海：商务印书馆，1936〕，第 3318—3321 册，据盐邑志林本排印），卷四，页 273。"下马碑"亦称"下马牌"。

⑧ 宋濂等：《元史》（台北：鼎文书局，1980），卷二，页 484；卷七六，页 1892。《祭祀志》系在至大元年（1308），本纪系在大德十一年（1307）七月，方为正确。宋绶、宋敏求编，司义祖点校，《宋大诏令集》（北京：中华书局，1962），卷一五六，《追谥元圣文宣王诏》，页 583，北宋真宗大中祥符元年（1008），先追谥孔子为"元圣文宣王"。

不用，总以见其大"的趣闻。[1]

又，辽太祖甫建国，以受命之君，理当敬天事神；群臣均举以佛为先以对。按，辽人本笃信佛教，诸臣以佛对，原属意料中事。然辽太祖却曰："佛非中国教。"并接受太子建言，以"孔子大圣，万世所遵，宜先"，遂建孔子庙，诏皇太子春秋拜奠。[2] 其实，辽太祖该时不止建了孔庙，另同时兴建佛寺、道观。[3] 但值得注意的是竣工之后，太祖自身晋谒孔庙，却命皇后、皇太子分谒寺、观，轻重之分，不言而喻。[4]

## 四、孔庙祭典象征意义的扩张

（一）地方官与孔庙祭典

贞观二十一年（647），许敬宗等有次奏言，影响祭孔甚巨，特别是制定了祭孔者主祭的身份。他们上奏道：

> 秦、汉释奠，无文可检。至于魏武，则使太常行事。自晋、宋已降，时有亲行，而学官主祭，全无典实。且名称国学，乐用轩悬，樽俎威仪，盖皆官备，在于臣下，理不合专。况凡在小神，犹皆遣使行礼，释奠既准中祀，据理必须禀命。今请国学释奠，令国子祭酒为初献，祝辞称"皇帝谨遣"，仍令司业为亚献，国子博士为终献。其州学，刺史为初献，上佐为亚献，博士为终献。县学，令为初献，丞为亚献，博士既无品秩，请主簿及尉通为终献。[5]

从此，在京城国学由学官代理皇上负责主祭，但地方孔庙则下放给地方首长（刺史、县令等）行三献礼，成为尔后的定式。

况且，孔庙祭典在国家礼制中所据的位置，令地方孔庙于官方祀典亦脱颖而出，而享有祭祀的优先性。如前述汉初以来，地方官初任职，即晋谒孔

---

① 张岱：《陶庵梦忆》（收入朱剑芒选编，《美化文学名著丛刊》〔上海：世界书局，1947〕），《孔庙桧》，页10。

② 脱脱等：《辽史》（台北：鼎文书局，1980），卷七二，页1209。

③ 脱脱等：《辽史》卷一，页12—13。

④ 脱脱等：《辽史》卷二，页15。

⑤ 刘昫等：《旧唐书》卷二四，页917—918。

庙，虽已成不成文的规矩，但只行于曲阜一隅。可是在后代地方孔庙林立，遂推衍成普遍的惯例。例如，唐代以来，地方官到任谒庙的惯例逐渐形成；[①] 但迄宋代，地方官甫上任之始，则首需晋谒地方孔庙，方及其他诸神。北宋的文彦博（1006—1097）便说道：

五年〔按：宋仁宗天圣五年（1027）〕，某以进士举中甲科，得大理评事，宰是邑。秋八月二十九日，始莅事。故事：守令始至，则郡县之祠庙悉诣之，恭于神，训于民，政之本也。由是询于邑吏，质之县图，载祀典、享庙食者，惟宣圣之祠焉。翌日，伸祠谒之礼。[②]

"质之县图" 则意谓核按地方官修的 "图经"，仅明载 "孔庙" 方为必行的祀典。[③] 这项祭祀举动若属 "故事"，可见已成惯例，行之久远。至晚，在南宋绍兴十四年，宋高宗（1107—1187）用左奉议郎罗长源之请，明白下诏："州县文臣初至官，诣学祗谒先圣，乃许视事。" 盖罗氏言："士大夫皆学夫子之道以从政，而不知所自，望令先诣学宫，以彰风化之本。" 后遂着为令。[④]

职是之故，南宋的张孝祥（1132—1170）到任时，于《先圣庙文》里遂撰有 "服事之始，敬拜庙下，尚惟圣师相其微衷" 之辞。[⑤] 朱熹（1130—1200）也见证到 "建安熊君可量为衢之江山尉，始至，以故事见于先圣先师之庙"；[⑥]

① 雷闻：《郊庙之外》，页 246—250。

② 文彦博：《潞公文集》〔收入《四库全书珍本.六集》〔台北：台湾商务印书馆，1976〕，第 245—246 册〕，卷一二，《绛州翼城县新修至圣文宣王庙碑记》，页 1 上—1 下。

③ 攸关州、县 "图经" 的发展，请参见仓修良、陈仰光，《从敦煌图经残卷看隋唐五代图经发展》，《文史》（北京）2002：117—139。

④ 李心传：《建炎以来系年要录》（北京：中华书局据商务印书馆国学基本丛书本重印，1988），卷一五二，"绍兴十有四年（1144）冬十月庚子条"，页 2454。

⑤ 张孝祥著，徐鹏点校：《于湖居士文集》（上海：上海古籍出版社，1980），卷二七，《先圣庙文》，页 272。

⑥ 朱熹著，陈俊民校编：《朱子文集》（台北：德富文教基金会，2000），卷七八，《衢州江山学记》，页 3894—3895。熊可量系建安崇泰里人，生卒年不详，南宋孝宗乾道五年（1169）进士，曾任江山尉，历官两浙运干。

而其所自撰的《乡饮舍菜二先师祝文》、[①]《南康谒先圣文》、[②]《漳州谒先圣文》，[③]亦皆反映此一规制。后继的王朝遂萧规曹随，例如金朝、元朝亦着令："凡职官到任谒庙，先诣宣圣庙，奠拜讫，方许诣以次神庙。"[④] 此处的"宣圣庙"乃泛指地方上的孔庙而言，显见孔庙的政治象征凌越他庙之上。而官员倘怠忽祀典者，立遭激烈的谴责，例如明儒周双溪（生卒年不详）争之上官：

> 丁祀先师，国之大祭也，而有司失之略，况使民乎？[⑤]

这种理直气壮的心态，实为长久政治文化塑模所致。但"职官到任先诣宣圣庙"的规定，自明代起则未见于诏令；[⑥] 个人揣测，当与明太祖洪武二年（1369）废止地方通祀孔子有关。而后，虽于洪武十五年（1382）再次恢复天下通祀孔子，但前朝行之有年"职官到任先诣宣圣庙"的惯例，并未见恢复。

（二）儒生与孔庙从祀制

另外必须一提的是，唐贞观二十一年（647）除了订定祭孔的各地主祭者身份之外，同时还确立了孔庙的从祀制。略言之，自从东汉明帝永平十五年（72）祀孔子并及七十二弟子起，孔庙从祀制已启其端。[⑦] 明帝以降，孔

---

① 朱熹：《朱子文集·别集》卷七，《乡饮舍菜二先师祝文》："某为县长吏，敢不以时奉行，即事之初，以礼舍菜于先圣至圣文宣王，以公等配。"（页 5259）

② 朱熹：《朱子文集》卷八六，《南康谒先圣文》："祗事之初，敢以诚告，惟先圣先师之灵，实诱其衷。"（页 4250）

③ 朱熹：《朱子文集》卷八六，《漳州谒先圣文》："兹荷误恩，复叨郡寄。莅事之始，载见祠廷。"（页 4261）又，朱熹辞吏告归，复有《辞先圣文》，不知为常规或特例？参同书，卷八六，页 4249。

④ 金朝于天德初，修礼仪所制。参见孔元措，《孔氏祖庭广记》卷三，"天德初"年条，页 30。又，"元成宗大德初，敕到任先诣先圣庙拜谒，方许以次诣神庙，着为令。"参见吕元善，《圣门志》卷四，页 273。秦蕙田以为元朝大德初的敕令为"此后世到任谒庙之始"，盖误。参较秦蕙田，《五礼通考》卷一一九，页 6 下。

⑤ 杨起元：《太史杨复所先生证学编》（收入《四库全书存目丛书》〔台南：庄严文化公司，1995〕，子部第 90 册，据北京图书馆藏明万历四十五年余永宁刻本影印），卷三，页 9 下。

⑥ 承蒙我的同事邱仲麟博士和陈熙远博士告知，明代以下未见著录此一诏令。

⑦ 范晔：《后汉书》卷二，永平十五年三月，明帝"幸孔子宅，祠仲尼及七十二弟子。亲御讲堂，命皇太子、诸王说经"。（页 118）

庙附祭制度陆续发展，间有从祀七十二弟子或颜子配享，层次不一。整体而言，均朝向从祀制的完备迈进。贞观二十一年，唐太宗诏左丘明等二十二人与颜回并为先师，俱配尼父于太学，从此奠立孔庙从祀制的规模。[①] 依此，从祀诸儒自然是儒生至高的典范和科考的准则，而期盼身后得以进入孔庙从祀，则成为儒生内心向往的价值。但从祀制度的运作，则经常颉颃于儒生集团与统治者的势力之间。[②]

此外，孔庙复为儒生改变身份的场所。自唐代举行科考以来，贡举人有进谒先师之礼，后遂成常规。这是根据开元五年（717）朝廷敕令所办理的，[③] 尔后，国子监或太学的孔庙复成为进士释褐之所。举明朝为例，"洪武四年，令进士释褐，诣国学行释菜礼"。[④] "释褐礼"若此："廷试后，颁状元及诸进士冠服于国子监，传胪日服之。上表谢恩后，谒先师行释菜礼毕，始易常服，其巾袍仍送国子监藏之。"明清以降，"举人"列作功名，地方孔庙亦顺势成为举人释褐之处。按"释褐"乃由布衣晋身仕宦之礼，孔庙则为其行礼之处。[⑤] 而明清时期，文士辄借"哭庙"以抗议官府的举动，更突显出孔庙乃儒生集体的精神堡垒。[⑥]

（三）孔庙与祭告之礼

孔庙并且为举行"祭告"之礼的场域，按《通典》载有："古者天子将巡狩，必先告于祖，命史告群庙及社稷、圻内名山大川。"[⑦] 之前祭告之礼，常

---

① 王溥：《唐会要》卷三五："贞观二十一年，以孔子为先圣，更以左邱明等二十二人，与颜回俱配尼父于太学，并为先师。"（页 636）按，二十二人为左丘明、卜子夏、公羊高、穀梁赤、伏胜、高堂生、戴圣、毛苌、孔安国、刘向、郑众、杜子春、马融、卢植、郑康成、服子慎、何休、王肃、王辅嗣、杜元凯、范宁、贾逵。

② 详论孔庙从祀制，请参阅拙著《学术与信仰：论孔庙从祀制与儒家道统意识》，《新史学》5.2（1994.6）：1—82；另收入拙作《优入圣域》，允晨版页 217—311，中华版页 185—260。

③ 刘昫等：《旧唐书》卷二四，页 919。脱脱等：《宋史》，卷一〇五，页 2553—2554。《旧唐书》及《宋史》皆言：开元二十六年敕，诸州乡贡见讫，令引就国子监谒先师，学官为之开讲，质问疑义，有司设食。《新唐书》却系在开元五年，参阅该书卷四四，页 1164。查《五代会要》亦是系在开元五年。王溥：《五代会要》（台北：九思出版社，1978），卷八，页 127。

④ 李东阳等奉敕修，申时行等重修：《明会典》（北京：中华书局，1989），卷九一，页 520。

⑤ 张廷玉等：《明史》卷六七，页 1641。又庞钟璐，《文庙祀典考》卷五，页 25 下。"传胪"系科举制度旦，廷试结束后，由皇帝亲自宣布登第进士名次的典礼。传胪日指举行典礼的当天。

⑥ 陈国栋：《哭庙与焚儒服：明末清初生员层的社会性动作》，《新史学》3.1（1992.3）：69—94。

⑦ 有攸关古代告礼，参阅杜佑，《通典》卷五五，页 1536。

局限于天地、宗庙及社稷；但随着孔庙的祭典在帝国礼制日趋核心的地位，北宋太宗淳化三年（992）将郊，所谓祭告"群庙"，已涵盖"文宣、武成"等庙，[1] 显见"告礼"于后代不断地演化而有所扩充。[2]

《明史·礼志》便载明："凡即位之初，并祭告阙里孔庙及历代帝王陵寝。"[3] 此系根据太祖洪武二年"遣使诣曲阜致祭，定列圣登极，永着为令"的规定。[4] 职是之故，明代新立之君，便须遣官祭告孔庙。究其故，太祖乃循行前朝异族之君的故事：元代仁宗至大四年（1311）登基，遣官诣曲阜致祭孔子；尔后蒙元统治者便遵行此典，[5] 明太祖遂亦有是举。而有清一朝萧规曹随，凡登极授受大典、凯旋奏功、释奠先师、告祭先师、阙里，均为必行之典。[6]

《礼记·王制》复载有天子"出征，执有罪；反，释奠于学，以讯馘告"，[7] 意谓：天子出师征伐，执有罪之人；返而归释奠于学，以克敌之事，告祭先圣先师。而明初太祖业废武成庙，因此，以有清一代为例，便有诸多克捷告祭孔庙之文留下；若圣祖的《剿灭噶尔丹告祭先师孔子文》，[8] 世宗的《平定青海告成太学碑文》，[9] 高宗的"平定金川""平定准噶尔""平定回部"等等的告成太学碑文。[10] 以乾隆帝之言，无非是"武成而勒碑文庙"的例行之举。[11] 所以孔庙的象征意义便日渐扩大，原是"明教化大原，使民敬学知向"，遂演变成"虽行师伐罪，亦受成于学"，以示崇敬了。[12] 职是之故，魏

---

① 脱脱等：《宋史》，卷一〇二："淳化三年十二月将郊，常奏告外，又告太社、太稷及文宣、武成等庙。"（页 2498）

② 马端临：《文献通考》，卷八九，考 809—817。

③ 张廷玉等：《明史》，卷四九，页 1276—1277。

④ 庞锺璐：《文庙祀典考》，卷四，页 1 下。

⑤ 宋濂等：《元史》卷七六，页 1899。

⑥ 赵尔巽等：《清史稿》卷八二，页 2500—2501。

⑦ 孙希旦：《礼记集解》卷一二，页 333。"讯"，所生获当讯问者；"馘"，杀之而割取左耳者。

⑧ 清圣祖制，张玉书、允禄等奉敕编：《剿灭噶尔丹告祭先师孔子文》，《圣祖仁皇帝御制文第二集》（收入《景印文渊阁四库全书》第 1298 册），卷四一，页 8 上—9 上。

⑨ 清世宗：《平定青海告成太学碑文》，《世宗宪皇帝御制文集》（收入《景印文渊阁四库全书》第 1300 册），卷一四，页 5 上—8 下。

⑩ 清高宗制，于敏中等奉敕编：《御制文集·初集》（收入《景印文渊阁四库全书》第 1301 册），卷一七，《平定金川告成太学碑文》，页 12 下—16 上；卷一九，"平定准噶尔告成太学碑文"，页 1 上—6 下；卷二〇，《平定回部告成太学碑文》，页 5 下—11 下。

⑪ 清高宗：《御制文集·初集》卷一九，《平定准噶尔告成太学碑文》，页 4 下。

⑫ 马浮（1883—1967）：《绍兴县重修文庙记》，《华国》1.4（1923）：1。

源（1794—1857）在《圣武记》才会说道："古帝王武功，或命将，或亲征，惟以告于庙社，未有告先师者，在泮献馘复古制，自我圣祖始。"[①]

以上所述，本诸动态形构（structuration）的观点，[②] 大致勾勒了孔庙祀典融入帝国礼制的过程。至于遭逢政治、社会失序，造成孔庙祀典出现非属祭典礼制的常态，则非本文着眼所在。例如，北魏孝文帝延兴二年（472）致祭孔子的诏书言道："顷者淮徐未宾，庙隔非所，致令祠典寝顿，礼章殄灭。"诏书中更透露孔庙有遭亵渎、鸠占鹊巢的景象："遂使女巫妖觋，淫进非礼，杀生鼓舞，倡优媟狎，岂所以尊明神、敬圣道者也？"因此孝文帝下令："自今已后，有祭孔子庙，制用酒脯而已，不听妇女合杂，以祈非望之福。犯者以违制论。"[③] 按，"犯者以违制论"，则表示此一现象非为官方礼制所允许。此外，《大金国志》也载有类同北魏时期的状况。[④] 由于上述这些情状不符祠典的常礼，因此必然受到朝廷的纠举。此不啻呼应了"公家有事，自如常礼"的规范。[⑤]

## 五、余论：孔庙祭典的宗教性格

供奉儒教诸贤的孔庙，乃系国家宗教的神圣之域，除了统治者与儒生集团得以参拜，外人并不得随意进入；此一独特的情况，竟连明太祖都觉得不可思议。他注意到：

---

① 魏源:《圣武记》（收入魏源全集编委会编校，《魏源全集》〔长沙：岳麓书社，2004〕，第 3 册），卷三，"康熙亲征准噶尔记"，页 118。本文付梓之际，有幸得读朱玉麒先生的访谈，其中提到清季文庙此类的纪功碑甚至普及地方孔庙的现象，值得留意。见黄晓峰、钱冠宇，"朱玉麒谈清代边塞纪功碑与国家认同"，《东方早报》（上海）2015.7.12 "上海书评"第一篇。

② "structuration"译为"动态形构"或"结构化"的概念，乃是英国社会学家安东尼·季登斯（Anthony Giddens, b. 1938）所阐发的核心社会理论。参见 Anthony Giddens, *The Constitution of Society: Outline of the Theory of Structuration*（Cambridge: Polity Press, 1986）. 拙文只不过便宜行事，用来指称历史上"制度"和"行为者"彼此形塑的动态过程。

③ 魏收:《魏书》卷七二，页 136。

④ 宋·宇文懋昭著，清·纪昀等奉敕重订:《钦定重订大金国志》（收入《景印文渊阁四库全书》第 383 册），卷一八，金大定二十六年（宋淳熙十三年，1186）二月，诏曰："曩者边场多事，南方未宾，致令孔庙颓落，礼典陵迟，女巫杂觋，淫进非礼。自今有祭孔制，用酒脯而已，犯者以违制论。"（页 6a）

⑤ 魏收:《魏书》卷七上，页 136。

如三教，惟儒者凡有国家不可无。夫子生于周，立纲常而治礼乐，助国宏休，文庙祀焉。祀而有期，除儒官叩仰，愚民未知所从。夫子之奇，至于如此。[1]

"除儒官叩仰，愚民未知所从"，其实太祖的诧异有其渊源。宋代有位儒臣，因辟雍始成，请开学殿，使都人士女纵观，然而却大为士论所贬，[2] 可见孔庙的封闭性，其来有自。又元朝有道诏令适足以说明孔庙独特的境况，这道诏令攸关曲阜庙学的复立，并特别指示有司"益加明絜、屏游观、严泛扫，以称创立之美，敬而毋亵神明之道"。[3] 明末朱国祯（1558—1632）恭谒孔庙，亦云："入庙，清肃庄严，远非佛宫可儗。"[4] 朱氏的观感透露了孔庙的特质与普通庙宇颇有违异之处。这不禁提醒我们一桩趣事：明末散文家张岱，其进阙里孔庙，原来竟是"贿门者，引以入"。[5] 不但如此，地方孔庙除特定时节，亦门禁森严。即使下迄清代末叶，孔庙照旧是"非寻常祠宇可比，可以任人入内游观"。[6] 毋怪清末保教甚力的康有为（1858—1927）亦非得坦承："吾教自有司朔望行香，而士庶遍礼百神，乃无拜孔子者。"[7] 这充分显示作为儒教圣域的孔庙，具有排他、垄断的性质。

另一方面，金朝朝廷有段君臣对话，甚能反映儒教的俗世特质。[8] 明昌

---

[1] 《明太祖文集》卷一〇，《释道论》，页 15 上—下。

[2] 脱脱等：《宋史》卷三五一，页 11101。

[3] 袁桷：《清容居士集》（收入《四部丛刊初编. 缩本》〔台北：台湾商务印书馆，1965〕，第 295—297 册），卷三五，页 516。此一诏令应是元世祖中统二年（1261）所颁《先圣庙岁时祭祀禁约搔扰安下》，之后亦屡下类似的诏令。参见佚名，《庙学典礼》卷一，页 12；卷二，页 41—42。

[4] 朱国祯：《涌幢小品》（收入《笔记小说大观》〔台北：新兴书局，1984〕，第 22 编第 7 册），卷一九，页 3 上。

[5] 张岱：《陶庵梦忆》，《孔庙桧》："己巳，至曲阜，谒孔庙。贿门者，引以入。"（页 9）己巳是明崇祯二年（1629）。这种状况在民初无大改变，蒋维乔于民国二年谒曲阜孔庙，仍需"有人引导，持钥启各殿宇"。蒋维乔，《曲阜纪游》（收入王文濡序，姚祝萱校，《新游记汇刊续编》〔上海：中华书局，1925〕，第 1 册），卷之七，页 20。

[6] 《申报》光绪二十四年四月初十日（1895.05.29），《闻报纪毁圣讳言一则率书其后》。

[7] 康有为：《两粤广仁善堂圣学会缘起》，姜义华等编，《康有为全集》（上海：上海古籍出版社，1990），第 2 集，页 621。

[8] 由义理层次析论儒教的俗世性格，则请参阅拙作《论儒教的俗世性格：从李绂的〈原教〉谈起》，《思想史》创刊号（2013.9）：59—84；后收入拙著《从理学到伦理学：清末民初道德意识的转化》（北京：中华书局，2014），页 312—340。（允晨版未收录此文）

五年（1194），金章宗对于佛徒、道士常能维持寺观，反而儒者"于孔子庙最为灭裂"殊感不解；他的大臣完颜守贞（？—1200）则解说道："儒者不能长居学校，非若僧道久处寺观。"① 守贞的答话透露了僧人、道士得专司职守，固守庙观；而孔庙虽有国家的支持，但儒生与百姓同样处身俗世，显现了儒教"扩散型宗教"的特征。②

析言之，始自汉代，孔庙领有官庙地位之后，其政治性格便一步步地深化。这从分析参与祭祀者的成员，立可清楚地反映出来：唐宋之后，孔庙祭祀者无论上自天子、孔家圣裔，下及朝廷命官、地方首长，一律享有官员身份，至于官学的儒生只是参与典礼的陪祭者而已。普通老百姓，甚至闲杂人士，更不得随意参拜。所以孔庙对一般老百姓便显得隔膜了。

从官方的观点，供奉孔子乃系垄断性的仪式。不止明太祖于"首定天下之时，命天下崇祀孔子于学，不许祀于释、老宫"，③ 后继的朝廷亦三令五申禁绝天下祀孔子于释、老宫庙。④ 有趣的是，台湾民间建立奉祀孔子之庙宇，概不得用"孔庙"或"孔子庙"为名称。从另一个角度视之，孔庙犹残存官方独擅的特质。

简言之，孔子与释、老不得同庙，显示了官方的孔子之祭与民间的三教，存有不可言喻的紧张关系。一则，孔子系帝王师，乃为统治阶层所专擅的祭祀。其次，孔子在三教庙经常屈处于陪神的位子，对统治者造成碍眼之忌。宋僧志磐（生卒年不详，1258—1269 前后）《佛祖统纪》即透露：

---

① 脱脱等：《金史》卷一〇，页 234。

② C. K. Yang, *Religion in Chinese Society*（Berkeley: University of California Press, 1961），chaps. 10, 12. 依杨庆堃的观点，所谓"扩散型宗教"（diffused religion）乃与"制度性的宗教"（institutional religion）相对而言。前者的宗教的思想与制度渗透或拓展至世俗的社会组织，而无独立的存在；而后者的宗教组织却与俗世的社会组织判然有别，例如佛教、基督教等。职是，儒者犹具世俗的身份，而释、道则别具出世的身份，从宗教组织的类别截然不同，明显映照出儒教具有"扩散型宗教"的特质。杨氏的见解启发自西方宗教社会学家瓦赫（Joachim Wach, 1898—1955），确有见地。唯独无法涵盖作为儒教圣域的孔庙。

③ 明世宗：《御制孔子祀典说》，李之藻，《泮宫礼乐疏》卷一，页 55 上。

④ 张廷玉等：《明史》卷五〇，页 1297。赵尔巽等：《清史稿》卷八四，页 2536。又庞锺璐，《文庙祀典考》卷一，页 16 上，29 下；卷四，页 6 上。

旧来僧居多设三教像，遂为院额殿名。释迦居中，老君居左，孔圣居右。[①]

又宋理宗时，画院待诏马远（1160—1225）的"三教图"即画有"黄面老子"（佛陀）跏趺坐，"犹龙翁"（老子）俨立于旁，孔夫子乃作礼于前，显有轻蔑儒教之意。[②] 后世朝廷虽屡加禁止，但宋代以降，民间三教流行，其成效则有待保留。举其例，乾隆初，河南一地所立三教堂，合释迦、老子、孔子偶像于一殿，即达五百九十余处。[③]

末了，光绪三十二年（1906），孔庙虽然晋升为大祀，但不出数年，便成为帝国落日的余晖。[④] 随着帝制崩解，民国成立，孔子之祀遂"际亘古未有之变，俎豆废祀，弦诵绝声"。[⑤] 古人云："皮之不存，毛将焉附？"孔庙祭典顿时坠入风雨飘摇之中，游离于共和体制，无所挂搭。居间虽曾有康有为力图复振，四处呼吁将孔子祭典"入宪"共和，但终告功败垂成。[⑥] 自此，孔庙便沦为当今华人社会的文化游魂，妾身未明，亟待重新定位。

简言之，孔庙祭典在帝制时代由于政教合一，遂与帝国礼制形成有机的结合，并获得长足的发展。但一旦帝制崩溃，则未免陷入土崩瓦解的窘境，此正应验了"水能载舟，亦能覆舟"的谚语。在今日社会，孔庙也唯有去政治化，重新寻觅立基点，方能浴火重生。

---

① 志盘：《佛祖统纪》（收入《大正新修大藏经》〔台北：新文丰出版公司，1983〕，第49册），卷四六，页419a。

② 周密（1232—1298）：《齐东野语》（收入《景印文渊阁四库全书》第865册），卷一二，"三教图赞"条，页15b。

③ 徐珂编撰：《清稗类钞》（台北：台湾商务印书馆，1966），第15册，"宗教类（稗37）"，页3。

④ 嘲讽的是，此次祭孔升大祀，却是光绪帝奉慈禧太后所颁的懿旨办理。陈宝琛等纂，《大清德宗景（光绪）皇帝实录》（台北：新文丰出版公司，1978），卷五六六，页12。

⑤ 康有为：《致北京孔教会电》，汤志钧编，《康有为政论集》（北京：中华书局，1981），下册，页921。

⑥ 请参阅拙作《清末民初儒教的"去宗教化"》，拙著，《从理学到伦理学：清末民初道德意识的转化》（台北：允晨文化公司，2013；北京：中华书局，2014），允晨版页280—283，中华版页251—253。

# 后　记

　　本书乃是晚近个人再次审视孔庙文化的新作，除了综合、订正以往的观点之外，有几点新的发现：其一，便是揭露地方孔庙与地方行政的关系；其二，孔庙政治意义在帝国晚期的扩张；最后，便是孔庙祭祀与"三教"的官方定位。

**台湾地区国学丛书　　刘东/主编**

《皇权、礼仪与经典诠释：中国古代政治史研究》　甘怀真 / 著
　　定价：118.00 元

《清代史学与史家》　杜维运 / 著
　　定价：88.00 元

《韩非子的哲学》　王邦雄 / 著
　　定价：68.00 元

《荀子与古代哲学》　韦政通 / 著
　　定价：68.00 元

《抑郁与超越——司马迁与汉武帝时代》　逯耀东 / 著
　　定价：98.00 元

《南宋地方武力
　　——地方军与民间自卫武力的探讨》　黄宽重 / 著
　　定价：88.00 元

《中国哲学史大纲》　胡适 / 著
　　定价：78.00 元

《仪礼服饰考辨》　王关仕 / 著
　　定价：88.00 元

《优入圣域：权力、信仰与正当性》　黄进兴 / 著
　　定价：78.00 元

**海外中国专题研究丛书　　刘东/主编**

《为世界排序：宋代的国家与社会》
〔美〕韩明士　〔美〕谢康伦 / 编；刘云军 / 译
　　定价：128.00 元

《进香：中国历史上的朝圣之地》
〔美〕韩书瑞　于君方 / 编；孔祥文　孙昉 / 译
　　定价：118.00 元

《晚期帝制中国的教育与社会：1600—1900》
〔美〕本杰明·A. 艾尔曼　〔加〕伍思德 / 编；严蓓雯 等 / 译
　　定价：168.00 元